SONG HONGBING

GUERRE DES MONNAIES IV
Sur le sentier de la guerre

Song Hongbing

Song Hongbing est un jeune chercheur en économie qui a émigré aux États-Unis. Il y travaille comme consultant pour les fonds de pension américains Freddie Mac et Fanny Mae, fonds de pension qui vont disparaître lors de la crise financière de 2008.

LA GUERRE DES MONNAIES IV
Sur le sentier de la guerre

Traduit du chinois et publié par Omnia Veritas Limited

www.omnia-veritas.com

© Omnia Veritas Ltd - 2021

Tous droits réservés. Aucune partie de cette publication ne peut être reproduite par quelque moyen que ce soit sans l'autorisation préalable de l'éditeur. Le code de la propriété intellectuelle interdit les copies ou reproductions à usage collectif. Toute représentation ou reproduction intégrale ou partielle par quelque procédé que ce soit, faite sans le consentement de l'éditeur, est illicite et constitue une contrefaçon sanctionnée par la législation sur le droit d'auteur.

PRÉFACE 13

CHAPITRE I 19
L'AMBITION COMMENCE, LE DOLLAR ÉCHOUE L'EXPÉDITION 19
  Pound est ravi que Mark jette ses bras autour de lui. 20
  La monnaie britannique "l'eau s'est transformée en pétrole" : les réserves de change ont atterri 25
  Le dollar a pris le dessus, et Mark est amoureux de la nouvelle grande monnaie.. 29
  Keynes a découvert que le dollar renversait l'étalon-or. 36
  Règlement commercial, coup de pouce du dollar 41
  En forçant les pays à revenir à l'étalon-or, les États-Unis veulent "tenir l'or en otage des vassaux". 46
  Gold Exchange Standard : La cause première de la liquidité 49
  L'onde de choc du taux de change et la bataille du franc............ 51
  Glisser dans la vallée du rift économique, un vide de pouvoir d'argent 60

CHAPITRE II 68
LA RÉGENCE, LA LIVRE STERLING 68
  L'étalon-or s'effondre et le district de la livre sterling devient indépendant.. 69
  La Fed a failli se désintégrer, et le dollar a été sous le choc pendant 48 heures. 75
  Trois cycles d'assouplissement monétaire quantitatif et les États-Unis ne sont pas sortis de la Grande Dépression 81
  " Mon destin, c'est moi qui commande ! "................................. 89
  La vérité oubliée sur l'ascension de l'Amérique 94
  Les États-Unis prennent les actifs britanniques à leur péril 100
  "La loi sur les baux", "La solution du boucher à l'empire britannique" 105
  La dynastie de Bretton Woods : l'or est faible, le dollar régit le monde 108
  Un tueur à la livre, un dollar empoisonné, pas de mari… 113

CHAPITRE III 116
MONNAIE GUERRE FROIDE, REJETER LE DOLLAR, C'EST REJETER LA PAIX 116
  Staline rejette le dollar, Kenan rédige une diatribe sur la guerre froide 117
  Les roubles d'or et la nouvelle politique économique 124
  Le modèle de développement de l'Union soviétique est contesté 130
  Puissance allemande, accélération de l'industrialisation soviétique 134
  L'expansion de l'empire du rouble 140

La crise alimentaire, les conséquences de l'industrialisation rapide
.... *148*
Pic pétrolier, l'Union soviétique tombe dans l'abîme *152*
Le dollar a lâché son poignard pétrolier et le rouble est revenu à l'ouest. *155*

CHAPITRE IV **162**
L'ESSOR ET LA CONFUSION DE LA MONNAIE EUROPÉENNE 162
L'industrie allemande était presque "castrée", la mort de Roosevelt a sauvé l'Allemagne ! *163*
Le Mark a changé, l'Union soviétique a changé de visage *169*
L'Union du charbon et de l'acier, le berceau des rêves de l'UE et de l'euro *177*
Un "gouvernement de l'ombre" derrière le "Père de l'Europe". *181*
Le dollar passe de la rareté à l'excédent, la balance du pouvoir de l'or penche vers l'Europe. *187*
Le dollar européen, une nouvelle terre financière *189*
L'Union monétaire : le début ou la fin de l'intégration européenne ?
.... *196*
La bataille de l'or *201*
En 1971, le dollar a "usurpé l'or" et établi l'empire américain de la dette. *206*

CHAPITRE V **209**
L'ORIENT VEUT SAVOIR, LE BRAS DE FER ENTRE LA CHINE ET LE JAPON EN MATIÈRE D'INDUSTRIALISATION 209
La Chine obtient le plan Marshall soviétique *210*
Le grand bond en avant et la grande récession *217*
L'"étalon matériel" qu'est le yuan a une nouvelle fois freiné la propagation de l'hyperinflation. *221*
Le changement et l'accélération de l'industrialisation : L'occasion manquée de la Chine *228*
L'assurance industrielle du Japon est "castrée", la "réforme agraire" de MacArthur *234*
Faire basculer le plan de production, amener le charbon et l'acier et l'inflation *239*
La route de Dodge, le yen dans les bras de l'empire du dollar *243*
"Plan de doublement du revenu national", le changement et l'accélération de l'industrialisation au Japon. *249*

CHAPITRE VI **256**
LA PROGRESSION SERPENTINE, LE CHEMIN VERS L'EURO DES ÉTATS-UNIS D'EUROPE
.... 256

La chute de De Gaulle ; l'intégration européenne s'accélère alors que les nuages changent de direction *257*
L'empire de la dette des États-Unis ne s'ouvre pas bien, la vente de céréales et d'herbe "perd la femme et l'armée". *263*
Octobre 1973, la crise pétrolière fait dérailler les nations industrielles *266*
Le taux de change de l'Europe se stabilise, le dollar flotte et fait des vagues *270*
Le "Cercle Monnet" se dissout et l'Union européenne languit *275*
Lever à nouveau le drapeau de l'Esprit de Monnet, le "Comité d'action européenne" en action *280*
La Commission Delors, un coup de pied au cul de l'Union monétaire européenne *285*
Deux fronts : La réunification allemande et l'union monétaire *291*
Euro Empire Genesis *297*

CHAPITRE VII 302
LA COURSE À L'ENDETTEMENT, LA FRAGILITÉ DE L'ÂGE AMÉRICAIN 302
La monnaie d'endettement, le "gène du cancer" de la croissance économique *303*
Le "compte alternatif DTS" : un coup d'État financier sans effusion de sang *308*
Le néolibéralisme, le cri des 1% de riches *312*
La "chimiothérapie" monétaire de Volcker, l'empire de la dette américaine s'est transformé en paix *316*
Une prospérité empruntée *322*
Le dollar sur la glace et le feu *328*
Greenspan : Le dernier sauveur des marchés financiers *335*
La révolution de l'information, pourquoi la vie est-elle courte ? .. *341*

CHAPITRE VIII 347
LE DRAGON A DES REGRETS, MISE À NIVEAU DU MODÈLE 3.0 DE LA CHINE 347
"Début difficile pour le tirage au sort" *348*
Le premier étage de la fusée de décollage économique de la Chine — l'industrialisation rurale *353*
Le deuxième étage de la fusée chinoise pour le décollage économique — la mondialisation *358*
Les deux principales catégories d'exportations de la Chine : les produits de base et l'épargne *364*
Le modèle chinois 3.0 : Former le plus grand marché de consommation du monde ! *367*
Le troisième étage de la fusée de décollage économique de la Chine — la deuxième industrialisation de l'agriculture *372*

    Le deuxième champ de bataille pour la création d'emplois et l'expansion du marché..379
    L'immobilier est-il une bulle de richesse ou un pilier de la croissance économique ? 383
    Débarrassez-vous du dollar, le yuan a besoin d'un remède 388

CHAPITRE IX.. **393**
    L'ÈRE DES ÉTATS EN GUERRE, DES TENSIONS À L'HORIZON 393
    Le dilemme "sino-américain 394
    10 ans de danger après 2012 401
    Qui peut sauver l'euro ?..405
    Les inquiétudes proches et lointaines de la Chine 413
    Communauté économique asiatique...418
    Construire le marché asiatique du dollar : Hong Kong est une tête de pont 422
    Union monétaire asiatique : Orientation stratégique du Fonds monétaire asiatique (AMF)..425
    RMB, ou dollar asiatique ? C'est un problème..............................429
    L'ère des États en guerre du dollar, de l'euro et du dollar asiatique 433
    TÉMOIGNAGES ET REMERCIEMENTS 436

AUTRES TITRES **441**

PRÉFACE

En septembre 2008, la crise financière qui a balayé le monde a réveillé les rêves de prospérité permanente des gens, et la vague de mondialisation a subi son pire revers en près de 30 ans ; en 2009, les gouvernements du monde entier ont adopté des mesures de relance budgétaire sans précédent et des politiques monétaires accommodantes pour tenter de renverser la vapeur et de poursuivre le schéma antérieur de croissance économique, et l'économie mondiale semble avoir montré des signes de reprise significative au cours des trois dernières années. Ainsi, un sentiment d'optimisme a commencé à imprégner l'"ère post-crise". Ce n'est qu'en 2011, lorsque les problèmes d'endettement des États-Unis et la crise de la dette européenne ont à nouveau tiré la sonnette d'alarme pour l'économie, que les gens ont soudain réalisé que nous ne vivions pas une reprise économique saine, mais que nous avions entamé le long voyage d'une "maladie aiguë" à une "maladie chronique" de l'économie.

Le manque d'indulgence historique est un phénomène courant dans la société actuelle, myope, impatiente et rapide, où les gens semblent avoir du mal à s'extraire du rythme effréné des affaires et de l'agitation des affaires pour réfléchir calmement à la racine du problème. Lorsque les médias sont remplis de titres choquants de toutes sortes, lorsque la confusion et l'anxiété s'emparent de nos esprits, rares sont ceux qui sont prêts à prendre le temps précieux d'examiner en profondeur les causes profondes des problèmes qui façonnent notre quotidien.

L'économie américaine entrera-t-elle à nouveau en récession et la lutte contre le plafonnement des obligations du Trésor américain en 2012 se répétera-t-elle ? La crise de la dette européenne battra-t-elle son plein ? Le système de l'euro va-t-il s'effondrer ? La Chine doit-elle sauver l'Europe ? La bulle immobilière chinoise est-elle sur le point d'éclater ? L'économie chinoise connaîtra-t-elle un atterrissage dur ou mou ? L'inflation peut-elle être contrôlée efficacement ? Que doit faire exactement la Chine avec ses énormes réserves de change ? Quel est le plafond de l'appréciation du yuan ? L'internationalisation du renminbi peut-elle fonctionner ?

Si l'on ne s'appuie sur aucun système de référence historique, la confrontation avec une telle multitude et une telle complexité de questions suffit à mettre à genoux le cerveau fragile.

En fait, il n'y a rien de nouveau sous le soleil, toutes les questions ci-dessus, l'histoire a depuis longtemps donné les réponses, et c'est notre tâche de les trouver et de les découvrir à partir de l'histoire. L'importance d'étudier l'histoire se reflète dans l'articulation claire de la situation difficile d'aujourd'hui. Bien que l'histoire ne soit pas une simple répétition, il existe une similitude frappante dans la nature toujours répétitive de l'humanité dans l'histoire. Après tout, l'histoire de l'économie et de l'argent est l'histoire de la quête constante de l'humanité pour la grande valeur de la richesse et de sa tentative de contrôler le pouvoir de la distribuer, dans les limites de ressources limitées.

Ce livre suit la ligne principale de l'hégémonie mondiale des monnaies de réserve, en commençant par le renversement délibéré de l'hégémonie de la livre sterling par le dollar américain, en montrant comment les maîtres de la stratégie monétaire américaine ont progressivement érodé le pouvoir de la livre sterling, réduit son statut de monnaie de réserve internationale et son pouvoir de fixation des prix dans le cadre des règlements commerciaux, et comment le pouvoir de la livre sterling a contre-attaqué le dollar américain par le biais du "système de préférence impérial", et a rendu au dollar américain sa forme "isolationniste" initiale. La lutte acharnée entre le dollar et la livre a créé un vide du pouvoir financier mondial dans les années 1930, qui a exacerbé la Grande Dépression dans le monde entier.

La Seconde Guerre mondiale a fourni au dollar une occasion historique d'éradiquer la livre. La Charte de l'Atlantique et le Lend-Lease Act étaient autant de scalpels aiguisés dans les mains de Roosevelt, visant à démembrer la livre de l'Empire britannique. Finalement, les États-Unis ont établi une "dynastie de Bretton Woods" avec un système fondé sur le dollar comme régent en "tenant l'or en otage des vassaux".

La vigilance de Roosevelt face à la résurgence de la livre sterling coupée l'emporte largement sur ses craintes concernant l'Union soviétique. Le déclenchement de la guerre froide trouve son origine dans la subversion radicale par Truman de la grande stratégie de Roosevelt. La traque de l'Union soviétique par les États-Unis a forcé Staline à abandonner l'espoir de rejoindre l'empire du dollar et de travailler avec les États-Unis pour partager le monde. Le déclencheur de la guerre froide a été le revirement soudain de l'Union soviétique et l'abandon de ses projets d'adhésion au FMI et à la Banque mondiale, ce qui a été la cause directe de la diatribe de George Kenan sur la guerre froide, longue de 8 000 mots. À partir de là, le dollar et le rouble ont entamé une épreuve de force palpitante.

Après la fin de la Seconde Guerre mondiale, les Français ont occupé les zones industrielles de la Ruhr et de la Sarre en Allemagne, et les États-Unis ont lancé le "plan Morgenthau" pour "castrer" complètement l'industrie allemande. Le refus de l'Union soviétique de se joindre à l'empire du dollar donne à l'Allemagne une chance de réapparaître, et la réforme monétaire allemande de 1948, qui stimule directement l'Union soviétique, déclenche la crise de Berlin. Au début des années 1950, alors que le différend franco-allemand sur la Ruhr et la Sarre devenait de plus en plus vif, les Français et les Allemands avaient même perçu les signaux de danger indiquant que la guerre entre les deux pays serait inévitable, mais l'"alliance charbon-acier" du "super-souverain" a sauvé la crise de la guerre, et ce n'est qu'alors que la grande réconciliation historique entre l'Allemagne et la France a commencé. Pour les deux parties, placer le charbon et l'acier sous une autorité "super-souveraine" rendrait les guerres futures "impensables et impossibles". Cet arrangement institutionnel d'une communauté d'intérêts étroitement liée est le point de départ de l'UE et de l'euro d'aujourd'hui. Au moment de la création de l'Union du charbon et de l'acier, l'élite dirigeante européenne élaborait déjà la feuille de route des "États-Unis d'Europe". Lorsque nous regardons comment l'élite européenne a fait fonctionner l'Union économique et monétaire européenne au cours des 60 dernières années environ, nous comprenons que la crise de la dette européenne d'aujourd'hui ne conduira pas à la désintégration de l'euro et de l'UE, mais accélérera la naissance des "États-Unis d'Europe".

Le conflit entre les États-Unis et l'Europe a commencé dans les années 1960, sous l'ère de Gaulle, lorsque la ruée vers l'or de la France contre le dollar américain a directement accéléré l'effondrement du système de Bretton, et au début des années 1970, lorsque le dollar américain et les monnaies européennes sont entrés dans une ère de conflit et de confrontation. À la fin des années 1970, alors que l'empire du dollar américain était presque sur le point de s'effondrer définitivement, les États-Unis se préparaient déjà à remplacer le dollar américain par un droit de tirage spécial (DTS), et le dollar américain annonçait son pire scénario de "baisse de régime". Finalement, le dollar a été sauvé par la rapidité du nouveau président de la Réserve fédérale, Volcker, lorsque, à partir des années 1980, les États-Unis ont lancé un modèle de croissance économique fondé sur la dette, dans lequel 1% des riches ont repris la distribution de la richesse sociale au gouvernement, entamant ainsi une ère sans précédent de "néolibéralisme" dans laquelle la richesse était concentrée dans les mains d'une infime minorité, et le mouvement "Occupy Wall Street" en 2011, dans lequel 99% de la population des États-Unis a lancé un défi formel à ce système irrationnel de distribution de la richesse.

Le tsunami financier de 2008 a été la liquidation totale de 30 ans de mauvais modèle économique aux États-Unis et du système du dollar depuis la création de l'empire américain de la dette en 1971. L'économie américaine, fortement endettée, connaîtra une "décennie perdue" au cours des trois prochains cycles longs et très imbriqués de désendettement économique douloureux, de diminution de la consommation des "baby-boomers" et de goulots d'étranglement dans la croissance de la productivité.

Dans l'environnement externe difficile d'une récession économique prolongée dans les pays développés au cours de la prochaine décennie, la Chine et l'Asie sont confrontées à des défis majeurs pour leurs modèles de développement. Au cours des 30 années de réforme et d'ouverture, l'économie chinoise s'est développée jusqu'à aujourd'hui grâce à la propulsion d'une fusée à deux étages, à savoir l'industrialisation rurale au cours des 15 premières années et la mondialisation de l'industrie manufacturière chinoise au cours des 15 dernières années. Le premier étage de la fusée a explosé au milieu des années 1990, entraînant un refroidissement de l'économie et une déflation à la fin des années 1990. Maintenant que le deuxième étage de la fusée est en train de s'éteindre, le troisième étage doit être lancé pour que la croissance économique de la Chine se poursuive à l'avenir. Le troisième étage de la fusée doit et ne peut être que la seconde industrialisation des campagnes, l'explosion d'une nouvelle économie agricole dont le cœur est l'information, l'intensification, la haute technologie et l'urbanisation, est le bon choix pour que la Chine sorte de ses difficultés économiques imminentes.

Les malheurs de l'Amérique sont économiques, ceux de l'Europe sont politiques, et ceux de l'Asie sont historiques !

La base de l'intérêt pour le mariage économique "Chine-Amérique" est en train de se fracturer et de se désintégrer. La tolérance de l'Amérique à l'égard de l'économie chinoise en plein essor reposait à l'origine sur le modèle "production chinoise, jouissance américaine, épargne chinoise, consommation américaine". La future transformation économique de la Chine nécessitera inévitablement un changement des principales ressources de l'économie nationale, qui ne seront plus orientées vers les marchés étrangers mais vers les marchés intérieurs, ce qui réduira les exportations d'épargne vers les États-Unis. Ce processus modifierait la position fondamentale des États-Unis, qui consiste à continuer à tolérer la croissance économique de la Chine. À l'heure actuelle, la déclaration d'Hillary sur le "Siècle Pacifique de l'Amérique" signale un changement fondamental dans la posture stratégique des États-Unis, et les problèmes de plus en plus aigus en mer de Chine orientale et en mer de Chine méridionale sont les précurseurs de ce changement.

La clé de la capacité de la Chine à désamorcer le siège des États-Unis réside dans sa capacité à unir les pays asiatiques en une solide communauté d'intérêts. Aujourd'hui, la Chine devrait faire preuve de cette sagesse en s'inspirant audacieusement de l'"alliance du charbon et de l'acier" qui a conduit au rapprochement historique entre l'Allemagne et la France, en retirant complètement la mèche des barils de poudre de la guerre dans les mers de Chine orientale et méridionale, en prenant l'"alliance pétrolière" suprasouveraine comme point de départ, en promouvant l'établissement d'une communauté économique asiatique, en remplaçant l'internationalisation du yuan par une stratégie du dollar asiatique, en réalisant l'intégration économique en Asie et en liant étroitement les intérêts des pays asiatiques de sorte que la guerre entre les pays asiatiques ne soit "ni imaginable ni possible". Ce n'est qu'en s'appuyant sur une Asie unie que la Chine pourra établir une base solide pour son entrée dans le monde.

Comme le dit le dicton, si tu abandonnes, comment peux-tu l'obtenir ?

Les Allemands ont renoncé au mark en faveur d'un euro plus puissant ; les Allemands ont renoncé à la protection de leur propre marché en faveur d'un marché commun européen plus étendu ! La grande sagesse des Chinois ne devrait pas être perdue pour les Allemands.

Certains diront que les questions asiatiques sont trop complexes et l'histoire trop embrouillée. Le problème, c'est que si une Asie unie apporte une sécurité fondamentale aux intérêts de la Chine, alors la voie vaut la peine d'être empruntée, aussi difficile soit-elle. Ne demandez pas si l'unification de l'Asie est réalisable, demandez plutôt quels efforts créatifs la Chine a déployés à cette fin !

La mondialisation de la Chine n'est pas une européanisation, mais devrait être avant tout une asiatisation.

Ce n'est qu'avec un ancrage en Asie que la Chine pourra se mondialiser ; ce n'est qu'avec l'unité de l'Asie que l'économie chinoise pourra être transformée avec succès ; ce n'est qu'avec une monnaie asiatique unifiée qu'elle pourra concurrencer le dollar et l'euro au niveau international, et enfin former une triple ère monétaire !

Auteur.

Xiangshan, Pékin,

10 novembre 2011

CHAPITRE I

L'ambition commence, le dollar échoue l'expédition

Les États-Unis, en tant que challenger ultime de l'hégémonie mondiale de l'Empire britannique, ont poussé l'Allemagne au premier plan de la bataille pour l'hégémonie avec la Grande-Bretagne, tout en restant à l'écart de la fuite du pouvoir des pays européens. Après la Première Guerre mondiale, les États-Unis se sont enfoncés dans le bourbier de la dette en dollars en faisant peser de lourdes dettes de guerre sur la tête de l'Europe, obligeant les pays à se débarrasser de leurs trésors. Les États-Unis ont habilement exploité le problème des réparations de guerre de l'Allemagne en réussissant à implanter le dollar dans le système monétaire allemand, qui a ensuite progressivement pénétré les réserves de devises des autres banques centrales européennes.

La dette de guerre de l'Amérique a également privé l'Europe du crédit dont elle avait besoin pour son développement économique, créant ainsi une Europe dépendante du dollar. Sur les vastes marchés d'outre-mer de l'ancien empire colonial, les États-Unis ont profité de l'avantage du capital, ont ouvert des territoires, se sont déchaînés et, dans le règlement commercial, ont constamment étendu le territoire de l'empire du dollar.

Dans les circonstances de la monopolisation des réserves d'or du monde, les États-Unis ont formé la stratégie de "retenir l'or en otage pour faire les seigneurs", utilisant l'empressement des Britanniques à essayer de rétablir l'étalon-or pour reconstruire l'hégémonie de la livre britannique, les États-Unis ont encouragé, financé et même forcé la livre britannique à se lier à l'or dès que possible, s'emparant ainsi du pouvoir dominant du développement économique de l'Empire britannique.

Mais les États-Unis, après tout, sont un hégémon émergent, mal préparé aux opportunités soudaines et historiques. Si la stratégie d'hégémonie du dollar est claire, les moyens d'y parvenir sont grossiers et les outils contradictoires, et la Grande Dépression des années 1930 a été le résultat des contradictions inhérentes à la stratégie du dollar.

Les tentatives des États-Unis de remplacer en 20 ans l'étalon-or, établi en 200 ans par le Royaume-Uni, par un système fondé sur le dollar, se heurteront forcément au dilemme d'avoir plus d'un cœur à revendre. Le Royaume-Uni, quant à lui, s'est épuisé à défendre sa suprématie financière en défendant son étalon-or. Alors que le dollar s'effondre dans une contraction mondiale, la livre est en ruine et est impuissante à revenir. Après que le monde a perdu son prêteur en dernier ressort, il y a eu un vide dans le pouvoir de l'argent et le monde a été plongé dans une sombre dépression.

Le système commercial mondial est brisé, les flux de capitaux mondiaux sont épuisés et la volonté de soutenir le développement pacifique des nations est perdue. Les États-Unis, quant à eux, se sont repliés sur l'isolationnisme, se soignant seuls en attendant le moment de se relever...

La première expédition du dollar pour conquérir le monde s'est soldée par un échec.

Pound est ravi que Mark jette ses bras autour de lui.

À 22 heures, le 31 décembre 1923, un Schacht énergique s'élance de Berlin vers Londres. Une nuit d'hiver brumeuse et froide ne fait rien pour dissiper l'enthousiasme des Britanniques à célébrer la nouvelle année. Dans les bars des rues et des ruelles, les gens s'amusent à profiter de la paix, ayant oublié la guerre sans précédent d'il y a cinq ans.

À cette époque, le cœur de Schacht est inhabituellement lourd, et son pays d'origine, l'Allemagne, se débat dans la pauvreté, la faim et la colère. La grande ombre de la défaite de la Première Guerre mondiale, l'humiliation grotesque de céder 1/10 du territoire, l'extorsion des énormes réparations de guerre de 12,5 milliards de dollars (l'équivalent du PIB de l'Allemagne l'année précédant la guerre) par la Grande-Bretagne et la France, la récente brutalité de l'occupation forcée par l'armée française de la zone industrielle de la Ruhr en Allemagne, et surtout la super-inflation qui a balayé l'Allemagne cette année, pillant complètement la richesse de la classe moyenne allemande. Les

Allemands ont pleuré et soupiré en voyant la valeur du mark allemand être jetée en enfer. Schacht était bien conscient de la signification de ce voyage pour le sort du mark allemand, qui était venu emprunter de l'argent aux Britanniques.

Il y a seulement un mois et demi, le 12 novembre, Schacht a été nommé d'urgence président du Conseil monétaire allemand, bénéficiant du statut de ministre du cabinet avec un droit de veto final sur la monnaie allemande, un statut que l'on pourrait qualifier de tsar économique du pays. Schacht, qui est en danger, se lance immédiatement dans la tâche de sauver le mark allemand.

À l'heure actuelle, le mark allemand a connu une chute vertigineuse, passant de 1 dollar pour 9 000 marks il y a un an à 1,3 trillion de marks pour 1 dollar ! Le crédit du mark est complètement brisé et irrécupérable. Schacht et le gouvernement allemand devaient penser autrement. En raison de la pénurie d'or en Allemagne, ils ont inventé un nouveau mark, appelé le "land-rent mark", qui était garanti par les terres allemandes et tous les actifs qui s'y trouvaient, dans une tentative de regagner la confiance dans la monnaie papier. De cette façon, l'Allemagne aurait les deux marks en circulation, et la clé du succès du nouveau mark serait de trouver le bon moment pour verrouiller le rapport entre l'ancien et le nouveau mark, puis d'achever rapidement le retrait de l'ancien mark de la circulation.

Lorsque le mark de rente foncière est apparu, les Allemands déjà étonnés n'avaient aucune confiance dans l'un ou l'autre des deux mark en circulation au même moment, et les gens abandonnaient encore frénétiquement le mark pour les dollars. Le 14 novembre, le taux de change du marché noir du mark est tombé à 1,3 trillion de dollars pour un dollar, les fonctionnaires ont exhorté Schacht à se dépêcher de verrouiller le taux de change du ground-rent mark à l'ancien mark, Schacht n'a pas bougé. Le 15 novembre, le mark est tombé à 1:2. Le 20 novembre, lorsque l'ancien mark est tombé à 1:4,2 trillion de dollars, Schacht a immédiatement ordonné de fixer le taux de change du loyer foncier à l'ancien mark à 1,1 trillion. Schacht a soigneusement calculé que cet équilibre reviendrait éventuellement lorsque la panique des gens serait entièrement libérée. Bien sûr, l'ancien et le nouveau mark ont continué à baisser en raison de l'inertie du marché, jusqu'à atteindre 11 trillions de marks par dollar le 26 novembre. Mais comme un élastique trop tendu, le marché a miraculeusement vu un rallye des marks. Le 10 décembre, le dollar s'est finalement stabilisé à l'équilibre de 1:4,2 trillions de marks par rapport au mark. Le jugement de Schacht s'est avéré exact et son timing était parfait. Le marché commence à s'exclamer que les Schacht sont des magiciens de l'économie ! Entre-temps, le gouvernement allemand, de toutes ses forces, a finalement équilibré son budget en janvier 1924.

Le mark des loyers au sol a finalement tenu bon, s'établissant à la ligne de $ 1:4. 2 trillion des loyers au sol.

Cependant, Schacht comprend au fond de lui que la marque de la rente foncière n'est qu'un pis-aller. À ses yeux, la monnaie émise contre des terrains est un pur jeu de la foi. Qui croirait vraiment qu'une ferme en Bavière ou une usine dans la Ruhr a un lien réel avec la rente foncière qu'il détient ? Dans son esprit, le collatéral de la monnaie doit avoir trois éléments essentiels : un haut degré de liquidité, une facilité d'échange et une reconnaissance internationale totale, et le seul collatéral de la monnaie qui remplit également ces conditions est l'or !

Mais l'Allemagne manque précisément d'or. Avant la guerre, l'Allemagne disposait d'un milliard de dollars d'or, soutenant le mark impérial de 1,5 milliard de dollars, qui était assez bien soutenu par les quatre puissances économiques que sont les États-Unis, la Grande-Bretagne, l'Allemagne et la France. Mais les indemnités de guerre et l'hyperinflation des cinq années qui ont suivi la guerre ont réduit les réserves d'or de l'Allemagne à seulement 150 millions de dollars, et le pays n'est plus en mesure de soutenir son énorme corps économique.

La solution au problème de Schacht était d'emprunter de l'or ou des devises étrangères avec des réserves d'or suffisantes, qui pouvaient être librement échangées contre de l'or en cas de besoin, et seuls l'or et les devises étrangères pouvaient finalement stabiliser la valeur du mark allemand. La question est de savoir à qui emprunter.

Bien sûr, ce sont les États-Unis qui possèdent le plus d'or, avec 4,5 milliards de dollars sur les 6 milliards de dollars de réserves d'or des quatre grands ![1] Mais les États-Unis sont à cette époque notoirement avares en Europe, et sont dénoncés par les Français et les Anglais comme "l'oncle Shylock". Les industries des alliés britanniques et français ont été gravement endommagées par la guerre, et des millions de soldats et de civils ont été tués et blessés ; en conséquence, la

---

[1] Liaquat Ahamed, *Lords of Finance*, The Penguin Press, New York, 2009. p. 162.

Grande-Bretagne devait 5 milliards de dollars aux États-Unis et 4 milliards à la France.[2] Une entreprise est une entreprise, et pas un centime dû ne peut être moindre ! Le caractère impitoyable des États-Unis a mis la Grande-Bretagne en colère et a obligé la France à piller ouvertement. Même pour les Alliés, Schacht estimait qu'emprunter de l'argent aux Américains en tant que nation vaincue était sérieusement intenable.

Sans parler de la France. Les Français, naïfs, ont toujours pensé qu'ils allaient prendre un coup dur de la part des Allemands. Au départ, le chancelier français s'est uni au lion britannique et a exigé au moins 100 milliards de dollars de réparations de guerre de la part de l'Allemagne, soit l'équivalent de huit années du PIB allemand combiné ! Cela ne m'a pas semblé juste par la suite, mais la morsure de 55 milliards de dollars était le prix à payer ! Ou alors, les Américains sont venus arrondir les angles et ont persuadé la Grande-Bretagne et la France de réduire les indemnités à 12,5 milliards. En effet, étant donné l'état de l'économie allemande à l'époque, il n'était tout simplement pas réaliste de rembourser ce montant astronomique d'indemnités. Comme les Français étaient convaincus de l'imminence des énormes réparations allemandes, une fois récupérées les provinces de Lorraine et d'Alsace, qui avaient été prises par l'Allemagne lors de la guerre franco-prussienne de 1870, 4 milliards de dollars ont été dépensés pour la reconstruction, laissant le gouvernement avec un déficit fiscal élevé. Les Français ont menacé à plusieurs reprises l'Allemagne de prendre l'argent immédiatement, mais l'Allemagne a tardé à remettre l'argent, les Français, dans un accès de rage, ont effectivement fait un vol à main armée, et ont envoyé des troupes pour occuper la zone industrielle allemande de la Ruhr. C'est alors qu'il est allé demander de l'argent aux Français, et Schacht a eu l'impression qu'il risquait d'être immédiatement chassé de sa place par les Français.

Le seul espoir, ce sont les Britanniques. De plus, Schacht sait qu'il peut faire une offre que la Grande-Bretagne ne pourra pas refuser, et il a bien réfléchi à la petite tête de l'Anglais. Il va faire un voyage en Angleterre et il va l'obtenir !

---

[2] Michael Hudson, *Super Impérialisme — Nouvelle édition : The Origin and Fundamentals of U.S. World Dominance*, Pluto Press ; Nouvelle édition (21 mars 2003), chapitre un.

Au moment où Schacht sort de la gare de Liverpool Street à Londres, un grand gentleman anglais barbu à l'œil vif se tient dans la brise froide de la nuit. Il arrive au pied de Schacht et lui tend la main pour se présenter. À la surprise de Schacht, il s'agit du gouverneur de la Banque d'Angleterre, Montagu Norman, mondialement connu. Schacht est quelque peu flatté d'être salué par Norman lui-même.

Norman, bien que loin de l'Angleterre, avait suivi l'hyperinflation en Allemagne. La dévaluation vicieuse de la monnaie qui s'est produite en Allemagne en 1923 a été le pire et le plus dramatique effondrement de papier-monnaie jamais vu par l'humanité, et pour tous les banquiers centraux qui voyaient l'inflation comme le mal numéro un, l'expérience du Deutsche Mark a été une révélation. Le fait que Schacht, qui n'avait jamais eu d'expérience dans la gestion d'une banque centrale, ait réussi à contenir l'hyperinflation qui avait laissé tout le monde désespéré et terrifié en un peu plus de deux semaines, ne pouvait manquer d'impressionner Norman.

Le lendemain, c'était le jour de l'an et la ville de Londres était vide au milieu de la nouvelle année. Norman a conduit Schacht dans une visite de la Banque d'Angleterre, puis dans le bureau de Norman. Après une brève courtoisie, Schacht est entré dans le vif du sujet en évoquant l'espoir que la Banque d'Angleterre accorde à la banque centrale allemande un prêt en livres sterling d'une valeur de 25 millions de dollars. Ce n'est pas vraiment un gros chiffre, et Schacht est prêt à utiliser cet argent comme une amorce, à le compléter par 25 millions de dollars provenant de banques allemandes d'outre-mer, et avec 50 millions de dollars comme capital de base, il aura la certitude d'obtenir un prêt de 200 millions de dollars sur les marchés financiers de Londres, jetant ainsi les bases solides du nouveau mark allemand. Il s'agit clairement d'un coup de maître pour faire un grand coup avec peu de moyens, et la clé est que les premiers 25 millions de dollars doivent être en place pour que les coups ultérieurs soient viables.

Norman a écouté en silence la demande de Schacht, légèrement surpris, puis simplement silencieux. Norman s'est dit : " Tu veux emprunter de l'argent ? Pour quoi faire ? Un pays en faillite avec une énorme réparation de guerre de 12,5 milliards de dollars sur le dos, et Schacht, qui n'est en poste que depuis un mois et demi et qui n'est pas encore un banquier central sérieux, arrive et fait la fine bouche.

En effet, l'arrogant et insolent Schacht suscitait une vive controverse au sein du gouvernement allemand, et le gouverneur actuel de la Banque centrale allemande, Rudolf von Havenstein, était très mécontent de lui. En mai 1922, le pays victorieux a adopté une loi visant à rendre la Banque centrale allemande indépendante du contrôle gouvernemental, et si Havenstein avait refusé de démissionner, Schacht n'aurait pas pu prendre la relève en tant que gouverneur. C'est précisément parce que le gouvernement allemand ne pouvait pas déplacer Havenstein qu'il a dû mettre en place un "comité monétaire" ministériel, qui était en fait un organe distinct, et c'est ainsi que deux banques centrales ont vu le jour en Allemagne au même moment, chacune émettant son propre mark, ce qui a constitué un spectacle mondial. Bien sûr, Schacht a fait du bon travail en supprimant l'hyperinflation, et rien ne peut remplacer la compétence et le prestige. Les piètres performances de Havenstein dans la gestion de l'hyperinflation sont également bien connues du monde entier, et je crains qu'il soit lui-même embarrassé de continuer à se reposer sur le poste de gouverneur de la banque centrale sous une énorme pression gouvernementale et populaire.

Au moment où Norman réfléchit et ne sait pas comment formuler son refus, Schacht semble lire dans les pensées de Norman. Il y a eu une pause pendant un moment, et Schacht a lancé l'atout qu'il avait tant réfléchi, une tentation que Norman ne pouvait pas refuser. Schacht, au nom des responsables de la politique monétaire du gouvernement allemand, déclare que la Banque centrale allemande est prête à utiliser la livre comme actif de réserve monétaire ! Non seulement cela, mais les prêts accordés sont également libellés en livres !

C'est un coup direct dans le mille de Schacht ! Norman n'a pas hésité à dire oui — pour emprunter de l'argent.

La monnaie britannique "l'eau s'est transformée en pétrole" : les réserves de change ont atterri

Après la fin de la Première Guerre mondiale, la plus grande angoisse de Norman était de savoir comment insérer la livre dans les actifs de réserve des autres banques centrales. C'est dans cet esprit que Schacht a veillé à ce que cette tâche apparemment impossible soit accomplie avec facilité.

Aujourd'hui, il peut sembler de bon sens d'avoir des réserves de change comme réserves monétaires des banques centrales nationales et d'émettre des monnaies nationales comme garantie, mais, en 1922, ce concept était absolument impensable ! Dans l'étalon-or traditionnel, la principale réserve monétaire de la banque centrale est constituée d'une grande majorité d'or et de papier domestique à court terme, et seuls les actifs en or peuvent satisfaire aux trois caractéristiques de liquidité élevée, de facilité d'échange et de reconnaissance internationale.

Dans le mécanisme de l'étalon-or, les banques centrales se préoccupent principalement des réserves d'or et n'interviennent que rarement, voire jamais, activement sur les marchés financiers, si ce n'est en cas d'énormes turbulences sur les marchés (comme des sorties massives d'or). Dans un étalon-or, les équilibres des prix, des taux d'intérêt, du crédit, des finances publiques et du commerce sont largement auto-ajustés. La monnaie de chaque pays a sa propre base juridique pour le contenu en or, toutes les monnaies sont à parité avec l'or et les fluctuations des taux de change sont pratiquement inexistantes. Du début du XIXe siècle jusqu'au déclenchement de la Première Guerre mondiale, le système monétaire de l'étalon-or mis en place par l'Empire britannique a grandement facilité le commerce mondial et le développement économique. La révolution industrielle et l'urbanisation, première vague de la mondialisation, ont rapidement propulsé les fruits de la civilisation occidentale aux quatre coins du monde. En l'absence de guerres et de révolutions de masse pendant près d'un demi-siècle, les nouvelles technologies, représentées par les chemins de fer, la navigation et les télégraphes, ont évolué rapidement, le commerce international a prospéré et les capitaux mondiaux ont circulé librement. L'étalon-or a propulsé l'Occident au sommet de la civilisation comme jamais auparavant.

Cependant, le développement est destiné à être inégal. L'Allemagne a surgi, les États-Unis ont fini par dominer, et l'Empire britannique du début du 20e siècle était déjà le plus vieux des vieux. Des pressions croissantes de fracture s'accumulent dans les strates apparemment stables, et les feux de la terre se déchaînent. La Première Guerre mondiale a été le point de départ de cette énorme énergie de perturbation économique. La capacité de production de la société a été largement réorientée vers l'industrie militaire, puis détruite les unes par les autres dans le feu de l'action. Le commerce mondial s'est effondré, les marchés mondiaux ont été fragmentés et, surtout, les flux de capitaux mondiaux qui faisaient tourner les engrenages de l'économie mondiale se sont arrêtés. L'échec de l'étalon-or a entraîné une grave surémission de papier-monnaie dans divers pays, avec une hausse des prix à la clé, et un déséquilibre extrême des réserves d'or de pays qui étaient à peu près en équilibre.

En 1913, les quatre puissances économiques d'avant-guerre — les États-Unis, la Grande-Bretagne, l'Allemagne et la France — disposaient d'un total de 5 milliards de dollars de réserves d'or, les États-Unis étant les plus riches avec 2 milliards, la Grande-Bretagne avec 800 millions, l'Allemagne avec 1 milliard et la France avec 1,2 milliard.[3] Il convient de noter que ces réserves d'or ne sont pas toutes entre les mains des banques centrales, et que les banques commerciales et la monnaie en circulation en représentent également une grande partie. De manière intéressante mais raisonnable, la répartition des réserves d'or des quatre pays est à peu près comparable à la taille de leurs économies, à la légère exception de la France, dont les réserves d'or totales sont passées à 6 milliards de dollars en 1923 en raison de l'augmentation de la production d'or, mais la répartition a été fortement déformée. En raison de l'aversion au risque pendant la guerre, un total de 2 milliards de dollars d'or en provenance d'Europe a afflué aux États-Unis, qui ont vu leurs réserves d'or s'envoler à 4,5 milliards de dollars, le Royaume-Uni a légèrement diminué, la France a perdu davantage et l'Allemagne a perdu le plus.

Les pays européens d'après-guerre se préparent les uns après les autres à revenir à l'étalon-or, et l'Empire britannique se trouve dans la position la plus délicate. Si Londres veut retrouver sa place de centre financier mondial, la livre doit retrouver ses niveaux de valeur d'avant-guerre, et c'est seulement à cette condition qu'elle sera crédible, la pierre angulaire de la finance étant le crédit. Mais la monnaie britannique a doublé de volume et, apparemment, il y a un excédent de billets sterling par rapport aux réserves d'or. Face aux États-Unis, où l'or est absolument dominant, on peut dire que l'hégémonie financière du Royaume-Uni est doublement mise à mal. Si la livre continue de s'affaiblir, tôt ou tard, les économies et le financement du commerce mondial se tourneront vers un dollar plus fort, le capital mondial convergera vers New York, et l'empire financier qui a été si laborieusement géré pendant 200 ans ne sera plus jamais le même. La perte de l'hégémonie financière, le statut de l'Empire britannique en tant qu'organisateur du commerce mondial, le monopole des monnaies

---

[3] Ibid.

réglées au niveau international et les privilèges de fixation des prix sur les marchés des matières premières se désintégreront progressivement. Même le système continental du Commonwealth sera capable de se maintenir, et la marine impériale aura encore le pouvoir financier de protéger les passages océaniques du monde, ce dont on peut terriblement douter.

Norman, à la tête des finances de l'Empire britannique, a longuement réfléchi à la manière de résoudre le dilemme de la pénurie d'or. En fin de compte, la seule solution qu'il a trouvée est de traiter fermement le billet de livre comme de l'or, en persuadant et en forçant les nations à l'accepter, en ajoutant la livre aux actifs de réserve monétaire de leurs banques centrales, en plus de l'or. En 1922, guidé par cette ligne de pensée, le comité financier de la Société des Nations, une organisation dirigée par les Britanniques, a officiellement recommandé aux nations, lors de la conférence de Gênes, la nouvelle monnaie britannique, le billet de livre sterling, qui était identique à l'or. C'est comme l'expression "de l'eau au pétrole" dans le monde de l'argent. L'eau ne peut pas être du pétrole, et les livres de papier ne peuvent pas être de l'or ! En fin de compte, le paragraphe 9 de la résolution de la Conférence de Gênes invite explicitement les États à "établir une nouvelle pratique internationale selon laquelle les devises étrangères peuvent être détenues dans des réserves monétaires dans le but d'économiser de l'or".[4]

Pour la première fois dans l'histoire des monnaies mondiales, le concept de réserves de change a fait ses grands débuts.

Norman a inventé un nouveau mécanisme monétaire, à savoir l'étalon de change-or. Comme son nom l'indique, il s'agit du système de l'étalon or plus devises (or convertible). Désormais, les banques centrales et les banques commerciales de tous les pays créeront de la monnaie et du crédit avec de l'or et des devises étrangères comme garantie.

En fait, toute personne ayant un bon œil peut comprendre que ce n'est pas un endroit où il n'y a pas d'argent pour 300 taels ? Si le Royaume-Uni a suffisamment d'or, pourquoi augmenter les devises

---

[4] Jacques Rueff, *The Monetary Sin of The West*, THE MACMILLAN COMPANY, 1972. p. 22.

étrangères comme actif de réserve monétaire ? Il suffit d'utiliser l'or et le tour est joué. De ce fait, le concept de réserves de change promu par les Normands ne se fait pas sans heurts, et tout le monde se méfiera du concept de cette monnaie "de l'eau au pétrole". Après plusieurs efforts, le reste de l'Europe n'adhère pas immédiatement, à l'exception des possessions coloniales de l'Empire britannique et des petites économies de l'Autriche et de la Hongrie, en proie à l'hyperinflation après la guerre.

Comment Norman ne serait-il pas ravi lorsque Schacht, représentant l'Allemagne, la plus grande économie d'Europe, a demandé à Mark de se jeter dans les bras de la livre sterling pour une fraction du coût de 25 millions de dollars ?

Cependant, le Normand a encore une lueur d'inquiétude, le manque d'or a entraîné la faiblesse de la livre, alors que le dollar avec des réserves d'or cinq fois supérieures à la livre convoite le roi de la monnaie.

Les Américains sont vraiment là.

Le dollar a pris le dessus, et Mark est amoureux de la nouvelle grande monnaie.

Le 30 novembre 1923, alors que la bataille de Schacht pour la défense des loyers au sol commençait à porter ses fruits, le nez fin des Américains a flairé une opportunité et les banquiers américains Dawes et Owen Young se sont pavanés en Europe. En tant que représentants américains de la "Commission des compensations" des Alliés, ils étaient venus enquêter sur les raisons pour lesquelles la simple question du remboursement des dettes était si compliquée pour les Européens.

Dawes était un célèbre canonnier qui était chargé du réapprovisionnement logistique du corps expéditionnaire américain en Europe pendant la Première Guerre mondiale. Après la guerre, le Sénat américain a tenu des audiences pour enquêter sur les comptes peu clairs et coûteux des fournitures logistiques américaines. Lors de l'audience, Dawes a été submergé par les questions des sénateurs et a fini par éclater de rage : "Au diable, nous ne sommes pas allés là-bas pour obtenir un jeu de registres parfaits, nous avons saigné pour gagner la guerre !". "L'arrogance de [5]Dawes a stupéfié les auditeurs et a depuis gagné en notoriété. En fait, sa profession est celle d'un banquier.

En septembre 1915, Morgan dirige un "emprunt anglo-français" de 500 millions de dollars [6]pour les alliés anglo-français, ce qui constitue sans doute une opération sans précédent à Wall Street, mais le sentiment anti-guerre américain est fort et les obligations de guerre européennes ne se vendent pas bien. Dans le Midwest en particulier, une seule banque à Chicago était prête à s'engager dans la souscription d'obligations de guerre de Wall Street, et c'était la banque de Dawes. Depuis lors, il est affectueusement considéré par Morgan comme "l'un des siens". Dawes fait parler de lui depuis qu'il est dans les médias européens, mais l'homme derrière lui, Owen Young, est celui qui a les pieds sur terre et fait son travail.

Avant Dawes, il y avait une facture vertigineuse des recettes et des dépenses nationales pour guider l'élaboration des plans de remboursement de la dette de guerre. Avant la guerre, l'économie américaine était la plus importante, avec un PIB d'environ 40 milliards de dollars, soit l'équivalent de la somme de la Grande-Bretagne, de la France et de l'Allemagne. La guerre a réduit les économies de la France et de l'Allemagne de 30%, la Grande-Bretagne de moins de 5%, et les États-Unis ont gagné l'argent de la guerre. En 1919, l'économie américaine était 50 pour cent plus grande que les trois nations réunies. Comme le PIB de l'Allemagne avant la guerre était de 12 milliards de dollars, nous pouvons essayer de calculer la taille des économies des quatre pays en 1913 et 1919, respectivement. Chaque jour, ces chiffres somnolents passent devant les yeux de Dawes.

Plus de complexité s'annonce. La Grande-Bretagne a dépensé un total de 43 milliards de dollars dans la guerre, dont 11 milliards ont servi à financer ces pauvres amis de la France que sont les Russes. Elle a levé 9 milliards de dollars en augmentant les impôts, soit environ 20% du coût de la guerre, et a emprunté 27 milliards de dollars dans le pays et à l'étranger, le reste ne pouvant être qu'imprimé. Avec des dépenses de guerre totales de 30 milliards de dollars, les Français sont connus

---

[5] Charles Gates Dawes, Wikipédia, Participation à la Première Guerre mondiale.

[6] Ron Chernow, *The House of Morgan, An American Banking Dynasty and the Rise of Mordern Finance*, Grove Press, New York, 1990. p197.

pour être le peuple le plus réfractaire aux impôts dans le monde, et préféreraient mourir plutôt que d'augmenter les impôts, contribuant ainsi à moins de 5 pour cent des recettes fiscales. La classe moyenne française déteste les impôts, mais adore épargner, et elle a souscrit à la dette nationale de 15 milliards. Vu l'ampleur des pertes françaises, les États-Unis et la Grande-Bretagne ont eu l'impératif moral de verser un peu de sang et de prêter à la France un total de 10 milliards de dollars, laissant le reste de la différence à l'impression de billets. La guerre de l'Allemagne a coûté 47 milliards de dollars, dont 10% provenaient des impôts. Ne disposant pas des marchés financiers sophistiqués et des fortes capacités de financement de la Grande-Bretagne et de la classe moyenne aisée de la France, l'Allemagne a fini par s'en remettre à l'impression de billets. Pendant la guerre, il y avait deux fois plus d'argent britannique en circulation qu'avant la guerre, trois fois plus en France et quatre fois plus en Allemagne !

Au total, l'Europe a dépensé la somme étonnante de 200 milliards de dollars pour la Première Guerre mondiale !

Enfin, Dawes a fini par comprendre la dette : 16 alliés européens doivent aux États-Unis un total de 12 milliards de dollars, dont 5 milliards à la Grande-Bretagne et 4 milliards à la France. Et 17 pays doivent encore 11 milliards de dollars à la Grande-Bretagne, 3 milliards à la France et 2,5 milliards à la Russie, une [7]dette qui s'est envolée après la révolution d'octobre.

L'Allemagne, principal pays vaincu, a payé un total de 12,5 milliards de dollars en réparations de guerre.

Les Européens pouvaient facilement conclure de cette comparaison de chiffres que les réparations de guerre de l'Allemagne représentaient presque la totalité de la dette de l'Europe envers les États-Unis, et que tant que les Allemands pouvaient les rembourser, nous pouvions les rembourser aux Américains. Bien sûr, comme l'Allemagne n'avait pas les moyens de payer, nous avons dû faire traîner les choses en longueur.

---

[7] Michael Hudson, *Super Impérialisme — Nouvelle édition : The Origin and Fundamentals of U.S. World Dominance*, Pluto Press ; Nouvelle édition (21 mars 2003), chapitre un.

Les Américains sont déprimés quand ils y pensent, pourquoi les Européens se battent-ils et nous payons pour cela ? Les États-Unis ne donnent pas d'argent pour la charité, mais pour des prêts commerciaux. Comment peut-on confondre un prêt commercial avec des réparations de guerre, une entreprise est une entreprise. C'est votre problème si vous n'êtes pas payés par l'Allemagne. Vous nous devez de l'argent, pas un centime de moins ! Vous ne pouvez pas rembourser le prêt, vous n'avez pas de crédit, honte à vous !

L'Empire britannique, en tant que centre financier du monde, a plus de crédit que de vie, et il est pire que de tuer les Britanniques pour ne pas avoir tenu parole. Avant la guerre, aux yeux des banquiers britanniques bien-pensants, leurs homologues américains étaient des sacs à merde avec de l'argent et sans goût. Après la guerre, les riches Américains ont maudit les Britanniques pour ne pas avoir remboursé leur argent et leur crédit, provoquant à la fois la colère et le ressentiment des Britanniques. Les médias britanniques ont déploré le fait que les États-Unis aient tardé à entrer en guerre et aient délibérément gagné de l'argent de guerre tout en regardant leurs alliés faire de si grands sacrifices pour la cause de la liberté, et que si les États-Unis avaient une morale et une conscience, ils auraient dû prendre l'initiative de réduire leur dette. Maintenant, vous avez l'audace de faire appel à vos camarades de la dépression d'après-guerre, c'est un "Sherlock" des temps modernes ! Ainsi, "Oncle Sam" a été parodié par les Européens sous le nom d'"Oncle Sherlock". "Quatre-vingt-dix pour cent des Français pensent que les États-Unis sont un pays égoïste, sans cœur et avide", rapporte le New York Times à Paris. Les diplomates américains à Londres ont constaté que la grande majorité des Britanniques trouvaient la politique américaine égoïste, vile et honteuse.

Les États-Unis sont historiquement un pays où le pragmatisme règne en maître, et l'évaluation morale ne signifie rien pour les pragmatiques. Lorsque quelqu'un est endetté, les États-Unis détestent prendre un couteau et couper cette personne avec une livre de chair, mais lorsque c'est leur tour de devoir de l'argent, il s'agit simplement de rouler et d'imprimer de l'argent, autant qu'ils le peuvent. En comparaison, le vieux gentleman britannique est un peu plus généreux.

Ce sont les Américains qui souffrent quand ils se disputent et ne sont pas payés. Dawes fait ce voyage dans un seul but, attacher l'Europe à la ceinture de son pantalon avec des dollars !

Bien que les États-Unis refusent officiellement de reconnaître que l'argent dû par l'Europe aux États-Unis a quelque chose à voir avec les réparations allemandes, en réalité, toute percée substantielle dans le recouvrement de la dette ne peut être réalisée que par les réparations allemandes, qui sont vraiment un casse-tête qui peut être tranché. La nation victorieuse a imposé à l'Allemagne le montant des réparations que l'Allemagne ne pouvait tout simplement pas se permettre de payer, et le résultat de cette force a été la faillite de l'économie allemande, ce qui a été le cas. Au cours des quatre années qui ont suivi la guerre, les Alliés ont tenu 88 réunions sur les réparations allemandes, et tout le monde a fini par s'épuiser. C'est à ce moment-là que Dawes a introduit un concept totalement nouveau, à savoir que la "capacité de payer" est la plus importante. Comment définit-on la capacité de remboursement de l'Allemagne ? C'est la charge fiscale. La charge fiscale de la dette de guerre supportée par les Allemands doit être comparable à celle de l'Angleterre et de la France. La stratégie de Dawes, qui consiste à "mettre de côté le montant total du remboursement, avec une charge fiscale à peu près égale", a finalement permis de sortir de l'impasse.

Cependant, la France est maintenant devenue une pierre d'achoppement évidente. Les Français étaient inhabituellement empêtrés et obsédés par les réparations allemandes, puisque la défaite de la guerre franco-prussienne avait entraîné une énorme réparation française de 5 milliards de francs à l'Allemagne, une dette qui avait été plongée comme un couteau acéré dans le cœur des Français, une humiliation qui s'était transformée en sentiment national. Les Allemands devaient payer en premier, sinon les Français ne se retireraient jamais de la zone industrielle allemande de la Ruhr. Évidemment, sans ce centre de production charbon-acier en Allemagne, c'est toute l'économie qui perd son moteur, et il n'est toujours pas question de parler de remboursement.

Cette fois, les Américains sont vraiment pressés ! Morgan, le "propre homme" de Dawes, a finalement perdu patience face à l'obstination française. À ce stade, Morgan n'est plus le petit talon des banquiers britanniques d'avant-guerre, mais le gros bonnet financier du camp hégémonique. La force dicte la mentalité, Morgan tape dans le dos, le Français doit céder ! Bientôt, il arrive quelque chose au franc !

Avant la guerre, le dollar était à 1:5 pour le franc, en 1920, il était à 1:15, et au début de 1924, le franc est tombé à 1:20, et lorsque la France s'est obstinée et a refusé de se retirer, le 14 janvier, le franc a plongé de 10 pour cent par jour ! La France ne veut toujours pas bouger, et le 8 mars, le franc tombe à 1:27. Les marchés financiers français sont en pleine tourmente, les commerçants, les banques et la classe moyenne commencent à fuir massivement les actifs en francs. Le gouvernement français s'est emporté contre les spéculateurs de change sans scrupules, qu'il a qualifiés d'alliés de la conspiration, et le 13 mars, il a dû se tourner vers JP Morgan pour emprunter 100 millions de dollars afin de stabiliser la situation. Mais JP Morgan a laissé entendre par la rumeur que le gouvernement français devait accepter le plan Dawes. Lorsque le gouvernement français a été contraint de se radoucir, le franc a immédiatement rebondi de 1:29 à 1:18, soit une hausse folle de 60% en deux semaines ! Pour la première fois, les gens ont vu l'énorme pouvoir des armes financières dans la politique internationale.

Le plan Dawes est enfin sorti. Les Américains ont offert des conditions assez généreuses : le montant total de la compensation serait mis de côté, 250 millions de dollars pour la première année, puis augmenterait d'année en année pour atteindre 600 millions de dollars par an à la fin des années 1920. Concrètement, cela revient à réduire la rémunération totale des Allemands de 12,5 à 8 ou 10 milliards de dollars.

Ce n'est pas vraiment le problème. L'adversaire dans l'esprit de l'Amérique est en fait les Britanniques !

Sous la bannière "pas de déstabilisation du mark", le plan Dawes proposait que les réparations soient collectées par le gouvernement allemand en marks et déposées sur un compte spécial de surveillance de la Banque centrale allemande, sous le contrôle d'un commissaire nommé par la Commission des réparations et chargé de décider s'il serait possible de convertir "en toute sécurité" les marks en devises étrangères ou d'acheter des produits allemands pour rembourser la dette, et que l'argent pourrait même être utilisé pour prêter aux entreprises allemandes ! Apparemment, la position de ce commissaire est l'équivalent du suzerain économique de l'Allemagne ! Qui va s'asseoir dans ce fauteuil ? La Grande-Bretagne, la France et l'Allemagne sont dans une relation de dette à dette, et c'est injuste qui que ce soit, seulement les Américains n'ont pas d'idées préconçues, donc c'est plus approprié. Dans le même temps, les Américains ont promis de financer 200 millions de dollars sur les 250 millions de la dette allemande à rembourser la première année, dont une partie a été utilisée pour reconstituer les réserves monétaires de la Bundesbank afin de stabiliser la valeur du mark.

Lorsque l'Anglais a entendu parler de ce plan, il n'a pu s'empêcher d'être furieux et de faire du mal à son cœur ! Mark s'apprêtait à plonger dans les bras de la livre, mais au moment critique, il a tué un billet d'un dollar et a privé les réserves monétaires allemandes de leur pouvoir. Cette humiliation est comme prendre une femme ! Au moment où elle allait se déclencher, les États-Unis ont demandé à l'Allemagne, avec un sourire en coin, qui voulez-vous suivre ?

Schacht s'accroche immédiatement au tour du dollar et négocie avec les États-Unis pour obtenir le plus d'indépendance possible vis-à-vis du mark. Le scénario final prévoyait que la Reichsbank serait indépendante du gouvernement et que celui-ci n'aurait pas le pouvoir de procéder à des ajustements de personnel pendant le mandat du gouverneur ; que le Reichsmark remplacerait le Rentenmark ; que le plan Dawes prévoyait de fournir 800 millions de Reichsmarks pour reconstituer le capital de la Bundesbank ; et que les réserves monétaires de la Bundesbank se composeraient de 3/4 d'or et de 1/4 de devises étrangères, les réserves monétaires ne devant pas être inférieures à 40% de l'ensemble de la monnaie en circulation et de l'épargne bancaire totale. Le dollar naturel règne sur les devises étrangères. La banque centrale allemande s'engageant dans des réserves d'or, les Etats-Unis ne s'y opposent pas, car les jetons d'or sont concentrés dans les mains des Américains, le dollar est égal à l'or, "abaisser les Han, c'est abaisser les Cao", être soumis à l'or, c'est aussi être soumis aux Etats-Unis. De plus, une fois le plan Dawes lancé, il y aura un afflux massif de capitaux américains en Allemagne et le système bancaire commercial allemand sera inondé de dollars.

Ce qui rend les Britanniques encore plus furieux, c'est qu'il ne s'agit pas d'une compensation, mais clairement d'un plan pour financer la remontée de l'Allemagne ! Les réparations allemandes collectées en marks et déposées à la Banque centrale allemande, au moment d'échanger des devises, peuvent être échangées "en toute sécurité", disent les Américains. Les Américains avaient tout à fait le droit de permettre que ce soi-disant versement soit à nouveau prêté à l'industrie allemande, renforçant ainsi l'économie allemande. La raison pour laquelle la Grande-Bretagne a mené une guerre de quatre ans contre l'Allemagne n'est-elle pas que l'Allemagne voulait défier le système hégémonique de l'Empire britannique ? Mais que font donc les États-Unis pour défendre l'Allemagne de cette manière ?

Les Américains avaient une autre couche de calculs, et je crains que la Grande-Bretagne n'ait pas réagi à l'époque. Les États-Unis fournissaient des dollars à l'Allemagne, que celle-ci utilisait d'abord pour développer son économie, puis pour dédommager la Grande-Bretagne et la France ; la Grande-Bretagne et la France utilisaient ensuite les dollars pour rembourser les dettes américaines. Le dollar quitte les États-Unis, fait le tour du monde et revient ensuite aux États-Unis, ce qui peut sembler superflu, mais constitue en fait la disposition stratégique des États-Unis. L'objectif fondamental de la marche internationale sur le dollar est de dollariser le mark allemand, de faire pénétrer le dollar dans les économies européennes et de développer progressivement la dépendance au dollar.

Ce que les États-Unis veulent vraiment, c'est attacher l'Europe à sa propre ceinture de dollars !

Keynes a découvert que le dollar renversait l'étalon-or.

> *"Le pouvoir de l'économie, qu'il soit correct ou non, est souvent inattendu. Ce qui gouverne réellement le monde, ce sont ces pensées. Beaucoup de ceux qui pensent ne pas accepter l'influence d'une quelconque idéologie sont souvent longtemps les esclaves de quelque économiste décédé."*[8]
>
> – Keynes

Le Royaume-Uni manque d'or et est naturellement un partisan actif de l'étalon de change-or. Les Américains ne sont pas opposés à l'étalon de change-or, mais sont optimistes quant à son succès, car l'or américain domine largement, le dollar est plus fort que la livre, et le dollar est certainement plus favorisé que la livre lorsque les pays augmentent leurs devises comme option de réserve monétaire, le résultat naturel étant que le dollar dépasse la livre en proportion des avoirs de réserve des pays, établissant ainsi l'hégémonie future du dollar.

Cependant, l'afflux massif d'or a également apporté un "fardeau de bonheur" aux États-Unis. En effet, dans le cadre de l'étalon-or traditionnel, une forte augmentation de l'or entraînerait un problème d'augmentation forcée du crédit en dollars, ce qui induirait une inflation. C'est la même chose que la surabondance actuelle des

---

[8] John Maynard Keynes, *La théorie générale de l'emploi, de l'intérêt et de la monnaie*.

réserves de change en Chine, qui a entraîné la surémission forcée du yuan.

L'essence de l'émission de monnaie par les banques centrales et de la création de crédit par les banques commerciales est un acte d'achat d'actifs. Lorsque 2 milliards de dollars d'or fuient l'Europe vers les États-Unis, le système bancaire américain va activement ou passivement "manger" l'or, et le "recracher" sous forme de billets de banque ou de crédits bancaires. Lorsque ces billets et ces crédits entrent en circulation, ils font grimper les prix car l'offre de marchandises n'a pas encore eu le temps d'augmenter. Ainsi, pendant la Première Guerre mondiale, ce ne sont pas les pertes matérielles causées par la guerre, mais l'augmentation de la masse monétaire qui a fait grimper les prix de 60% aux États-Unis. Et après la guerre, alors que l'économie européenne est en plein marasme et que l'or continue d'affluer aux États-Unis, la Fed ne peut finalement pas rester sans rien faire.

Et le pouvoir réel de la Réserve fédérale est en fait manipulé entre les mains de 12 banques de la Réserve fédérale, notamment la Banque de la Réserve fédérale de New York, qui a à sa tête le grand nom Benjamin Strong. Strong était à la tête de JP Morgan, et travaillait en étroite collaboration avec le gouverneur de la Banque d'Angleterre, Norman, et le gouverneur de la Banque centrale allemande, Schacht, qui étaient connus comme les "trois mousquetaires" du monde financier dans les années 1920.

Strong a vu une cargaison d'or arriver à New York par bateau depuis l'Europe, puis se déverser dans les coffres des banques de New York comme une inondation, avec pour résultat une inondation du crédit et une montée en flèche des prix. Il est déterminé à ne pas laisser la ruée vers l'or frapper la digue du dollar au point de devoir contracter la masse monétaire pour atténuer la pression à la hausse sur les prix.

Lorsque la Fed en était à ses débuts, son principal moyen était d'influencer l'environnement du crédit en ajustant le taux d'escompte. Toute banque qui adhère au système de la Réserve fédérale peut demander un prêt à la banque centrale par le biais de la fenêtre d'escompte, et le taux d'escompte est le taux auquel la banque centrale est prête à accorder un tel prêt. Lorsque la banque centrale augmente le taux d'escompte, elle décourage les banques commerciales de prendre de l'argent auprès de la banque centrale car le coût est plus élevé.

Mais cette méthode ne fonctionne pas bien au début des années 1920. En raison de la forte demande d'or en Europe, les banques de New York ont été inondées de lingots, et c'est sur l'or que les banquiers font leur argent. Il y a donc déjà trop d'argent sur le marché pour que les banques soient obligées de se rendre au guichet d'escompte de la banque centrale pour emprunter de l'argent. Strong a ajusté le taux d'escompte mais n'a pas pu endiguer le flot de crédit qui continuait à être créé.

Il doit trouver des moyens plus efficaces de contrôler directement la masse monétaire. C'est pourquoi Strong a mis au point un moyen pour les banques centrales de retirer la monnaie en vendant leurs actifs du Trésor au marché. De même, si le marché est à court d'argent, la banque centrale crée de la monnaie pour acheter des actifs et injecter des dollars sur le marché. C'est ce qu'on appelle aujourd'hui les opérations d'open market.

Ce que Strong a fait à l'époque compte définitivement comme une trahison. Dans l'étalon-or, l'or est l'actif le plus central, et sa proportion devrait avoir un avantage absolu, tandis que les autres actifs (par exemple, les bons du Trésor, les papiers commerciaux) ne sont que des actifs accessoires. Mais le résultat de cette "opération" de Strong sera une part croissante des bons du Trésor dans les actifs des banques centrales, ce qui inversera fondamentalement la définition de base des actifs de réserve monétaire.

Pourquoi les banques centrales doivent-elles s'appuyer principalement sur l'or pour leurs réserves monétaires ? Dans le cadre de l'étalon-or, la teneur en or de la monnaie est déterminée par la loi, et lorsque les banques centrales créent de la monnaie pour acheter des actifs ou vendent des actifs pour rapporter de la monnaie, si les actifs sont de l'or, les actifs et la monnaie sont toujours de valeur égale lorsqu'ils sont échangés. Ce principe selon lequel l'échange d'actifs et de monnaie doit être équivalent est en fait la pierre angulaire de l'équilibre et de la stabilité de l'actif et du passif de la banque centrale. Remplacer l'or par la dette nationale, qui est toujours sujette à un défaut direct ou indirect, démantèlerait fondamentalement le noyau de la stabilité monétaire, créant un désalignement potentiel du prix réel de la monnaie de la banque centrale en échange d'actifs et une tendance naturelle à la dévaluation de la monnaie.

Bien entendu, le système bancaire accueille favorablement une telle innovation. Toujours en tant qu'actif bancaire, l'or est stable mais ne produit pas d'intérêts ; la dette nationale est instable mais dispose d'un flux de trésorerie. La dette nationale est la garantie de l'imposition future de l'ensemble de la population, tant que les gens travaillent, le gouvernement dispose de recettes fiscales, et si les recettes fiscales dépassent les dépenses fiscales, le flux de trésorerie de la dette nationale est garanti. Le soutien des banquiers à la dette nationale en tant que substitut de l'or est sincère, et la dette nationale, en tant qu'actif central du système bancaire, fournit à la fois une base pour les prêts et un revenu d'intérêt. Ainsi, ils disposeront de deux sources de profit : l'une est l'intérêt perçu par les prêts et l'autre est l'intérêt sur la dette nationale qui transfère une partie de l'impôt universel au système financier.

À son tour, lorsque la monnaie-or se métamorphose en monnaie d'emprunt, il y aura un grave effet secondaire de la monnaie en circulation, à savoir le problème du double coût des intérêts. Non seulement les gens ont dû payer des intérêts sur la monnaie empruntée, mais ils ont également dû payer à nouveau des intérêts sur la garantie de la monnaie. Dans le système de la monnaie d'emprunt, la monnaie devient un fardeau pour le développement économique. La société doit payer des intérêts à un petit nombre de personnes pour pouvoir utiliser l'argent public. L'impasse de la dette nationale sur la monnaie est une conception qui ne peut être logiquement convaincante. En même temps, c'est aussi un système monétaire qui a des "informations cancéreuses" dans ses gènes. Plus l'émission monétaire est importante, plus la dette est importante, plus les coûts d'intérêt sont élevés et plus la pression exercée sur la population pour qu'elle soit "endettée" est forte. Comme les intérêts ne sont liés qu'au temps, l'expansion monétaire présente une demande rigide endogène avec une tendance naturelle à dévaluer la monnaie, et l'inflation en sera le corollaire ultime. La "main invisible" de l'inflation, qui conduit à la redistribution des richesses dans la société, est responsable de la polarisation mondiale des riches et des pauvres.

Il n'y a pas d'amour dans le monde sans raison, ni de haine sans raison. La haine de l'or par les banquiers est motivée par le profit et la logique. Ils proclament constamment l'inutilité de l'or à la société dans son ensemble par le biais des médias, et ils répandent l'idée que l'or n'est qu'une relique barbare à des générations d'étudiants par le biais de leurs écoles. Leur aversion pour l'or et leur amour de la dette trouvent en fait leur origine dans les avantages incroyables qu'ils partagent dans le système monétaire de la dette.

La manipulation du marché ouvert par Strong a agi précisément pour profiter de la supériorité absolue de l'Amérique en matière d'or, ouvrant la voie à la subversion éventuelle de l'étalon-or.

De l'autre côté de l'Atlantique, un autre homme qui suit également de près les innovations de Strong est le perspicace Keynes. Keynes voit dans la démarche de Strong non seulement les dangers d'un étalon-or, mais aussi les dangers d'une hégémonie financière dans l'Empire britannique, et à partir de 1922, Keynes met en garde à plusieurs reprises, déclarant clairement dans A Tract on Monetary Reform, publié en 1923 :

> *"Un étalon dollar est en train d'être arraché au fondement de la richesse matérielle. Depuis deux ans, les États-Unis semblent défendre l'étalon-or, mais en fait, ils ont établi un étalon-dollar."*[9]

Selon Keynes, les États-Unis "tiennent l'or en otage de leurs vassaux". Alors que les États-Unis possèdent 75% du total des réserves d'or des quatre puissances économiques et que les monnaies des autres pays sont en famine d'or, les États-Unis enterrent le rôle de l'or par des opérations d'open market et le dollar fait ce qu'il veut en fonction de sa situation économique. Le véritable objectif des États-Unis, qui exhortent tout le monde à maintenir l'étalon-or, est de faire en sorte que les monnaies du Royaume-Uni et des autres pays européens suivent le bâton de la Fed et finissent par développer une dépendance au dollar. Si cela continue de la sorte, l'hégémonie financière de l'Empire britannique ne tombera-t-elle pas aux mains de Wall Street ?

Il faut dire que l'attaque féroce de Keynes contre l'étalon-or contenait également des inquiétudes quant au sort de l'Empire britannique.

En fait, le dollar ne subvertit pas seulement la livre sur le front de la monnaie de réserve, mais il s'éloigne également du flanc du règlement commercial.

---

[9] John Maynard Keynes, *A Tract on Monetary Reform*, 1923.

Règlement commercial, coup de pouce du dollar

L'Empire britannique d'avant-guerre était un véritable "banquier du monde", bien que le volume économique total des États-Unis ait atteint 40 milliards de dollars, soit à peu près l'équivalent de la somme de la Grande-Bretagne, de l'Allemagne et de la France, mais la Grande-Bretagne contrôle d'énormes actifs à l'étranger, jusqu'à 20 milliards de dollars, dont un grand nombre d'investissements aux États-Unis, la Grande-Bretagne est le plus grand créancier du monde. Berlin, Paris et New York ne sont pas les mêmes centres financiers que Londres. En outre, la Grande-Bretagne dispose d'un vaste système économique colonial en Afrique, au Moyen-Orient, en Asie, aux Amériques et en Océanie, avec de vastes ressources naturelles à la merci des Britanniques, et un vaste marché colonial entièrement ouvert aux produits industriels britanniques. La Grande-Bretagne possède également la marine la plus puissante du monde, contrôlant presque toutes les grandes voies navigables du monde. Les navires du commerce mondial traversent les océans sous la protection de la marine de l'Empire britannique. Le crédit financier qui alimente le commerce international, les 2/3 est regroupé à Londres, la moitié des investissements à long terme du monde à l'étranger provenant du Royaume-Uni.

En raison de l'importance du monopole du Royaume-Uni sur le commerce international, Londres a monopolisé les transactions mondiales de billets à ordre commerciaux. Les échanges entre pays sont généralement réglés en livres sterling, de sorte que les mandats peuvent être convertis rapidement et à moindre coût en espèces à Londres. La régulation des marchés du crédit par la Banque d'Angleterre se fonde précisément sur le taux de réescompte des billets de trésorerie. Au cours des premières années d'existence de la Fed, comme le commerce international des États-Unis était beaucoup plus petit que celui du Royaume-Uni et que le marché des effets de commerce n'était pas encore développé, son guichet d'escompte servait principalement aux prêts des banques membres, ce qui constitue l'une des plus grandes différences entre les banques centrales britannique et américaine.

En raison de la précocité et de la taille du marché britannique des mandats commerciaux et de ses avantages évidents en termes de coût et de réputation, il semble que rien ne puisse remplacer la livre sterling comme monnaie de règlement des échanges. Mais le déclenchement de la Première Guerre mondiale bouleverse instantanément ce schéma.

Alors que les capacités de production industrielle et agricole des grands pays européens sont de plus en plus détruites par la guerre, leur demande de produits industriels et agricoles américains monte en flèche. Dans le même temps, la guerre a entraîné un transfert massif de capitaux financiers vers l'industrie militaire dans les pays belligérants et une pénurie croissante de crédit commercial, si bien que les pays européens se sont tournés vers les billets à ordre commerciaux pour les escompter sur le marché bien financé de New York. Des lettres de change commerciales libellées en dollars ont commencé à apparaître et, après 1915, lorsque des guerres coûteuses ont fait fluctuer la valeur de la livre de façon spectaculaire et que les énormes réserves d'or du dollar ont rendu ce dernier plus stable, les négociants, qui détestaient instinctivement les fluctuations monétaires, ont commencé à transformer le règlement en livres en règlement en dollars.

Les États-Unis ont saisi cette rare occasion en cent ans pour encourager activement leurs banques à se développer à l'étranger. Le gouvernement stipule que toute banque américaine dont le capital est égal ou supérieur à 1 million de dollars peut établir une succursale à l'étranger et que les banques américaines doivent soutenir le commerce américain à l'échelle mondiale. La loi permet à ces banques de contribuer jusqu'à 50% de leur propre capital pour acheter des traites commerciales.

À l'initiative du gouvernement, les banques américaines se lancent dans une marche internationale sans précédent. La National City Bank de New York (prédécesseur de la Citibank) est la première sur les rangs et, dès que la guerre éclate, elle envoie immédiatement un questionnaire à ses 5 000 entreprises clientes, leur demandant de suggérer où les succursales de la banque à l'étranger leur seraient le plus utiles pour développer leurs affaires sur place. DuPont, intéressée par l'énorme marché de l'armement, était prête à construire une usine au Chili, où la National City Bank a immédiatement ouvert une succursale, ainsi que des succursales au Brésil et à Cuba, et à poursuivre son expansion sur les marchés européens et asiatiques par le biais d'acquisitions. D'autres banques américaines ont suivi l'exemple et, au milieu des années 1920, il n'a fallu que 10 ans aux banques américaines pour établir

181 succursales à l'étranger[10], avec des tentacules financières dans le monde entier. Ces succursales à l'étranger ont activement persuadé les importateurs et exportateurs locaux, qui avaient auparavant réglé en livres sterling, de régler en dollars à la place, et d'escompter sur le marché de New York. À cette époque, non seulement les pays européens utilisaient le dollar pour régler leurs échanges, mais de nombreux pays d'Amérique du Sud, d'Asie et d'Afrique ont également commencé à utiliser des lettres de change commerciales libellées en dollars.

Des volumes massifs de billets à ordre commerciaux ont fini par inonder New York pour être escomptés, dépassant largement la capacité des banques new-yorkaises à transporter l'argent. Ce qu'on appelle l'escompte, c'est-à-dire que le détenteur d'une lettre de change commerciale s'adresse à la banque pour obtenir la lettre de change en espèces à un escompte, la banque a accepté la lettre de change commerciale, en fait, c'est la banque américaine des branches d'outre-mer de la garantie n'a pas été due et payable. La banque à New York achète à un escompte, peut le garder jusqu'à l'échéance, et ensuite aller à la banque de cautionnement pour collecter le montant total, la partie escomptée de ceci est le profit. Mais un gros problème se pose ici ; les banques new-yorkaises doivent également emprunter de l'argent afin d'absorber un tel volume de mandats, et le coût de l'emprunt est souvent plus élevé que le bénéfice de l'achat à prix réduit. Comme les investisseurs américains sont généralement familiers avec les mandats commerciaux traditionnels, qui sont des lettres de change dont la valeur est déterminée par l'acheteur et le vendeur eux-mêmes et dont la valeur dépend du crédit des deux parties, le risque de défaut est plus grand et les investisseurs ont tendance à exiger des escomptes plus importants, ce qui entraîne des coûts d'investissement plus élevés pour les mandats. Cependant, le risque d'un nouveau type de lettre de change commerciale, avec la banque comme garantie tierce, ne dépend que du crédit de la banque, et le risque de l'investisseur est partagé par la banque, le coût d'investissement d'une telle lettre de change, devrait être inférieur à celui de la lettre de change traditionnelle. En raison de ce décalage de perception, le problème du décrochage des lettres de

---

[10] Barry Eichengreen, *Exorbitant Privilege, The Rise and Fall of the Dollar and the Future of the International Monetary System*, Oxford University Press, 2011. p27-28.

change s'est généralisé, entravant gravement la formation d'un marché escompté pour les lettres de change.

Paul Warburg, le fondateur de la Réserve fédérale, a su déceler le problème. Warburg a fondé l'"American Promissory Note Association" pour sensibiliser les investisseurs au fait que les traites commerciales bancables constituent un nouveau produit très intéressant, moins risqué que les traites commerciales américaines traditionnelles sans garantie bancaire, et que le coût d'investissement dans un tel produit à faible risque et à rendement élevé devrait être inférieur. Warburg a travaillé sur l'échelle et le coût de l'entrée de capitaux sur le marché des mandats commerciaux, d'une part, et sur la liquidité du marché des mandats, d'autre part. Le gouverneur de la Federal Reserve Bank of New York, M. Strong, est l'homme qu'il a trié sur le volet et formé pour devenir un grand général, et Warburg a fortement conseillé à M. Strong de s'impliquer dans ce marché. Strong, après une étude minutieuse des traites commerciales, a découvert que dans ses opérations d'open market, en plus de l'achat et de la vente de bons du trésor, il était possible d'ajouter les traites commerciales comme nouvel instrument monétaire, de sorte que le contrôle de la masse monétaire soit plus flexible.

La Federal Reserve Bank of New York a mis le turbo et a mangé à grande échelle les lettres de change qui s'étaient envasées sur le marché, ce qui a permis aux banques de se débarrasser rapidement des lettres de change et le mouvement des fonds a été fortement accéléré, augmentant ainsi l'appétit des banques pour les lettres de change. Le taux de réescompte, tel qu'il a été fixé par Strong, est le taux d'escompte auquel la banque centrale mange les mandats des banques afin de construire un solide fond gagnant pour le marché des mandats. Tant que les banques achètent des lettres de change à un taux d'escompte inférieur à celui auquel elles les vendent à la banque centrale, la différence au milieu constitue le profit de la banque. L'intervention de la Federal Reserve Bank of New York a entraîné une rotation plus rapide des fonds bancaires, ce qui a considérablement augmenté le niveau de rentabilité des banques achetant et vendant des lettres de change. Même les banques centrales nationales se sont intéressées à ce domaine d'investissement, et la banque centrale néerlandaise, à la demande de ses propres exportateurs de fleurs et de diamants, a placé 10 millions de dollars de recettes provenant des exportations vers les États-Unis sur le marché des mandats. [11]

L'essor rapide du marché des traites commerciales américaines a fait que le dollar américain a commencé à devenir une monnaie clé sur le marché international. Au milieu des années 1920, plus de la moitié des échanges d'importation et d'exportation des États-Unis ont commencé à utiliser des traites commerciales libellées en dollars. Et grâce à l'implication profonde de la Federal Reserve Bank of New York, de sorte que le coût actualisé de la lettre de change de New York est inférieur d'un point de pourcentage entier à celui de Londres, un flux constant de lettres de change s'est envolé vers New York comme des flocons de neige.

Après seulement 10 ans, le marché londonien des effets de commerce, autrefois florissant, est maintenant froid devant la porte, tandis que le marché new-yorkais, autrefois inexploité, est en pleine effervescence. En 1924, le montant total des effets de commerce libellés en dollars a plus que doublé celui des effets libellés en livres sterling.

Avant la guerre, le quotient de change du dollar n'était même pas aussi exposé que la lire italienne et le shilling autrichien, sans parler de la livre, sur les marchés financiers de chaque pays, et dix ans plus tard, le dollar a dépassé tous les autres concurrents monétaires. [12]

L'année 1924 a marqué un tournant important dans l'histoire des monnaies, lorsque le dollar a pleinement brisé les défenses de la livre sur le front des monnaies de réserve, et que pour la première fois la part du dollar dans les réserves de change des banques centrales des pays a dépassé celle de la livre. Sur le flanc des droits de fixation des prix des règlements commerciaux, battant l'obstination de la livre. Depuis lors, le dollar a achevé sa fermeture par rapport à la livre.

---

[11] Ibid.

[12] Ibid.

En forçant les pays à revenir à l'étalon-or, les États-Unis veulent "tenir l'or en otage des vassaux".

> *"Une pensée économique erronée fait qu'il est difficile de voir où sont les intérêts de chacun. Par conséquent, ce qui est plus dangereux que les avantages, ce sont en fait les idées."*
>
> – Keynes

Keynes voyait déjà que le but ultime des Américains était de subvertir l'hégémonie monétaire de l'Empire britannique avec un étalon dollar. L'or n'est qu'un "empereur Han Xian" dans les mains des Etats-Unis, une fois que les conditions seront réunies, l'étalon dollar abolira l'or et s'appropriera l'empire lui-même !

Le motif des États-Unis pour demander avec insistance, voire contraindre les pays à revenir à l'étalon-or le plus rapidement possible n'est évidemment pas simple. En 1925, la Grande-Bretagne reprend à peine l'étalon-or, mais tombe dans le piège américain.

En seulement quatre ans de guerre, le monde a changé de façon spectaculaire. Si la Grande-Bretagne a vaincu son challenger hégémonique, l'Allemagne, elle a épuisé les ressources économiques nécessaires à la domination mondiale. Tout au long du XIXe siècle, la Grande-Bretagne a exporté des capitaux vers le monde en tant que "banquier du monde", en s'appuyant sur les avantages commerciaux et les excédents de capitaux créés par la forte compétitivité de l'industrie britannique. L'accumulation de capital industriel stable à long terme est la garantie des prêts britanniques au monde, c'est-à-dire une épargne à long terme pour soutenir les prêts à long terme et le contrôle progressif des ressources mondiales, de la capacité de production et du marché au sens large, créant ainsi un cycle positif. Mais l'essor industriel des États-Unis et de l'Allemagne à la fin du XIXe siècle affaiblit la compétitivité industrielle de la Grande-Bretagne et assèche le potentiel de Londres à exporter des capitaux dans le monde. La Première Guerre mondiale, quant à elle, a fondamentalement ébranlé l'hégémonie britannique en matière d'exportation de capitaux. Après la guerre, afin de maintenir sa position de centre financier mondial, la livre a dû se raidir et la compétitivité industrielle britannique a encore décliné. Dans le même temps, les coûts militaires du maintien de l'hégémonie à l'étranger restent élevés et la balance fiscale s'est détériorée. L'héritage du découvert monétaire de la guerre et l'insuffisance de la production économique ont fait que les prix britanniques sont 10% plus élevés qu'aux États-Unis, ce qui a encore affaibli la compétitivité mondiale des produits britanniques. En d'autres termes, les coûts du maintien de l'hégémonie impériale ont dépassé les avantages qu'elle apporte.

Le rétablissement de l'étalon-or en Grande-Bretagne en 1925 a en fait exacerbé cette contradiction fondamentale. L'ampleur des exportations de capitaux britanniques à l'étranger est revenue aux niveaux d'avant-guerre, mais à une époque où les "banquiers du monde" s'appuient fortement sur l'épargne à court terme de l'argent chaud pour soutenir les prêts extérieurs à long terme, le potentiel de risque est beaucoup plus élevé. La livre sterling a été vidée de ses os.

C'est précisément à ce moment-là que les États-Unis ont joué un rôle majeur en poussant et en contraignant la Grande-Bretagne à revenir à l'étalon-or.

Un plan capable d'être réalisé est un idéal, un autre qui l'est moins est appelé un rêve, et un autre qui est impuissant est une fantaisie. Norman, le gouverneur de la Banque d'Angleterre, n'a apparemment pas réussi à faire la distinction entre les idéaux, les rêves et les fantasmes. Essayer de regagner la domination mondiale de la livre n'était que son rêve, et essayer de le compléter en restaurant l'étalon-or ne laissait à Norman que des fantasmes.

Mais les fantasmes de Norman étaient fortement encouragés par les Américains.

Le 28 décembre 1924, Norman arrive discrètement à New York. Afin de ne pas être découvert par les médias, il utilise un faux nom à bord du paquebot, et les magazines américains décriront plus tard son voyage comme " inaperçu par quiconque, comme une silhouette dans la nuit noire ".[13] Cependant, il n'y a pas de mur imperméable sous le ciel. Lorsqu'un journaliste britannique a demandé à un porte-parole de la Banque d'Angleterre pourquoi Norman avait été retrouvé à New York et quel était le but de son voyage à New York, les responsables de la Banque d'Angleterre ont été stupéfaits, et il s'est avéré qu'ils n'avaient aucune idée que le gouverneur avait joué les disparitions à New York.

Lorsque Norman a mis le pied sur les quais de New York, son vieil ami Strong l'y attendait depuis longtemps. Au cours des deux semaines

---

[13] Liaquat Ahamed, *Lords of Finance*, The Penguin Press, New York, 2009.

qui ont suivi, Norman a été entouré par Strong et les banquiers Morgan qui ont lancé une puissante série d'offensives pour faire pression sur la Grande-Bretagne afin qu'elle revienne à l'étalon-or le plus rapidement possible. Outre les banquiers, le gouvernement américain se joint à la pression exercée sur la Grande-Bretagne, le secrétaire au Trésor Mellon déclarant sans équivoque à Norman qu'en janvier 1925, "le temps était venu" de rétablir l'étalon-or.

Combien il était important pour la livre que Strong n'ait pas eu à faire pression sur Norman pour un retour à l'étalon-or, car c'était l'"idéal" de Norman. Strong n'a cessé de souligner que le Royaume-Uni devait agir rapidement et qu'il disposait de "quelques semaines au plus, et de quelques mois au mieux". Strong a fait valoir que le moment du retour de la livre à l'étalon-or était tout à fait opportun, avec un soutien politique au sein même du Royaume-Uni et un coup de pouce du capital américain, et pour soutenir le Royaume-Uni, la Fed avait assoupli le crédit à la mi-1924. Dans le même temps, M. Strong a également averti M. Norman que la fenêtre de temps pour restaurer l'étalon-or n'était pas large et que la Grande-Bretagne était sur le point de commencer à payer ses dettes aux États-Unis, ce qui ne pouvait qu'affaiblir la livre. Et avec l'assouplissement du crédit qui touche à sa fin aux États-Unis, il sera coûteux pour le Royaume-Uni d'attirer des capitaux internationaux pour rétablir l'étalon-or.

La prescription de Strong pour Norman est une "thérapie de choc", la douleur à long terme est pire que la douleur à court terme, l'étalon-or rendra l'économie britannique plus douloureuse à court terme, mais à long terme, il obligera la livre à s'adapter et à ajuster son prix dans la concurrence du marché mondial, l'avenir de l'économie britannique est brillant.

Afin d'éloigner les inquiétudes de Norman et d'agir immédiatement, M. Strong a également offert des conditions généreuses, si la livre rencontre des difficultés, la Federal Reserve Bank de New York est prête à fournir un prêt de 200 millions de dollars, en plus de JP Morgan et d'autres banquiers américains qui ont également promis de fournir 300 millions de dollars en soutien de réserve.

Craignant que l'argent américain n'ait été pris pour rien et qu'il soit pris en otage à l'avenir, Norman a posé comme condition que les États-Unis n'interfèrent pas avec les politiques économiques de la Banque d'Angleterre, telles que l'ampleur du crédit ou la fixation des taux d'intérêt.

Les Américains sont pleins de promesses de baisse.

En fait, les banquiers américains ont leurs propres comptes à rendre. Jusqu'à la première guerre mondiale, ils n'étaient que des sbires des banquiers britanniques, suivant le patron partout dans le monde. Mais après une nuit de richesse, la mentalité a radicalement changé, les anciens patrons étaient faibles, maintenant les sous-fifres sont forts comme des bœufs. L'empereur prend son tour et vient chez moi aujourd'hui. Puisque l'opportunité d'être le patron s'est présentée, pourquoi ne pas être ému ? Comme les triades, il est de coutume que les nouveaux patrons profitent des anciens s'ils veulent se faire un nom.

Keynes était un peu comme Qu Yuan, qui a décrit les conséquences pour la Grande-Bretagne de la restauration de l'étalon-or. Son argument central était que la taille des réserves d'or américaines dominait de manière écrasante, que lier la livre à l'or revenait à lier le destin de la livre au dollar, et que le résultat final ne pouvait être que de remettre le contrôle de l'économie britannique à Wall Street.

En conséquence, Norman a avalé la pilule de la "thérapie de choc" de l'étalon-or américain, l'économie est en état de choc depuis 15 ans, l'express économique quinquennal de la prospérité européenne et américaine de 1924 à 1929 n'a pas été rattrapé, et après la décennie 1929 de la Grande Dépression n'a pas retardé le navire des voleurs.

Gold Exchange Standard : La cause première de la liquidité

Le système d'étalon de change-or était à l'origine la manière normande de venir à la rescousse, principalement pour faire face au dilemme selon lequel les réserves d'or de la Grande-Bretagne n'étaient plus suffisantes pour soutenir sa position de centre financier mondial, mais il a causé de gros problèmes aux économies de tous les pays.

L'étalon de change-or est par nature un système monétaire instable. Le célèbre économiste français Jacques Rueff, qui a été conseiller du président français Charles de Gaulle, a fait l'expérience directe de l'impact dramatique de l'étalon-or sur l'économie française dans les années 1930. Cette innovation est à l'origine de la situation difficile que connaît actuellement le monde", a-t-il noté. "Ce système monétaire, connu sous le nom d'étalon de change-or, a été adopté dans de nombreux pays européens à l'instigation du Comité financier de la Société des Nations. Dans le cadre de ce système, la banque centrale est autorisée à inclure non seulement l'or et les bons libellés en monnaie nationale dans la réserve monétaire, mais aussi à augmenter les devises étrangères. Si ces dernières entrent dans les actifs de la banque centrale du pays d'accueil, elles sont naturellement déposées dans le pays d'origine."[14] C'est précisément dans la dernière phrase que réside la perspicacité de Rueff.

Le véritable problème de l'utilisation de la livre sterling et du dollar comme réserves pour les devises d'autres pays est que lorsque ces devises étrangères entrent dans le pays, elles sont automatiquement redéposées dans les systèmes bancaires britannique et américain. En d'autres termes, la position réelle en devises étrangères ne quitte jamais le pays émetteur, et les entrées de devises étrangères dans les pays sont simplement une augmentation des chiffres d'un compte fantôme. C'est un concept très peu visible et plutôt détourné.

Sous l'étalon-or traditionnel, les sorties de capitaux sont finalement réglées en or, avec pour résultat inévitable des sorties d'or nationales. Et dans le cadre de l'étalon de change-or, la liquidation peut se faire en devises et ne signifie pas nécessairement un flux d'or. La compensation en devises, quant à elle, repose principalement sur la compensation en compte, à moins que le pays vers lequel les capitaux circulent n'exige un transport en espèces.

Alors, comment fonctionne la liquidation du compte ? Il s'agit en fait pour le pays émetteur de capitaux d'ouvrir un compte bancaire dans le pays exportateur, pour le pays exportateur de capitaux de soustraire un chiffre d'un compte et d'ajouter un chiffre au compte du pays importateur et le tour est joué. Bien que le compte du pays importateur soit situé dans le système bancaire du pays expéditeur, sa propriété appartient au pays importateur. Ainsi, le système bancaire du pays importateur peut créer sa propre masse monétaire sur la base de ce "compte fantôme" de réserves de change. Mais le problème est que cet argent n'est qu'une augmentation ou une diminution entre deux comptes qui se trouvent dans le même système bancaire, la diminution d'un compte impliquant une augmentation de l'autre, avec la même capitalisation totale. Ainsi, les pays exportateurs de capitaux peuvent

---

[14] Jacques Rueff, *Le péché monétaire de l'Occident*, THE MACMILLAN COMPANY, 1972.

recréer de la monnaie à partir de la même monnaie. C'est le problème de la double création endogène de crédit dans l'étalon de change-or.

Le même capital est utilisé par les pays importateurs et exportateurs comme base de la création de crédit, ce qui signifie que l'échelle du crédit s'est considérablement étendue dans le monde entier. Plus la mise en œuvre de l'étalon de change-or est répandue, plus l'échelle est grande, plus le degré de prolifération du crédit est grave, le résultat est une baisse des normes de prêt, la spéculation, l'expansion des bulles d'actifs. Les "années folles" en Europe et aux États-Unis étaient basées sur l'ère des bulles de crédit créées par ce système monétaire, et la Grande Dépression des années 1930 en a été le prix !

En 1925, lorsque la Grande-Bretagne a rétabli à contrecœur l'étalon-or, la livre et le dollar étaient librement convertibles en or, ils sont devenus la monnaie forte des échanges extérieurs et ont formé le noyau monétaire de l'État. D'autres pays, dont la livre sterling et le dollar constituaient les principales réserves monétaires, ont émis leurs propres monnaies, devenant ainsi des pays satellites de la monnaie anglo-américaine. Dans ce système de devises, l'or est comme le soleil, tandis que la livre sterling et le dollar sont des planètes en orbite autour de l'or, et leurs systèmes satellites comptent sur la force gravitationnelle de l'argent pour se déplacer sur l'orbite de l'économie anglo-américaine.

En 1926, la France est la seule grande puissance de cette galaxie qui n'est pas encore revenue à l'étalon-or, et la crise du franc commence lorsque le franc ne trouve pas son orbite.

L'onde de choc du taux de change et la bataille du franc

> *Lafayette, nous voilà ! Maintenant, il est temps de collecter nos dettes.*
> – Dessins humoristiques français populaires dans les années 1920.

En 1777, le jeune aristocrate français Lafayette, fortement contaminé par la Déclaration d'indépendance américaine, est arrivé dans le Nouveau Monde à l'âge de 20 ans, s'est engagé dans la guerre d'indépendance américaine et a noué une amitié de toute une vie avec le père fondateur américain Washington. Il a participé à de nombreuses batailles avec beaucoup de mérite et a reçu le grade de major général des États-Unis. Après la victoire dans la guerre d'indépendance américaine, Lafayette a connu une renommée européenne et a reçu à deux reprises le titre de "citoyen d'honneur des États-Unis d'Amérique" par les États-Unis. L'altruisme et l'héroïsme de Lafayette sont devenus un symbole de l'amitié franco-américaine. Pendant la Première Guerre mondiale, lorsque le général américain Pershing a conduit les forces alliées dans Paris, il s'est rendu sur la tombe de Lafayette pour lui rendre hommage en disant "Lafayette, here we come !" Cette phrase célèbre s'est répandue à travers les États-Unis et l'Europe, suscitant des échos historiques de longue date dans le cœur des Américains et des Français.

Le 11 juillet 1926, plus de deux vétérans français handicapés, en fauteuil roulant ou assistés par des infirmières, affluent à la porte de l'ambassade des États-Unis à Paris, au pied de la statue du premier président des États-Unis, Washington, chargés de couronnes apportées par les vétérans. Ils ne sont pas là pour rendre hommage à l'Amérique, ils sont là pour protester ! L'inexcusabilité de l'Amérique en matière de dette de guerre a laissé les Français rancuniers. Qu'est-ce qui ne va pas avec la phrase du Président Colin Coolidge, "Nous payons pour qu'ils aillent à la guerre" ? "C'est une démonstration effrayante d'indifférence à l'égard des millions de soldats morts et blessés des alliés européens comme la France. Ce qui a rendu les Français encore plus furieux, c'est que la dévaluation spectaculaire du franc a fait affluer les Américains dans le pays pour acheter des châteaux français, des tableaux, des bijoux coûteux et d'autres trésors précieux transmis depuis des siècles. À l'époque, 45 000 Américains vivaient à Paris et, pour 100 dollars, on pouvait s'offrir le luxe en France. En juillet, un bus rempli de touristes américains a été attaqué par une foule à Paris, et les touristes américains étaient souvent moqués et provoqués par des centaines de personnes dans le centre-ville. Les médias français ont comparé les Américains à des "sauterelles nuisibles". L'antagonisme du sentiment populaire entre les États-Unis et la France a suffi à déclencher une crise diplomatique.

Le gouvernement français ne se sent pas mieux à l'égard de la Grande-Bretagne et des États-Unis qu'à l'égard du peuple, et bien que la France ait finalement finalisé son accord de remboursement de la dette de guerre avec les États-Unis, elle est toujours indignée que la Grande-Bretagne et les États-Unis n'aient pas jugé bon de sauver la crise du franc au début de l'année.

En 1926, les fondamentaux économiques de la France sont plus solides que ceux de la Grande-Bretagne, les finances sont rééquilibrées, tout semble aller dans le bon sens, mais le franc est comme un cerf-volant au fil cassé, échoué sur le marché de la spéculation sur les changes. Comme le franc est la seule monnaie des grands pays occidentaux qui n'est pas encore revenue à l'étalon-or, il est devenu l'objet d'une chasse concentrée de capitaux spéculatifs internationaux. Au cours de l'été 1926, le franc tombe à nouveau à 1:30, et la pression sur le franc est exacerbée par la rotation fréquente du gouvernement français, qui dépasse les 10 milliards de dollars de dette française à court terme.

La dévaluation spectaculaire du franc français a alarmé la riche classe moyenne française, et c'est la chute libre du mark il y a trois ans qui a déclenché l'hyperinflation allemande, qui a transformé sa valeur en eau et la richesse allemande en eau, et le passé est encore frais dans nos esprits ! Les Français sont avides d'épargne, et une grande partie de cette épargne est investie dans les bons du Trésor français, dont la dégringolade du franc signifie que la richesse investie dans les bons du Trésor diminue de façon spectaculaire par rapport au dollar et à l'or. Les épargnants français ont commencé à se laisser emporter par les forces spéculatives et ont vendu le franc comme des fous.

La dévaluation brutale de la monnaie nationale par rapport à l'or et aux devises étrangères a directement déclenché la bombe de l'inflation. Les prix s'envolent à un rythme de 2% par mois et le cauchemar de l'hyperinflation allemande de 1923 s'annonce !

Moro, le gouverneur de la Banque de France, qui est sur le point d'être nommé, se creuse les méninges pour trouver une issue à la crise du franc. Il fait valoir que le franc est différent du mark allemand de 1923, que l'Allemagne, en tant que pays vaincu, a un déficit budgétaire qui s'est aggravé au-delà de tout soupçon, que la Ruhr est sous occupation française, que la masse monétaire est sauvagement gonflée et que l'économie est extrêmement déprimée. Et le problème du franc était principalement un problème de confiance, la France avait renégocié avec les Etats-Unis et la Grande-Bretagne respectivement pour payer la dette de guerre, les Américains ont finalement accepté l'offre française, la dette de 4 milliards de dollars a été réduite de 60% et la Grande-Bretagne a accepté de réduire la dette de 3 milliards de dollars à 1,2 milliard de dollars. Les finances de la France ont éliminé des années de déficits tenaces, le retour des investissements en Alsace et en Lorraine, la reprise de l'industrie dans les régions du nord de la France dévastées par la guerre, l'achèvement de ce projet massif de 4 milliards de dollars, une forte réduction des dépenses publiques, et des gains futurs qui devraient augmenter considérablement. La Banque de France a fixé une limite légale de 41 milliards de francs pour la monnaie en circulation, assurant ainsi la stabilité de la valeur du franc. Le vrai problème est la courte maturité des obligations françaises, les scandales politiques et les changements de gouvernement récurrents rendant les obligations à court terme sujettes à de fréquentes crises de confiance.

Pour résoudre le problème de la confiance, Moreau d'abord pensé de son propre vient de prendre en charge la Banque de France, les réserves d'or de la France jusqu'à 1 milliard de dollars est ici, c'est la deuxième plus grande réserve d'or du monde après la Réserve fédérale ah, une fois utilisé, la crise de confiance n'est pas difficile à supporter. Cependant, le gouvernement français avait déjà supplié la Banque de France avant, et la réponse était — pas question !

Fondée en 1800, la Banque de France, contrairement à la Banque d'Angleterre et à la Réserve fédérale, est un véritable temple de l'aristocratie, avec 200 familles françaises prestigieuses comme principaux actionnaires, dont 44 dominantes, les familles dites "gothiques", dont le pouvoir découle directement de la succession familiale. Parmi elles, 12 administrateurs supplémentaires ont été élus pour assumer le véritable pouvoir de la Banque de France. Parmi eux, les familles Mallet, Mirabeau et Rothschild ont conservé leur position sans faille pendant plus de 100 ans. Au cours de ces 120 ans, trois révolutions ont éclaté en France, le régime politique a changé cinq fois, le chef de l'État est devenu empereur, trois rois, douze présidents, et l'un d'entre eux est passé de président à empereur, mais tous les empereurs, présidents, parlementaires et révolutionnaires se sont arrêtés aux portes de la Banque de France, une véritable énigme historique.

La crise du franc est en feu, et le gouvernement central de la France a supplié la Banque de France de racheter sa dette nationale avec des réserves d'or pour freiner la propagation de la crise monétaire, ce que la Banque de France a refusé avec mépris. Bloqué par sa propre banque centrale, le gouvernement français n'avait d'autre choix que de mendier des prêts auprès des États-Unis et de la Grande-Bretagne pour sauver le franc, et Strong et Norman n'ont même pas sourcillé. Les Français, désespérés, ont dû s'adresser à JP Morgan et à d'autres grandes banques d'investissement internationales pour leur demander des prêts, et les banquiers n'ont rien lâché.

Moreau sentait toujours que quelque chose était étrange, il a rencontré seul le gouverneur de la Banque de réserve fédérale de New York, Strong, et a finalement trouvé la réponse. Strong posa deux conditions : premièrement, que le gouvernement français respecte explicitement l'indépendance de la Banque de France, et deuxièmement, que le Parlement français ratifie le plus rapidement possible le nouvel accord de remboursement de la dette de guerre. Moreau s'adresse à nouveau à Norman, le gouverneur de la Banque d'Angleterre, et la réponse est unanime. Moreau finit par comprendre que, même si l'économie française est meilleure que celle de la Grande-Bretagne, elle reste un citoyen de seconde zone dans le monde financier. Pour le Royaume-Uni et les États-Unis, l'aide financière est une "marchandise" dont le prix s'envole en période de crise. En juillet 1926, le franc s'est déprécié à 1:50 par rapport au dollar, et le franc est en danger !

Le 21 juillet, Raymond Poincaré arrive au pouvoir pour former un cabinet avec le soutien des géants industriels français, et occupe également le poste de ministre des finances. Ce Poincaré n'a pas froid aux yeux, puisqu'il fait de la politique depuis plus de 40 ans et qu'il est le plus ancien de tous les hommes politiques français. Il a servi sept ans en tant que président de guerre pendant la Première Guerre mondiale et a formé trois fois un cabinet en tant que premier ministre. C'était un dirigeant fort, avec une forte tendance nationaliste, et il est devenu le plus fidèle des principaux belligérants de la France pendant la Première Guerre mondiale. C'est pendant son mandat qu'a eu lieu l'occupation militaire française de la zone industrielle de la Ruhr en Allemagne en 1923. Poincaré a une grande inspiration dans le cœur des Français et peut être appelé le Bismarck de la France.

La nouvelle du troisième mandat de Poincaré en tant que premier ministre du gouvernement a fortement remonté le moral du franc sur le marché des changes, et la classe moyenne française a cru en lui, voire l'a adoré. En conséquence, le franc a fortement rebondi face au dollar, passant de 1:50 à 1:35 en quelques jours, s'appréciant jusqu'à 40% ! Tous les spéculateurs étrangers qui étaient à découvert sur le franc ont été stupéfaits !

Immédiatement après, Poincaré annonce une série de réductions d'impôts qui stabilisent la panique du prolétariat français. Il a apaisé les intérêts des grands capitalistes en annonçant des programmes visant à stimuler le développement industriel et à réduire les dépenses publiques. Les capitaux français qui ont fui au cours des deux dernières années ont commencé à revenir en France à grande échelle, et les Français n'ont plus besoin de l'aide des capitaux étrangers et ont gagné l'initiative de l'indépendance financière. Ce n'est qu'après la stabilisation de la situation que Poincaré commence à augmenter progressivement les impôts et à améliorer la situation fiscale française.

Face à une tendance soudaine à l'appréciation du franc, Moreau ne sait plus quoi faire. Que le franc faible, longtemps ridiculisé par l'Angleterre et l'Amérique, apparaisse beaucoup plus imposant que la livre, a surpris non seulement l'Angleterre et l'Amérique, mais a rendu difficile l'adaptation des Français eux-mêmes. Pour faire face au nouveau problème de l'appréciation du franc, Moreau fit appel au célèbre économiste français Lister et à son étudiant Quesnay pour aider la Banque de France à développer une stratégie pour la stabilité du franc.

À la fin de 1926, le franc avait déjà franchi la barre de 1:25 par rapport au dollar, et en six mois seulement, le franc avait doublé de valeur ! La dépréciation du franc et le renforcement de la compétitivité des produits industriels français ont entraîné une reprise économique et une croissance de l'emploi, mais une dépréciation trop rapide a ébranlé la confiance dans le franc, stimulé la fuite des capitaux et induit une hyperinflation. Une appréciation trop rapide du franc affecte les exportations françaises et affaiblit l'économie française. Quel est le meilleur état de stabilité du taux de change qui favorise le développement économique et stabilise en même temps la confiance monétaire ? Lister et Quesnay sont précisément les moteurs intellectuels de la Banque de France. Le problème de la France à l'époque est aussi celui de la Chine aujourd'hui.

Si le taux de change de 1:25 devait augmenter, la Banque de France devrait intervenir ! Lister et Quesnay commencent à sortir des sentiers battus et demandent avec force à la Banque de France de plafonner l'appréciation du franc. En raison de leurs idées farfelues, il n'existe aucun précédent de banques centrales intervenant de la sorte sur le marché des changes, et Moreau ne veut pas manger le crabe. À cette époque, l'afflux de devises en France n'est plus un filet d'eau, il est devenu un fleuve roulant, le franc est obligé de grimper chaque jour, voyant que l'économie française est sur le point de répéter la surestimation britannique de la livre provoquée par la dépression et la déflation, Lister et Quesnay n'hésitent pas à démissionner en guise de chantage, et pressent Moreau de prendre des mesures décisives.

Ou est-ce que Keynes, spectateur, a vu le problème tel qu'il était :

> *"Le niveau du franc (taux de change) n'est pas déterminé par les spéculateurs ou la balance commerciale, ni même par la*

prise de risque du district de la Ruhr, mais par la part de leurs propres revenus que le contribuable français est prêt à mettre pour payer les mangeurs de profits français (les détenteurs d'obligations)."

En effet, si la richesse est définie comme la transformation des ressources naturelles en biens et services finaux par les êtres humains grâce au travail, alors la société forme nécessairement deux types de personnes : les travailleurs et les mangeurs de profits. Les travailleurs créent la richesse par leur travail, et les mangeurs de profits partagent la richesse des travailleurs en louant la terre, les ressources productives, les actifs monopolistiques, les installations publiques et le capital.

La nature du taux de change n'est pas une question externe, mais plutôt une caractéristique externe des arrangements institutionnels pour la distribution des bénéfices internes. Il y a deux extrêmes ici : l'un des extrêmes est que la distribution des avantages penche fortement en faveur des travailleurs, mais pas au détriment des propriétaires d'actifs, alors les propriétaires d'actifs auront tendance à transférer des actifs à l'étranger, le capital international est plus réticent à entrer, ce qui entraîne la formation du marché des changes sortie de capitaux que l'entrée de capitaux, le résultat est la dépréciation de la monnaie locale ; l'autre extrême est que si la distribution des bénéfices est fortement orientée vers les propriétaires d'actifs, alors le capital national est réticent à sortir, et le capital international entrera activement pour partager cette distribution bénéfique des bénéfices, à ce moment-là, il y aura plus d'entrée de capital international que de sortie de capital national, ce qui reflète finalement l'appréciation de la monnaie locale. Et la différence entre la productivité nationale et internationale ne reflète que la taille du gâteau de richesse partageable, pas la proportion, et en fin de compte l'ampleur des flux de capitaux entrants et sortants, pas la tendance.

Les deux extrêmes contrarieraient le développement économique, le premier entraînant des sorties de capitaux et affaiblissant les fondements du développement économique, tandis que le second frustrerait la motivation de la main-d'œuvre et réduirait le pouvoir d'achat social, et la croissance ne serait pas durable. Les deux extrêmes conduiraient à une dépression et à la désintégration de la valeur de la monnaie locale.

Le taux de change optimal consiste à trouver un équilibre stable entre ces deux extrêmes. À ce niveau, la répartition des bénéfices entre les travailleurs et les chercheurs de profits est à peu près équilibrée, les travailleurs se passionnant pour la création de richesses et les chercheurs de profits investissant activement davantage, et les capitaux internationaux affluant pour étendre l'échelle des investissements en ressources et partager ainsi les bénéfices correspondants. Dans le même temps, après avoir accumulé un capital abondant, les détenteurs d'actifs nationaux recherchent activement de nouvelles opportunités de profit à l'étranger, formant un équilibre général entre les entrées et les sorties de capitaux, et parvenant finalement à un équilibre stable entre le travail et le capital.

En termes simples, dans un état de libre circulation des capitaux et sans intervention, l'appréciation de la monnaie locale reflète le fait que les mangeurs de profits ont la main sur la distribution des richesses, tandis que la dépréciation de la monnaie locale implique que la distribution des bénéfices est biaisée en faveur du travail.

Après la guerre, la Grande-Bretagne et l'Allemagne sont passées par deux extrêmes, la première protégeant les créanciers avec une livre surévaluée, mais étranglant l'économie ; la seconde massacrant le prolétariat national avec un mark vicieusement dévalué, détruisant à nouveau l'économie. La France, en revanche, a trouvé un équilibre entre les deux extrêmes.

Le 21 décembre 1926, la Banque de France a commencé à acheter à grande échelle des devises étrangères en monnaie locale afin de freiner l'appréciation du franc. Les efforts de Lister pour freiner l'appréciation excessive du franc se heurtent à l'opposition farouche de Rothschild et des autres administrateurs de la Banque de France, et des rumeurs circulent en France dans les années 1920 selon lesquelles " tout parti formant un cabinet devait consulter Rothschild au préalable"."[15] Mais Poincaré ne s'y oppose pas et, en tant que général des coulisses de Moreau, il soutient fermement la politique d'intervention en matière de change de Moreau et de Lister. Moreau, soumis à d'énormes pressions, continue à acheter des devises étrangères pendant les deux années 1927 et 1928, clouant le franc au dollar à un niveau de 1:25. Le ministère français des Finances s'engage auprès de la Banque de France à ce que

---

[15] Liaquat Ahamed, *Lords of Finance*, The Penguin Press, New York, 2009. p. 245–246.

toutes les pertes financières résultant des interventions en devises soient remboursées par le Trésor français. Rothschild et d'autres ont recours à divers moyens pour saper les plans de Moreau, et en août 1928, Moreau est surpris de découvrir que ses appels téléphoniques vers et depuis le bureau du gouverneur de la Banque de France avaient tous été mis sur écoute. Les relations de Moreau avec Rothschild commencent à se détériorer énormément.

Alors que l'économie française entamait une forte reprise grâce à la stabilité du franc et que les exportations devançaient celles du Royaume-Uni, une scission s'est produite au sein du conseil d'administration de la Banque de France, la faction favorable à l'appréciation du franc, dirigée par Rothschild et le magnat français de l'acier Wendell, n'ayant finalement pas obtenu le soutien de la majorité des administrateurs. Les deux hommes entreprennent alors de rompre avec la pratique de la Banque de France et d'exprimer publiquement leur point de vue sur la politique monétaire dans l'espoir d'attirer en France des capitaux spéculatifs internationaux à grande échelle, forçant ainsi Moreau à abandonner son intervention sur le marché et à laisser le franc s'apprécier. Rothschild a même personnellement ordonné à la plus grande compagnie ferroviaire française de la famille d'acheter vigoureusement le franc pour tenter de le forcer à s'apprécier, déjà soupçonné de violer les restrictions sur les délits d'initiés des administrateurs de la Banque de France. En plus de deux ans d'intervention sur le marché des changes, la valeur des réserves de change françaises, essentiellement des actifs en livres sterling, a grimpé en flèche pour atteindre 600 millions de dollars.

Quelle tournure des événements, maintenant c'est au tour de la Grande-Bretagne d'avoir honte. La stratégie de taux de change fixe du franc français, les produits français ont la plus forte compétitivité du monde, le marché traditionnel britannique a été brisé par les produits français ; et la stabilité des prix intérieurs de la France, la prospérité économique, une grande scène. La situation de la livre s'aggrave, avec une récession sévère accompagnée d'un chômage élevé et une accélération des flux de capitaux du Royaume-Uni vers la France. Norman a fortement insisté auprès de Moreau pour qu'il propose des actions concrètes afin de réduire les attentes du marché en matière d'appréciation du franc et d'alléger la pression sur les sorties de capitaux du Royaume-Uni. Morrow, en revanche, a suggéré que le Royaume-Uni devrait augmenter ses taux d'intérêt pour attirer les capitaux, ce qui, de toute évidence, aggraverait encore le déclin du

Royaume-Uni. Moreau insista davantage, se préparant à échanger les réserves de change de la livre contre de l'or britannique, et la livre devint une surprise instantanée. Norman était furieux et se préparait à offrir aux Français le remboursement immédiat de leur dette de guerre de 3 milliards de dollars. Les Britanniques et les Français étaient dans une lutte d'usure.

C'est alors que les Américains l'ont à nouveau blanchi. En tant que pacificateur ayant servi de médiateur dans le conflit monétaire anglo-français, les Américains suggèrent une trêve entre les deux parties. Strong présente la proposition américaine : que la France conserve une partie de ses réserves en livres sterling et que l'autre partie soit échangée contre de l'or à la France sur le marché de Londres par la Federal Reserve Bank of New York et la Banque d'Angleterre ensemble. Il y a peu de conditions, une seule, c'est l'augmentation future des réserves de change de la France, qui doivent être transférées de la livre au dollar. Les Américains saisissent toutes les occasions possibles pour promouvoir les réserves en dollars dans le monde.

La force économique et financière de la France a été grandement renforcée par l'application correcte de la stabilisation du taux de change du franc, libérée de la théorie monétaire traditionnelle.

En 1929, les finances de la France s'étaient améliorées de façon spectaculaire, le gouvernement avait remboursé toutes ses dettes envers la Banque de France et la valeur de ses obligations avait doublé ; en 1926, le gouvernement français avait un excédent de seulement 1 million de francs, et en 1929, l'excédent fiscal accumulé avait atteint 17 milliards de francs. Les réserves monétaires de la France comprennent jusqu'à 1,45 milliard de dollars d'or et 1 milliard de dollars de devises étrangères. Moreau et Lister sont victorieux dans la bataille pour la défense du franc. La croissance économique de la France résiste avec ténacité aux deux premières années de la Grande Dépression, et ce n'est qu'au cours du second semestre de 1931 qu'elle est entraînée dans une récession mondiale.

Glisser dans la vallée du rift économique, un vide de pouvoir d'argent

> *"Tant que les États-Unis continueront à prêter généreusement au monde entier, leur fournissant ainsi un pouvoir d'achat qu'ils ne possèdent pas eux-mêmes, la Grande-Bretagne pourra continuer à importer des États-Unis et à maintenir ses*

> *exportations vers d'autres pays. Mais dès qu'un événement quelconque amènera les investisseurs et les banquiers américains à cesser de prêter aux pays étrangers, la situation de la Grande-Bretagne deviendra précaire. Si le crédit de la Grande-Bretagne s'épuise, son pouvoir d'achat tombera en dessous de la limite d'équilibre entre les exportations et le service de la dette, et les autres pays subiront alors toutes les conséquences de l'appauvrissement du peuple allemand.* " [16]
>
> Giorgio Pia

La crise économique qui a balayé le monde dans les années 1930 n'a été causée que par une seule chose : une bulle d'endettement sans précédent créée par une expansion monétaire sans précédent, et le moyen ultime de remboursement était l'or. Utiliser de l'or à croissance limitée pour faire face à des crédits et des dettes gonflés à l'infini se heurtera tôt ou tard à la liquidation. Plus l'inondation monétaire est grave, plus l'implosion finale de la dette sera stupéfiante. Ce n'est pas une question de volonté ou d'absence de volonté, mais de savoir quand et de quelle manière une crise éclatera.

L'un des principaux facteurs contribuant à la prolifération du crédit monétaire est l'étalon de change-or créé par le Royaume-Uni pour compenser l'insuffisance de ses réserves d'or. Dans le cadre de ce système, le dollar, la livre sterling et l'or sont directement convertibles, tandis que les autres devises sont principalement détenues en réserve en dollars et en livres sterling, indirectement liés à l'or. Le problème fondamental engendré par l'entrée des réserves de change dans l'émission des monnaies nationales, est le double effet de création de crédit, les pays exportateurs de devises et les pays importateurs de devises disposant respectivement du même capital pour créer leur propre crédit, augmentant ainsi considérablement la taille totale du crédit monétaire dans le monde. L'instabilité inhérente à ce mécanisme se reflète dans le fait que, lorsqu'une crise éclate dans les pays périphériques les plus vulnérables, les investisseurs se précipitent pour vendre leurs actifs en échange d'or et de devises rares ; lorsque l'or vient à manquer et que les devises sont comprimées, cela déclenche inévitablement la panique dans les pays du centre monétaire, ce qui les incite à commencer à vendre des actifs en échange de liquidités.

---

[16] Michael Hudson, *Super Imperialisme — The Origin and Fundamentals of U.S. World Dominance,* Pluto Press ; Nouvelle édition (21 mars 2003), chapitre 3.

Comme la taille de la bulle d'actifs était bien plus importante que le flux de trésorerie réel, une chute brutale de son prix créerait une course effrénée aux liquidités, à laquelle les banques déjà fortement endettées ne pourraient résister, ce qui entraînerait des faillites bancaires massives et un épuisement des liquidités. Les faillites bancaires renforcent l'impression que l'argent liquide n'est pas sûr, ce qui accélère la pression exercée sur l'ensemble du système bancaire pour qu'il se rue sur l'or, et le système bancaire qui perd ses réserves monétaires réagira en chaîne, entraînant les autres banques dans sa chute. Cela a conduit à une grande dépression au cours de laquelle les entreprises ont fait faillite et le chômage s'est considérablement aggravé.

Les États-Unis seront certainement confrontés au dilemme de ne pas avoir assez d'argent lorsqu'ils tenteront de remplacer l'étalon-or que le Royaume-Uni a construit en 200 ans par un système basé sur le dollar qui a pris 20 ans. Le Royaume-Uni, quant à lui, a été épuisé dans ses efforts pour défendre sa suprématie financière en défendant son étalon-or. Alors que l'offensive du dollar s'est effondrée dans une déroute mondiale, la livre s'est retrouvée sans moyen de retour. Avec la perte du prêteur en dernier ressort du monde, il y a un vide dans le pouvoir de l'argent, le système commercial mondial est brisé, les flux de capitaux mondiaux sont épuisés et la volonté de soutenir le développement pacifique des nations est perdue. À l'image d'une société qui a perdu son gouvernement, qui est limitée dans son entraide, qui est fermée sur elle-même, qui est spoliée et qui lutte pour maintenir son espace, le monde est dans un état de chaos total. Les cœurs et les esprits de la mondialisation ont été dispersés et la société n'a pas été en mesure de revenir à un ordre normal pendant longtemps. Il faut attendre le déclenchement de la Seconde Guerre mondiale pour que la volonté et la passion des Alliés soient ravivées.

L'établissement de l'étalon dollar exige que les nations développent une demande de dollars, et la principale façon de développer cette demande est d'insister pour que la dette de guerre de l'Europe envers les États-Unis soit payée. Les États-Unis ont en fait abandonné les principes moraux de la participation du président Wilson à la Première Guerre mondiale, alors que les mots originaux de Wilson étaient : " Nous ne voulons atteindre aucun but égoïste, nous ne voulons pas conquérir, nous ne voulons pas gouverner, nous ne demandons pas de réparations, nous ne demandons aucune compensation matérielle pour les sacrifices consentis par la liberté. "On estime que les alliés de l'Europe en guerre ont été émus aux larmes en entendant cette déclaration de droiture. Ce n'est pas tant que les États-Unis soient passés du statut d'ange moral à celui d'" oncle Shylock ", mais plutôt qu'ils se considèrent comme le résultat d'une habile stratégie du dollar. Avec une valeur nominale initiale pouvant atteindre 20 milliards de dollars, ces dettes dépassent déjà largement la valeur totale des réserves d'or mondiales, une dette qui, en pratique, serait théoriquement impayable. Et le cœur stratégique de l'étalon dollar est de rendre impossible à l'Europe de rembourser un jour sa dette en dollars afin d'ancrer la dette nationale américaine dans les systèmes monétaires nationaux à l'avenir.

Pour rembourser la dette américaine, des dollars sont nécessaires, et ils peuvent être obtenus de plusieurs façons : (1) investissement direct par les États-Unis ; (2) afflux de dollars chauds ; (3) excédents d'exportation vers les États-Unis ; (4) emprunter davantage de dollars aux États-Unis, créant ainsi une dette en dollars plus importante. Le dilemme pour les pays européens est que l'investissement direct en dollar dans une Europe qui est extrêmement à court de fonds signifie que le dollar balayera l'industrie européenne à bon marché et fera de l'Europe un vassal des Etats-Unis à l'avenir, et est donc indésirable. Et l'argent chaud du dollar, sapera la stabilité financière des pays et mettra même en danger la sécurité des monnaies nationales, ce qui est un acte suicidaire pour étancher la soif. Lorsque les deux premières options ont été écartées, l'Europe aurait pu compter sur les exportations vers les États-Unis et échanger des marchandises contre des dollars pour rembourser ses dettes, mais les Américains sophistiqués avaient déjà vu venir, si bien que de 1921 à 1923, lorsque l'Europe était prête à commencer à payer ses dettes, les États-Unis non seulement n'ont pas baissé les droits de douane mais ont continué à les augmenter ; en mai 1921, les États-Unis ont augmenté le tarif d'urgence sur les produits agricoles, et en mai 1922, le tarif Forney a été introduit, portant le tarif sur les biens durables à 38%, soit plus du double de celui de 1920. Cela empêche les marchandises européennes d'entrer et bloque une troisième option pour l'Europe. Le dernier scénario, et le plus espéré pour les États-Unis, est que l'Europe continue à emprunter de plus en plus de dollars aux États-Unis.

Les particuliers ou les entreprises peuvent faire faillite, mais pas l'État, du moins les Américains en étaient-ils convaincus au départ. Le plan Dawes était un piège à dettes élaboré par les États-Unis pour l'Allemagne. En tant que capital de départ, le prêt de 200 millions de dollars accordé par les États-Unis à l'Allemagne au cours de la première année a non seulement permis de s'emparer de la mainmise exclusive de la livre sur les réserves monétaires de l'Allemagne, mais a aussi fermement tenu le trône de la suprématie monétaire et financière de l'Allemagne. Les 3 milliards de dollars de capitaux privés qui ont suivi au cours des deux années suivantes ont fait un grand plongeon dans l'industrie allemande. L'entrée du dollar et de la livre, dans le cadre du nouveau système de l'étalon de change or, est devenue une pierre angulaire importante du système bancaire allemand pour étendre le crédit du mark, plus l'ampleur de l'afflux de devises étrangères est grande, plus l'expansion du crédit allemand est étonnante. Derrière le boom généré par la création massive de crédit se cache une énorme dette. Afin de trouver davantage de possibilités de prêt, les banquiers américains "se sont donné beaucoup de mal" pour pénétrer en Allemagne, persuadant les villes de s'endetter en dollars et de construire des piscines, des cinémas, des stades et même des opéras. Témoin de l'aggravation de la dette en dollars et du gaspillage massif dans des projets qui ne peuvent tout simplement pas générer de revenus en dollars pour la rembourser, le gouverneur de la banque centrale allemande, M. Schacht, est inquiet, sachant que la fausse prospérité éphémère de l'Allemagne a en fait été engendrée par la bulle de la dette en dollars et qu'il est impossible de parler de la véritable accumulation de capital industriel de l'Allemagne sous la pression des réparations de guerre et de la dette extérieure. Tout cela se terminera par la ruine économique. L'Allemagne, le "prêteur à risque", est devenue depuis un important déclencheur de la crise.

La différence la plus fondamentale entre l'étalon dollar et l'étalon or est la manière dont la monnaie nationale est compensée après les flux internationaux. Dans le cadre d'un étalon-or, les sorties de dollars entraîneraient des sorties d'or, ce qui aurait pour conséquence d'affaiblir la taille des réserves monétaires américaines et d'inhiber la création de crédit domestique aux États-Unis. L'étalon dollar bouleverserait cet équilibre, les sorties de dollars ne réduisant pas la base de création de crédit domestique, tandis que les entrées de dollars augmentent les réserves de change des pays, ce qui accroît leur masse monétaire.

Le projet Dawes, qui a débuté en 1924, a ouvert un jeu de boucle du dollar. Le dollar afflue en Allemagne, le mark va gonfler, et il y aura un bref boom économique, tandis que la dette allemande est amplifiée. L'Allemagne compense le dollar à l'anglo-français, qui augmente ses réserves de change et développe simultanément son crédit et sa dette.

En remboursant à nouveau la dette américaine en dollars, les États-Unis recevront davantage de capital et d'intérêts totaux, ce qui augmentera à son tour le crédit et la création de dette au niveau national. Puis le dollar repart à l'étranger, amorçant un nouveau cycle. Chaque cycle entraîne une augmentation de la masse monétaire dans les pays traversés par le dollar, accompagnée d'un accroissement de la dette, et les États-Unis eux-mêmes ne font pas exception.

Cela ressemble à une merveilleuse idée de mouvement perpétuel. Tant que les banquiers américains sont disposés à prêter généreusement au monde entier, l'économie mondiale peut continuer à prospérer, et personne ne se soucie que les pays qui ont emprunté l'argent soient en réalité incapables de le rembourser. C'est le jeu des prêts internationaux "subprime" des années 1920.

Le 7 juillet 1927, M. Strong convoque une réunion secrète de la Federal Reserve Bank of New York à Long Island (New York). Il n'a invité personne du siège de la Fed à Washington, où il prendra la décision majeure de réduire les taux d'intérêt de 4% à 3,5%, ce qui provoquera un afflux d'or vers la Grande-Bretagne. À cette époque, les réserves d'or britanniques sont en train de s'épuiser et l'étalon-or est en train de vaciller. Et les États-Unis ne doivent pas tolérer l'effondrement de l'étalon-or britannique. La décision unilatérale de réduire les taux d'intérêt a provoqué la colère de la Réserve fédérale à Washington, qui a le pouvoir d'opposer son veto à la décision de la Federal Reserve Bank of New York, mais ne peut pas forcer la Fed à modifier sa politique, ce qui a entraîné une scission au sein de la Fed. N'ignorant pas les querelles intestines de la Fed, Strong agit directement, injectant 200 millions de dollars dans des opérations d'open market de juillet à septembre, ramenant le taux d'escompte à 35%. Wall Street s'emballe, la bourse atteint sa dernière frénésie, et au quatrième trimestre 1927, les ventes d'obligations étrangères entrent dans l'histoire des États-Unis, et le dollar se précipite à l'étranger à une échelle encore plus grande.

Toutes les crises financières sont des crises de la dette, et toutes les crises de la dette sont le prélude à une rupture de la chaîne de financement.

En juillet 1928, le marché boursier américain était devenu frénétique, Wall Street accordant aux investisseurs en actions des prêts à effet de levier pouvant atteindre 7 milliards de dollars à un taux d'intérêt vertigineux de 10 à 20% ! La Federal Reserve Bank of New York, voyant que la bulle avait atteint un point ingérable, a dû immédiatement augmenter les taux d'intérêt de 1,5 point de pourcentage et les taux d'intérêt ont grimpé à 5%. À ce moment-là, le dollar à l'étranger était stupéfait, les taux d'intérêt américains sont si élevés, l'usure de Wall Street est encore plus tentante, le dollar a commencé à refluer brutalement. L'anneau de dollars qui soutenait la prospérité du monde s'est finalement brisé.

L'Allemagne nue a été immédiatement exposée et l'économie allemande est immédiatement tombée dans l'abîme de la récession. L'Allemagne a dû commencer à contrôler les sorties de capitaux tout en limitant les importations. Immédiatement, les marchés financiers de Londres ont paniqué car la Grande-Bretagne, qui avait jusqu'à 1 milliard de dollars d'investissements en Allemagne et en Europe centrale, est maintenant confrontée à un gel. Les taux d'intérêt soudainement élevés aux États-Unis ont immédiatement déclenché une sortie massive d'or de Londres, et le Royaume-Uni a été contraint de relever ses taux pour atténuer cette pression. La baisse au Royaume-Uni a été encore plus sévère.

En octobre 1929, les États-Unis ont finalement atteint le point où leur propre bulle d'endettement s'est effondrée. À ce stade, le montant total de la dette de l'économie américaine a atteint 300% du PIB. Cette pyramide de dettes doit gonfler pour rester à flot, et l'ampleur du paiement de cette dette a largement dépassé les moyens de paiement que l'or peut fournir, et le jeu de la dette américaine est devenu un schéma classique de Ponzi. Alors que les pays périphériques tombaient dans la crise et la récession les uns après les autres, les banques américaines ont découvert que le problème n'était pas bon, et lorsqu'elles étaient prêtes à commencer à recouvrer une si énorme pyramide de dettes, les cours des actions se sont effondrés. L'économie américaine est plongée dans une longue récession.

Après la première série de crises en 1929, l'économie mondiale est entrée dans une courte période de silence, un silence encore plus effrayant, avec seulement une fissure dans le lac endommagé par la dette, et en mai 1931, la digue générale a cédé. Avec l'effondrement de la plus grande banque autrichienne, le système bancaire allemand a été instantanément submergé par un flot de liquidités. Immédiatement après, l'étalon-or britannique s'effondre, la France est finalement emportée par la crise dans un tourbillon de déclin, et les crises éclatent les unes après les autres au Japon, en Italie, en Europe centrale, en Amérique du Sud et dans d'autres pays du Commonwealth.

De 1914 à 1933, la première expédition du dollar pour l'hégémonie monétaire mondiale s'est soldée par un échec. Le dollar, s'il a vaincu l'hégémonie mondiale de la livre, a été impuissant à établir un nouveau système de domination monétaire. Après la Grande Dépression, les pays ont suspendu le remboursement de la dette de guerre, ce qui a entraîné un déclin spectaculaire du contrôle du dollar sur l'Europe ; la rupture de la chaîne du commerce mondial, faisant du dollar dans le règlement international de l'influence du sérieux rétrécissement ; bien que le dollar contrôle l'or "Han Xian Emperor", mais la livre est débarrassée de l'or, ne reconnaît plus la "Han Dynasty".

La livre, bien que n'étant plus le roi de l'argent, était toujours un important vassal cédé avec sa propre armée. Après l'abandon de l'étalon-or par la Grande-Bretagne, les pays du Commonwealth répartis sur tous les continents, notamment la Suède, le Danemark, la Norvège, la Finlande, le Portugal et la Grèce en Europe du Nord, l'Égypte en Afrique et le Japon en Asie, ainsi que les pays d'Amérique du Sud qui entretenaient d'importantes relations commerciales avec la Grande-Bretagne, ont suivi les traces de cette dernière et se sont détachés de l'or, formant en fait une énorme "zone livre sterling". Ils n'écoutent plus les diktats de l'"empereur Han Xian" de l'or des États-Unis, mais prennent la livre flottante comme alliée, afin d'établir un solide système commercial intrarégional. Ils contrôlent toujours la base d'approvisionnement du monde en matières premières et en énergie, monopolisent une part énorme du marché mondial, détiennent les principales voies maritimes des océans, et la puissante marine britannique reste leur protecteur. Lorsque l'Amérique a retrouvé la raison, ce n'est pas le dollar qui a entouré la livre, mais la livre qui a entouré le dollar dans le monde entier ! La livre est désormais plus libre et plus forte.

Les ambitions naissantes du dollar ont subi un sérieux revers ! Les Américains ont enfin compris que le dollar ne peut pas dominer définitivement le monde sans briser complètement le puissant système de la zone sterling !

CHAPITRE II

La régence, la livre sterling

En 1931, la livre sterling a été libérée des chaînes de l'étalon-or, en s'appuyant sur le "système de préférence impériale", a formé une forte puissance de la livre sterling, s'étendant des trois îles britanniques à l'Afrique, l'Amérique du Nord, l'Asie et l'Océanie, les vastes possessions coloniales, si l'on inclut les principaux partenaires commerciaux de la Grande-Bretagne, tels que la Suède, le Danemark, la Norvège et la Finlande en Europe du Nord, le Portugal et la Grèce en Europe du Sud, l'Irak au Moyen-Orient, l'Égypte en Afrique, l'Asie et l'Amérique du Sud, la vaste taille, la population et les ressources de la zone de la livre sterling, constitue un défi sérieux à l'hégémonie mondiale du dollar.

Depuis la Grande Dépression, les États-Unis ont été laissés à eux-mêmes, et l'isolationnisme a été pour eux une option plus réaliste qu'un renoncement actif au leadership mondial. La cause première du retard pris dans la reprise de l'économie américaine est une mauvaise compréhension de la nature de la crise et une mauvaise réponse à celle-ci. Lorsque Roosevelt est arrivé au pouvoir en 1933, il était confronté à 13 millions de chômeurs, tandis qu'en 1941, à la veille de la participation de l'Amérique à la Seconde Guerre mondiale, il devait encore faire face à 10 millions de chômeurs. L'assouplissement monétaire quantitatif (QE) n'est pas une invention de l'actuel Bernanke ; les États-Unis ont connu trois séries de mesures d'assouplissement monétaire quantitatif en 1930, 1932 et 1933, et après un bref boom économique, ils ont attendu une deuxième récession en 1937. Le problème du chômage aux États-Unis aurait persisté longtemps si la guerre n'avait pas enrôlé 30% de la population active dans la guerre et ne l'avait pas tournée vers l'industrie militaire.

La Seconde Guerre mondiale a offert une bonne occasion au dollar de remonter. Pendant la guerre, les États-Unis ont délibérément affaibli le potentiel économique de la Grande-Bretagne, et leurs craintes d'un retour de l'Empire britannique l'emportent même sur celles de l'expansion soviétique. Avec le Lend-Lease Act, les États-Unis ont mis en échec le "système de préférence impériale" britannique et lancé une offensive générale contre la zone de la livre sterling, profitant des conditions létales des prêts accordés à la Grande-Bretagne après la guerre. Les Britanniques eux-mêmes admettent que s'il n'y avait pas eu les dispositions délibérées et planifiées de la politique américaine, la Grande-Bretagne n'aurait pas décliné aussi rapidement et aussi complètement.

Finalement, le dollar a pris le contrôle des monnaies du monde et a établi une dynastie de Bretton Woods dans laquelle "le souverain faible en or est monté sur le trône et le dollar a régné sur le monde".

L'étalon-or s'effondre et le district de la livre sterling devient indépendant.

Au cours de l'été 1931, l'atmosphère à la City de Londres était extraordinairement déprimante, les mauvaises nouvelles se succédant dans le monde entier, et l'on sentait déjà qu'une tempête financière se préparait.

Depuis le début de l'année, une vague de faillites de banques allemandes balaie le monde. Le système bancaire hongrois a été complètement fermé, de grandes banques roumaines et polonaises ont fait faillite, une ruée vers les banques a éclaté en Égypte, une panique financière a éclaté à Istanbul, les obligations de la Bolivie et du Pérou ont fait défaut, la dette extérieure du Chili a commencé à faire défaut et le Mexique a été contraint de passer à l'étalon-argent après l'effondrement de son étalon-or. Les banques d'investissement londoniennes établies de longue date, telles que Longyear et Schroeder, sont en difficulté et attendent un renflouement de la Banque d'Angleterre.

Le 13 juillet, le gouvernement britannique a publié le rapport Macmillan, les problèmes du système bancaire britannique ont été révélés, la dette extérieure à court terme du Royaume-Uni atteignait 3 milliards de dollars ! C'était une lourde bombe qui a instantanément mis les marchés financiers de Londres en ébullition. Il faut savoir que l'investissement direct de la Grande-Bretagne dans le monde n'était que de 500 millions de dollars par an, soit la moitié de l'investissement total du monde avant la guerre ! Comment un déficit aussi énorme pouvait-il être dû ? En tant que "banquiers du monde", les Britanniques étaient depuis longtemps habitués à exporter des capitaux vers le monde extérieur et ne s'attendaient pas à être aussi lourdement endettés.

Les mauvaises nouvelles sont aggravées par la crise bancaire en Allemagne et dans les pays d'Europe centrale, qui a contraint les gouvernements à renforcer les contrôles sur la fuite des devises, et par le fait que près d'un milliard de dollars d'investissements britanniques pourraient se transformer en créances douteuses difficiles à recouvrer.

Les investisseurs paniqués du monde entier ont immédiatement commencé à retirer de l'argent de Londres. En seulement deux semaines, la Banque d'Angleterre a perdu 250 millions de dollars d'or, soit la moitié des réserves d'or totales ! La Banque d'Angleterre a été contrainte de relever fortement ses taux d'intérêt, de 2,5% à 4,25%, mais elle n'a toujours pas pu empêcher l'or de s'écouler. Dans l'urgence, Norman s'est tourné vers les États-Unis et la France pour obtenir de l'aide avec 250 millions de dollars en devises étrangères, pour constater que l'argent a été investi comme un taureau de pierre dans la mer, et a été rapidement noyé dans un torrent d'argent liquide. Les gouvernements américain et français sont arrivés au bout de leur sauvetage, pour voir ensuite la Banque d'Angleterre se retrouver à court d'or.

Le corps et les nerfs de Norman étaient enfin complètement brisés. Il a dû quitter Londres pour se remettre sur pied.

Dans la soirée du 22 août, le roi d'Angleterre a brusquement annulé un congé de trois semaines et est rentré secrètement au palais de Buckingham. Les ministres du gouvernement britannique ont tous renoncé à leurs week-ends pour se réunir à la résidence du Premier ministre à Downing Street, la première fois qu'ils renoncent à leurs week-ends depuis la Première Guerre mondiale. Dans le petit jardin, le Premier ministre et les ministres font les cent pas, les cendriers remplis de mégots de cigares, divers journaux éparpillés sur le sol, tous attendant anxieusement une réponse du consortium américain JP Morgan.

C'est le gouvernement américain et JP Morgan qui ont poussé la Grande-Bretagne à revenir à l'étalon-or en premier lieu, et maintenant que la forteresse dorée de la livre est sur le point de tomber, le gouvernement américain est légalement contraint de ne pas fournir de nouveaux financements. Au lieu de cela, les Français ont posé comme condition à leur volonté d'emprunter que le prêt soit libellé en francs.

Après toutes ces années, les Français ont fini par comprendre que le franc est une monnaie de réserve internationale comme la livre ou le dollar, et que toutes les transactions sont réglées en francs, comme ce serait beau ! Du coup, les Britanniques ont dit, ne rêvez pas, la Grande-Bretagne ne prendra jamais un emprunt en francs !

Le dernier espoir est Morgan. À ce moment-là, c'est comme si le destin de l'Empire britannique tout entier était suspendu dans la balance au caprice de Wall Street. La prophétie de Keynes s'est en fait réalisée, et l'étalon-or a mis le destin de la livre et même de l'empire tout entier entre les mains des Américains.

Le renflouement américain était conditionné à l'obligation pour le Royaume-Uni de réduire de 350 millions de dollars les dépenses publiques, y compris les fonds destinés à sauver des vies pour les chômeurs, et d'augmenter de 300 millions de dollars les impôts, et la façon dont cet argent est dépensé est soumise aux conseils de Morgan. Jamais dans son histoire le gouvernement britannique n'a souffert d'une telle pitance, qui ressemble plus aux termes d'un paiement pour la défaite qu'aux termes d'une aide ! Mais aujourd'hui, il faut baisser la tête quand on est sous le toit. Après de nombreux marchandages, le Premier ministre britannique a fait une dernière offre d'aide. En raison de la controverse, le premier ministre n'a même pas informé tous les membres du cabinet. À ce stade, la seule chose qu'il pouvait faire était d'attendre le verdict américain sur le sort de la livre.

À 20 h 45, le télégramme de Morgan parvient enfin à la Banque d'Angleterre. Le vice-président, déjà impatient, s'empare du télégramme et se précipite au 10 Downing Street. Alors qu'il s'engouffre dans le petit jardin de la résidence du Premier ministre, tous les regards sont immédiatement fixés sur le télégramme qu'il tient en main. Le Premier ministre s'est avancé, a saisi le télégramme et s'est précipité dans son bureau, suivi par d'autres officiels. Quelques minutes plus tard, le rugissement de la maison a failli briser le verre des fenêtres, et les ministres, qui ne connaissaient pas encore le contenu des articles, ont failli renverser la table. Le Cabinet était si divisé que le Premier ministre a dû demander au Roi de démissionner dans la nuit, et le Cabinet travailliste s'est effondré. Le lendemain, la presse britannique, sous le titre "Banker's Extortion", dénonce les banquiers américains pour s'opposer aux maux de la classe ouvrière britannique.[17]

Le nouveau cabinet a tout de même procédé à des réformes fiscales selon les termes de Morgan, et le Royaume-Uni est tombé dans une récession plus profonde, avec des réductions des allocations de chômage rendant la consommation intérieure encore plus déprimée. Le renflouement de 400 millions de dollars des banquiers américains et français arrive, mais ne dure que trois semaines.

Le 19 septembre, la Banque d'Angleterre avait perdu 1 milliard de dollars de réserves d'or et l'or du Royaume-Uni était définitivement épuisé, l'étalon-or s'effondrant ! Il s'ensuit que le rêve de voir la livre sterling retrouver l'hégémonie monétaire mondiale s'effondre.

Day, ne s'est pas effondré.

Bien que la livre ait subi un énorme dumping sur les marchés internationaux et que le taux de change se soit déprécié de 30%, l'économie britannique est libérée des chaînes de l'étalon-or et la livre a retrouvé sa liberté. La compétitivité de l'industrie britannique s'est fortement redressée, et les produits américains et français ont été farouchement concurrencés sur les marchés internationaux par les produits britanniques. Les Britanniques commencent à goûter à la douceur de la dévaluation française du franc en 1926, et c'est au tour des Américains et des Français de râler.

À mesure que la compétitivité internationale s'est améliorée et que les possibilités d'investissement à l'étranger ont diminué, les capitaux britanniques ont commencé à se tourner vers l'investissement interne, un grand nombre de nouvelles usines ont commencé à être construites, les machines et les équipements ont été renouvelés à un rythme accéléré, l'industrie de la consommation a prospéré et la demande de logements a grimpé en flèche, et l'économie britannique a connu un "mini-printemps" après un long et amer froid. La politique de l'argent bon marché et du rapatriement des fonds a permis de réduire considérablement le niveau des taux d'intérêt à court terme au Royaume-Uni, qui sont passés à 2%, et le coût des prêts à long terme pouvant atteindre 8 milliards de dollars a été ramené de 5% à 3,5%, ce

---

[17] Liaquat Ahamed, *Lords of Finance*, The Penguin Press, New York, 2009.

qui a considérablement allégé la pression sur le coût de l'énorme dette. Il a fallu attendre le début de la Seconde Guerre mondiale pour que le coût du financement des bons du Trésor britannique passe sous la barre des 3%. Contrairement aux coûts de financement élevés de la Première Guerre mondiale, cette réduction des coûts de financement s'est poursuivie tout au long de la Seconde Guerre mondiale. Le Royaume-Uni a effectivement mené une "guerre contre les intérêts à 3%" en finançant sa dette nationale.

Peu après le départ de la livre sterling de l'étalon-or, l'Empire britannique a amené ses grandes dépendances coloniales et ses importants partenaires commerciaux à établir une formidable sphère de domination de la livre sterling, le "système de préférences impériales" établi lors de la conférence de l'Empire britannique à Ottawa en 1932. Au sein de la "zone de la livre sterling", il y a une réduction réciproque des droits de douane ou des exemptions sur les importations entre les pays membres, et des droits de douane élevés sur les importations en provenance de l'extérieur des pays membres, afin d'empêcher la pénétration du vaste marché de la zone de la livre sterling par la puissance exportatrice des États-Unis et d'autres pays.

La Grande-Bretagne était autrefois connue comme l'Empire du Soleil, un quart de la population mondiale étant des sujets de l'Empire et un cinquième de la superficie de la Terre étant son territoire. S'étendant des îles britanniques à la Gambie, à Terre-Neuve, au Canada, à la Nouvelle-Zélande, à l'Australie, à la Malaisie, à Hong Kong, à Singapour, au Myanmar, à l'Inde, à l'Ouganda, au Kenya, à l'Afrique du Sud, au Nigeria, à Malte et à d'innombrables autres îles, 24 fuseaux horaires sur la Terre sont couverts par l'Empire britannique.[18] L'ordre international sous l'hégémonie britannique a été appelé "la paix sous la domination britannique". La carte mondiale de l'Empire britannique, publiée par la Grande-Bretagne, sur laquelle le territoire de l'empire est généralement indiqué en rouge, donne une image claire de la portée mondiale de ce vaste empire. Si l'on inclut les principaux partenaires commerciaux du Royaume-Uni, comme la Suède, le Danemark, la Norvège et la Finlande en Scandinavie, le Portugal et la Grèce en Europe du Sud, l'Irak au Moyen-Orient, l'Égypte en Afrique, l'Asie et l'Amérique du Sud, la taille du marché,

---

[18] Empire britannique, Wikipédia.

la population et les ressources de la zone de la livre sterling sont suffisamment importantes pour poser un sérieux défi à l'hégémonie du dollar.

L'économiste britannique Jevons a un jour décrit l'influence économique de l'Empire britannique de la manière suivante : les plaines d'Amérique du Nord et de Russie sont nos champs de maïs, le Canada et la mer Baltique nos forêts, l'Australie nos pâturages, le Pérou nos mines d'argent, l'Afrique du Sud et l'Australie nos mines d'or, l'Inde et la Chine notre base de thé, les Indes orientales nous fournissent la canne à sucre, le café et les épices, et le sud des États-Unis nos plantations de coton. Les nouvelles ressources stratégiques essentielles du 20ème siècle, telles que le pétrole, le fer, l'aluminium, le plomb, le zinc, le cuivre, le nickel, le caoutchouc et d'autres bases de matières premières, sont également largement contrôlées par l'Empire britannique.

Après la Première Guerre mondiale, le dollar, profitant d'un moment de grande richesse et d'un rétrécissement relatif de l'Europe, a utilisé le bâton de la dette de guerre pour lancer une attaque féroce contre la livre depuis le front de la monnaie de réserve et le flanc du règlement commercial, qui, bien qu'ayant finalement vaincu le système mondial de la livre, était loin de détruire complètement le potentiel économique et de richesse de l'Empire britannique. Stratégiquement, plutôt que le dollar entourant la livre, c'est la livre qui entoure le dollar dans le monde entier.

Une fois que la livre s'est libérée du carcan de l'or, cela signifie également qu'elle s'est débarrassée des contraintes du dollar et a gagné l'initiative stratégique. La livre était fondée sur le "système de préférence impériale", qui établissait une influence dominante dans la zone sterling. La forte dépréciation de la livre a permis au Royaume-Uni de lancer une puissante contre-attaque contre le dollar sur différents champs de bataille commerciaux.

Le dollar a dû opérer un repli stratégique à l'échelle mondiale. La rechute de l'Amérique dans l'isolationnisme n'est pas due à un manque de volonté de diriger le monde, mais plutôt à une dépression économique prolongée qui a limité sa capacité à le faire.

La Fed a failli se désintégrer, et le dollar a été sous le choc pendant 48 heures.

Depuis l'effondrement de l'étalon-or de la livre en septembre 1931, le monde a commencé à craindre que le dollar ne soit également forcé de quitter l'étalon-or. La dévaluation massive de la livre a immédiatement coûté à la Banque de France la somme stupéfiante de 125 millions de livres sterling sur des réserves de change de 350 millions de livres sterling, soit sept fois son propre capital ! De telles pertes, s'il s'agissait d'une banque commerciale ordinaire, auraient entraîné la mort à plusieurs reprises. La banque centrale néerlandaise a perdu la totalité de son propre capital, tandis que la Suède et la Belgique, pays qui avaient constitué les réserves de livres normandes "de l'eau au pétrole", sont maintenant en larmes. En Europe, le puissant gouverneur de la Banque d'Angleterre Norman, les banques centrales de la Banque d'Europe se sont vantées que la livre et l'or sont aussi bons que l'or et ont bercé tout le monde en épargnant l'or n'est pas aussi bon que l'épargne de la livre, cette fois c'est vraiment "cul nu poussant le moulin — se retourner vers la disgrâce".

Les Européens, qui ont été choqués par cela, sont dans un état de limbes, et la livre est si peu fiable, comment le dollar peut-il être bon ? C'est l'or lourd qui est solide dans votre main. Le lendemain de l'annonce de la sortie de la livre de l'étalon-or, la Banque de France a immédiatement demandé à la Federal Reserve Bank of New York, poliment, si elle pouvait convertir une partie de ses réserves en dollars en or, maintenant qu'elle était à court de liquidités. Les Américains ont répondu : "Pas de problème, nous avons de l'or américain". En conséquence, les Français ont immédiatement converti 100 millions de dollars de réserves en or. La banque centrale suisse a vu que les Français prenaient les devants et a également demandé 200 millions de dollars en or, ce qui ne dérange toujours pas les Américains. Immédiatement après, la banque centrale belge a échangé 130 millions et la banque centrale néerlandaise voulait 77 millions, réclamant de plus en plus d'or aux États-Unis. En cinq semaines à peine, les Européens ont converti 750 millions de dollars de leurs réserves en dollars en or.

Cette fois, le peuple américain ne se sent pas bien.

Un or de cette ampleur a été pompé hors du système monétaire américain, affaiblissant gravement la base de crédit des banques américaines. Sans garantie de crédit, le grand nombre de prêts débloqués devaient être remboursés immédiatement, et maintenant que tout le monde est à court d'argent, les prêteurs ne peuvent tout simplement pas rembourser le prêt, ils sont seulement obligés de sauter de l'immeuble pour vendre l'actif, tout le monde se jette ensemble, et par conséquent personne ne peut courir. Et ainsi, dans les 5 semaines qui ont suivi le siphonnage de l'or par les Européens, 522 banques américaines ont fait faillite à grande échelle ! À la fin de 1931, le nombre de faillites bancaires a atteint le chiffre stupéfiant de 2 294 ! 20 000 banques américaines qui ont fait faillite par 1/10, tout en perdant 1,7 milliard de dollars d'épargne des gens ordinaires.

Confrontés à une vague de faillites sans précédent, les épargnants américains ont soudain réalisé que leur vie risquait d'être totalement détruite à tout moment et ont immédiatement commencé à retirer leurs dépôts des différentes banques. En six mois à peine, 500 millions de dollars en espèces se sont envolés des banques vers les matelas de milliers de foyers. La crise du système bancaire est sur le point de s'éteindre, et le crédit bancaire aux États-Unis a diminué de 20% par rapport à 1931. La contraction dramatique du crédit monétaire a entraîné une chute des prix, une augmentation de l'endettement, des faillites d'entreprises, une aggravation du chômage, une consommation atone, une augmentation des créances douteuses et des liquidations, et un cercle vicieux dans la finance américaine.

Ayant pour origine la bulle de la dette en dollars américains, l'effet de résonance de cette crise de confiance a provoqué le krach boursier américain de 1929 après que l'Allemagne ait ouvert la voie de la rupture en 1928. Après que la panique se soit temporairement calmée pendant plus d'un an, l'Autriche et l'Allemagne ont connu un nouvel effondrement plus complet de leur système bancaire. Le deuxième tour de la crise financière a été bien plus meurtrier que le premier, qui a balayé la digue de l'étalon-or britannique, puis a traversé à nouveau l'Atlantique, balayant le système bancaire américain en 1931-1932.

En février 1933, le nuage de la crise du dollar commence à s'accumuler au-dessus de New York. Au centre de cette tempête se trouve le cœur même du système du dollar — la Federal Reserve Bank of New York !

Depuis fin février, la Federal Reserve Bank of New York a perdu 250 millions de dollars d'or en deux semaines, soit un quart de ses réserves totales. La Fed dans son ensemble dispose certes de réserves d'or plus que suffisantes, mais comme ces ressources en or sont réparties entre 12 banques fédérales distinctes, qui sont confrontées à une ruée sur les banques dans leurs juridictions respectives, les banques sont depuis longtemps perdantes. Si l'on ajoute à cela le style de longue date de la Federal Reserve Bank of New York, il n'y a pas que le siège de la Fed à Washington qui soit rempli de griefs, les autres banques de la Fed sont tout aussi indignées. La Federal Reserve Bank of New York, en période de crise, est déjà dans l'embarras d'être seule.

Au lieu de se calmer, la vague de faillites bancaires s'aggrave.

Le 2 mars, les réserves d'or de la Federal Reserve Bank of New York étaient tombées en dessous de la limite inférieure fixée par la loi, qui est de 40% de ses réserves d'émission monétaire.

Au cours des 48 heures suivantes, la crise s'est rapidement aggravée d'heure en heure. Le Conseil de la Réserve fédérale à Washington a senti que l'ensemble du système bancaire central américain risquait de se désintégrer !

Après la mort de Strong de maladie en 1928, Harrison a hérité du manteau à la Banque de réserve fédérale de New York. Mais il n'a pas de chance, il n'a pas eu de bons jours dans le décor, il est occupé tous les jours à lutter contre les catastrophes et les incendies en première ligne. La dernière option pour sauver la Federal Reserve Bank de New York et lui-même est de fermer toutes les banques du pays ! Mais un mouvement de cette ampleur est, après tout, quelque chose qui n'est jamais arrivé depuis la fondation des États-Unis.

C'est à ce moment critique que le changement de gouvernement entre l'ancien et le nouveau arrive à un moment délicat. Roosevelt a été élu, mais il ne prêtera serment que le 4 mars. Le président Hoover est déjà un canard boiteux au pouvoir. Harrison parvient à persuader le Conseil de la Réserve fédérale à Washington, ainsi que le président Hoover, qui a des liens profonds avec Wall Street, mais il ne parvient pas à persuader Roosevelt. Ce n'est pas que Roosevelt n'était pas conscient de la gravité du problème, mais il a dû regarder dans le mur à ce moment-là.

Face à la crise bancaire, le président Hoover a depuis longtemps sauté sur ses pieds en toute hâte, si le système bancaire de la nation n'est pas fermé, la Réserve fédérale s'effondrera et l'économie américaine s'écroulera ! Lui, Hoover, entrera également dans l'histoire comme le premier président de l'histoire américaine à mettre en faillite l'économie de la nation, craignant de laisser un mauvais nom dans les livres d'histoire ! Anxieux, Hoover demande à plusieurs reprises à Roosevelt de travailler avec lui sur des plans d'urgence dès que possible, mais Roosevelt est libre et peu pressé.

Roosevelt n'est pas d'humeur massacrante en ce moment, l'économie est en ruine, c'est l'incompétence de son prédécesseur, et c'est pour cela qu'il a été élu, "le peuple a besoin de changement". Il serait politiquement peu judicieux de s'associer à Hoover sur un quelconque plan, et s'impliquer dans une telle pagaille à ce stade rendrait difficile pour lui de s'en sortir à l'avenir, et il ne ferait pas une chose aussi stupide pour torcher le cul de quelqu'un. Lorsque la situation sera complètement pourrie, une fois qu'il aura pris les rênes, il aura tout le mérite, ou alors, on pourra faire porter le chapeau au malchanceux président Hoover, alors que Roosevelt lui-même est invaincu.

Le 3 mars, la Federal Reserve Bank of New York a perdu 350 millions de dollars en un jour ! Sur ce montant, 200 millions de dollars étaient dus à une ruée internationale et 150 millions de dollars à une ruée de la population en général. Il lui manque maintenant 250 millions de dollars de réserves ! La Federal Reserve Bank of New York a finalement posé ses tablettes et a cherché de l'aide. Les autres banques de la Réserve fédérale ont laissé échapper un éclat de rire glacial. La désintégration de la Réserve fédérale n'est plus une imagination lointaine, mais une dure réalité toute proche. La Federal Reserve Bank of New York étant une entreprise privée, et non un service gouvernemental, le risque de sa faillite est réel.

Ce jour, ainsi que le dernier jour de travail du président Hoover, constitue l'ère Roosevelt de demain. Comme il est de coutume, cet après-midi-là, un Roosevelt calme invite le président Hoover chez lui pour une tasse de thé et une discussion. Comment Hoover pouvait-il être d'une telle humeur, il était ici pour faire un dernier effort. Après une courtoisie officielle, Hoover propose de parler à Roosevelt en privé. Roosevelt sourit et fait signe à Hoover de se rendre dans son bureau, où l'attendent le président de la Réserve fédérale, le secrétaire au Trésor et les assistants de Roosevelt. C'était une négociation ardue, et Hoover suppliait presque Roosevelt : "Est-ce que vous et moi signerons conjointement ce soir un communiqué annonçant la fermeture de la banque ? De son côté, Roosevelt a répondu sans concession : "Si vous n'avez pas le courage d'en assumer vous-même les conséquences, j'attendrai l'investiture du président pour le faire (ce que vous auriez dû faire)". " Quand je l'ai vu, Hoover devait partir comme ça.

Hoover est anxieux, la Fed est encore plus anxieuse, et c'est JP Morgan qui est le plus anxieux. La Federal Reserve Bank de New York est le principal instrument des banquiers internationaux pour appeler les seigneurs du monde, et il est de toute façon inacceptable que l'effondrement des cent dernières années du rêve du pouvoir de l'or soit sur le point de se produire.

Tout au long de la nuit du 4 mars, les appels téléphoniques au domicile de Roosevelt ne peuvent être arrêtés un seul instant. En 1922, il a participé à la création et à la présidence de la United European Investment Company en tant que directeur, des géants financiers internationaux tels que le géant financier allemand, le chef de la famille Warburg, Max Warburg, son frère est connu comme le "père de la Réserve fédérale" de Paul Warburg, et le fils de Paul, James, est le principal conseiller financier après l'administration Roosevelt. L'autre frère de Max est un associé de la banque d'investissement numéro 1 de Wall Street cette année-là, Kuhn Loeb & Co. qui est un nœud essentiel d'un réseau de relations financières juives dans le monde entier. C'est pendant son mandat que l'ancien chancelier allemand Cuno, également conseiller de Roosevelt, a fait exploser l'hyperinflation allemande. Roosevelt, le plus grand actionnaire individuel de la société, avait fait fortune lorsque le mark allemand avait plongé. Roosevelt n'était pas non plus étranger aux banquiers de JP Morgan en général, et c'est Ramon, le tireur d'élite de JP Morgan, avec qui l'amitié personnelle de Roosevelt était profonde, et c'est Ramon qui a arrangé le logement de Roosevelt et qui a présenté Roosevelt à diverses relations lorsque le jeune Roosevelt est arrivé à Washington au début de sa carrière politique. [19]

Les dieux et les déesses parlaient tous, mais la question de la fermeture du système bancaire était tellement présente à l'esprit de Roosevelt. Le président de la Fed était même un important lobbyiste, appelant frénétiquement les deux camps toute la nuit pour combler l'écart entre les positions de Hoover et de Roosevelt. En fin de compte, Roosevelt était si ennuyé qu'il a dû parler à Hoover trois fois, et n'a cessé d'exposer les différences entre les deux positions jusqu'à 1 heure

---

[19] Chapitre V de *La guerre des monnaies*.

du matin, sans parvenir à un compromis. Roosevelt a finalement dû en rester là et il était temps de se coucher.

Pendant que Roosevelt dormait, le président de la Fed ne pouvait pas dormir. Afin de s'imposer dans l'histoire, le président décida de convoquer la réunion du conseil pendant la nuit. Ceux qui dormaient déjà chez eux, malades dans leur lit, participant à des cocktails, les gouverneurs de la Fed ont bravé le vent et la pluie pour arriver sur les routes glissantes. La réunion se poursuivit jusqu'à 2 heures du matin, aboutissant à une déclaration écrite recommandant au président de fermer immédiatement toutes les banques du pays. Sachant que Roosevelt était allé se coucher, tout le monde a joué un tour d'esprit et a ordonné que la déclaration soit poussée par la porte de la maison de Roosevelt. Elle a été livrée en temps voulu. Tôt le lendemain matin, Roosevelt était sur le point de se rendre à l'inauguration lorsqu'il trouva cette annonce à la porte et fut tellement en colère qu'il faillit s'évanouir. N'est-il pas évident que la Fed se prépare à cela !

En fait, la Réserve fédérale est également poussée au bord du gouffre. Si les banques ne ferment pas, la banque fédérale de New York sera à court de réserves lundi ! Si la banque centrale des États-Unis d'Amérique est fermée par le peuple et les étrangers, le crédit du dollar s'effondrera ! Toute discussion sur une stratégie mondiale pour le dollar ou sur une compétition avec la livre pour la suprématie serait vaine. Il faut se précipiter pour fermer les portes des banques de la nation avant que la Federal Reserve Bank de New York ne soit forcée de fermer. C'est une autre histoire, la Fed a été dirigée et fermée, se transformant en gouvernement forçant le système bancaire à se réorganiser. Le défendeur est devenu le plaignant ! La Fed agira en tant qu'exécuteur du nettoyage d'en haut, et non en tant qu'objet du nettoyage !

Les banquiers font des choses et ne doivent jamais préparer de plan B, encore moins pour un événement aussi important.

Le plan B est le suivant : s'il n'est pas judicieux pour Roosevelt de fermer les banques de la nation, il faudrait commencer par fermer les banques de l'État de New York et du quartier financier central de Chicago. Cela permettra de gagner un temps précieux et de relâcher la pression sur les deux principales banques de la Fed, New York et Chicago. L'ordre exécutif de fermeture de la banque doit être émis par le gouverneur, et le gouverneur de l'Illinois, où se trouve Chicago, n'a pas craint de prendre lui-même cette tête, offrant de suivre le mouvement tant que l'État de New York agirait en premier. Les hordes de banquiers se rendirent à nouveau chez le gouverneur de l'État de New York. Le gouverneur n'était personne d'autre que l'un des membres de la célèbre famille bancaire Lehman, Herbert Lehman. La société Lehman Brothers à l'époque, mais un hégémon de Wall Street, en Mars 1933, le moment le plus critique, a été Lehman Brothers dans le sauvetage de la Banque de la Réserve fédérale de New York. Par conséquent, en septembre 2008, la Federal Reserve Bank of New York n'a rien fait pour sauver Lehman Brothers. La sournoiserie de la pègre financière et la sournoiserie du cœur des banquiers en sont la preuve !

Ce n'est qu'à 2 h 30 du matin, à la nouvelle du refus de Roosevelt de céder, que le gouverneur Lehman a annoncé officiellement que toutes les banques de l'État de New York seraient fermées pendant trois jours à compter de lundi. Une heure plus tard, le gouverneur de l'Illinois annonçait une mesure similaire. Le Massachusetts et le New Jersey, qui avaient initialement négocié, ont annoncé l'ordre de fermeture aux premières heures du jour suivant. Le gouverneur de Pennsylvanie s'est montré d'accord, mais n'a pu trouver personne à ce moment-là. Il avait prévu d'assister à l'investiture présidentielle, l'homme se trouvait à Washington, mais était hébergé chez un ami et ne pouvait être joint un seul instant. Le Fed, à bout de nerfs, a dû envoyer quelqu'un à la porte pour réveiller le gouverneur, avant de se rendormir après que le gouverneur de Pennsylvanie, somnolent, ait donné l'ordre. [20]

Le 4 mars, Roosevelt a été inauguré comme président des États-Unis. Ce jour-là, les banques de la nation ont reçu l'ordre de fermer et de se regrouper pendant dix jours. C'est la première fois dans l'histoire des États-Unis, et dans l'histoire de la monnaie mondiale, que la plus grande économie du monde vivra complètement sans banques et sans monnaie pendant dix jours.

Trois cycles d'assouplissement monétaire quantitatif et les États-Unis ne sont pas sortis de la Grande Dépression

Dans un pays développé et industrialisé, le système économique peut-il encore fonctionner lorsque la monnaie est perdue, tout comme

---

[20] Liaquat Ahamed, *Lords of Finance*, The Penguin Press, New York, 2009. p. 448.

une ville moderne est soudainement privée d'eau courante et d'électricité ?

La réponse est : peut !

Les sociétés humaines sont tellement adaptables qu'elles dépassent souvent l'imagination des gens !

Lorsque le système bancaire américain a été fermé, il n'y a pas eu d'émeutes de masse dans la société, comme prévu. Au contraire, l'ordre social est étonnamment bien organisé. C'est l'espoir du New Deal de Roosevelt d'une part, et la résilience naturelle des gens d'autre part.

Les centres commerciaux américains sont flexibles et continuent à offrir des biens aux clients à crédit. Les médecins, les avocats, les carrossiers acceptent les billets de dette personnelle comme moyen de paiement. Les cours à l'université se déroulent comme d'habitude, et la cantine est réservée aux étudiants pour manger. La billetterie d'un spectacle de Broadway, qui accepte également les notes d'endettement personnel, doit montrer un livret d'épargne bancaire pour prouver qu'elle a de l'argent pour rembourser à l'avenir. Des centaines de collectivités locales ont émis des bons locaux, et les États ont eu leur propre expérience d'émission de "bons coloniaux" dès la guerre d'indépendance américaine. Dans d'autres endroits, la collecte directe de marchandises comme moyen de paiement a été adoptée. Le prix d'un match de boxe, comme celui de New York, était de 50 cents, et les spectateurs pouvaient acheter des billets avec des chapeaux, du savon, des cigarettes et même des chaussures de valeur comparable. Cependant, le crédit a des limites, les petits montants sont acceptés, et les montants trop importants peuvent causer des problèmes. Même sans monnaie, les Américains ne tardent pas à s'amuser, et c'est ainsi que plus de 5 000 touristes sont bloqués en Floride parce que leur limite de découvert est dépassée.

Lorsque Roosevelt arrive au pouvoir, l'accent est bien sûr mis sur le sauvetage de l'économie, mais son New Deal prescrit le mauvais médicament ; en 1933, Roosevelt compte 13 millions de chômeurs lorsqu'il prend ses fonctions, et à la fin de 1941, avant l'entrée des États-Unis dans la Seconde Guerre mondiale, il doit encore faire face à plus de 10 millions de chômeurs, et si la guerre mondiale n'avait pas amené un tiers de la main-d'œuvre américaine à participer directement à l'effort de guerre ou au système de guerre, il est à craindre que le chômage se serait poursuivi jusqu'au milieu ou à la fin des années 1940.

Roosevelt a déterminé que la crise avait pour origine la chute des prix. Il a fait valoir que la chute des prix avait entraîné la perte de bénéfices industriels, une augmentation du fardeau de la dette, une faible volonté d'investir, des débuts de production insuffisants et un chômage élevé. Dans le même temps, le prix de vente des produits agricoles s'est fortement contracté au fil des ans, faisant perdre de l'argent aux agriculteurs et réduisant leur pouvoir d'achat. L'effondrement du prix des actifs a laissé Wall Street en état de choc, paralysant le système bancaire, affaiblissant gravement la capacité de financement et rendant difficile le financement de la reprise économique.

Ainsi, l'idée centrale de Roosevelt était de faire tout ce qui était possible pour faire remonter les prix et sortir de la misère de la déflation. Quatre-vingts ans plus tard, les administrations Bernanke et Obama ont largement suivi la pensée de Roosevelt et ont répondu au tsunami financier par la "reflation des actifs". C'est également la principale raison pour laquelle les États-Unis sont toujours incapables de sortir de la crise. Roosevelt, après une brève période de prospérité avec le New Deal, est retombé dans la récession de 1937-1938 au cours de sa quatrième année de mandat, tandis qu'Obama a été confronté au même danger d'une deuxième récession au cours de sa quatrième année de mandat. L'incapacité de Roosevelt à régler le problème du chômage est tout autant un cauchemar économique pour Obama que pour lui.

L'erreur commise par les deux est presque identique, donner naissance à une maladie du cœur et prendre des médicaments pour un mal de tête. Avoir une crise de la dette en dollars, mais avoir un déficit budgétaire pour la résoudre, et plus de dette pour résoudre une crise provoquée par la dette, est en soi un salaire. Inflation des prix ou inflation des actifs, la seule façon d'alléger la pression de la dette est de dévaluer la monnaie. L'exemple le plus extrême est l'hyperinflation allemande de 1923, où l'effondrement total du mark a effacé la dette intérieure de l'Allemagne, mais aussi la valeur de la monnaie et la confiance de la population dans le gouvernement. Au final, la République allemande de Weimar a payé cette dette de bonne foi au prix de son effondrement. Aujourd'hui, les États-Unis utilisent le statut de monnaie de réserve du dollar comme un pari pour obliger les créanciers internationaux du dollar et les contribuables nationaux à partager les pertes et les pénalités qui auraient dû être infligées à Wall Street. Si la stratégie de la dévaluation du dollar va trop loin, le résultat sera une hyperinflation mondiale et la faillite complète de l'intégrité du dollar.

La chute des prix est le résultat, et non la cause, du rétrécissement du crédit bancaire créé par l'implosion massive de la dette. Les tentatives d'utiliser le redressement des prix comme clé pour résoudre la crise ne peuvent qu'ouvrir la porte à l'argent bon marché et aux finances déficitaires. L'argent bon marché détruira l'épargne et le pouvoir d'achat réel des gens, tandis que les finances déficitaires augmenteront la pression éventuelle sur les consommateurs pour qu'ils s'endettent, ce qui est totalement contraire à une reprise économique saine et à une augmentation de l'emploi. Comment une telle politique économique, dont la logique est inversée et la charrue avant les bœufs, peut-elle donner des résultats durables ?

Hoover avait déjà expérimenté l'assouplissement quantitatif à deux reprises avant que Roosevelt ne lance sa politique d'assouplissement monétaire.

De novembre 1929 à juin 1930, dans le but de sauver la bourse de Wall Street du krach d'octobre et de la crise de confiance, la Federal Reserve Bank de New York a mené son premier cycle d'assouplissement quantitatif, en réduisant fortement les intérêts de 6% à 2,5% et en injectant 500 millions de dollars dans le système bancaire. La décision audacieuse de la Fed était également très peu orthodoxe, avec une politique monétaire dite anticyclique, une idée nouvelle encore inconnue à l'époque. La Fed est également en proie à des disputes internes. En raison du manque de théorie et de pratique, nous ne pouvons nous fier qu'à des métaphores floues et plausibles, le résultat est naturellement que les lèvres de l'âne ne peuvent correspondre à la bouche du cheval.

L'impression monétaire de la Fed, combinée à la chute des prix, a entraîné une hausse des actions en monnaie réelle, qui ont connu un fort rebond de 50% au cours du premier semestre de 1930. La crise économique ne semblait plus aussi effrayante, la confiance était grandement restaurée et la théorie de l'ajustement du marché haussier commençait à être acceptée par beaucoup. Mais les bons moments ont été de courte durée, l'économie a continué à déraper et le marché boursier est redevenu baissier dans la seconde moitié de l'année.

En février 1932, la Réserve fédérale a fait pression sur le Congrès pour qu'il adopte une loi permettant aux bons du Trésor américain de servir de réserve monétaire, supprimant ainsi les contraintes rigides de l'or par rapport au dollar. Depuis la création de la Réserve fédérale en 1913, l'émission de dollars est restée sous le signe de l'or, avec une garantie or de 40 dollars derrière une émission de 100 dollars, et les 60 dollars restants étant principalement des papiers commerciaux à court terme. Si la Fed peut acheter et vendre des bons du Trésor sur le marché libre, en utilisant les bons du Trésor comme principal actif et, en fait, en utilisant les bons du Trésor achetés pour injecter des liquidités dans le système bancaire, les bons du Trésor américains ne servent pas légalement de réserve monétaire pour le dollar. Les bons du Trésor américain n'arrivent même pas à la cheville des billets de trésorerie en termes d'émission de dollars. La raison en est que le Congrès américain se méfie beaucoup des pouvoirs monétaires de la Fed et craint qu'un jour la Fed ne monétise la dette nationale, ne contribue au déficit budgétaire du gouvernement et n'utilise la recherche de rente du pouvoir monétaire pour corrompre et lier le gouvernement, subvertissant ainsi la valeur intrinsèque du dollar. Cependant, cet "ordre secret" du Congrès de contrôler le pouvoir monétaire de la Réserve fédérale, lors de la crise, a été habilement abrogé par la Réserve fédérale.

La Fed peut enfin manger les bons du Trésor par le biais d'opérations massives d'open market, ancrant les bons du Trésor au cœur de l'émission du dollar. La dette nationale, en tant que réserve centrale du dollar, l'obligerait objectivement à augmenter avec le développement économique, ce qui ne peut se faire que par des déficits fiscaux. L'utilisation par la Fed de l'émission accrue de bons du Trésor a servi à la fois à tenter le désir insatiable du gouvernement de dépenser sans compter et à le contraindre à une période prolongée de déficits qui, autrement, aurait conduit aux difficultés économiques de la contraction monétaire. Cette dépendance à l'égard de la dette a été la source du pouvoir de la Fed et le moyen par lequel les États-Unis ont ensuite traité avec le Royaume-Uni. Quelle ingéniosité de la part des banquiers pour concevoir un piège monétaire aussi subtil ! Le Congrès a profité de la crise économique pour flanquer facilement la "ligne de défense Maginot" monétaire élaborée par la Fed, qui a été conçue par les banquiers.

Après l'adoption de la nouvelle loi, la Réserve fédérale a immédiatement commencé à imprimer de l'argent, a commencé QE2, l'achat massif de bons du Trésor, injecté un autre milliard de dollars dans le système bancaire, le marché boursier américain en 1932 après le début de QE2, devrait être près du double !

Il s'avère que lorsque la nouvelle loi a été adoptée en février 1932, c'est au même moment que le marché boursier américain a connu son plus bas niveau depuis le XXe siècle !

Le marché boursier a touché le fond, mais la reprise économique est loin d'être terminée. Ce que Roosevelt est sur le point de lancer est précisément QE3.

Roosevelt avait à l'origine un conseiller financier principal, il s'agit de James Warburg — le "père de la Réserve fédérale" Le fils de Paul Warburg, si l'on compte par génération, devrait être la génération du frère de la Fed. James avait 25 ans lorsqu'il a occupé le poste de vice-président de l'International Acceptance Bank, il a suivi son père Paul qui a ouvert un nouveau monde sur le marché américain des billets à ordre commerciaux, a établi la position dominante du dollar dans le règlement des échanges internationaux et a livré une bataille gigantesque ; à 37 ans, il est devenu le plus jeune géant financier de Wall Street, en occupant le poste de vice-président du conseil d'administration de la Manhattan Bank (le prédécesseur de l'actuelle JP Morgan Chase Bank). Il s'avère que Roosevelt était prêt à lui confier le poste clé de secrétaire au Trésor pour faire le lien entre Roosevelt et Wall Street, mais il a préféré être le conseiller personnel du président. Le caractère de James n'était pas très stable, probablement en raison de son ambition précoce d'adolescent, et il développa plus tard une confrontation émotionnelle féroce avec Roosevelt, allant jusqu'à troller ouvertement l'état du New Deal de Roosevelt dans la presse, ce qui fit grandement souffrir son avenir politique. [21]

Après que le président se soit mis à dos James, le poids lourd de l'ère Roosevelt, le secrétaire au Trésor Morgenthau recommande son professeur d'économie agricole, George Warren, de l'université Cornell, comme conseiller économique du président. Roosevelt appréciait beaucoup la théorie de Warren sur la réinflation des prix et, bien que le président lui-même ne comprenne rien à l'économie, son instinct plutôt douteux lui disait que la hausse des prix était la solution pour sortir de la crise. La pensée de Warren correspond parfaitement aux attentes de Roosevelt.

---

[21] Ron Chernow, *The Warburgs, The Twenty Century Odyssey of a Remarkable Jewish Family*, Random House, New York, 1993. Chapitre 27.

Warren a passé une décennie à enquêter minutieusement sur les racines de la baisse des prix des produits agricoles depuis les années 1920, et a publié en 1932 son magnum opus, *Wholesale Prices from 1720 to 1932: 213 Years on*. La conclusion à laquelle il parvient est qu'il existe une corrélation claire entre l'or et les prix des produits de base, plus d'or correspond à une hausse des prix, moins d'or à une baisse des prix. Cette conclusion n'a rien d'exceptionnel en soi, puisque l'or est la pierre angulaire de l'expansion du crédit, et qu'une augmentation de l'or entraînera une expansion du crédit monétaire et une augmentation naturelle des prix des matières premières. Mais au début des années 1930, les idées monétaristes n'avaient pas encore germé, et Roosevelt les trouvait très rafraîchissantes à entendre. Un point plus explosif est que Warren a proposé une "recette secrète" pour résoudre la baisse des prix : puisque l'augmentation de l'or peut faire monter les prix, alors la dévaluation du dollar au prix de l'or, équivaut à une augmentation de la quantité totale d'or, la crise n'est pas résolue ? Avec une approche aussi simple, Roosevelt trouve instantanément un sens de "prophétie" économique. Le président est déterminé et prêt à résoudre le problème de la Grande Dépression d'un seul coup en dévaluant le dollar par rapport au prix de l'or.

En fait, les deux augmentations de la monnaie de 1930 et 1932, et la dévaluation du dollar par rapport à l'or de Roosevelt, qui tentaient toutes deux de résoudre le grave problème de la dette en manipulant la valeur de la monnaie sous deux angles (le premier de la quantité et le second de la qualité), avaient malheureusement peu de chances de réussir. En cas de grave crise de la dette, le moyen le plus efficace était d'effacer complètement la dette, de permettre aux grandes banques de faire faillite et au gouvernement de prendre le pouvoir monétaire et d'injecter de l'argent directement dans l'économie, de sorte que la situation économique s'améliore rapidement sans pratiquement aucune dette, puis de permettre aux banques de se rétablir progressivement par elles-mêmes. En 1933, l'Allemand Schacht a utilisé cette thérapie pour redresser complètement l'économie allemande, qui était bien pire que celle des États-Unis, en seulement quatre ans, en éliminant 30% du taux de chômage et en atteignant pratiquement le plein emploi.

L'essence de la Grande Dépression était qu'il y avait d'un côté des ressources massives et des installations de production désaffectées et de l'autre une importante main-d'œuvre désœuvrée, et tant que l'argent combinait les deux, le moteur économique ne pouvait que redémarrer. Cependant, le système bancaire est incapable de fournir et ne veut pas risquer le crédit quand il est le plus nécessaire en raison du grave problème des créances douteuses. Il est difficile de résoudre le dilemme de l'entrée de l'argent dans l'économie réelle simplement en dévaluant la monnaie pour financer les banques commerciales. Comme les banques créent du crédit en partant du principe que quelqu'un doit prêter de l'argent et que personne ne le fait, ou que les banques ont peur de prêter, les dollars créés à bas prix par les banques centrales ne sont pas automatiquement injectés dans l'économie réelle. Le chômage de masse de la Grande Dépression a laissé les consommateurs sans pouvoir d'achat et les banques ont eu peur de leur accorder des crédits à la consommation, tandis que les entreprises ont eu peur d'embaucher des personnes pour lancer la production à grande échelle parce que le marché de la consommation était atone. Or, pour sortir de ce cycle moribond, il faut commencer par une augmentation massive de l'emploi, seul moyen d'entraîner une croissance de la consommation. Si le New Deal de Roosevelt a fait quelques efforts en ce sens, il était loin de susciter l'enthousiasme pour la dévaluation de la monnaie.

Le QE3 initié par Roosevelt comprenait la sortie de l'étalon-or, la chute du dollar de 20,67 à 35 dollars pour une once d'or, et la dépréciation spectaculaire du dollar par rapport à l'or !

Les Français n'arrivent pas à comprendre pourquoi un pays possédant le plus d'or au monde choisirait de quitter l'étalon-or. Les Britanniques se raccrochent à n'importe quoi, la livre a été forcée de quitter l'étalon-or et les États-Unis l'abandonnent volontairement, que préparent-ils ? Pour les Américains, la question est très simple, puisque la plupart des pays ne reconnaissent pas l'or "authentique de la dynastie Han", je continue à prendre l'or comme un bodhisattva, pourquoi ? L'or est à l'origine un outil des États-Unis pour restreindre les autres, si tout le monde se débarrasse de l'or, alors le dollar insiste sur l'étalon-or, non seulement ne peut pas contrôler les gens, mais est soumis aux gens. Toutefois, les États-Unis, après tout, les États-Unis a laissé un cœur supplémentaire, bien que temporairement abandonné l'étalon-or, mais en raison de la domination écrasante des États-Unis réserves d'or, peut-être à l'avenir peut encore utiliser l'or pour tenir d'autres pays. Ainsi, Roosevelt a ostensiblement aboli l'étalon-or, mais n'a pas permis aux gens de détenir de l'or, obligeant les gens ordinaires à vendre tout leur or à la Réserve fédérale au bas prix de 20,67 dollars, et provoquant ensuite son appréciation, ce qui revient à voler l'argent des gens et à en faire profiter le système bancaire.

Plus tard, lorsque le système de Bretton Woods a été mis en place, les États-Unis ont vraiment sorti l'or "Empereur Han Xian", et tous les pays ont dû se prosterner à nouveau. Même après que les États-Unis aient découplé le dollar de l'or en 1971, jusqu'à 8 000 tonnes d'or étaient encore stockées. Les États-Unis sont un pays qui laisse toujours quelque chose au hasard.

Dès que le QE3 de Roosevelt a été annoncé, Wall Street a applaudi et les actions ont bondi de 15%. Un autre membre de JP Morgan, le Grand Amiral Ruffinwell, a rendu hommage à Roosevelt au nom de Wall Street : "Votre abandon de l'étalon-or a sauvé une nation au bord de l'effondrement total". Quand il s'agit d'or, le président et Wall Street sont censés être sur la même longueur d'onde.

Sous l'impulsion du QE3, les prix de gros américains ont augmenté de 45%, les stocks ont doublé et le coût de la dette a été considérablement réduit. La reprise économique a vu le jour, avec une augmentation de 100% des commandes d'équipements lourds, un bond de 200% des ventes de voitures et une expansion de 50% de la production industrielle.

Roosevelt jouit en ce moment de la merveilleuse joie du succès. Mais, oublie le président, la reprise de la croissance sans emploi peut-elle être durable ? Les banquiers sont sauvés, les capitalistes sont heureux, et les gens du peuple ? Sans une augmentation substantielle de leur capacité ultime à consommer, tout est finalement une illusion. Bien sûr, en 1937, Roosevelt est à nouveau confronté à une "récession" au milieu d'une dépression.

" Mon destin, c'est moi qui commande ! "

En juin 1933, la Conférence économique de Londres est devenue un événement international d'intérêt mondial. Les pays du monde entier, qui se débattent dans un marécage en déclin, ont placé leurs espoirs dans la paille que représente la Conférence de Londres. Cette conférence était vouée à la dégringolade. Parce qu'au lieu de se chevaucher, les États-Unis et le Royaume-Uni se concentrent l'un sur l'autre.

Pour l'Empire britannique, la séparation de la zone de la livre sterling a donné à l'économie britannique une base solide. Si elle veut retrouver son hégémonie sur la livre, elle doit développer le commerce international, le commerce extérieur de la Grande-Bretagne représentant plus de 20% du revenu national et le secteur financier dépendant fortement du commerce. Si le commerce international ne fonctionne pas bien et que le secteur financier n'est pas restauré, l'économie sera instable. Il est donc nécessaire de réunir les cartes commerciales des zones dollar et franc sous le parapluie de la zone sterling. Mais la mauvaise nouvelle, c'est que le dollar américain est également sorti de l'étalon-or et se déprécie encore plus fort que la livre, et le franc n'a pas peur car il ne comprend pas la situation et s'accroche encore à l'étalon-or. Il est impératif de stabiliser au plus vite le taux de change entre la livre, le dollar et le franc. Ce n'est qu'en stabilisant la monnaie que l'on pourra garantir la reprise du commerce international et le renforcement de la position de la livre. Bien entendu, les dettes de guerre doivent également être annulées. La Grande-Bretagne n'a donc que deux arguments à faire valoir : premièrement, que la stabilité monétaire est une condition préalable à la reprise de l'économie mondiale, et deuxièmement, que la dette de guerre peut être réduite si elle est réduite.

Les États-Unis pensent à tout autre chose. Les États-Unis pensent que le dollar est actuellement faible, que des milliers de banques sont en faillite et que la récession s'aggrave, ils doivent donc d'abord relancer l'économie, se renforcer et attendre que le dollar remonte. Contrairement à la Grande-Bretagne et à d'autres pays européens, le marché américain est autonome, le commerce extérieur ne représentant que 2 à 3% du revenu national, de sorte que Roosevelt se concentre sur la relance de l'économie intérieure plutôt que sur la stabilité extérieure du dollar. Qu'y a-t-il de mal à ce qu'un dollar déprécié permette de faire face à la chute des prix intérieurs tout en stimulant les exportations, en augmentant l'emploi et en frappant la livre ? Quant à l'allègement de la dette de guerre, n'y pensez même pas !

À la table, la conversation anglo-américaine portait sur la question de savoir qui avait la priorité la plus élevée en matière de stabilité monétaire et de reprise économique, tandis que les deux parties à la table donnaient des coups de pied dans la jambe sans ombre de la monnaie.

Le jour de l'ouverture de la conférence, le Premier ministre britannique Macdonald, dans son discours de bienvenue, a fait une référence détournée à la dette de guerre des Alliés, ce que les Américains ont immédiatement protesté comme une violation des engagements antérieurs de la Grande-Bretagne.

Lorsque les Britanniques évoquent la stabilité monétaire, Roosevelt demande à la délégation américaine, en entendant la nouvelle, de ne pas s'attarder sur cette question et que les États-Unis se concentrent sur la reprise économique. Mais les Britanniques ne veulent pas lâcher le problème de l'incapacité du dollar à se déprécier excessivement. Par conséquent, Roosevelt doit éclairer les Britanniques avec rien d'autre que des faits.

Avant la réunion, les Britanniques ont appris que les États-Unis pourraient dévaluer le dollar jusqu'au niveau de 1:3,50 £, mais pendant la réunion, le dollar est tombé brutalement à 1:4,18 et les Britanniques ont commencé à pousser des cris d'orfraie. Le 27 juin, le dollar était encore tombé à 1:4,3, le taux de change le plus bas depuis la guerre de Sécession, et les Britanniques poussaient des cris d'orfraie. Le lendemain, le dollar est tombé à 1:4,43, et cette fois, les Britanniques n'ont plus jamais protesté.

> *"La stratégie de négociation de Roosevelt entre le 17 et le 20 juin a été plus fructueuse qu'il n'aurait pu l'imaginer. Les étrangers sont enfin convaincus que les Américains ne s'engageront pas en faveur d'une monnaie stable. Ils doivent simplement l'accepter comme un fait. Tout ce qu'ils demandent maintenant, c'est un geste quelconque de la part des États-Unis, même s'il s'agit d'un geste insignifiant, un geste qui ne limite en rien sa liberté d'action sur le dollar, mais qui freine quand même la spéculation frénétique sur les taux de change des trois semaines précédentes."* [22]

Malgré la domination de Roosevelt sur la conférence, il constate que certains membres de la délégation américaine ne sont pas de son côté ! Parmi eux, son conseiller financier James Warburg et Harrison, le gouverneur de la Federal Reserve Bank de New York. Roosevelt a affirmé à plusieurs reprises : "Ne parlez pas de stabilité monétaire, je dévalue le dollar, je regonfle les prix, et je veux que celui qui veut discipliner ma politique de dévaluation ait bonne mine !

Mais les banquiers internationaux ont un penchant unique pour les "petites réunions" privées. Le gouverneur de la Banque d'Angleterre,

---

[22] Michael Hudson, *Super Impérialisme — Nouvelle édition : The Origin and Fundamentals of U.S. World Dominance*, Pluto Press ; Nouvelle édition (21 mars 2003), chapitre 3.

M. Norman, le gouverneur de la Banque de France, M. Monnet (le successeur de M. Morrow), le gouverneur de la Banque fédérale de New York, M. Harrison, et d'autres encore, ont fui les projecteurs de l'Assemblée générale et ont secrètement trouvé un endroit pour continuer à discuter des options en matière de stabilité monétaire. Ils sont presque parvenus à un accord privé selon lequel la livre devrait rester inchangée par rapport à la dépréciation de 30% de l'or, le dollar devrait se reprendre et rester au même niveau par rapport à la dépréciation de 20% de l'or, et le franc devrait continuer à s'accrocher à l'or et conserver sa valeur. Un tel arrangement est relativement favorable à la livre, tout en préparant le terrain pour la dévaluation infinie que craint le franc, le dollar se dépréciant modérément, plutôt que substantiellement. Il s'agit d'un consensus compromis entre les banquiers centraux de plusieurs bords.

Mais un tel accord privé viole le grand tabou de Roosevelt ! Ce que Roosevelt détestait le plus n'était pas tout à fait ce dont ils discutaient, mais la manière dont cet accord secret était conclu. C'est l'équivalent des banquiers centraux qui donnent le ton et qui retournent ensuite convaincre ou contraindre leurs gouvernements respectifs à accepter ces accords. Où Roosevelt m'a-t-il mis avec un tel acte pervers ? De tous les patrons, il n'y a rien de plus dégoûtant que de voir l'un de ses propres hommes conspirer secrètement avec d'autres dans leur dos, et ne pas être d'accord avec ses propres paroles. C'est comme manger de l'intérieur !

Des informations ont filtré sur l'accord secret de stabilité monétaire !

Roosevelt, dans un accès de rage, obtint de la Maison Blanche qu'elle fasse une déclaration publique sur ce que Harrison et consorts faisaient et que le gouvernement américain ne savait pas et ne pouvait pas autoriser ! Pour souligner son indignation, Roosevelt a eu des mots très durs, et un porte-parole de la Maison Blanche a délibérément souligné aux journalistes que Harrison n'était pas un représentant du gouvernement américain, il représentait simplement la Federal Reserve Bank of New York, qui est une entité distincte du gouvernement américain !

En tant que société privée, la Federal Reserve Bank of New York ne fait naturellement pas partie du gouvernement américain, et Roosevelt le savait depuis longtemps ; mais en prononçant des mots aussi durs à ce moment-là, il frappe clairement la montagne et avertit

Harrison et la Federal Reserve Bank of New York, qui est le véritable patron !

Roosevelt n'était pas l'enfant d'une famille pauvre qui a accédé à la présidence par ses propres efforts. Les présidents qui n'ont pas de racines ne font pas vraiment partie de l'Establishment, et ils doivent compter sur les groupes d'intérêt qui les soutiennent au pouvoir. Mais l'histoire américaine compte des présidents forts qui avaient un réel pouvoir entre leurs mains, et Roosevelt était l'un d'entre eux.

L'arrière-grand-père de Roosevelt, James Roosevelt, a fondé la Bank of New York en 1784, sans doute l'une des plus anciennes familles bancaires des États-Unis, qui était dirigée par son cousin, George, jusqu'à ce que Roosevelt se présente à la présidence. Le père de Roosevelt, également nommé James, était un magnat de l'industrie américaine qui possédait un certain nombre d'énormes industries telles que des mines de charbon et des chemins de fer. Il a également fondé la Southern Railway Securities Company, qui a été la première société de portefeuille de titres aux États-Unis à fusionner l'industrie ferroviaire. Roosevelt lui-même est diplômé de Harvard, avocat de formation, et compte parmi ses principaux clients JP Morgan & Co. Fort de sa formation bancaire, Roosevelt devient secrétaire adjoint du ministère de la Marine des États-Unis à l'âge de 34 ans. Roosevelt avait également un oncle qui était président, Leonardo Roosevelt. Son autre cousin, George Emmanuel Roosevelt, était également une figure éminente de Wall Street, ayant réorganisé au moins 14 compagnies de chemin de fer à l'époque des grandes fusions ferroviaires, et étant directeur de la Guaranty Trust Investment Company sous l'égide de JP Morgan, de la Hanover Bank, et de la New York Savings Bank, la liste des autres sociétés dans lesquelles il a servi pourrait être tapée dans un pamphlet. La mère de Roosevelt, la famille Delano, était également une famille en épingle à cheveux et neuf présidents étaient apparentés à leur famille. Aucun président dans l'histoire américaine récente n'a eu de plus grandes ressources politiques et bancaires que Roosevelt.

Harrison a vu les nouvelles et a été tout simplement stupéfait, il n'avait jamais jeté un tel spectacle sur quelqu'un auparavant. Il n'avait plus la tête à rester à Londres pour des réunions. Il confiera plus tard à un ami de New York qu'il se sentait "comme si un âne lui avait donné un coup de pied au visage".

Après avoir vu Harrison se faire taper sur les doigts par Roosevelt, Warburg a dû se ridiculiser. Cette fois, il est intervenu personnellement, en engageant à nouveau les Britanniques et les Français à poursuivre les discussions sur la stabilité de la monnaie.

Cette fois, les poumons de Roosevelt sont soufflés ! Il ne comprend rien, d'abord Harrison, puis Warburg, et deux ou trois fois en jouant carrément contre lui. Il a décidé de bouleverser complètement la conférence économique de Londres ! Apparemment, le ton de cette réunion avait été donné à l'avance par les banquiers internationaux, et ces gens de la délégation américaine n'étaient pas les propres collaborateurs du Président, ils n'allaient pas négocier pour le Président, ils allaient négocier pour eux-mêmes en son nom !

Le 2 juillet, Roosevelt envoya à la délégation des Etats-Unis à Londres une diatribe de combat contre la stabilité monétaire, rédigée personnellement : "Elle [la stabilité monétaire] me semble être un désastre, une tragédie aux proportions universelles... Si l'objectif des nations lors de ce grand événement est d'apporter une stabilité financière plus réelle et permanente aux masses de toutes les nations, alors le programme de stabilité monétaire purement artificiel et expérimental conçu par ces quelques personnes est la méthode désuète des banquiers internationaux". Le contenu de ce télégramme est révélé publiquement à tous les participants, et la Conférence économique de Londres est vouée à l'échec. Warburg fait volte-face avec Roosevelt. [23]

Roosevelt partage le même trait de caractère que tous les personnages forts, qui est de toujours avoir le contrôle de son propre destin.

La vérité oubliée sur l'ascension de l'Amérique

L'inconvénient de la doctrine Smith est qu'il s'agit, en réalité, d'une doctrine d'économie privée, n'impliquant que des individus dans un pays ou dans le monde, et que cette économie privée se formera et se développera naturellement dans une certaine situation. Ce qui est supposé ici, c'est une situation dans laquelle il n'y a pas de nationalités ou d'intérêts nationaux aux frontières bien définies, pas d'organisation politique distincte ou de stades culturels, pas de guerres ou de haine

---

[23] Ron Chernow, *The Warburgs, The Twenty Century Odyssey of a Remarkable Jewish Family*, Random House, New York, 1993. Chapitre 27.

entre les nations. La doctrine n'est rien de plus qu'une théorie de la valeur, rien de plus que la théorie d'un commerçant ou d'un homme d'affaires individuel. Ce n'est pas une doctrine scientifique, et elle ne montre pas comment les forces productives d'une nation peuvent être générées, développées et maintenues dans l'intérêt particulier du bien-être culturel, du pouvoir, de la survie et de l'autonomie de la nation.

La voie de l'ascension de l'Amérique est précisément le choix de dominer fortement son propre destin.

Roosevelt a pu faire abstraction de la stabilité externe du dollar et se concentrer sur la relance de l'économie intérieure parce que les États-Unis ont un faible degré de dépendance extérieure, le commerce extérieur ne représentant que 2 à 3 pour cent du revenu national américain. En Europe, l'accent mis sur la stabilité monétaire a pris le pas sur les questions intérieures, étant donné que le commerce extérieur représente 20 à 30% du revenu des principaux pays européens. L'instabilité de l'environnement monétaire extérieur et l'absence de reprise rapide du commerce international ont empêché de parler de reprise économique en Europe.

L'hégémonie de Roosevelt tient au fait que les États-Unis n'ont pas à dépendre du marché européen et que l'Europe ne peut que mendier l'argent américain. En fin de compte, c'est l'énorme taille du marché américain qui jette les bases de son indépendance économique. L'essor de l'économie américaine a été décrit comme un miracle dans l'histoire de l'économie mondiale. Une ancienne colonie arriérée, à prédominance agricole, loin de la civilisation européenne, a étonnamment surpassé les économies des grandes puissances européennes réunies en une centaine d'années. On ne peut exclure qu'il y ait une part de chance dans cette réussite, mais le principal facteur déterminant réside dans les choix politiques des États-Unis. Parmi ceux-ci, ne jamais remettre son destin à un autre, est la croyance la plus centrale dans l'essor de l'Amérique.

Le chemin de l'ascension des États-Unis est clairement différent de celui du Royaume-Uni. La Grande-Bretagne a été la première à coloniser, puis à développer le commerce, puis la révolution industrielle et enfin à établir son hégémonie mondiale. La conquête coloniale a apporté à l'Empire britannique une vaste réserve de main-d'œuvre et une abondance de ressources naturelles, le commerce outre-mer a permis d'obtenir le capital brut et les marchés potentiels nécessaires à la révolution industrielle, ce qui a entraîné une intégration d'une efficacité sans précédent de la main-d'œuvre, des ressources naturelles, des marchés mondiaux et du capital industriel, établissant ainsi tout un ensemble de principes et de doctrines pour l'organisation de la production, les principes du commerce, les transactions sur le marché et les flux de capitaux. Telle est l'idée du libre-échange que la Grande-Bretagne tente de vendre aux autres retardataires, et au fond, il s'agit de perpétuer et d'institutionnaliser les avantages que les premiers pays ont déjà acquis. Dans le cadre d'un tel arrangement institutionnel, les Britanniques seraient les contrôleurs de la machine de l'économie et du commerce mondiaux : les matières premières et les produits de base du monde seraient tarifés par les Britanniques ; les principaux produits industriels du monde seraient fournis par les usines britanniques ; les produits semi-finis et auxiliaires du monde seraient arrangés par la Grande-Bretagne pour être produits dans d'autres pays selon le principe de l'avantage comparatif ; et la vente de divers produits sur le marché mondial serait distribuée par la Grande-Bretagne sur la base du profit. Dans le même temps, la Grande-Bretagne fournira des fonds pour maintenir l'ensemble du système en état de marche. En outre, la marine impériale se tiendrait prête à combattre les éventuels challengers du système établi.

Pour les Américains, le but de la guerre d'indépendance était de se débarrasser de leur dépendance à l'égard de la Grande-Bretagne. Plus précisément, se libérer de la dépendance au marché mondial sous contrôle britannique, de la dépendance au capital britannique et de la dépendance aux produits industriels britanniques.

Après la guerre d'indépendance, il est devenu évident pour les pères fondateurs des États-Unis que la principale source de croissance future de la richesse sociale serait la capacité industrielle du pays. Mais jusqu'en 1800, les États-Unis sont restés un pays agricole typique, avec seulement 8 des 326 sociétés par actions investissant dans la fabrication, soit à peine 2,4% du total. Pour développer l'industrie, les choses les plus importantes sont la technologie, l'équipement, le talent et le capital, et il y a longtemps que le Royaume-Uni a interdit l'exode des équipements mécaniques et des techniciens. Face au dumping des produits industriels britanniques, les États-Unis en sont encore à leurs balbutiements, l'industrie manufacturière est confrontée à une catastrophe.

Les guerres napoléoniennes ont éclaté en 1807, lorsque la Grande-Bretagne, qui combattait Napoléon, a ordonné la conscription forcée de tout Britannique se trouvant à bord d'un navire neutre. En juin, elle a intercepté et bombardé l'USS Chesapeake au large des côtes des États-Unis afin de conscrire ses marins. Cela a suscité un fort sentiment anti-britannique aux États-Unis, et en décembre 1807, le Congrès américain a adopté la loi sur l'embargo, qui interdisait à tous les navires de quitter les États-Unis pour des ports étrangers. Si l'embargo a causé de modestes pertes aux exportations américaines et à l'industrie maritime, il a offert de précieuses opportunités de croissance au secteur manufacturier. Les vents de l'embargo ont permis à l'industrie manufacturière américaine d'éviter temporairement la pression concurrentielle des produits industriels britanniques, et les profits de l'industrie manufacturière ont grimpé en flèche. Dans le même temps, le consortium financier et commercial du nord des États-Unis, en raison de la dépression de la navigation et du commerce, a dû mettre une grande quantité de capitaux dans l'industrie manufacturière, ce qui a conduit au développement rapide de la production industrielle aux États-Unis, en 1810, le produit manufacturier a atteint 120 millions de dollars américains. En 1812, le début de la deuxième guerre entre la Grande-Bretagne et les États-Unis, les produits industriels britanniques dans le marché des États-Unis grandement réduit, une fois de plus à la fabrication des États-Unis a continué à fournir une occasion naturelle pour le développement. [24]

Au cours de cette période, les difficultés les plus graves auxquelles était confrontée l'industrie manufacturière américaine à ses débuts, à savoir les dilemmes liés aux équipements de pointe, à la technologie et aux talents, ont commencé à s'atténuer. La prolifération de la technologie industrielle au Royaume-Uni est assez difficile à légiférer. Après la guerre de 1815, avec la reprise des échanges avec la Grande-Bretagne et l'Europe et la résurgence des marchandises britanniques, l'industrie manufacturière américaine reste vulnérable, plus de la moitié des usines ferment et un grand nombre de travailleurs perdent leur emploi, ce qui déclenche la récession économique américaine de 1818.

La perturbation du commerce britannique par les deux guerres et le grand impact des produits britanniques sur la fabrication américaine après la guerre ont finalement amené les Américains à décider que les

---

[24] Michael Hudson, *America's Protectionist Takeoff 1815–1914, The Neglected American School of Political Economy*, Garland Publishing, Inc, New York et Londres, 1975.

produits industriels étrangers devaient être tenus à l'écart du marché américain par des droits de douane élevés afin de créer de bonnes conditions extérieures pour l'essor de l'industrie américaine.

Sous l'impulsion du complexe industriel américain, le Congrès a adopté le Tariff Act en 1824, augmentant les droits de douane sur des produits tels que les textiles, la laine, la fonte brute et le lin. La convention de Harrisburg, quant à elle, prévoit des droits de douane moins élevés sur les importations de produits qui ne peuvent être fabriqués dans le pays et des droits de douane plus élevés sur certains produits spéciaux, par exemple jusqu'à 90% sur la laine et jusqu'à 95% sur la fonte brute.

Tout au long des 100 ans de l'essor industriel de l'Amérique au 19e siècle, le taux des droits de douane américains était supérieur à 40% la plupart des années et à 20% les années les moins fastes. En 1900, l'industrie américaine dominait le monde. Sans la protection de droits de douane élevés, ce miracle serait impensable !

En plus des droits de douane élevés, il y a une autre caractéristique notable de l'essor de l'industrie américaine, ce sont les salaires élevés ! Dans la théorie du libre-échange, c'est un phénomène incroyable. Qui dit salaires élevés dit coûts élevés, et qui dit produits à coûts élevés dit élimination du marché mondial selon la doctrine des avantages comparatifs. Mais les Américains ne croient pas à cela ! Car le but premier de la production américaine de biens industriels n'est pas de satisfaire le plaisir des consommateurs étrangers, mais d'améliorer le niveau de vie de leur propre peuple.

Depuis l'époque coloniale, le coût de la main-d'œuvre aux États-Unis est plus d'un tiers plus élevé qu'en Europe continentale, conséquence naturelle de la rareté de la main-d'œuvre qui a rendu le nouveau continent attrayant pour les immigrants européens. Lorsque les États-Unis ont commencé à pousser à l'industrialisation, la question des salaires élevés avait suscité un débat de 30 ans entre l'école pro-britannique des États-Unis et l'école américaine. L'école de pensée pro-britannique, qui croit fermement à la théorie britannique du libre-échange, estime que l'industrialisation et les salaires élevés sont incompatibles. En prenant l'exemple de l'industrialisation européenne, ils soulignent que les travailleurs des pays européens ont des coûts faibles et des conditions de vie difficiles, et que les États-Unis ne pourraient pas réussir sans un avantage sur le prix de la main-d'œuvre s'ils étaient en concurrence avec les produits européens. Mais l'école de pensée américaine fait la sourde oreille,

> *"Le succès de l'industrie américaine a été obtenu non pas en déprimant les salaires de ses travailleurs, mais par une gestion organisationnelle plus avancée et une plus grande efficacité de la main-d'œuvre, ce qui a maintenu un niveau de vie plus élevé. Des salaires plus élevés signifient une meilleure alimentation et de meilleures conditions de vie pour les travailleurs, ce qui rendra les travailleurs américains plus accrocs au travail et plus créatifs. Les pays à hauts salaires battent leurs rivaux à "main-d'œuvre bon marché" dans tous les domaines".*

L'école de pensée américaine considère que la main-d'œuvre est un capital, et pas seulement un coût. L'investissement dans la main-d'œuvre se traduira par des rendements plus productifs. Une meilleure qualité de vie, une meilleure éducation et une force physique, énergétique et intellectuelle plus énergique fourniront de meilleurs produits et services qui inspireront plus d'invention et de créativité ! Cette notion est nettement différente de la vision statique de la main-d'œuvre comme un coût, par opposition au profit, que Li Jia Tu utilisait.[25]

Est-ce le coût du travail ou le capital humain ? Le grand débat entre l'école pro-britannique et l'école américaine a permis à la politique américaine de finir par pencher vers l'option de la stratégie des hauts salaires.

C'est grâce à la protection commerciale que l'industrie américaine est passée de faible à forte. C'est l'idée même du travail en tant que forme de capital qui fait que les travailleurs américains paient des salaires beaucoup plus élevés qu'en Europe, et que la productivité plus élevée et les inventions plus nombreuses donnent au capital un rendement qui dépasse de loin son apport. C'est le développement de sa propre industrie puissante qui a créé le plus grand nombre de biens et de services industriels au monde, et c'est la grande classe moyenne aux salaires élevés qui a créé le plus grand marché de consommation au monde. C'est en raison de la taille énorme du marché intérieur des

---

[25] Ibid.

États-Unis que ce pays est finalement capable de garder son propre destin fermement entre ses mains !

L'essor de l'industrie américaine a adopté une stratégie fondée sur des droits de douane élevés, des salaires élevés, une industrie forte, une technologie lourde et de grands marchés.

Les États-Unis prennent les actifs britanniques à leur péril

Après la malheureuse conférence économique de Londres de 1933, le Royaume-Uni et les États-Unis se séparent, le Royaume-Uni se concentrant sur le fonctionnement de sa propre vaste zone de livres sterling, tandis que les États-Unis continuent à être "isolés" dans leurs propres difficultés économiques.

Le déclenchement de la Seconde Guerre mondiale en 1939 a finalement rompu le fragile et morne équilibre du monde. La guerre a instantanément enflammé le sang de toutes les nations. La victoire des nazis en Allemagne, qui anéantit l'Europe, offre aux États-Unis l'occasion idéale de faire un retour en force.

Les Américains n'ont jamais pensé que ces voyous des rues des pays de l'Axe allemands, italiens et japonais pourraient vraiment faire tout un plat du fait que le PIB des États-Unis est à lui seul 50% plus élevé que celui de ces trois pays réunis. Après tout, les guerres se font avec de l'argent et de la nourriture. Les pays de l'Axe étaient des pays industriels tardifs, dépourvus des bases militaires et des matières premières fournies par les colonies d'outre-mer, et la dernière bataille des guerres mondiales était la consommation des ressources. Les puissances britannique, française, soviétique et chinoise suffiraient à elles seules à épuiser les réserves humaines, matérielles et financières des puissances de l'Axe, tandis que les vastes ressources d'outre-mer de l'Empire britannique fourniraient sans cesse des fournitures de guerre. Une guerre prolongée serait de plus en plus bénéfique aux alliés, et les États-Unis finiraient par avoir un avantage écrasant à entrer en guerre.

Les États-Unis, comme un homme d'affaires avisé, composent l'équilibre des forces et calculent quand il est dans l'intérêt de l'Amérique d'entrer en guerre. Les Américains ne s'inquiétaient pas vraiment de la victoire éventuelle de l'Allemagne ou de l'expansion de l'Union soviétique. Au contraire, les États-Unis appréhendaient davantage la force de l'Empire britannique d'après-guerre. Les États-

Unis voulaient donc affaiblir la Grande-Bretagne autant que possible pendant la guerre, afin que le monde d'après-guerre ne soit qu'une seule Amérique.

L'Empire britannique, confronté à deux défis de l'Allemagne, a de plus en plus de mal à faire face. Tout comme la Grande-Bretagne ne s'attendait pas à ce que la France soit aussi imbattable pendant la guerre, les États-Unis ont été tout aussi surpris de constater que le déclin de la Grande-Bretagne était beaucoup plus grave que ce qu'ils avaient estimé. Le Royaume-Uni est le premier des pays industriels à sortir de la récession, en grande partie grâce à l'important marché de la zone sterling. En 1938, la Grande-Bretagne disposait en fait de 4 milliards de dollars de réserves d'or et de dollars, soit quatre fois plus qu'au début des années 30 ! Mais un an seulement après le début de la guerre, les réserves d'or et de devises de la Grande-Bretagne ont chuté à 1 milliard de dollars en septembre 1940. En novembre, Churchill a dû dire à Roosevelt, en privé, que "le moment d'interrompre le flux de liquidités de la Grande-Bretagne n'était pas loin". Bien que Roosevelt soit secrètement surpris par la vitesse à laquelle la guerre est consommée, il ne croit pas à la légère à l'histoire de la Grande-Bretagne. Tout en déclarant que "les États-Unis sont le grand arsenal des démocraties", Roosevelt laisse entendre que l'achat d'armes coûte toujours de l'argent.

Face à la pauvreté criante de Churchill, Roosevelt n'est pas pressé de suggérer qu'il ne sera pas facile de convaincre le Congrès que les Britanniques ont effectivement épuisé toutes leurs ressources et que les États-Unis doivent leur venir en aide immédiatement. Si la situation du Royaume-Uni est vraiment urgente, il existe une solution rapide, à savoir la vente des participations britanniques dans les grandes entreprises industrielles américaines.

Les banquiers comprennent que le Royaume-Uni possède des dizaines de milliards de dollars d'"actifs inactifs" à l'étranger, et qu'il est temps pour le Royaume-Uni d'utiliser cet argent pour le forcer à sauter le pas et à vendre, et les banquiers feront fortune.

En mars 1941, juste au moment où le Congrès discutait de la loi sur la frontière des locataires, Roosevelt informa la Grande-Bretagne que certaines de ses actions de sociétés les plus importantes devaient être vendues immédiatement aux Américains. Parmi les entreprises que la Grande-Bretagne a été contrainte de vendre figure l'American Viscose Company, la super machine à gagner de l'argent de l'empire textile Courtaulds aux États-Unis, qui comptait 18 000 employés et sept usines aux États-Unis et était la plus grande entreprise de rayonne du monde à l'époque. Les Américains n'ont donné que 72 heures au gouvernement britannique pour annoncer la vente de l'entreprise. Lorsque le représentant du gouvernement britannique a annoncé cette décision à Cortez, le cœur serré, le vétéran anglais a simplement demandé : "Cette décision est-elle dans l'intérêt national, indépendamment de la douleur qu'elle va causer à moi et à mon entreprise ?". "Après avoir entendu la réponse affirmative, le vieux gentleman s'est effondré sur son siège. Il n'avait que 36 heures pour convoquer le conseil d'administration et annoncer les plans de vente de l'entreprise. C'est sans doute le record le plus court de l'histoire des fusions et acquisitions d'entreprises dans le monde. L'entreprise est naturellement allée à JP Morgan, qui a donné 54 millions de dollars à l'Anglais et a changé de mains pour 62 millions de dollars sur le marché. Après la guerre, Churchill affirma dans ses Mémoires que les seuls actifs corporels de l'entreprise valaient plus de 128 millions de dollars et que " Cortez, les actifs de cette grande entreprise britannique aux États-Unis, ont été vendus à bas prix à la demande du gouvernement américain, puis à nouveau à un prix élevé sur les marchés financiers, dont la Grande-Bretagne n'a pas profité ". " Lorsque J.P. Morgan a vu ce compte-rendu, elle a été tellement choquée qu'elle s'est empressée de déboucher par le biais de diverses connexions, en espérant que Churchill ne serait pas aussi sévère. [26]Au grand dam de Churchill, ce n'est que la partie émergée de l'iceberg des actifs britanniques soumis au chantage des États-Unis.

Pour soutenir la guerre contre la démocratie et la liberté, la nouvelle de l'exigence américaine que les Britanniques vendent leurs actifs à bas prix est devenue virale aux États-Unis, et un grand nombre de spéculateurs américains ont été excités pour dormir toute la nuit, y compris l'étonnant Dr Hamer. Étudiant à la faculté de médecine de Columbia, Hamelbon est devenu millionnaire alors qu'il était étudiant, grâce au sens naturel des affaires des Juifs, qui ont commencé à écouler des médicaments alors qu'il était étudiant. Il s'est ensuite rendu seul en Union soviétique peu après la révolution d'octobre, où il s'est lié

---

[26] Ron Chernow, *The House of Morgan, An American Banking Dynasty and the Rise of Mordern Finance*, Grove Press, New York, 1990. p. 462–463.

d'amitié avec son grand mentor, Lénine, et fait depuis lors du commerce dans l'Union soviétique rouge. Après avoir fait fortune, il en a fait une autre en achetant de nombreuses œuvres d'art en Union soviétique et en les rachetant à bas prix aux États-Unis. Lorsqu'il a entendu la nouvelle que les actifs britanniques allaient être vendus, il a vite compris qu'il s'agissait d'une grosse affaire à laquelle même une grande banque d'investissement internationale comme JP Morgan n'oserait pas penser. Il s'agit de vendre les bases militaires britanniques dans l'hémisphère occidental !

Hammer a fait le calcul : en 1925, la dette de guerre de la Grande-Bretagne envers les États-Unis s'élevait à 5 milliards de dollars, et en 1940, il restait 3,5 milliards de dollars impayés. Les États-Unis étaient tellement effrayés par cette dette qu'ils ont adopté la loi Johnson en 1934, qui prévoyait que tout pays qui ne paierait pas ses dettes de la Première Guerre mondiale ne recevrait plus un centime des États-Unis. En fait, les États-Unis ont été les plus durs envers la Grande-Bretagne, même les pays de l'Axe comme l'Italie, les États-Unis ont reçu la moitié de la générosité de l'allégement de la dette, l'Allemagne a même reçu un grand investissement en dollars, la France a également été grandement réduit la dette, seulement à la Grande-Bretagne est particulièrement avare, les États-Unis à la Grande-Bretagne des scrupules, comme on peut le voir de la profondeur de. C'est la loi Johnson et la loi sur la neutralité qui ont empêché les États-Unis d'aider directement la Grande-Bretagne pendant la Seconde Guerre mondiale. C'est également à cause de cela que Hammer a la possibilité de faire un grand coup. Hammer fait valoir qu'il n'y a aucun moyen pour la Grande-Bretagne de prendre les 3,5 milliards de dollars dont elle a besoin pour payer la dette américaine en premier, mais la guerre brûle de l'argent. Par conséquent, le Royaume-Uni n'a qu'à liquider ses actifs pour compenser la dette américaine.

Ce qu'il avait en tête, c'est que l'Angleterre utilisait son territoire colonial pour payer ses dettes. Bien sûr, l'Amérique n'a jamais été intéressée par les colonies, car gouverner a un coût, et au lieu d'installer un si grand étalage comme l'Angleterre l'a fait, il est préférable de vendre des produits à ces endroits, pour gagner de l'argent de toute façon. Les goûts des marchands de Hammer correspondent parfaitement à la nature commerciale américaine. Après une analyse minutieuse, Hammer a dressé une liste de zones susceptibles d'intéresser les États-Unis, comme le Honduras, les îles Malouines, la Guyane, certaines îles au large de Terre-Neuve, etc. Les États-Unis ne sont pas intéressés par une domination directe, mais ils ne peuvent pas ne pas être intéressés par la location de ces zones et l'établissement de bases militaires. La guerre est imminente, et les États-Unis auront également besoin de bases militaires dans le monde entier après la guerre, lorsqu'ils prendront inévitablement la place du Royaume-Uni comme c'est le cas actuellement, et l'ordre mondial ne pourra pas être maintenu sans bases militaires à l'étranger.

Hammer se creusait la tête : d'abord, il accordait à la Grande-Bretagne le même traitement qu'à l'Italie, ce qui réduisait de moitié la dette de la Grande-Bretagne, puis il louait un certain nombre d'îles pour 99 ans à 25 millions de dollars chacune, et la dette de la Grande-Bretagne était remboursée, l'argent supplémentaire étant disponible pour acheter des armes américaines, comme les 50 destroyers sur le point d'être retirés du service. Plus tard, Hammer a qualifié le plan de "destroyer pour base militaire". [27]

Agissez immédiatement lorsque vous avez un plan. Hammer cherche des contacts, pousse ses programmes, et est épuisé mais excité chaque jour. Enfin, sa proposition d'acquérir des territoires insulaires britanniques "par bail ou autrement" est présentée au Parlement. Cependant, le projet de loi est mis de côté car le Congrès ne veut pas offenser l'opinion publique nationale anti-guerre. Hammer n'est pas découragé, ce n'est pas si simple dans une entreprise de cette taille. Afin de trouver des "preuves" d'une opinion publique favorable aux alliés de l'aide américaine, il engage une collection de pages éditoriales de grands journaux récents et constate que 92% des pages éditoriales sont en faveur des alliés de l'aide. C'est une preuve de l'opinion publique !

Avec ses extraits de journaux, Hammer a rencontré Roosevelt par le biais de ses relations ; après tout, il avait contribué financièrement à la campagne de Roosevelt. Roosevelt feuillette les extraits de journaux avec intérêt tout en écoutant la rhétorique de Hammer sur l'importance cruciale du " destructeur de base militaire " pour l'avenir des États-Unis. Roosevelt a vu la valeur du programme Hammer, c'est-à-dire les plans futurs de l'Amérique pour l'hégémonie mondiale. Roosevelt a compris qu'un véritable État hégémonique avec une carotte dans les mains ne suffisait pas, il lui fallait un gros bâton. Plus tard, Roosevelt est devenu

---

[27] Armand Hammer, *Hammer, G. P. Putnam's Sons*, New York, 1987, chapitre 16.

célèbre en déclarant : "Soyez doux dans vos paroles, mais ayez un gros bâton dans la main". "

Le plan de Hammer a fonctionné ! La Grande-Bretagne a reçu 50 destroyers américains, qui ont contribué à la persistance de la Grande-Bretagne dans la bataille navale de 1941.[28] Cependant, dans ses mémoires, Hammer ne mentionne jamais combien il a gagné de cette énorme affaire. Le fait que les États-Unis aient pu manipuler le territoire national et la machine de guerre est une honte pour les maoïstes chinois.

"La loi sur les baux", "La solution du boucher à l'empire britannique"

Le 11 mars 1941, les États-Unis adoptent enfin le Lease Act. Ce projet de loi est sans doute conçu pour démembrer le système économique de l'Empire britannique. La question centrale que le Congrès examine depuis le début est la contre-offre du bail ! Ce que les Américains veulent, c'est un engagement de la Grande-Bretagne, et des autres pays bénéficiaires, à coopérer à la reconstruction d'après-guerre du commerce multilatéral. Cet engagement, c'est, pour le dire crûment, l'abolition du "système de préférence impérial" et la dissolution de la zone de la livre sterling. Les Américains n'oublient pas le commerce multilatéral, c'est parce que la zone de la livre sterling est trop puissante, si les Britanniques ne profitent pas du fait que les Britanniques sont mis à genoux par l'Allemagne, les Britanniques céderont-ils facilement ? Les Américains n'oublient même pas les affaires quand ils partent en guerre, ou plus exactement, l'Amérique part en guerre pour les affaires.

Même avant l'adoption du projet de loi Lend-Lease, Churchill avait l'œil sur la zone de la livre sterling de Roosevelt, sachant combien il serait important pour la livre de résister à une future agression du dollar, avec comme pierre angulaire le "système de préférence impériale". Mais Churchill, après tout, était un stratège, et il n'aurait pas pu choisir de combattre deux ennemis redoutables sur des champs de bataille différents en même temps ; la pression d'Hitler sur le champ de bataille militaire avait presque submergé la Grande-Bretagne, et

---

[28] Ibid.

combattre Roosevelt sur le champ de bataille économique à ce stade aurait été la fin de la Grande-Bretagne. Par conséquent, il a délibérément maintenu son vague engagement envers les États-Unis. Churchill insiste sur l'ouverture des marchés de matières premières des colonies européennes à tous les alliés, la fin des dispositions discriminatoires sur les marchés d'importation et "le respect total des préférences dont nous jouissons actuellement". Il s'agissait d'une solution de repli pour Churchill, qui souhaitait conserver le "système de préférences impériales" et le monopole britannique sur les ressources en matières premières de la colonie. Roosevelt, qui n'était pas doué pour les brouilles, a omis cette phrase dans le Lease Act.

Par conséquent, c'est à l'article 7 de la loi sur les baux que l'embuscade du litige entre les parties a été posée. Cet article prévoit que "① l'expansion de la production, de l'emploi, de l'échange et de la consommation des biens, qui sont la base matérielle de la liberté et du bien-être de tous les peuples, par des mesures internationales et intérieures appropriées, ② l'élimination de toute forme de traitement discriminatoire dans le commerce international, ③ la réduction des droits de douane et autres obstacles au commerce. "Lorsque Keynes a vu cet article, il s'est indigné qu'il s'agissait de "la proposition insensée de M. Hull" et qu'il pensait que la Grande-Bretagne ne pourrait imposer des contrôles financiers et commerciaux plus sévères qu'après la guerre. [29]

Il est clair que le prix de la loi sur le prêt-bail était de mettre fin à la cession des livres de l'Empire britannique.

À la fin de 1943, le secrétaire américain au Trésor, Morgenthau, et White soulignèrent que les réserves de la Grande-Bretagne " avaient tellement augmenté que la Grande-Bretagne devait maintenant payer en espèces certains des articles qui lui étaient fournis par ses comptes de location ". Lorsque les responsables britanniques ont souligné la nécessité de conserver des réserves suffisantes pour l'après-guerre, Morgenthau leur a assuré que les besoins de la Grande-Bretagne après la guerre seraient satisfaits ultérieurement par des mesures spéciales. " En fait, les États-Unis ont forcé le Royaume-Uni à être toujours dans

---

[29] Michael Hudson, *Super Imperialism-New Edition : The Origin and Fundamentals of U.S. World Dominance*, Pluto Press ; Nouvelle édition (21 mars 2003), chapitre 3.

un état d'"effacement de son argent familial", les réserves du Royaume-Uni ne peuvent pas dépasser le milliard de dollars d'avant-guerre. La stratégie américaine était que plus les réserves de change de la Grande-Bretagne en temps de guerre étaient faibles, plus sa dépendance à l'égard des États-Unis serait grande à l'avenir, et plus il serait facile de forcer la Grande-Bretagne à abandonner le "système de préférence impériale". Cela signifie que le Royaume-Uni devra se tourner vers les États-Unis à plusieurs reprises à l'avenir, et Dieu sait quel prix les États-Unis offriront à nouveau à ce moment-là. La gorge du destin de la Grande-Bretagne était déjà bien serrée dans celle des Américains, et plus elle se débattait, plus la main américaine se resserrait.

En plus du gouvernement américain qui mettait la pression sur la Grande-Bretagne, le Congrès américain n'est pas resté inactif et a donné un autre coup de pied dur dans le dos des Britanniques. Le chef de la commission d'enquête du Sénat sur la guerre, et c'est plus tard le président Truman, qui déclara que "le but du crédit-bail n'a jamais été de servir de moyen pour les alliés de répercuter les coûts de la guerre sur les États-Unis. Si le pays bénéficiaire est incapable de rembourser en dollars, ils peuvent lui transférer une partie de leurs avoirs internationaux, comme les réserves de pétrole et de métaux." La Grande-Bretagne l'a mérité quand elle s'est heurtée à un rival économique comme les États-Unis. Hitler est né féroce, mais après tout, il n'a pas tellement l'œil d'un voleur.[30]

Au fur et à mesure que la guerre atteignait ses derniers stades, la Grande-Bretagne devenait de plus en plus mal à l'aise parce que la loi sur la location prendrait fin dès la fin de la guerre, lorsqu'elle entrerait en liquidation. La liquidation aurait été une bombe économique pour les Britanniques, et le grand épuisement de la guerre a forcé la Grande-Bretagne à stocker de grandes quantités de matériel de guerre avant la victoire éventuelle, et une fois la guerre terminée, ce matériel restant serait commué en dette de la Grande-Bretagne envers les États-Unis. Avec un sérieux manque de réserves de change, le Royaume-Uni doit faire face à une énorme reconstruction d'après-guerre, qui coûte de l'argent partout. Plus sinistrement, la dette de la Grande-Bretagne envers les États-Unis, ainsi que le coût de la guerre pour les États coloniaux vassaux, doivent s'additionner pour atteindre un chiffre

---

[30] Ibid.

désastreux. La Grande-Bretagne passera une fois de plus du statut de vainqueur de la guerre à celui de perdant de la dette.

La Grande-Bretagne s'attendait à ce que le Japon traîne les pieds dans le Pacifique pendant une année supplémentaire, et le gouvernement britannique était convaincu que "les Japonais ne nous laisseraient pas tomber", une période qui permettrait à la Grande-Bretagne de disposer d'une certaine marge de manœuvre financière. Malheureusement, après la fin de la guerre en Europe, le Japon ne résiste que trois mois avant de se rendre.

L'Empire britannique est immédiatement tombé dans un abîme de dettes sans fond.

La dynastie de Bretton Woods : l'or est faible, le dollar régit le monde

Les Américains envisageaient la future ère du dollar depuis 1941, alors qu'ils venaient d'entrer en guerre, et la confiance de l'Amérique dans sa victoire était incontestable. De nombreux séminaires universitaires, des conseils politiques et des audiences du Congrès ont progressivement façonné le plan stratégique financier d'après-guerre de l'Amérique, qui était le système de Bretton Woods établi en 1944.

Le système de Bretton Woods se résume à ceci : un centre, deux points de base.

Un centre serait un centre monétaire mondial avec l'or comme le seigneur faible et le dollar comme la vraie puissance. Le dollar américain est arrimé à l'or, tandis que les monnaies nationales sont arrimées au dollar américain, et nous embrassons tous le royaume de l'or. Dans un tel système, le dollar américain et l'or serviraient ensemble de réserve monétaire pour que chaque pays puisse émettre sa propre monnaie, et le dollar serait profondément ancré dans le crédit monétaire de chaque pays, et tant que l'économie mondiale se développerait, la demande de dollar augmenterait naturellement, et le dollar récolterait les fruits du développement de chaque pays par l'augmentation de l'émission de monnaie. Ce n'était rien d'autre qu'une mise à niveau de l'étalon-or de 1922, le dollar évinçant la livre et son application étant étendue au monde entier. Le problème de la double création de crédit n'a pas été résolu, et il ne manquera pas de rallumer une inondation de liquidités et une crise monétaire plus importante dans le monde entier.

Puisque les États-Unis représentent déjà la moitié de l'économie mondiale après la Seconde Guerre mondiale, et que leur puissance militaire est encore plus arrogante, pourquoi les États-Unis n'établissent-ils pas directement une dynastie du dollar, et pourquoi ont-ils encore besoin d'inviter l'or aboli du trône à devenir un empereur fantoche ? Cao Cao n'a jamais osé usurper la dynastie des Han par souci d'autonomie. Ce n'est pas que Cao Cao n'ait pas assez de force, ni qu'il n'ait pas cette ambition, mais le moment n'est pas venu pour lui de le faire. Les États-Unis partagent les mêmes préoccupations, à savoir que la légitimité universelle de l'or, à laquelle tous les peuples adhèrent encore, ne peut être éteinte à court terme. La Seconde Guerre mondiale n'est pas encore terminée, et la reconstruction d'après-guerre est d'autant plus nécessaire pour rallier les cœurs et les esprits. Les États-Unis sont également un pays traditionnellement isolationniste, la première fois en tant que protagoniste à monter sur la scène de l'hégémonie mondiale, manquant encore d'expérience de leadership, à ce moment d'abolir l'or et mettre en place son propre dollar, de peur que le truc sera une erreur. La crainte plus profonde est que le danger caché de la fragmentation de la livre sterling n'a pas encore été éradiqué, que la puissance de l'Union soviétique s'accroît, et que si l'on propose immédiatement d'imposer au monde l'étalon dollar, on ne peut exclure la situation complexe où la livre sterling se réaffirmera comme roi, le rouble se divisera et le franc s'écrasera.

Si l'on embrasse l'or, le problème est beaucoup plus simple, n'affectant pas la domination monétaire des États-Unis d'une part, et l'altruisme des États-Unis d'autre part, pour recueillir les cœurs et les esprits du monde. Les États-Unis possédaient 70% des réserves d'or du monde après la guerre, et une baisse de l'or est une baisse de l'Amérique. Les États-Unis contrôlent le pouvoir réel de la monnaie mondiale, la Grande-Bretagne est profondément dépendante de la dette américaine, et il est naturel de demander à la Grande-Bretagne de soutenir l'or ; les réserves d'or de la France sont les deuxièmes après celles des États-Unis, la zone franc dans les années 1920 est un groupe de pays européens amateurs d'or et leurs colonies ont formé un système commercial, la France est tenue de soutenir l'or ; le rouble soviétique a toujours adopté un étalon-or, sous l'attrait de l'aide américaine, a envoyé une délégation à la Conférence de Bretton Woods. Si l'on disait directement aux Soviétiques que le monde adopterait à l'avenir l'étalon dollar, Staline se défilerait immédiatement, tandis que l'or pourrait faire entrer l'Union soviétique dans le système monétaire mondial dominé par les États-Unis. De cette manière, le monde de la monnaie ne sera pas difficile à unifier. Lorsque le moment sera venu de couper à nouveau le lien entre le dollar et l'or, le monde se sera habitué au dollar depuis longtemps et le rallye sera beaucoup plus facile à contrôler.

Le dollar a choisi la façon de penser de Cao Cao, abandonnant la vanité et ne recherchant que le vrai profit. Attendez le bon moment, que la ferraille d'or se tienne toute seule !

L'étalon de change créé par Bretton Woods est un étalon dollar au nom de l'étalon or.

Outre le centre monétaire de la "ruée vers l'or, régence du dollar", le premier point fondamental est le Fonds monétaire international (FMI).

Dans les années 1920, les "trois mousquetaires" de la monnaie mondiale — Strong de la Federal Reserve Bank of New York, Norman de la Banque d'Angleterre, Schacht de la banque centrale allemande et, plus tard, Moreau de la Banque de France — sont au cœur de la stabilisation du taux de change des pays. Sous la forme de parties privées, ils élaborent en coulisse la relation de valeur monétaire entre les pays, puis exigent l'acceptation de leurs gouvernements respectifs. Après la Seconde Guerre mondiale, les États-Unis ont voulu que le FMI joue un rôle qui remplacerait les fonctions des quatre grands de l'époque, avec un processus plus légal, réglementé et normalisé pour parvenir à la stabilité du taux de change dans chaque pays.

Pourquoi la stabilité des taux de change, que Roosevelt avait dédaignée en 1933, est-elle devenue aujourd'hui un problème majeur auquel les États-Unis doivent faire face ? Au cours de la Seconde Guerre mondiale, les États-Unis, pour soutenir une guerre qui consommait tant, ont activé pleinement la machine économique, atteignant essentiellement le plein emploi et échappant au chômage élevé de la Grande Dépression. Au moment de la paix, les États-Unis devront faire face à un énorme problème de surcapacité, et la guerre les a rendus fortement dépendants des besoins étrangers. À la fin de la guerre, les États-Unis ont réalisé que 60 millions d'emplois doivent être maintenus pour atteindre l'emploi de base dans la société, et que le cauchemar d'un chômage élevé s'abattrait à nouveau sur les États-Unis s'il n'y avait pas de marchés étrangers pour absorber la vaste capacité de production nationale. À ce stade, la reprise du commerce international revêt une importance stratégique pour les États-Unis.

Pour parvenir à un système monétaire stable, les monnaies nationales doivent établir une relation pivot avec le dollar américain, qui engage 35 dollars pour 1 once d'or, de sorte que les monnaies nationales atteignent indirectement une relation verrouillée avec la valeur de l'or par le biais du dollar. Et le FMI est le type de fonds qui assure la stabilité de cette relation de parité monétaire. Lorsque la monnaie d'un pays s'écarte trop du taux de change établi, il peut mettre à découvert une partie de ses propres fonds auprès du Fonds pour intervenir sur sa monnaie afin de ramener le taux de change dans la fourchette établie.

Lors de la création initiale de ce fonds, les États-Unis ont naturellement apporté la plus grande partie de l'argent, avec 2,8 milliards de dollars, soit 27%, et l'empire britannique dans son ensemble, 25%, car les diverses résolutions nécessitent une majorité de 80% pour être adoptées, de sorte que la Grande-Bretagne et les États-Unis ont tous deux un droit de veto, ce qui est aussi une façon pour les États-Unis de donner un visage à la Grande-Bretagne, et pour tout le monde de diriger conjointement le système monétaire mondial, mais les États-Unis sont clairs sur le fait qu'il est impossible pour la Grande-Bretagne de rassembler les votes de tous les États autonomes de l'empire au moment du vote. Par conséquent, ce sont toujours les États-Unis qui mènent la danse.

Au début, les Britanniques avaient leurs propres considérations sur le rôle du FMI. En ce qui concerne l'étalon monétaire, le négociateur britannique Cairns a suggéré la création d'une unité monétaire internationale, le Bancor, à la place du dollar et de l'or, et que chacun emprunte de l'argent pour rembourser le dollar mondial. Par ailleurs, le FMI est censé être une banque centrale mondiale qui assume le rôle de prêteur en dernier ressort, c'est-à-dire qu'en temps de crise, il crée de l'argent sans limite. Le petit boulier du Royaume-Uni résonne, et comme le Royaume-Uni est surendetté et cherche désespérément des fonds, il veut que le FMI soit un distributeur automatique de billets qui peut faire des découverts et dépenser de l'argent, mais il ne veut pas être spécifiquement endetté envers une monnaie nationale, alors il propose un banquier ambigu. Et celui qui finit par payer la facture de cette dette en monnaie floue est apparemment les États-Unis, qui enregistrent un excédent massif.

C'est un rêve éveillé, pense l'esprit américain. Plus de dollars, alors toutes ces années d'Amérique n'ont-elles pas travaillé pour rien ? Mettre l'or au rebut ? Le dollar n'est même pas aussi audacieux. Est-ce que quelqu'un croit en ce banquier mi-homme, mi-dieu que Keynes a inventé ? Vous voulez baiser la Banque centrale mondiale ? Alors la Fed va boire le vent du nord-ouest ? Tu veux utiliser le FMI comme un distributeur automatique et que les Américains finissent par payer ? C'est un peu trop un vœu pieux, n'est-ce pas ?

Les Américains ont rejeté la proposition de Keynes article par article, insistant sur le fait que le FMI n'est pas une banque, mais un fonds. Tout le monde doit verser de l'argent à l'avance, peut emprunter des transferts si nécessaire, et doit ensuite rembourser, ou les parts seront réduites en conséquence. Le Royaume-Uni a dû accepter les conditions des États-Unis, le patron de la monnaie à l'époque, mais maintenant c'est un phénix dans les airs, pire qu'un poulet.

Le deuxième point fondamental du système de Bretton Woods est la Banque mondiale. L'intention initiale de la Banque mondiale était de financer la reconstruction d'après-guerre, puis elle a pris en compte le financement du développement dans les pays moins développés.

Concrètement, les États-Unis utilisent les prêts de la Banque mondiale comme une sucette pour récompenser les pays qui acceptent de se soumettre à la dynastie de Bretton Woods, d'abandonner la notion d'autosuffisance en matière de développement économique, de réduire les droits de douane et les protections commerciales et d'être prêts à être de bons citoyens de l'empire du dollar. Quiconque n'adhère pas à ce système mondial dominé par les États-Unis choisit économiquement un "exil auto-imposé".

À cette époque, les États-Unis avaient achevé leur transition, passant du statut de fervent praticien de la protection commerciale à celui de défenseur agressif du libre-échange. La nature fondamentale des États-Unis est celle d'hommes d'affaires, les hommes d'affaires sont pragmatiques, ne croient pas à la soi-disant doctrine, ce qui est bon pour moi, utiliser résolument, ce qui n'est pas bon pour moi, abandonner résolument, au mépris de tous les autres pour juger !

C'est précisément parce que l'essor des États-Unis repose sur la protection commerciale que les États-Unis font tout particulièrement obstacle aux autres pays pour qu'ils rejoignent "leurs anciennes habitudes". C'est exactement comme l'empereur de la dynastie Song, Zhao Kuang Yin, qui est monté sur le trône de l'empereur en robe jaune, et celui qui veut se promener devant lui en robe jaune doit être coupable de sa grande erreur.

Bien que les États-Unis aient achevé leur régence, le danger caché de la division de la livre n'a pas encore été coupé. Le dollar a encore du travail à faire pour couper le féodalisme.

Un tueur à la livre, un dollar empoisonné, pas de mari…

> " Il est scandaleux qu'en échange de la perte d'un quart de notre richesse nationale dans la cause antifasciste commune, nous devions brûler de l'encens pendant un demi-siècle aux pays qui se sont enrichis par la guerre." [31]
>
> The Economist (Royaume-Uni)

Le vaste système colonial de l'Empire britannique a fourni à la Grande-Bretagne un pouvoir de découvert de crédit presque illimité pendant la guerre, les pays coloniaux et du Commonwealth ont fourni à l'armée britannique toutes sortes de ressources, de nourriture et de matières premières, et ont également inclus le coût de l'armée britannique combattant en Égypte et en Inde, même le coût de l'armée américaine sur le terrain a été comptabilisé contre la Grande-Bretagne, ainsi que le coût de l'armée indienne assistant l'armée britannique combattant à l'étranger, etc. Ils ont souscrit à des bons du Trésor britannique et ont constitué d'importantes réserves de livres sterling, ce qui a été une raison importante pour laquelle la Grande-Bretagne a pu résister à l'épuisement de la guerre et finalement gagner. Le système colonial britannique et d'autres partenaires commerciaux ont approvisionné la Grande-Bretagne en échange de réserves en livres sterling, tandis que la Grande-Bretagne et ses alliés ont épuisé les réserves en dollars pour acheter des armes aux États-Unis, si bien que la taille totale de la livre dans les réserves nationales après la guerre était le double de celle des réserves en dollars. À première vue, la livre a des réserves plus importantes que le dollar et reste la monnaie la plus dominante du monde, mais les 2/3 de ces réserves sont concentrées dans la livre et sont soumises à un haut degré d'instabilité.

La livre sterling s'est fortement accumulée dans les pays de la zone sterling, non pas parce qu'elle avait plus de valeur, mais parce que la Grande-Bretagne a gelé ses options de conversion de la livre en d'autres devises pendant la guerre. La présence du dollar américain fait que la

---

[31] *Economiste* 1945.

livre est fortement menacée d'être vendue par les pays de la zone sterling à tout moment. Avant la Première Guerre mondiale, les actifs du Royaume-Uni à l'étranger étaient beaucoup plus élevés que ses passifs, de sorte que la stabilité de la valeur de la livre était incontestable. Mais le Royaume-Uni a maintenant une dette extérieure nette de 15 milliards de dollars, soit six fois ses réserves d'or et de devises étrangères ! Si la livre devait lever son gel des changes, les pays se précipiteraient pour convertir leurs réserves de livres en dollars et la livre serait immédiatement confrontée à une avalanche catastrophique de valeur.

La Grande-Bretagne aurait dû continuer à geler ses réserves en livres sterling, puis utiliser les exportations britanniques pour rembourser progressivement ces dettes étrangères, cela peut tirer l'emploi britannique, hors de l'ombre de la récession d'après-guerre, mais aussi pour stabiliser la valeur de la livre, le plus important est de maintenir l'existence de la zone livre sterling, tant qu'il y a cette base économique, se relever plus tard n'est pas impossible. Si le gel est levé, la zone de la livre sterling sera tournée vers le dollar, non seulement pour aider les États-Unis à développer les exportations et à renforcer la sphère d'influence de la zone dollar, mais aussi la zone de la livre sterling sera fondamentalement désintégrée et condamnée.

Juste après la fin de la Seconde Guerre mondiale, Keynes, en tant que cerveau central de l'économie britannique, est allé aux États-Unis au nom de la Grande-Bretagne pour négocier la question des prêts d'après-guerre, mais sur cette grande question de la survie de la zone de la livre sterling a une grave erreur de jugement, est tombé dans le piège tendu par les États-Unis, ainsi personnellement enterré la livre sterling 200 ans d'hégémonie.

Les Américains ont proposé à Keynes que les États-Unis fournissent une ligne de crédit de 3,75 milliards de dollars à la Grande-Bretagne, s'ajoutant aux 1,25 milliard de dollars que le Canada pourrait fournir, pour un total de 5 milliards de dollars. Mais à une condition : le Royaume-Uni doit dégeler ses réserves de livres étrangères avant le 15 juillet 1947 !

Le super-croyant Keynes, qui pensait à l'origine que les États-Unis et la Grande-Bretagne étaient des alliés et des frères de même langue et de même sang, et que les États-Unis seraient généreux en assouplissant les conditions du prêt, était prêt à discuter avec les Américains de la merveilleuse idée de la future domination conjointe du monde par la

Grande-Bretagne et les États-Unis, mais n'était absolument pas préparé à ce que les États-Unis avancent des termes aussi "trop tôt l'un pour l'autre". Keynes ne comprenait vraiment pas les machinations politiques de l'Amérique, et il a en fait dit oui !

Commentant ce prêt keynésien, l'économiste britannique a fait remarquer,

> *"Peu de gens dans ce pays croiraient la théorie des communistes selon laquelle la destruction de la Grande-Bretagne et de ce qu'elle représente dans le monde était un but prémédité et conscient de la politique américaine. Mais les preuves dont nous disposons peuvent être lues comme suit : si chaque aide est conditionnelle, la Grande-Bretagne sera prise dans l'inéluctable nécessité de devoir redemander de l'aide, ce qui ne peut être obtenu qu'au prix d'un nouvel autodénigrement et d'une nouvelle autodiminution de la Grande-Bretagne. Le résultat, alors, est clairement ce que les communistes avaient spéculé."*[32]

En effet, le 15 juillet 1947, l'hégémonie de la livre s'effondre complètement.[33] Après la guerre, la Grande-Bretagne avait compté sur la résurgence de la zone de la livre, mais les Américains n'allaient pas donner à l'Empire britannique une chance de mourir.

La puissante hégémonie allemande en matière de livres, qui était intouchable lors des deux guerres mondiales, a été facilement détruite par les États-Unis avec une simple fraction du prêt de 3,75 milliards de dollars.

On peut se demander si les États-Unis peuvent se faire des illusions sur le fait que la Grande-Bretagne, un allié qui a jadis roulé dans les tranchées et qui est toujours un frère de la même race, soit si acharnée à tuer pour le pouvoir, est-ce qu'un autre pays peut avoir des illusions ?

---

[32] Ibid.

[33] Barry Eichengreen, *Exorbitant Privilege, The Rise and Fall of the Dollar and the Future of the International Monetary System*, Oxford University Press, 2011. p40-41.

CHAPITRE III

Monnaie Guerre froide, rejeter le dollar, c'est rejeter la paix

Le rejet par l'Union soviétique du système de Bretton Woods n'est pas le résultat de la guerre froide, mais précisément la cause de la guerre froide. Les scrupules de Roosevelt face à la résurgence de la livre pendant la Seconde Guerre mondiale l'emportent de loin sur les préoccupations liées à l'expansion du rouble. Afin de créer l'environnement international le plus favorable aux États-Unis après la guerre, Roosevelt était déterminé à faire tomber toutes les barrières commerciales dans le monde, à éradiquer complètement les zones monétaires respectives, à libérer les bases coloniales de matières premières sous contrôle britannique et français, à relier les ressources et la main-d'œuvre de l'Union soviétique et de l'Europe de l'Est, à absorber la Chine, le Japon et d'autres pays asiatiques dans le marché mondial, et à établir une "paix permanente sous domination américaine" avec les États-Unis comme noyau du pouvoir politique, le dollar comme base monétaire et financière et l'objectif d'unifier le marché mondial. Après la mort de Roosevelt, les initiateurs de la guerre froide aux États-Unis ont renversé sa politique générale et ont forcé Staline à rejeter définitivement le système de Bretton Woods et à établir à la place son propre empire du rouble, marquant ainsi le début de la guerre froide.

Au cours de la Nouvelle ère économique de Lénine, le rouble a établi la norme d'échange de l'or, connue sous le nom de Rouble d'or. Pendant l'ère stalinienne, le rouble a évolué vers un "système planifié". Il n'était plus un moyen de participation active aux transactions de marchandises, mais une mesure passive du chiffre d'affaires du "troc" dans le cadre de l'économie planifiée.

Le plan décennal de Staline visant à rattraper les puissances industrielles occidentales dans les années 1930, tout comme les 156 projets industriels clés que la Chine a construits avec l'aide soviétique dans les années 1950, n'auraient pas réussi sans une diffusion technologique massive et l'accumulation brute fournie par les campagnes. Et à l'époque, le seul pays capable d'assurer la diffusion de la technologie occidentale était l'Allemagne, qui avait été vaincue lors de la Première Guerre mondiale. En fait, c'est grâce au soutien et au financement de l'armée allemande que l'Union soviétique a pu apprendre et s'inspirer de la technologie industrielle avancée moderne.

Après la guerre, l'Union soviétique, forte de sa grande puissance militaire et de son pouvoir national, a mené une bataille acharnée contre le dollar dans le domaine de la circulation monétaire dans le monde. Ce n'est qu'au milieu des années 1960 que le rouble s'est progressivement transformé en une confrontation permanente avec le dollar en raison de la stagnation de l'économie de l'Union soviétique elle-même.

La crise pétrolière des années 1970 a conduit à la découverte d'une arme économique puissante aux États-Unis, à savoir le commerce du pétrole. C'est l'utilisation efficace du pétrole, la "dague du dollar" mortelle, par les États-Unis au milieu des années 1980 qui a plongé un couteau dans le cœur de l'empire du rouble.

Staline rejette le dollar, Kenan rédige une diatribe sur la guerre froide

> *Le système de Bretton Woods n'est rien d'autre qu'un "exutoire de Wall Street".* [34]
>
> – Représentant de l'URSS,
> Assemblée générale des Nations Unies, 1947

En février 1946, le temps à Moscou était froid et sec, avec une grippe sévère qui se répandait partout. Le diplomate américain George Kennan a également contracté le refroidissement éolien, une forte fièvre, des maux de dents et les effets secondaires des médicaments qui l'ont affaibli. En l'absence de l'ambassadeur des États-Unis en Union soviétique, M. Harriman, les petites et grandes affaires de l'ambassade sont temporairement présidées par M. Kennan, qui doit poursuivre sa maladie et s'occuper de diverses affaires. L'une des principales tâches

---

[34] Edward S. Mason et Robert E. Asher, *The World Bank since Bretton Woods*, The Brookings Institution, Washington, D.C., 1973. p. 29.

consiste à s'occuper des télégrammes qui vont et viennent de diverses parties du gouvernement des États-Unis.

Le 22 février, Kenan, alité, demande à sa secrétaire de lui remettre l'appel de Washington dans sa chambre, et en parcourant les appels, un télégramme du département d'État au département du Trésor attire son attention. Les fonctionnaires du département du Trésor semblent se sentir de plus en plus inquiets du retard pris par l'Union soviétique pour accepter les termes des chartes du Fonds monétaire international (FMI) et de la Banque mondiale, et espèrent que l'ambassade des États-Unis comprendra bientôt les véritables intentions du Kremlin.[35]

À la conférence de Bretton Woods en 1944, les Soviétiques ont également envoyé une délégation, et le nouveau système monétaire mondial a suscité beaucoup d'enthousiasme. Dans le numéro d'août 1944 de Bolcheviks, les Soviétiques ont fait valoir : "L'Union soviétique est intéressée par cette coopération d'après-guerre car elle permet aux États-Unis de promouvoir et de faciliter le processus de redressement de notre économie nationale et nous permet d'avancer rapidement sur la voie d'un plus grand développement socio-économique. Dans le même temps, nos alliés et les pays neutres sont également intéressés par le développement du commerce avec notre pays, car l'Union soviétique a pu acheter et consommer de grandes quantités de produits manufacturés excédentaires provenant de ces pays. L'Union soviétique a toujours respecté scrupuleusement ses obligations, comme on le sait. Un article publié dans Planned Economy en 1944 illustre de la même manière l'attitude soviétique,

> "Notre pays importe des marchandises de l'étranger et exporte nos produits. Après la guerre, notre commerce avec les pays étrangers augmentera considérablement. Ainsi, l'Union soviétique s'identifie à la stabilité de la monnaie capitaliste et à la restauration de la vie économique dans les autres pays. Le crédit à court terme du FMI, ainsi que le crédit à long terme de la Banque mondiale, contribueront au développement des relations commerciales entre l'Union soviétique et les autres

---

[35] George F. Kennan, *Mémoires 1925–1950*, Pantheon Books, New York, 1967. p. 292–295.

> *pays. L'Union soviétique y est tout aussi intéressée que n'importe quel autre pays."*[36]

L'enthousiasme initial des Soviétiques pour le système de Bretton Woods était compréhensible car ils ne comprenaient pas vraiment la substance spirituelle de la grande stratégie du dollar de Roosevelt.

Selon Roosevelt, ce que Bretton Woods avait établi était en fait une dynastie du dollar, et tout en conservant le statut nominal de l'or, le dollar allait devenir le maître de facto du pouvoir monétaire dans le monde. À l'avenir, les pays du monde entier adopteront des réserves monétaires centrées sur le dollar et baseront l'émission de leur monnaie nationale sur les réserves en dollars. Comme le voyait Keynes dans les années 1920, ce système était conçu pour conduire inévitablement au sort ultime du développement économique des nations, qui serait entre les mains de Wall Street. La principale menace potentielle pour cette dynastie, selon Roosevelt, ne venait pas de l'Union soviétique économiquement en faillite après la guerre, mais de l'Empire britannique, qui pouvait à tout moment faire des zombies.

Depuis son arrivée au pouvoir en 1933, Roosevelt a passé une grande partie de son mandat à lutter contre la crise économique, son sentiment le plus amer étant la Grande Dépression qui a duré 12 ans et le cauchemar du chômage pour plus de 10 millions de personnes. La Seconde Guerre mondiale, qui a détruit l'économie européenne en même temps que l'économie américaine a grimpé de 90%, et le sort futur de la capacité de production excédentaire et de la grande population active de l'Amérique seront liés à l'essor du commerce mondial d'après-guerre. À cette fin, il est déterminé à faire tomber toutes les barrières commerciales dans le monde, à éradiquer complètement les zones monétaires respectives, à libérer les bases coloniales de matières premières sous contrôle britannique et français, à relier les ressources et la main-d'œuvre de l'Union soviétique et de l'Europe de l'Est, à absorber la Chine, le Japon et d'autres pays asiatiques dans le marché mondial, et à établir une "paix permanente sous domination américaine" avec les États-Unis comme noyau du

---

[36] Michael Hudson, *Super Impérialisme — Nouvelle édition : The Origin and Fundamentals of U.S. World Dominance*, Pluto Press ; Nouvelle édition (21 mars 2003), chapitre 6.

pouvoir politique, le dollar comme base monétaire et financière, et l'objectif d'unifier le marché mondial.

Roosevelt est convaincu que l'Empire britannique, qui attend de faire son retour, est un obstacle majeur à la stratégie américaine, et que l'Union soviétique, dont l'économie a été presque entièrement détruite par la guerre, est complètement différente de la Grande-Bretagne. L'Union soviétique n'avait pas de système colonial outre-mer, son industrie était loin d'être suffisante pour concurrencer les États-Unis, l'agriculture était un énorme marché pour les produits agricoles américains et l'Union soviétique ne représentait aucune menace en termes d'investissements étrangers. À travers la moulinette de la guerre, Roosevelt voyait en Staline un leader mondial digne de confiance, sans impulsion immédiate pour subvertir le système capitaliste mondial ; au contraire, Roosevelt n'était pas impressionné par l'étroitesse d'esprit et les fréquentes mesquineries de Churchill. À cette fin, il est conforme aux objectifs stratégiques ultimes des États-Unis de faire les compromis politiques et l'aide économique nécessaires à l'Union soviétique et de l'intégrer dans le système mondial américain.

Les banquiers américains croient que le phénomène selon lequel les États-Unis et l'Union soviétique occupent de vastes continents à chaque extrémité de la planète, contrôlant de vastes ressources dans des régions où ils ne se font pas concurrence, doit être considéré comme une force dominante et dominatrice dans le cours de l'histoire future. Tant le gouvernement soviétique que les financiers américains ont un intérêt constant à maintenir un étalon-or administré, car les États-Unis et l'Union soviétique possèdent les plus grandes réserves d'or et sont potentiellement les plus grands producteurs d'or. Bien que l'économie de l'Union soviétique soit contrôlée par l'État, ce dernier n'est pas un théoricien de l'expansionnisme. Contrairement au Royaume-Uni, l'Union soviétique ne menaçait en aucun cas les exportations américaines et les plans d'investissement internationaux. L'énorme demande intérieure de l'Union soviétique ferait que ses ressources seraient utilisées principalement pour les besoins intérieurs et non pour la pénétration économique d'autres pays. [37]

---

[37] Ibid.

Mais Kenan et la plupart des politiciens américains sont loin d'avoir la vision stratégique et le panache de Roosevelt. La mort de Roosevelt des suites d'une maladie, à la veille de sa victoire en avril 1945, a interrompu la planification stratégique américaine établie. Le vice-président Truman, qui avait vécu dans l'ombre du grand président, était enfin "remis à l'endroit", sensible et paranoïaque, particulièrement réticent à l'idée de comparer ses politiques à celles de Roosevelt, et inhabituellement désireux de démontrer son esprit de décision et sa confiance en soi. Truman ne se contente pas de remplacer tous les intérieurs de la Maison-Blanche qui lui font sentir la présence de Roosevelt, mais il remplace à son tour les fonctionnaires qui adhèrent à la stratégie de Roosevelt.

Kennan ne pouvait pas comprendre pourquoi, dans les plus hauts cercles de décision alliés en Europe, les Américains étaient toujours très réservés à l'égard des Britanniques et plutôt favorables aux Soviétiques ; pourquoi le général Patton, le plus radical des forces antisoviétiques, était sans cesse mis sur la touche par les hauts gradés de l'armée américaine.

Ce qui exaspère encore plus Kenan, c'est que l'aide américaine à l'Union soviétique était bien meilleure qu'à la Grande-Bretagne. Le 13 août, avant la fin de la guerre, l'armée américaine a cessé d'envoyer des fournitures militaires à la Grande-Bretagne sans attendre l'ordre du président ; le jour où le Japon a annoncé sa capitulation, sans consulter la Grande-Bretagne au préalable, il a unilatéralement mis fin à l'aide à la Grande-Bretagne prévue par le Lease Act et a commencé à la liquider, convertissant les fournitures restées en Grande-Bretagne en une dette de 532 millions de dollars, et les fournitures encore en transit ont rendu les Britanniques redevables de 118 millions supplémentaires. Les États-Unis, en revanche, ont été très indulgents avec l'Union soviétique, lui fournissant jusqu'à 250 millions de dollars d'aide jusqu'à la fin octobre, alors que la guerre était terminée depuis longtemps.

La chose la plus désagréable pour Kenan était la politique pro-soviétique du Trésor américain, qui, en juin 1943, offrait à l'Union soviétique une part de 763 millions de dollars dans le futur Fonds monétaire international (FMI), et parlait plus tard de 1,2 milliard de dollars. Les États-Unis partaient avec une part de 2,5 milliards, le Royaume-Uni avec environ la moitié, et l'Union soviétique et la Chine en troisième et quatrième positions. Le secrétaire au Trésor Morgan Sow a proposé à Roosevelt que le prêt d'aide d'après-guerre à l'Union soviétique atteigne 6 milliards de dollars, avec une période de remboursement de 30 ans et un taux d'intérêt de seulement 2,5%, ce qui est bien mieux que le honteux prêt d'aide de 3,75 milliards de dollars que Keynes a négocié pour la Grande-Bretagne. Plus tard, les hommes de Morganzo, White, le négociateur en chef des États-Unis pour le programme de Bretton Woods, suggèrent dans un mémorandum à Roosevelt que les États-Unis accordent un prêt d'aide de 10 milliards de dollars à l'Union soviétique, avec une période de remboursement de 35 ans et un intérêt réduit à 2%.

Parce qu'il ne pouvait pas comprendre les tendances pro-soviétiques du gouvernement américain, Kennan a écrit à plusieurs reprises au gouvernement, déclarant qu'il ne pouvait pas espérer en l'Union soviétique et concluant que l'Union soviétique était nécessairement expansionniste par nature. Mais sous l'administration de Roosevelt, les opinions de Kennan étaient synonymes de myopie et de superficialité et n'auraient certainement pas été prises au sérieux.

Cependant, le changement de la pensée stratégique internationale durant l'ère Truman a offert à Kenan une occasion historique de faire sa marque.

Dans le cadre du système de Yalta mis en place par la troïka composée de Roosevelt, Staline et Churchill en février 1945, Staline propose d'inclure l'Europe de l'Est dans la sphère d'influence de l'Union soviétique, tandis que Churchill s'est rendu à Moscou au préalable pour conclure un accord avec Staline selon lequel la Grande-Bretagne reconnaît les sphères d'influence soviétiques en Roumanie et en Bulgarie, tandis que l'Union soviétique reconnaît les prérogatives britanniques en Grèce, puisque la Méditerranée est la ligne de vie maritime de l'Empire britannique et que l'Europe de l'Est est la zone tampon de sécurité soviétique. Lorsque Roosevelt apprend la nouvelle, il est décontenancé. La Grande-Bretagne a agi ainsi, apparemment dans le but de maintenir le vaste système de l'Empire britannique, tandis que l'Union soviétique, en plaçant l'Europe de l'Est sous sa protection, créerait une autre force dominante. De cette façon, l'idéal de Roosevelt de détruire la domination monétaire et d'établir un marché mondial unifié ne serait-il pas détruit d'un seul coup ? La contradiction se concentre sur la Pologne, où les Anglo-Américains souhaitaient certes qu'un gouvernement pro-occidental soit au pouvoir, mais où l'Union soviétique libère et occupe la Pologne, et où Staline exige que le gouvernement polonais obéisse aux Soviétiques. Le compromis final entre les deux parties est que Staline promet de placer des fonctionnaires pro-occidentaux dans le gouvernement polonais pour représenter les voix occidentales. Roosevelt se sent insatisfait mais peut à peine l'accepter, après tout, il y a une différence entre un idéal et la réalité. Tant que l'Union soviétique participera au système de Bretton Woods, les États-Unis seront le gagnant final, et un compromis partiel sera nécessaire pour cela.

Le problème est qu'après la mort de Roosevelt, Truman a voulu retourner l'affaire. Sans le prestige de Roosevelt, l'opposition à la " politique d'apaisement " américaine à l'égard de l'Union soviétique commence à se manifester, et Truman, qui ne veut absolument pas devenir un second Chamberlain, décide qu'il doit se montrer dur envers l'Union soviétique. Harriman, l'ambassadeur américain en Union soviétique, commence à se lâcher, liant l'aide économique à l'Union soviétique et à la Pologne aux problèmes de l'Europe de l'Est. N'était-il pas exagéré que Staline commence à se méfier ? Est-ce qu'une fois que Roosevelt sera mort, la politique américaine changera ? Staline rejette Truman, notant que les exigences américaines sont en contradiction avec l'esprit de la résolution de Yalta. Bien sûr, Staline ne veut pas s'enliser dans cette affaire et suggère finalement d'augmenter de quelques personnes le quota de fonctionnaires polonais pro-occidentaux. Truman accepte à contrecœur.

Mais la querelle soviéto-américaine qui s'ensuit sur toute une série de questions, dont la Turquie et l'Iran, laisse à Staline de profonds doutes sur les intentions ultimes de l'Amérique. Nombre des doutes soviétiques initiaux concernant le système de Bretton Woods fermentent à nouveau. "Lors des discussions sur les accords de Bretton Woods, les Soviétiques ont exprimé leurs appréhensions à l'égard du plan Blanc, qui proposait prétendument d'abolir toutes les restrictions sur le commerce, la monnaie dans un avenir proche. Il leur semble très évident que dans les conditions capitalistes contemporaines, surtout dans la période d'après-guerre, une telle voie serait impossible à adopter pour de nombreux pays. Car leur indépendance économique est gravement menacée si la réglementation étatique n'est pas appliquée. Le représentant soviétique a été clair : "Ils ne participent pas à la guerre la plus brutale jamais menée pour rendre le monde plus sûr pour les exportations américaines et britanniques". "Staline a finalement compris que la pression exercée par les États-Unis en faveur du libre-échange visait en fin de compte à prendre le contrôle économique de l'Europe de l'Est et même de l'Union soviétique entre les mains des Américains. L'Union soviétique ne refuse pas d'adhérer au FMI, " simplement pour dire aux responsables américains que Moscou a besoin de plus de temps pour examiner les conditions de l'accord ".

L'Union soviétique attend et surveille l'attitude des Américains.

Le 22 février, le département du Trésor américain a envoyé un télégramme à Kenan, précisément dans l'espoir de comprendre les véritables motifs du retard de l'Union soviétique à adhérer au FMI.[38] Kenan, quant à lui, en profite pour écrire un télégramme de 8 000 mots, qui élève son jugement personnel négatif sur l'Union soviétique au fil des ans au niveau théorique des "deux côtés de la médaille", et fournit les munitions idéologiques pour le geste politique urgent de Truman, qui refuse d'être le "second de Chamberlain", ce qui lui vaut une ovation dans l'atmosphère politique soudainement modifiée à Washington. Kenan a également connu un grand succès et a été appelé plus tard "l'initiateur de la guerre froide".

Dans les mois qui suivent, au lieu de voir les prêts d'aide américains, les Soviétiques attendent le "discours du rideau de fer" de Churchill. Déçue, l'Union soviétique déclare son refus d'adhérer au FMI et à la Banque mondiale et se sépare du système de Bretton Woods.

Le rêve de l'Amérique d'essayer d'amener l'Union soviétique dans l'empire du dollar par le biais de la monnaie et du commerce a finalement été anéanti. Une guerre froide qui a duré plus de 40 ans, coûté 8000 milliards de dollars, coûté des centaines de milliers de vies et divisé des millions de familles, a pris fin.

Dès lors, l'Union soviétique a choisi de se séparer de la dynastie du dollar et a entrepris de construire son propre empire du rouble.

Les roubles d'or et la nouvelle politique économique

L'histoire financière de la Russie tsariste est celle de la dévaluation à long terme du rouble et de l'inflation galopante répétée.

Du 17ème siècle jusqu'à la fin du 19ème siècle, le rouble est passé du cuivre à l'argent, de l'argent au papier monnaie, et du papier monnaie à l'or finalement. L'établissement de l'étalon-or tsariste en

---

[38] George F. Kennan et John Lukacs, *George F. Kennan and the origins of Containment, 1944–1946*, University of Missouri Press Columbia, 1997. p. 9–10.

1897 a fait du rouble-or l'une des cinq monnaies les plus fortes du monde, et a survécu avec succès aux deux chocs de la guerre russo-japonaise de 1904-1905 et de la révolution russe de 1905-1906. Le déclenchement de la Première Guerre mondiale a contraint la Russie tsariste à abandonner l'étalon-or, et la Russie tsariste a brûlé un total de 67 milliards de roubles au cours de la Première Guerre mondiale, dont 25% ont été levés par les impôts et 29% ont été garantis par des prêts à long terme, les prêts britanniques à la Russie tsariste représentant une part importante, mais après la Révolution d'octobre, le gouvernement soviétique a refusé de rembourser les prêts britanniques, ce qui a été une raison importante de la dette de guerre ultérieure de la Grande-Bretagne envers les États-Unis. En outre, la dette nationale était financée à hauteur de 23%, laissant le reste de l'argent à l'impression. De 1914 à 1917, la quantité d'argent en circulation dans la Russie tsariste a été multipliée par 15, tout comme le prix des marchandises !

De 1914, date à laquelle la Russie a participé à la Première Guerre mondiale, à 1921, la Russie a été impliquée dans une guerre de sept ans et a connu une période d'hyperinflation sans précédent. Après le déclenchement de la révolution d'octobre 1917, les 14 pays occidentaux ont uni leurs forces à celles des rebelles nationaux dans une attaque armée contre le jeune régime soviétique et ont rapidement occupé de larges pans du territoire soviétique, coupant ainsi les principales sources de nourriture et de carburant en Russie. Les usines de l'Union soviétique sont fermées, les gens sont affamés, les provisions sont rares et le nouveau régime est en danger. Afin de gagner la guerre, le régime soviétique a dû maintenir l'énorme taille de l'Armée rouge de 4,5 millions d'hommes dans des conditions économiques extrêmement difficiles. Afin de soutenir cette guerre coûteuse, le régime soviétique, d'une part, a commencé à émettre ses propres roubles soviétiques et, d'autre part, a dû recourir aux mesures extrêmes du communisme de guerre : celles-ci comprenaient la fourniture de toutes les denrées alimentaires rurales, à l'exception des rations, qui devaient être remises à l'État pour soutenir la guerre ; la fourniture de denrées alimentaires, de produits de première nécessité et de biens de consommation pour la population urbaine, qui étaient tous fournis par des quotas d'État ; la participation obligatoire des citoyens qui pouvaient se permettre de travailler ; et la nationalisation complète de l'industrie et du commerce. La politique communiste de la guerre a imposé des quotas sur presque tous les produits de l'industrie et de l'agriculture.

Après trois ans de guerre civile, le rouble soviétique, fortement sollicité, avait complètement perdu sa crédibilité. De 1913 à 1921, les prix en Russie ont augmenté au total 49 000 fois ! Au pire, le rouble soviétique s'était déprécié dans la mesure effroyable de 5% par heure.

En 1921, lorsque la Russie a finalement remporté une victoire décisive dans la guerre, elle a été confrontée à une grave dépression économique, à une pénurie de produits de base, à la famine et à un quasi-effondrement du rouble. L'Américain Hammer a été le témoin direct de cette période critique. C'est cette année-là que Hammer, à l'âge de 23 ans, est finalement arrivé à Moscou après bien des péripéties. L'Union soviétique qu'il a vue en chemin était délabrée ; les transports ferroviaires étaient presque paralysés, les transports publics surpeuplés et sales ; les gens étaient vêtus de haillons et avaient faim ; les magasins étaient vides et les rues dispersées. Le diplômé de l'école de médecine de l'université de Columbia, curieux et passionné par le premier pays socialiste du monde, s'est porté volontaire pour aider la population locale à lutter contre l'épidémie de typhus, mais la réalité a été comme un bassin d'eau glacée qui l'a réveillé de son rêve.

Lorsque Hammer est arrivé à Moscou, il avait emporté avec lui une grande quantité de dollars, qu'il pensait être à l'abri des soucis, mais à Moscou, il a trouvé ses dollars complètement inutiles. Avec la fermeture de la Banque nationale par décret gouvernemental en 1920 et le transfert de toutes les opérations bancaires au ministère des Finances, le système financier officiel a cessé d'exister. Hammer voulait acheter quelque chose, mais il ne pouvait pas payer les dollars, alors on l'a emmené au Trésor pour obtenir un bon de remplacement. Hammer reçoit alors un grand morceau de papier d'une valeur de 10 dollars sur lequel sont imprimés plusieurs petits coupons, et lorsqu'il doit acheter quelque chose, il doit en déchirer un pour payer. Hammer passe la moitié de la journée à déambuler dans les rues de Moscou, n'achetant rien d'autre que des boutons, des lacets et des pommes que les vendeurs proposent. Fatigué et affamé, Hammer retourne à l'auberge, et ce qui l'attend, ce sont des essaims de souris et d'insectes, sans compter le lit et la couette graisseux et sales. L'hôtel ne fournit pas de repas et il doit aller chercher une carte de ravitaillement. Avec ces cartes de ravitaillement, vous pouvez vous rendre à un point de ravitaillement de l'État et acheter du pain, de la viande et des légumes, à condition qu'ils soient disponibles. Lorsque Hammer arrive au point de ravitaillement, il s'avère que des centaines de personnes font la queue pour la soi-disant nourriture, seulement ce qui semble être du pain noir fait d'un mélange de terre et de sciure et quelques pommes de terre moisies.

Voilà à quoi ressemblait la vie dans la capitale, Moscou, à l'époque !

Lorsque Hamer arrive dans l'Oural, il est tout simplement stupéfait. La grave sécheresse avait presque anéanti les réserves alimentaires locales, et des milliers de paysans s'étaient massés sur la ligne de chemin de fer, montant dans les trains dès qu'ils les voyaient, remplissant même les toits. Les enfants étaient affamés jusqu'à l'os, le ventre gonflé par la consommation d'herbe et de feuilles indigestes. À la gare d'Ekaterinbourg, les corps de ceux qui ont été tués par la maladie et la faim s'entassent dans la salle d'attente. Ils étaient transportés dans un cimetière voisin pour y être enterrés, et les vêtements des corps étaient enlevés, car ils étaient trop mauvais pour être gaspillés. Les chiens sauvages et les corbeaux mangeaient gras en ces jours terribles. L'abondance des ressources naturelles dans l'Oural laissait Hamer perplexe. Il avait vu de ses propres yeux comment la région, qui possédait de nombreuses matières premières précieuses, comme le platine, les pierres précieuses et les fourrures, ainsi qu'un grand nombre de mines d'amiante de grande qualité, avait été poussée au désespoir par la famine qui veillait sur ses grands trésors. Le gène des affaires dans les os de Hammer a immédiatement fait naître la richesse, et il a proposé au gouvernement local que sa société achète pour un million de dollars de céréales aux États-Unis, les expédie dans la zone sinistrée locale, et qu'en retour, les spécialités locales des matières premières soient échangées contre leur vente par lui aux États-Unis, ce que le gouvernement soviétique local a immédiatement accepté.

Au moment où Hamer retourne à Moscou pour évoquer l'accord "nourriture contre matières premières", la nouvelle politique économique de Lénine a commencé à s'imposer. Les commerçants sont autorisés à pratiquer le libre-échange, les agriculteurs peuvent vendre leurs excédents de céréales après avoir payé des taxes, les petites entreprises sont rendues à leurs propriétaires privés et les étrangers sont encouragés à investir. Plus tard, l'histoire de l'opération alimentaire de Hammer, qui a permis de sauver un grand nombre de sinistrés, est parvenue aux oreilles de Lénine, qui a reçu et encouragé Hammer, premier homme d'affaires américain à prendre les droits de la mine d'amiante de l'Oural. [39]

Avec la mise en œuvre de la nouvelle politique économique, le marché de Moscou ressemble à un numéro de jonglage, une variété de marchandises sur les étagères, en plus d'une grande variété de nourriture et de délicieux, le meilleur vin français, les cigares purs de la Havane, la qualité de la laine anglaise, le prix du parfum français, dans un comptoir aligné.

Une monnaie stable est une condition préalable essentielle à la mise en œuvre de nouvelles politiques économiques et à la promotion du commerce. Le rouble soviétique, dans lequel le peuple a perdu confiance, est clairement incapable de supporter le poids de la nouvelle politique économique. En octobre 1921, la Banque nationale soviétique de Russie est réorganisée et en 1923, elle est rebaptisée Banque nationale de l'URSS, et la banque centrale est rétablie. Cependant, pour stabiliser la monnaie, il était nécessaire d'avoir un fort pouvoir de richesse, et à cette époque, il était impossible de rétablir la confiance de la population dans la stabilité monétaire, que ce soit dans la capacité de production industrielle et agricole, ou dans l'épargne intérieure, les devises étrangères et l'or.

À ce moment de la crise, le régime soviétique, qui était déjà pauvre et cliquetant, a soudainement fait fortune.

Après la révolution russe d'octobre, l'armée tsariste de Sibérie, dirigée par l'amiral Kolchak, marche sur Moscou et s'empare de Kazan, le trésor de la banque centrale tsariste, en s'emparant de réserves d'or d'une valeur de 80 millions de livres sterling. Il est ensuite vaincu dans l'avancée sur Moscou et s'enfuit finalement vers l'est le long du chemin de fer sibérien avec l'or. En hiver, le froid de la Sibérie a complètement détruit le moral de cette armée vaincue, qui venait de courir jusqu'à Irkoutsk et était en déroute. Parmi l'armée vaincue se trouvaient également un grand nombre de mercenaires des pays d'Europe centrale qui, afin de rentrer chez eux en vie et en sécurité, étaient prêts à passer un accord avec le gouvernement soviétique pour lui remettre Kolchak

---

[39] Armand Hammer, *Hammer, G. P. Putnam's Sons*, New York, 1987, chapitre 12.

et l'or, ce qui garantissait en retour leur sécurité personnelle et leur permettait de retourner en Europe par bateau depuis Vladivostok.[40]

Au final, les Soviétiques ont obtenu environ 50 millions de livres d'or. À cette époque, une livre équivalait à environ 10 taels d'argent, ce qui représentait la somme énorme de 500 millions de taels d'argent ! Les Japonais ont extorqué 230 millions de taels d'argent à la Chine pendant la guerre sino-japonaise et ont réussi à établir un système de yen étalon-or après que les Britanniques l'aient partiellement échangé contre de l'or. Cette énorme réserve d'or a constitué une base solide pour que le gouvernement soviétique réussisse à stabiliser la monnaie.

En 1922, les pays anglo-américains, français, allemands et autres ont tenu une conférence économique à Gênes, et la Russie soviétique a envoyé une délégation. Le 11 octobre 1922, le Comité du peuple a autorisé la Banque nationale à émettre des billets de banque appelés "Chevron" avec pas moins de 25% d'or et de devises étrangères comme réserves monétaires. Malgré la grave pénurie de devises étrangères en Union soviétique, cela n'a pas empêché l'établissement d'un étalon de change en or. Chaque chevron contient 7,742 34 grammes d'or, soit l'équivalent de 10 roubles en or à l'époque tsariste. [41]Dans le même temps, de vieux roubles, qui avaient été émis auparavant par le gouvernement soviétique et qui avaient été sévèrement dévalués, étaient en circulation, et le gouvernement publiait régulièrement la valeur du Chevron en roubles papier.

On dit souvent que "la mauvaise monnaie chasse la bonne", mais cette conclusion repose sur le fait que la mauvaise monnaie prévaut lorsque le peuple n'a pas le choix. Il n'y a pas de choix, c'est-à-dire que le gouvernement force le peuple à n'avoir aucun choix, et lorsque le contrôle du régime décline et qu'il n'y a pas de capacité à faire respecter la loi, il y a forcément une situation où le marché est prêt à accepter la bonne monnaie mais pas la mauvaise. Par exemple, lorsque le Kuomintang a subi une défaite majeure au cours de la seconde moitié de 1949, les habitants des provinces du sud ont refusé d'accepter les bons d'or du gouvernement national et ont automatiquement commencé

---

[40] Maurice, Collis, *A Centennial History of HSBC*, China Books, 1979, p. 109.

[41] Xu Xiangmei, *A Study on the Transformation of the Russian Banking System*, China Finance Press, 2005, pp. 33–37.

à faire circuler des Yuan Dao. Lorsque le gouvernement est déterminé à protéger les intérêts du peuple et prend l'initiative d'introduire de bonnes pièces stables, alors les mauvaises pièces disparaîtront plus rapidement.

Au début de 1923, le chevron ne représentait que 3% de la quantité totale de monnaie en circulation dans toute la Russie soviétique, pourcentage qui a progressivement augmenté pour atteindre 83,6% en février 1924. En 1924, l'Union soviétique a émis de nouveaux roubles, et la réforme monétaire a été achevée, le Chevron étant la monnaie de compte et les nouveaux roubles en circulation, un Chevron étant égal à 10 nouveaux roubles.

Le nouveau rouble d'or soviétique est né !

La stabilité du rouble en or a rapidement éliminé l'inflation galopante, accéléré considérablement le développement du commerce des marchandises et contribué au succès de la nouvelle politique économique de Lénine.

Le modèle de développement de l'Union soviétique est contesté

La nouvelle politique économique de Lénine fut incontestablement un grand succès, sauvant la crise de confiance dans le régime de 1921, évitant l'effondrement de l'alliance paysanne-industrielle, avec un large soutien des paysans, des ouvriers, des artisans, des commerçants et des investisseurs étrangers, et un grand développement de la production et du commerce. Le prestige du régime soviétique s'est consolidé dans le cœur du peuple. En 1927, l'économie soviétique a finalement retrouvé son niveau d'avant-guerre de 1913.

Toutefois, après la mort de Lénine en 1924, la question de savoir quel modèle de développement l'Union soviétique devait adopter a déclenché une controverse fondamentale qui a finalement dégénéré en une âpre lutte pour le pouvoir.

La politique économique d'un pays est, par nature, l'art de maximiser la production économique et la distribution rationnelle dans les limites de ressources humaines, matérielles et financières limitées. En même temps, la production et la répartition économiques doivent refléter des priorités et des orientations différentes selon les périodes historiques et les environnements extérieurs. Le choix de la politique économique, qui reflète largement la volonté de l'État et du gouvernement, qu'il s'agisse de l'établissement de l'hégémonie britannique, de l'essor industriel des États-Unis ou du rattrapage économique de l'Allemagne, met clairement en évidence l'influence importante de l'État dans le développement économique. En fait, le monde n'a jamais connu une économie de marché et un libre-échange absolus, et ce type d'environnement économique, qui se forme spontanément par des individus indépendants, n'existe pas vraiment dans le monde réel ; la soi-disant économie de marché est, par essence, une économie de marché nationale.

L'Union soviétique est alors confrontée au choix de continuer à développer une économie de marché ou de s'orienter vers une économie planifiée.

Jusqu'en 1926, 82% de la population soviétique était encore agricole et seulement 7 à 8% de la main-d'œuvre était engagée dans l'industrie, ce qui rendait les bolcheviks, avec leur forte direction ouvrière en leur sein, insupportables ! Aux yeux des Américains et des Britanniques, l'Union soviétique n'était qu'un pays en développement typique, même pas aussi bon que le Brésil et l'Argentine, avec un écart économique de 50 à 100 ans par rapport aux grands pays occidentaux.[42]

En tant que premier pays socialiste, les objectifs sociaux et le programme économique de l'Union soviétique n'étaient pas acceptables pour la classe dirigeante du monde entier. Depuis 1918, l'intervention armée étrangère et les blocus économiques ont été à l'ordre du jour, et il a été presque impossible pour l'Union soviétique de développer normalement son économie.

Comment développer l'économie et renforcer le pays dans un état anormal, afin d'assurer efficacement la survie et le développement du régime soviétique ? Deux écoles de pensée se sont formées en Union soviétique.

Une école de pensée : La nouvelle politique économique de Lénine ne doit pas être un expédient à court terme, mais plutôt une stratégie fondamentale pour le développement économique de l'Union

---

[42] Armand Hammer, *Hammer, G. P. Putnam's Sons,* New York, 1987.

soviétique. En partant du principe de l'amélioration continue du niveau de vie du peuple, prendre en compte le développement coordonné de l'agriculture, de l'industrie légère et de l'industrie lourde, s'opposer à ce que l'agriculture soit traitée comme une "colonie domestique", et obtenir l'accumulation primitive nécessaire au développement rapide de l'industrie aux dépens des agriculteurs.

L'autre école de pensée estime que, pour réussir à établir un État socialiste face au siège du monde capitaliste, il faut donner la priorité au développement de l'industrie lourde et à l'acquisition de la base nécessaire à l'industrie militaire au plus tôt. Les leçons des interventions armées passées et des blocus économiques de l'Occident leur avaient appris que les guerres futures seraient inévitables, et que l'industrie lourde n'avait à l'époque que peu progressé de manière visible dans le cadre de la Nouvelle politique économique, et qu'une industrie lourde forte ne pouvait être construite en peu de temps sans concentrer les ressources humaines, matérielles et financières du pays. Par conséquent, la Nouvelle politique économique doit être abandonnée au profit d'un modèle d'industrialisation rapide dont le cœur est un plan quinquennal.

D'après les faits historiques ultérieurs, sans l'accélération de l'industrialisation, l'Union soviétique n'aurait certainement pas été en mesure de résister aux puissantes attaques de l'Allemagne nazie, si bien que le régime soviétique se serait effondré et que l'Union soviétique serait devenue une zone d'occupation allemande. Soutenue par les ressources de l'Union soviétique, la puissance de guerre de l'Allemagne aurait été encore renforcée. Il est à craindre que toute l'issue de la Seconde Guerre mondiale, et en fait l'histoire du monde jusqu'à aujourd'hui, soit une histoire différente. Peut-être le gouvernement britannique s'exilerait-il, les États-Unis devraient-ils tenir l'Amérique du Nord et du Sud, et la Chine serait-elle définitivement occupée par le Japon.

Enfin, la stratégie d'industrialisation rapide de Staline est devenue le modèle de développement de l'Union soviétique. Il proposait que l'Union soviétique rattrape les puissances industrielles occidentales en dix ans. D'un point de vue microéconomique, le développement de l'industrie soviétique est relativement inefficace, mais d'un point de vue macroéconomique, l'industrialisation soviétique peut être décrite comme un progrès rapide. À la fin des trois plans quinquennaux, l'Union soviétique a mis en place un système industriel solide composé d'avions, d'automobiles, de tracteurs, d'acier, d'industries chimiques et de défense, et est devenue la deuxième puissance industrielle du monde après les États-Unis. Il convient de souligner que la brièveté et l'ampleur de l'essor industriel de l'Union soviétique étaient sans précédent dans l'histoire de l'économie mondiale, et qu'il s'agissait d'un étonnant bond en avant dans l'environnement extérieur de la Grande Dépression de l'économie mondiale, dans des conditions de dépendance totale vis-à-vis des ressources intérieures. Dans les années 30, avant le début de la guerre, l'Union soviétique produisait 4 000 avions par an, et pendant la guerre, elle a atteint le chiffre stupéfiant de 30 000. Même la forte capacité de production de l'industrie allemande était progressivement incapable de résister à la puissance industrielle croissante de l'Union soviétique, qui s'était rapprochée de la puissance des États-Unis en termes de capacité de production militaire.

Mais les pièges potentiels de l'industrialisation de l'Union soviétique sont tout aussi redoutables.

Tout investissement dans le développement économique doit être fourni par l'épargne, et avant l'industrialisation de l'Union soviétique, il n'y avait pas suffisamment d'épargne intérieure ni d'épargne étrangère empruntable, et la seule chose qui pouvait permettre l'accumulation de capital était l'agriculture, qui constituait une part importante de l'économie nationale. L'industrialisation à grande vitesse exigeait des agriculteurs de la main-d'œuvre et de la nourriture, mais la stratégie consistant à donner la priorité à l'industrie lourde a eu pour conséquence que l'industrie légère n'a pas réussi à fournir aux agriculteurs des produits de consommation en échange de leur nourriture. Le transfert massif de la main-d'œuvre de l'agriculture vers l'industrie et les villes a obligé les agriculteurs à fournir davantage de nourriture et à en garder une plus petite partie pour eux-mêmes. En même temps, il fallait nourrir l'Armée rouge de plus en plus nombreuse, et la situation des paysans empirait.

Dans des conditions normales d'économie de marché, les paysans propriétaires de terres pourraient rejeter ces échanges inégaux et exiger des prix raisonnables, ce qui est exactement ce qui s'est passé ; entre 1923 et 1927, les prix des produits industriels étaient considérablement plus élevés que ceux des produits agricoles, ce qui a conduit les paysans à être réticents à vendre de la nourriture à l'État ; en 1927, les paysans n'ont vendu que 13% de la récolte totale, alors qu'en 1913, cette proportion était de 26%. De cette manière, les paysans ont maintenu un niveau de vie élevé, mais l'accumulation de l'industrialisation leur a coupé la source.

Dans ces circonstances, Staline décide que le modèle agricole traditionnel ne suffit pas à supporter les demandes cumulées de l'industrialisation et que les fermes collectives et d'État obligatoires, avec la communalisation des terres, des moyens de production et du bétail, sont nécessaires pour forcer les paysans à produire et à tolérer un niveau de vie inférieur. Le résultat est que les paysans préfèrent tuer leur bétail plutôt que de le donner aux fermes collectives sans compensation. De 1928 à 1933, pendant la période de mise en œuvre de l'agriculture collective, le nombre de bovins cultivés en Union soviétique est tombé de 30,7 millions à 19,6 millions, les moutons de 146 millions à 50 millions et les chevaux de 33,5 millions à 16,6 millions, et l'enthousiasme des paysans pour la production a été sérieusement frustré.[43] Dès lors, et jusqu'à l'effondrement de l'Union soviétique, l'agriculture est devenue un problème majeur pour l'Union soviétique, qui ne parvenait souvent pas à nourrir sa propre population sur un territoire aussi vaste. Un grand exportateur de nourriture à l'époque tsariste devenait de plus en plus un importateur de nourriture au milieu et à la fin de la période soviétique. Après les années 1970, l'ampleur des importations alimentaires soviétiques était devenue une menace sérieuse pour la stabilité de l'économie politique soviétique. En fin de compte, la crise alimentaire est devenue une cause majeure de pénurie de produits de base, de privilèges, de mécontentement populaire, de déséquilibres commerciaux et d'effondrement économique.

Puissance allemande, accélération de l'industrialisation soviétique

L'industrie, en particulier l'industrie lourde et l'industrie militaire, en plus de l'énorme investissement financier, il est plus important de disposer d'une technologie de production complexe, d'une organisation et d'une gestion avancées, d'un équipement de soutien complet, de toutes sortes de talents professionnels, de la vitesse, de la profondeur et

---

[43] Carroll Quigley, *Tragedy and Hope : A History of The World in Our Time*, The Macmillan Company, New York, 1966. p. 392–402.

de l'ampleur de la pénétration de la révolution industrielle dans les pays du monde, qui détermine le destin de ces pays au 20ème siècle.

Au milieu des années 20 seulement, l'Union soviétique était un pays agraire typique et un pays socialiste soumis à un blocus économique strict de la part de l'Occident. Après sept ans d'une grave guerre internationale et nationale, l'économie vient à peine de se redresser un peu, et la base industrielle ne comporte que quelques équipements industriels presque abandonnés et une technologie dépassée depuis longtemps, vestiges de l'époque de la Russie tsariste.

Lorsque M. Hamer s'est lancé dans l'aventure de l'exploitation minière de l'amiante en Union soviétique au début des années 1920, il ne pouvait pas imaginer à quel point la technologie et l'équipement industriels russes avaient pris du retard.

> *"Je n'ai jamais vu de ma vie une exploitation minière faite d'une manière aussi archaïque. Les ouvriers utilisaient des mains maladroites pour percer le minerai, et il fallait généralement trois jours pour percer un trou suffisamment large pour placer les explosifs. Le minerai grillé était emballé dans des paniers et transporté à dos d'homme jusqu'à de hautes marches, où les ouvriers s'asseyaient en rangées et en rangées et utilisaient de petits marteaux pour fendre les pierres. Après avoir été nettoyés, les minerais sont transportés par les paysans dans de petites charrettes jusqu'à une gare située à dix kilomètres. "*

L'exploitation minière artisanale primitive représentait le niveau d'industrie prévalant en Union soviétique à l'époque, qui était à des milliers de kilomètres de l'industrie moderne ! La première chose que fit Hammer fut de moderniser l'équipement, il fit venir un générateur, un marteau piqueur des États-Unis, remplaça le petit marteau par une machine à marteler, et l'opération mécanisée devint une sensation locale. Il a utilisé une tronçonneuse pour remplacer la traditionnelle scie à onglet, quelques minutes pour terminer le travail de la veille pour achever l'abattage des arbres scier la planche, 50 miles autour de la population russe sont à venir pour voir l'agitation, ils ont transporté le bois de la maison, juste pour voir par eux-mêmes ce que le "couteau de table couper la crème" tronçonneuse cache quelque chose de bizarre.

La prolifération de la technologie est d'abord l'introduction d'équipements et ensuite la culture des ressources humaines. Hammer a fait venir des tracteurs fabriqués par Ford, et il a fait venir des ingénieurs de Ford pour former les Russes à l'utilisation des tracteurs pour pomper l'eau, scier du bois, faire fonctionner des générateurs et labourer la terre. Alors que leurs 50 tracteurs roulaient de manière désordonnée du port vers le centre de la ville, provoquant une grande panique, les Russes ont supposé que c'étaient les chars américains et britanniques qui avaient commencé l'invasion. Plus tard, lorsqu'on a appris que les tracteurs servaient à labourer la terre, des milliers de fermiers se sont rassemblés le long du chemin pour regarder les nouveautés expédiées des États-Unis.

Pas étonnant que Lénine ait dit que l'industrie russe avait 50 à 100 ans de retard sur l'Occident.

L'économie soviétique en 1927 était à peu près équivalente à celle de la Chine en 1953. Les 156 projets industriels à grande échelle construits par l'Union soviétique dans les années 1950 ont jeté des bases solides pour l'industrialisation de la Chine. Pour un pays agricole, la technologie et l'équipement de l'industrie et l'immense productivité qu'ils apportent sont magiques et incroyables. Apprendre et utiliser ces dispositifs technologiques prend déjà un temps considérable pour les digérer et les assimiler, sans parler de la production et de la fabrication de ces dispositifs industriels complexes. Cela exige non seulement des connaissances théoriques approfondies, mais aussi une expérience pratique de la production de masse et la capacité d'organiser et de gérer la production. Sans le prêt de 2,4 milliards de dollars accordé par l'Union soviétique et les pays socialistes d'Europe de l'Est à l'époque, et sans les plus de 18 000 experts envoyés par l'Union soviétique en Chine avec les dessins de toutes les machines et de tous les équipements de toutes les usines et qui les ont transmis aux ingénieurs et aux ouvriers qualifiés chinois pendant 13 ans, la Chine aurait-elle pu, en 10 ans, jeter les bases des industries lourdes telles que la métallurgie du fer et de l'acier, les métaux non ferreux, la pétrochimie, l'usinage, la construction automobile et navale, l'industrie électronique, la construction aéronautique, etc. La signification de cette aide à la prolifération de la technologie industrielle de style soviétique est qu'elle a aidé la Chine à former sa propre fonction hématopoïétique industrielle, ce qui est bien plus significatif que 2,4 milliards de dollars ou même 10 milliards de dollars d'aide en espèces !

De même, sur la base de l'Union soviétique du milieu des années 1920, l'objectif de Staline de rattraper les nations industrielles occidentales en 10 ans aurait été impossible à atteindre sans la prolifération massive de technologies étrangères. Alors qui, compte tenu des conditions historiques de l'époque, était en mesure de fournir une telle aide ?

La réponse est l'Allemagne, qui, après la Première Guerre mondiale, était toujours prête à renverser l'injustice du traité de Versailles et à faire table rase.

Dès le début des années 1920, les militaires allemands considéraient comme une honte les restrictions imposées à l'armée allemande par le traité de Versailles ; l'Allemagne était incapable de développer une force aérienne, une marine, des équipements lourds tels que des chars, de l'artillerie de gros calibre et des canons antichars, et l'armée était limitée à 100 000 hommes. L'arrogance inhérente à la nation allemande, tourmentée par la défaite et l'humiliation de traités inégaux, a inévitablement conduit à une forte rébellion contre la volonté. Et les géants allemands de l'armée et de l'industrie de l'armement sont l'expression directe de cette volonté rebelle. Mais ils ont compris que la puissance anglo-française était écrasante à l'époque et que la confrontation n'allait manifestement pas fonctionner, mais secrètement, l'Allemagne n'a pas cessé un seul instant d'essayer de "sauver le pays au tournant". C'est alors que l'Union soviétique est devenue le meilleur partenaire.

Lors de la conférence économique de Gênes en 1922, la Société des Nations dirigée par les Britanniques s'efforçait de vendre aux banques centrales du monde entier l'étalon-or inventé par Norman. L'Allemagne et l'Union soviétique ont envoyé leurs propres délégations à la conférence de Gênes. Les deux orphelins de la communauté internationale n'ont cependant pas pu intervenir lors de la réunion, estimant qu'ils étaient "les mêmes que le reste du monde" et sympathisant entre eux. Lors de cette réunion, le traité germano-soviétique de Rapallo a été signé afin d'annuler les demandes de réparations de guerre de l'autre partie, de rétablir complètement les relations diplomatiques entre les deux pays et d'établir une alliance commerciale étroite.[44] La Grande-Bretagne et la France sont choquées par ce traité.

L'Allemagne est rapidement devenue le premier partenaire commercial de l'Union soviétique.

L'Allemagne étant opprimée par la Grande-Bretagne et la France et confrontée à une forte hostilité de la part de la Pologne, le fait de se

---

[44] Série des traités de la Société des Nations, Volume 19 327 L 1923.

lier d'amitié avec l'Union soviétique n'est pas seulement bénéfique pour le commerce, mais joue également un rôle important dans l'affaiblissement de la Pologne et la réduction de la pression exercée par la Grande-Bretagne et la France, tant sur le plan politique que militaire.

Le général Hans von Sektor, connu plus tard sous le nom de "Père de la Wehrmacht", a été l'initiateur de la coopération militaire et industrielle avec l'Union soviétique. Sektor est devenu, en fait, l'âme de l'armée allemande après la Première Guerre mondiale. Bien que l'état-major allemand ait été supprimé par la contrainte britannique et française, Sektor a conservé l'état-major, l'essence de la puissance de combat supérieure de l'armée allemande, sous le nom de Bureau des affaires militaires. Sa réponse aux 100 000 hommes de Tsahal était de faire de chaque soldat la graine d'une future armée, de chaque officier les capacités d'un futur général et maréchal, et une fois la machine de guerre activée, les 100 000 hommes seraient immédiatement capables de former et de construire une armée forte d'un million d'hommes. De nombreux généraux célèbres de la Seconde Guerre mondiale, tels que les maréchaux Rommel, Burke et Longstedt, sont passés sous la coupe de Sektor. Plus tard, il a également voyagé en Chine et est devenu le conseiller militaire de Chiang Kai-shek, proposant trois idées majeures de construction militaire qui ont influencé sa vie : l'armée comme base du pouvoir, la puissance de l'armée réside dans son excellente qualité, et le potentiel de combat de l'armée provient de la culture du corps des officiers.

En fait, l'armée d'élite de 100 000 hommes de la Wehrmacht de Sektor à l'époque de la République de Weimar a été un facteur décisif dans la possibilité de consolider le régime. Même Hitler, qui voulait consolider le pouvoir nazi lorsqu'il est arrivé au pouvoir, a dû coopérer avec la Wehrmacht et même détruire ses propres troupes. C'est parce qu'Hitler ne faisait pas confiance à la Wehrmacht et ne pouvait finalement pas la contrôler que les nazis ont formé leur propre SS pour contrôler la puissance de la Wehrmacht.

C'est ainsi que Sektor a jugé le traité germano-soviétique de Rapallo,

> *"Bien que (le commerce avec l'Union soviétique) soit bon pour l'Allemagne, sa valeur économique (du traité) n'était pas l'aspect principal, la signification politique était la clé. Le progrès des relations soviéto-allemandes est le plus grand et le seul accroissement de pouvoir que la paix ait obtenu jusqu'à*

présent en Allemagne. Le progrès de ces relations, en général, mérite de commencer par une coopération économique, mais la force de la coopération (soviéto-allemande) est que cette interaction économique ouvrira la voie à une future coopération politique et militaire. " [45]

Au début de l'année 1921, Sektor a formé une section de la Wehrmacht portant le nom de code "Groupe R", dirigée par un ami proche, von Schleicher (qui devint chancelier d'Allemagne en 1932 et fut le chef de file d'Hitler et des nazis), afin de mettre en place une assistance allemande secrète à l'industrie militaire soviétique, en s'accoudant au président du Comité populaire soviétique du commerce extérieur, Grazin. En septembre 1921, des représentants soviétiques et allemands ont entamé des pourparlers secrets dans l'appartement de Schleicher et se sont mis d'accord sur les détails de mise en œuvre de l'assistance financière et technique allemande à l'industrie militaire soviétique. Bien entendu, la partie soviétique devait également rendre la pareille à la Wehrmacht, ce qui devait permettre aux militaires allemands d'installer les arsenaux et les bases d'entraînement nécessaires à l'industrie militaire en Union soviétique.

En mars 1922, les premiers industriels militaires allemands sont arrivés en Union soviétique. Un mois plus tard, la compagnie d'aviation allemande Junker a commencé à construire une usine moderne de fabrication d'avions dans la région de Fili, dans la banlieue de Moscou, et Krupp Arms a commencé à construire une usine de production d'artillerie lourde dans le sud de l'Union soviétique. Par la suite, des écoles militaires allemandes de pilotage, des académies d'essais de chars, des usines de production d'armes chimiques et des bases de construction de sous-marins ont commencé à être construites les unes après les autres en Union soviétique.[46]

Un grand nombre de technologues allemands de l'industrie militaire ont été envoyés en Union soviétique pour aider les ingénieurs soviétiques, main dans la main, à mettre en place une série d'usines de fabrication d'avions, de chars, d'artillerie de gros calibre, de produits chimiques et autres. La création et le fonctionnement de ces usines ont,

---

[45] Wheeler-Bennett John, *The Nemesis of Power*, Londres : Macmillan, 1967, p. 133.

[46] Ibid.

d'une part, permis à l'Union soviétique d'acquérir une technologie industrielle avancée extrêmement précieuse et de former un grand nombre d'ingénieurs pour l'industrie militaire, tout en acquérant les compétences raffinées de l'industrie allemande en matière de gestion de la production, réduisant ainsi considérablement l'écart technologique entre l'Union soviétique et les pays industrialisés ; d'autre part, ces usines ont permis à l'Allemagne de tester en pratique de nouvelles technologies et inventions, de produire toutes sortes d'équipements lourds et d'avions militaires interdits par le traité de Versailles, et de maintenir le niveau de la technologie militaire allemande, qui était le premier au monde, à un niveau qui n'était pas dépassé. L'Allemagne, sous couvert de l'Union soviétique, a échappé aux contrôles des inspecteurs anglo-français sur la conformité de l'industrie militaire allemande aux exigences du traité de Versailles au cours d'une coopération militaro-industrielle de cinq ans.

La période de lune de miel de plus de cinq ans de coopération militaro-industrielle soviéto-allemande, de 1922 à 1927, est également une période cruciale en Union soviétique où la voie de l'industrialisation est débattue au sein du pays. C'est avec l'aide de l'industrie militaire allemande que l'Union soviétique a acquis la technologie, l'équipement, l'expérience et le talent nécessaires à l'industrialisation. Lorsque l'Union soviétique a commencé son premier plan quinquennal en 1928, il a suffi de quelques dizaines de fois la prolifération de ces précieuses technologies industrielles pour faire gronder les roues de l'industrialisation.

L'expansion de l'empire du rouble

> *"Le rejet par Moscou de la participation au système monétaire de Bretton Woods et de la réduction des barrières commerciales dans les zones sous son contrôle n'est pas le résultat de la guerre froide, mais sa cause."*[47]
>
> —Gaddis

Après la guerre, le rêve américain d'amener l'Union soviétique et l'Europe de l'Est sur la carte de l'empire du dollar est anéanti. Les États-

---

[47] Michael Hudson, *Super Imperialisme — The Origin and Fundamentals of U.S. World Dominance*, Pluto Press ; Nouvelle édition (21 mars 2003), chapitre 6.

Unis ont décidé de condamner l'Union soviétique et l'Europe de l'Est à un "exil économique" et à un "emprisonnement à vie" pour les contenir politiquement et militairement. Lorsque les États-Unis ont commencé leur "stratégie de dollarisation" contre l'Europe en 1947, l'Union soviétique et l'Europe de l'Est ont été rejetées de manière déguisée.

Le "plan Marshall" était essentiellement un substitut aux réparations de guerre allemandes, qui portait un coup sévère au processus de reconstruction de l'économie soviétique tout en permettant la domination de la reconstruction européenne par les blocs de puissance financière américains. Les accords de Yalta et la proclamation de Potsdam ont clairement établi que l'Union soviétique recevrait des réparations de guerre de l'Allemagne, qui pourraient être payées sous la forme de machines et d'équipements allemands, d'entreprises industrielles, de voitures, de navires, de matières premières, etc., à un moment où l'Union soviétique avait subi tant de dommages de guerre qu'elle avait presque perdu sa capacité à gagner des devises étrangères grâce aux exportations, de sorte que les réparations de guerre allemandes deviendraient la ressource extérieure la plus importante dans le processus de reconstruction économique soviétique. Le cœur du "plan Marshall" était l'abolition déguisée des réparations de guerre allemandes à l'Union soviétique et leur remplacement par une aide financière des États-Unis à l'Europe. Bien que cette aide ait été ostensiblement ouverte à la fois à l'Union soviétique et à l'Europe de l'Est, le plan Marshall fixait des conditions de libéralisation économique incompatibles avec le système économique planifié de l'Union soviétique et l'a donc "obligé" à exclure l'Union soviétique et l'Europe de l'Est de son champ d'application.

L'Union soviétique, en revanche, en démantelant les équipements industriels lourds à grande échelle en Allemagne et en balayant tout ce qui avait de la valeur, a "récupéré" environ 66 milliards de marks en réparations de guerre. Plus important encore, les Soviétiques n'ont pas oublié la richesse la plus créative dans la prolifération de la technologie industrielle — le talent, bien que les Américains aient fait le premier pas pour se débarrasser des 120 meilleurs experts allemands en fusées, mais l'Union soviétique a tout de même réussi à conserver les 3 500 ingénieurs et excellents travailleurs techniques restants, ces personnes constituent l'épine dorsale de l'entreprise de missiles dont l'Union soviétique est fière.

Sans l'aide du dollar, l'Union soviétique, comptant sur ses propres efforts, a réalisé une reprise économique rapide en seulement cinq ans, et en 1950 la production industrielle a dépassé les niveaux d'avant-guerre. Avec le rétablissement de la force économique, face à la politique américaine d'"exil économique", l'Union soviétique a commencé à "creuser le mur" de la guerre de contre-attaque. Dès le début des années 1950, l'Union soviétique lance une offensive économique contre les régions les plus faibles d'une série d'empires dollar.

Pour l'empire du dollar, chaque fois que l'Union soviétique étendait sa puissance économique à une autre région ou un autre pays, les États-Unis perdaient un autre marché normal.

L'établissement d'une nouvelle Chine privait les États-Unis de la plus grande zone occupée par le dollar sur la côte ouest du Pacifique, et l'aide soviétique massive à la Chine au début des années 1950 signifiait que l'industrialisation de la Chine allait s'accélérer considérablement, créant une menace potentielle pour l'empire du dollar.

Dans le même temps, l'Union soviétique entame une offensive subversive dans la zone de la livre sterling au Moyen-Orient, et en 1956, la crise du canal de Suez affaiblit gravement le pouvoir anglo-français en Égypte par les États-Unis, qui n'hésitent pas à imposer de sévères sanctions à toutes les tentatives anglo-françaises de restaurer le système colonial impérial. Mais avant que le dollar ne puisse intervenir après le coup porté à l'anglo-français, le rouble bondit à un rythme effréné. En 1958, l'Union soviétique avait enfoncé un coin dans le rouble en Égypte, en Syrie et au Yémen.

Pour l'Égypte, l'aide en roubles est dans l'intérêt à long terme de son développement économique. L'Égypte a élaboré son propre plan quinquennal, qui couvre tous les domaines de l'économie moderne, et l'Union soviétique est là pour l'aider chaque fois qu'elle en a besoin. Bien sûr, il n'y a pas de repas gratuit, et l'Union soviétique n'est pas une organisation caritative. Puisque les États-Unis, par le biais du système de Bretton, avaient construit un empire du dollar, l'Union soviétique devait construire son propre empire du rouble afin de briser le blocus de la zone dollar. Au cœur de l'assistance économique se trouve l'expansion de la sphère d'influence du rouble et l'érosion de la zone dollar. Ainsi, l'Union soviétique a accordé à l'Égypte un prêt à long terme en roubles, d'une valeur de 178 millions de dollars, avec une échéance de 12 ans, à un taux d'intérêt de seulement 2,5%, soit la moitié de celui des prêts commerciaux occidentaux.[48] L'Union soviétique n'a pas ménagé ses efforts pour occuper les têtes de pont en roubles en Afrique du Nord. Dans le désert égyptien, les plates-formes pétrolières soviétiques modernes produisent déjà, et les plans des futures raffineries de pétrole pour l'Égypte battent leur plein. Afin d'intégrer économiquement l'Égypte dans la zone du rouble, l'Union soviétique a également ouvert la porte du marché intérieur au coton, principal produit d'exportation de l'Égypte, qui rapporte des devises, à un moment où les exportations de coton égyptiennes sont rejetées par l'Occident, ce qui peut être considéré comme une bénédiction pour l'Égypte. Non seulement cela, mais l'Union soviétique a envoyé de la nourriture et du carburant dont l'Égypte avait désespérément besoin. Les Égyptiens n'ont ressenti aucune perte, ils ont gagné une précieuse prolifération technologique, un marché d'exportation pour l'Union soviétique, une pénurie aiguë de fournitures vitales et, en même temps, la protection politico-militaire de l'Union soviétique.

Le prix d'importation soviétique du coton égyptien était considérablement plus élevé que le prix du marché mondial, rendant le marché occidental moins attrayant pour l'Égypte. Après avoir thésaurisé le coton en grandes quantités, l'Union soviétique a eu l'énergie de perturber les marchés occidentaux et de harceler l'ordre économique normal de l'empire du dollar en le vendant. Les États-Unis portent le fardeau du maintien de l'ordre du marché mondial, tandis que la guérilla du marché menée par l'Union soviétique a laissé les États-Unis dans l'embarras. Les calculs économiques de l'Union soviétique ne sont pas moins impressionnants que ceux des États-Unis, où le coton est acheté à un prix élevé, puis compensé par les bénéfices des équipements industriels vendus à un prix élevé.

En Syrie, les ingénieurs soviétiques sont occupés à arpenter l'ensemble du pays et à sélectionner les sites des futures usines de fabrication d'avions d'aide. Les experts soviétiques en pétrole font déjà les derniers préparatifs pour l'extraction du pétrole dans la région désertique du Nord-Est. Pour le plus grand plaisir du Moyen-Orient, l'Union soviétique est prête à installer des réacteurs nucléaires dans la

---

[48] Howard K. Smith, *The Rubble War : A Study of Russia's Economic Penetration versus U.S. Foreign Aid*, Columbia Broadcasting System, Inc. 1958.

région et à accorder un prêt important en roubles pour les futures centrales nucléaires. [49]

Non seulement l'Union soviétique était en marche, mais les pays d'Europe de l'Est suivaient également de près la stratégie d'expansion du rouble soviétique. La République tchèque construit pour l'Égypte le plus grand système de production d'armes d'Afrique et ouvre près du Caire le site de la plus grande entreprise de production de céramique d'Afrique. Au Yémen, les ingénieurs soviétiques construisent le plus grand port moderne de la mer Rouge, le premier grand projet public de l'histoire du Yémen. La Chine, avec la coordination de l'Union soviétique, n'est pas restée inactive non plus, aidant à construire la route qui traverse le Yémen de Sana'a à Hodeida.

En Jordanie, une confrontation directe entre le rouble et le dollar a éclaté. Depuis le retrait du pouvoir de la livre en 1957, le dollar est resté. Mais le rôle que les États-Unis peuvent jouer dans une si petite Jordanie reste incertain. Pour l'Union soviétique, la viande de mouche est aussi de la viande, et ouvrir la moindre parcelle du territoire de la zone dollar au Moyen-Orient signifierait une tête de pont de plus pour le rouble, et il serait toujours possible à l'avenir de relier ces bases éparses du rouble en une grande zone rouble. La Jordanie elle-même a un rêve majestueux d'industrialisation, et la clé de la réalisation de ce rêve est une artère de transport qui relie le pays. Alors que les États-Unis hésitaient, la Yougoslavie et la Pologne ont tué avec le rouble, et la Jordanie a finalement épuisé sa patience en attendant le long processus d'approbation des prêts d'aide aux États-Unis. Le quartier du rouble est la ville suivante.

L'Asie joue un rôle central dans la bataille entre le dollar et le rouble. L'Asie est non seulement une vaste région comptant un quart de la population mondiale, mais aussi le plus grand et le plus important système colonial européen, riche en ressources et en matières premières, c'est à la fois un axe stratégique des États-Unis pour empêcher la résurgence de la zone de la livre sterling, mais aussi la première ligne de résistance à l'infiltration économique du rouble soviétique. Depuis la reconstruction d'après-guerre, les États-Unis n'ont pas ménagé leurs efforts dans la région asiatique, déversant un

---

[49] Ibid.

milliard de dollars d'aide. Les États-Unis ne se contentent pas de fournir une aide économique, ils ouvrent également leurs marchés aux pays asiatiques dans le seul but de lier la Chine, le Japon, la Corée du Sud et les pays d'Asie du Sud-Est sous le Kuomintang à la zone dollar. Au milieu des années 1950, l'Asie était devenue une véritable région occupée par le dollar. Il n'est pas étonnant qu'après le retrait du Kuomintang du continent, les États-Unis se soient exclamés "qui a perdu la Chine", ce qui est en fait plus exactement exprimé comme "qui a perdu le territoire chinois de l'empire du dollar". [50]

Lorsque les Soviétiques ont atténué leurs difficultés économiques dans la phase de récupération de la guerre, ils ont entamé une grande offensive de roubles en Asie au milieu des années 1950. De la Chine à la Corée du Nord, de l'Asie du Sud-Est à l'Afghanistan, les experts et les ingénieurs soviétiques étaient partout.

L'Inde, pays neutre, devient le principal champ de bataille pour le dollar et la roupie en Asie. Bien que l'Union soviétique ait mis moins de la moitié de la taille des États-Unis, le succès de son opération d'influence du rouble a largement compensé la force du dollar. La plus grande entreprise sidérurgique de l'Inde, Bilai Steel, prévoit de mener à bien son deuxième plan quinquennal pour produire 1 million de tonnes d'acier, soit un cinquième de la production nationale d'acier de l'Inde, et employer jusqu'à 50 000 personnes. Les Américains ont versé le plus d'argent, mais ce sont les Indiens qui ont donné l'impression que les Soviétiques étaient les principaux contributeurs au projet. La raison en est qu'un grand nombre d'ingénieurs soviétiques se trouvaient sur place et que, contrairement aux experts américains qui se plaignaient des conditions de vie difficiles et étaient payés moitié moins que les Américains, ils aidaient avec enthousiasme et patience leurs homologues indiens à maîtriser et à digérer les difficultés techniques le plus rapidement possible. Dans la plupart des cas, les ingénieurs soviétiques ne se contentaient pas de conseiller, comme l'exigeait le contrat, mais travaillaient directement avec les Indiens sur des détails techniques spécifiques. Il n'est pas exagéré de dire que l'Union soviétique a mobilisé le plus grand potentiel et la plus grande initiative dans l'offensive visant à briser le siège du dollar.

---

[50] Ibid.

Le rouble n'a pas seulement lancé une campagne de "contre-encerclement" contre le dollar en Eurasie et en Afrique, mais a également mis sa "main noire" directement dans l'arrière-cour des États-Unis — l'Amérique centrale et du Sud. Depuis la déclaration de Monroe, l'Amérique centrale et du Sud a été attirée dans sa propre sphère d'influence par les États-Unis. Plus tard, l'Union soviétique a frappé dans l'arrière-cour de l'Amérique, tout en restant plus discrète. Afin de ne pas irriter les États-Unis de manière aussi radicale, et dans un plus grand nombre de cas, la volonté de l'Union soviétique s'est manifestée par le biais de l'aide tchèque et polonaise. En 1958, alors que le président chilien était prêt à se rendre de bonne foi aux États-Unis pour chercher davantage de débouchés, les États-Unis ont froidement laissé entendre qu'ils étaient sur le point de reprendre des droits de douane élevés sur les importations de produits en cuivre, l'élément vital du commerce chilien. Les États-Unis, sans ménagement, ont contraint le président chilien à annuler sa visite prévue aux États-Unis. Le commerce chilien était confronté à une crise énorme au moment où l'Union soviétique et l'Allemagne de l'Est étaient apparues juste à temps pour acheter des produits en cuivre chiliens en grandes quantités, en laissant entendre que d'autres commandes étaient encore à venir. Bien que l'Union soviétique n'ait pas promis d'achats futurs, elle a déjà suscité une énorme frénésie soviétique au Chili. C'était un coup brillant de l'Union soviétique pour jouer sur les leviers d'influence.

Lorsque l'Argentine avait désespérément besoin de 15 millions de barils de pétrole et qu'elle hésitait à les acheter en dollars aux États-Unis, c'est l'Union soviétique qui a joué le rôle du prince charmant, promettant non seulement de vendre son pétrole à l'Argentine, mais aussi de le vendre en dessous des prix du marché international. Pas de dollars ? Peu importe, l'Union soviétique acceptait d'être payée en matières premières, et l'Argentine craignait qu'elle ne vende pas. L'Union soviétique est tout simplement devenue le grand sauveur de l'Argentine.

Le voisin de l'Argentine, l'Uruguay, est confronté à la faillite économique et son principal produit d'exportation, la laine, est mis en faillite par des droits de douane américains spécialement élevés sur la laine. Dans le même temps, le dumping alimentaire pratiqué par les États-Unis sur le marché des denrées alimentaires a laissé l'agriculture uruguayenne dans une situation désespérée. Et le pétrole, les équipements industriels modernes et les infrastructures de transport dont l'Uruguay a désespérément besoin ne peuvent être achetés en raison du manque de dollars. L'Uruguay dénonce les Américains pour avoir tenté de faire tomber le gouvernement actuel et de le remplacer par une administration plus pro-américaine à l'approche des élections. Les Soviétiques descendent maintenant comme le Bodhisattva de la Déesse de la Miséricorde, achetant d'abord 18 millions de dollars de laine, en payant non pas des roubles mais des livres en monnaie forte, puis en vendant 1,25 million de barils de pétrole à l'Uruguay pour résoudre son problème de combustion du charbon, toujours en dessous du prix du marché international.[51] La nation uruguayenne a salué les Soviétiques pour leur droiture.

Immédiatement après, il y a eu un autre grand spectacle au Brésil : avant les élections, le principal produit d'exportation du Brésil, le café, s'est soudainement retrouvé au point mort, les stocks ont été accumulés et la balance des changes s'est détériorée de façon spectaculaire. Le café est au Brésil ce que le cuivre est au Chili et la laine à l'Uruguay. Et le pouvoir de fixer le prix de ces produits de base est entre les mains des États-Unis, et si le président de n'importe quel pays d'Amérique centrale et d'Amérique du Sud n'écoute pas, les États-Unis n'auront qu'à recourir à des moyens économiques qui suffiront à provoquer une détérioration dramatique de l'économie du pays et à le faire perdre aux élections générales. Mais l'Union soviétique est arrivée et a tellement remué les choses que les États-Unis ont cassé la baraque. Le Brésil, comme d'autres pays du centre-sud des États-Unis, est riche de divers produits agricoles et matières premières, mais manque de pétrole et de dollars et asphyxie l'économie nationale dès que sa balance commerciale est déficitaire. L'Union soviétique, comme à son habitude, a échangé du pétrole contre le café, le cacao, le coton et les matières premières du Brésil, renversant d'un seul coup les malheurs économiques du pays. À cette époque, le Brésil n'avait même pas encore établi de relations diplomatiques complètes avec l'Union soviétique. Depuis lors, l'enthousiasme du Brésil pour l'Union soviétique est grand.

L'objectif de la diplomatie est d'étendre la sphère d'influence d'un pays. Ce qu'on appelle la sphère d'influence est la limite de la portée de la monnaie, à l'intérieur de laquelle elle peut effectivement

---

[51] Ibid.

influencer l'économie et la politique locales. Dans les relations internationales, il n'y a jamais d'influence purement politique, mais seulement une influence économique au sens politique, c'est-à-dire le pouvoir de l'argent !

L'aide économique et la diplomatie du rouble étaient devenues les armes de destruction massive de l'Union soviétique contre l'empire du dollar.

La crise alimentaire, les conséquences de l'industrialisation rapide

La période la plus puissante du rouble par rapport au dollar a été les années 1950, lorsque le redressement économique rapide et réussi de l'Union soviétique après la guerre a ouvert la voie à une expansion massive du territoire du rouble. Cependant, l'économie soviétique n'a pas résisté longtemps et, à l'aube des années 1960, la croissance économique soviétique est devenue molle, freinant l'élan expansionniste du rouble. Le dollar est entré dans une phase d'attente stratégique avec le rouble, tandis que dans les années 1980, le dollar a lancé une contre-attaque décisive.

L'agriculture a été le premier secteur de l'économie soviétique à être considéré comme problématique. Il est en effet inconcevable qu'un empire grand comme 1/6 de la masse terrestre de la planète, avec une population de moins de 300 millions d'habitants, doive compter sur des importations croissantes de denrées alimentaires pour se nourrir pendant la plupart des années après les années 1960. La Russie n'est pas incapable d'assurer son autosuffisance ; en fait, jusqu'au début du 20e siècle, elle est restée le plus grand exportateur de denrées alimentaires au monde, représentant 45% du total des exportations alimentaires mondiales. Le milieu des années 1960 a marqué un tournant important dans la détérioration du problème alimentaire en URSS. [52]

En effet, les années 1930-50 sont les années d'or du développement économique de l'Union soviétique, et l'industrialisation

---

[52] E. T. Gaidar, *The Demise of Empire : Lessons from Contemporary Russia*, Social Science Documentation Press, 2006, chapitre 4.

du pays dans son ensemble est un succès remarquable. Pour résumer l'évaluation de Staline par Churchill, "l'Union soviétique n'était qu'une arriération agraire lorsqu'il est arrivé au pouvoir, mais une superpuissance mondiale équipée de la bombe atomique au moment de sa mort". Cependant, un développement extrêmement asymétrique cache nécessairement des pièges de croissance extrême.

Gaidar, qui était le premier ministre par intérim du gouvernement russe, a résumé ainsi le problème de l'agriculture soviétique :

> *"La collectivisation, la privation des paysans de leur liberté de mouvement, du choix de leur travail et de leur lieu de résidence, le travail forcé non rémunéré, la nécessité de subvenir aux besoins de leur famille par un travail personnel d'appoint, tout cela équivaut à un retour au servage. La différence est simplement qu'au lieu d'agir comme l'un des serfs, l'État est devenu le seul seigneur. En l'absence de retenue morale et en possession de moyens modernes de contrôle et de violence, le gouvernement est convaincu que ce qui se passe dans les campagnes est sans importance par rapport à l'augmentation des investissements dans les infrastructures industrielles. Tout cela constitue une percée dans la maximisation des ressources des agriculteurs, qui est propre aux sociétés agricoles, et l'ampleur de la redistribution des fonds des zones rurales vers les zones urbaines est sans précédent dans l'histoire mondiale. Si le travail à la campagne est obligatoire, s'il devient une forme de rente foncière servile, alors cela rétablira inévitablement le niveau moral du travail en Russie avant l'abolition du servage tel qu'il est dépeint dans la littérature russe."* [53]

"Seuls les imbéciles aiment travailler" est un reflet fidèle de l'éthique soviétique du travail rural, et l'enthousiasme avec lequel les gens travaillent pour eux-mêmes et leur famille et la lenteur avec laquelle ils travaillent pour le public ont été testés à plusieurs reprises dans de nombreux pays et sociétés. L'attitude paresseuse au travail, le traitement social des citoyens de seconde classe et le maigre niveau de revenu ont forcé la force de travail la plus instruite, la plus capable et la plus forte de la population rurale à courir vers la vie urbaine à tout prix,

---

[53] Ibid.

et cette impulsion et cette pression pour "sauter la porte du dragon" a privé les zones rurales de leur essence la plus productive.

À l'ère de la révolution industrielle, le développement le plus critique d'un pays dépend de l'ampleur de la diffusion des technologies industrielles, et l'élément central de cette diffusion est le talent. Seule la participation créative des personnes peut intégrer la technologie, l'équipement, le capital et les matières premières dans le produit final. Lors de son industrialisation, l'Union soviétique avait réussi à se concentrer sur les effets de la diffusion technologique industrielle ; lors du développement de l'économie agricole, elle avait négligé le fait que la croissance agricole nécessitait également une diffusion technologique, et que la diffusion technologique agricole ne pouvait être mise en œuvre que par un personnel agricole de la même qualité que le talent industriel afin de produire les mêmes bénéfices d'investissement. La perte d'un grand nombre de talents agricoles, tant actifs que passifs, a créé un dilemme : le problème agricole soviétique ne pouvait être résolu par des investissements plus importants.

Aux États-Unis ou en Europe occidentale, il n'y a pas de différence de statut de classe ou d'écart de revenu net entre les agriculteurs et les populations urbaines, et le choix entre l'agriculture ou l'installation en ville est souvent déterminé par des préférences de vie personnelles, de sorte que la qualité de la population agricole des pays développés lui permet de supporter les rendements élevés attendus des intrants de capital élevés.

Lorsque le gouvernement soviétique a réalisé qu'il ne pouvait plus continuer à exploiter l'agriculture, l'accumulation de l'industrie avait également la capacité de l'alimenter. Le gouvernement soviétique a commencé à augmenter ses investissements dans l'agriculture d'année en année à partir du début des années 1960, passant de 14,3 pour cent de l'investissement total dans l'économie soviétique en 1960 à 20,1 pour cent en 1980 ; en raison de l'expansion de l'économie totale, l'échelle des investissements dans les zones rurales, tant en termes absolus que relatifs, a atteint un niveau plutôt alarmant, mais la plupart du temps, l'Union soviétique n'a pas été en mesure de répondre à la demande intérieure de nourriture ; en 1960, l'Union soviétique a été en mesure d'exporter un peu de nourriture, mais en 1970, elle a dû importer 2,2 millions de tonnes, et en 1982, elle a augmenté de façon spectaculaire à 29,4 millions de tonnes, et en 1984, elle a atteint 46 millions de tonnes !

Comme le disait Andropov dans les années 1960 : "L'agriculture est particulièrement mauvaise, et il ne sera plus possible de tolérer une situation dans laquelle même l'État ne peut se nourrir et doit importer de plus en plus de nourriture année après année. Encore un peu de cela et nous serons bientôt affamés pour vivre. " En 1963, en raison d'une mauvaise récolte agricole et d'une grave pénurie de devises étrangères en URSS, l'URSS a dû vendre 372,2 tonnes d'or pour acheter des céréales sur le marché international. L'Union soviétique a perdu d'un seul coup près d'un tiers de ses réserves d'or, ce que Khrouchtchev a considéré comme une grande honte. En 1965, l'Union soviétique a dû à nouveau vendre 335,3 tonnes d'or pour acheter de la nourriture, et cette fois, tout le monde s'y est habitué. Après ça, ça s'engourdit.

Pourquoi l'Union soviétique a-t-elle connu un déficit alimentaire aussi important ? La cause directe de cette situation est l'industrialisation et l'urbanisation rapides des années 30. L'industrialisation a entraîné une augmentation constante des revenus salariaux de la population, et la demande de la population urbaine en termes de quantité et de qualité de l'approvisionnement alimentaire a également augmenté, en particulier la recherche de viande, d'œufs, de lait et d'autres aliments à haute valeur nutritionnelle, ce qui fait que davantage de nourriture est évincée par l'alimentation du bétail, ce qui aggrave encore le problème de la pénurie alimentaire.

Au milieu des années 1960, la viande bon marché s'est perdue dans les magasins d'État ; au début des années 1970, les files d'attente pour obtenir de la nourriture étaient de plus en plus fréquentes dans les grandes villes ; et dans les années 1980, même la nourriture fournie avec des tickets était difficile à trouver. Tout cela a sérieusement ébranlé la confiance de la population dans le gouvernement. Ceci, ajouté aux divers phénomènes de privilèges qui sont apparus dans la distribution, a ajouté au mécontentement populaire.

D'une part, l'industrialisation de l'Union soviétique a entraîné une longue période de faiblesse de l'économie agricole et l'incapacité de se nourrir ; d'autre part, l'industrialisation déformée a comprimé les ressources du secteur de l'industrie légère, rendant difficile la fabrication de produits compétitifs sur le marché international et non échangeables contre des devises. En conséquence, afin d'atténuer la crise de pénurie alimentaire, l'Union soviétique a dû compter principalement sur les exportations de pétrole pour obtenir des devises fortes.

L'Union soviétique expose enfin sa faiblesse économique aux États-Unis, qui n'attendent qu'une occasion pour agir.

Pic pétrolier, l'Union soviétique tombe dans l'abîme

L'Union soviétique a toujours été un grand producteur de pétrole et d'or. Comme la production annuelle d'or ne suffit pas à combler le déficit alimentaire croissant, le pétrole est devenu le dernier espoir de l'Union soviétique en échange de nourriture étrangère. Je ne m'attendais pas à ce que cette route soit le bout d'une embuscade de dollars pour enterrer la pierre d'achoppement !

La forte dépendance de l'Union soviétique à l'égard du pétrole, tant pour l'industrie que pour l'agriculture, rendait impossible l'exportation à grande échelle pour générer des devises étrangères, car la capacité de production des champs pétroliers soviétiques d'origine ne pouvait répondre qu'aux besoins des pays nationaux et des pays satellites de la région du rouble.

La découverte des grands champs pétrolifères sibériens en 1960 est devenue le point de départ du rêve de l'Union soviétique d'une voie vers l'abondance alimentaire et la stabilité politique. Tout au long des années soixante-dix, le pétrole sibérien, tel un don de Dieu, a été versé dans le trésor soviétique. La désintégration du système de Bretton Woods en 1971, le découplage du dollar et de l'or, ont fortement secoué les marchés internationaux, et la forte dépréciation du dollar a accéléré la flambée des prix de l'or et du pétrole. L'éclatement des deux crises pétrolières a fait s'envoler les prix du pétrole comme des chevaux sauvages en fuite. L'Union soviétique était comme un homme riche qui avait gagné le jackpot, dépensant des quantités infinies d'argent et jouissant d'une gloire sans fin. Le pétrodollar a temporairement comblé un énorme déficit alimentaire. En prévision d'un avenir infiniment meilleur pour les prix du pétrole, l'Union soviétique s'est lancée dans une confrontation avec les États-Unis au moyen d'armes nucléaires, intensifiant la course aux armements et s'enfonçant ainsi dans le bourbier de la guerre d'Afghanistan.

Les années 1970 ont été la dernière période où le rouble a affronté le dollar. Lorsque les États-Unis ont pris le contrôle des pays exportateurs de pétrole tels que l'Arabie saoudite, ont fixé la politique nationale de base du pétrodollar, puis ont adopté l'astuce des taux d'intérêt élevés pour supprimer les deux tigres que sont l'inflation et la crise du dollar, les difficultés du dollar se sont finalement imposées.

Les États-Unis se libèrent enfin les mains et sont prêts à s'occuper du rouble.

En mars 1977, la Central Intelligence Agency (CIA) des États-Unis a présenté au gouvernement américain un mémorandum secret intitulé *The Impending Soviet Oil Crisis* (ER 77-10147), dans lequel la CIA déclarait que "le pic de la production pétrolière soviétique se situera au début des années 1980, et au cours de la prochaine décennie [en référence aux années 1980], l'Union soviétique se trouvera non seulement dans l'incapacité d'assurer des exportations de l'ampleur actuelle vers l'Europe de l'Est et l'Ouest, mais également contrainte de concurrencer les pays de l'OPEP pour ses propres approvisionnements en pétrole. Cela marque un renversement de la situation actuelle (en référence à l'énorme excédent commercial soviétique), les exportations de pétrole vers l'Ouest représentant 40% des revenus soviétiques en devises fortes. Le mémorandum indique clairement que "lorsque la production de pétrole cessera de croître, et même avant, l'économie nationale et les relations commerciales internationales de l'Union soviétique seront profondément affectées"."[54]

Le mémo de la CIA est basé sur la théorie du pic pétrolier. Le "pic pétrolier" serait né de la "courbe en cloche" des ressources minérales, découverte par le célèbre géologue pétrolier américain Harbert en 1949. En 1956, Harbert a prédit avec audace que la production pétrolière américaine atteindrait un pic entre 1967 et 1971, avant de décliner. Sa déclaration a suscité beaucoup de critiques et de moqueries lorsque l'industrie pétrolière américaine était en plein essor, mais les États-Unis ont effectivement atteint le pic pétrolier en 1970 et l'histoire a prouvé que sa prédiction était correcte.

C'est l'arrivée du pic pétrolier aux États-Unis au début des années 1970 qui a rendu les deux embargos pétroliers du Moyen-Orient puissamment meurtriers pour les industries économiques américaines dans une mesure bien plus importante que le gouvernement américain ne l'avait jamais imaginé. Si la grande résilience de l'économie de marché américaine rend difficile la résistance à l'impact énorme de la

---

[54] CIA, *Intelligence Memorandum : The Impending Soviet Oil Crisis*, mars 1977.

pénurie de pétrole, l'économie fermée et rigide de l'Union soviétique sera certainement frappée encore plus durement par l'impact de la crise pétrolière. En particulier, en raison de l'impact important des exportations de pétrole sur l'approvisionnement alimentaire soviétique, le pétrole pourrait devenir une arme stratégique susceptible de déstabiliser sérieusement la politique soviétique.

L'important n'est pas de savoir si la théorie du "pic pétrolier" est correcte, mais que les États-Unis ont reconnu qu'ils peuvent non seulement influencer les attentes du marché, mais que ces attentes peuvent être utilisées par les États-Unis pour atteindre leurs propres objectifs stratégiques importants.

Au début des années 1980, lorsque l'administration Reagan est arrivée au pouvoir, le mémorandum de la CIA a clairement influencé la réflexion du gouvernement américain sur ses choix politiques, qui consistait à utiliser la stratégie pétrolière pour lutter contre le fragile équilibre économique et la stabilité politique de l'Union soviétique.

En 1979, l'Union soviétique, afin d'accéder par voie terrestre à l'océan Indien et aux États-Unis pour y exercer son hégémonie, et afin de s'emparer des riches ressources pétrolières du golfe Persique, lance effrontément la guerre en Afghanistan et, en une semaine, prend le contrôle des principales villes et artères de transport du pays, coupant les principaux corridors aux frontières de l'Afghanistan avec le Pakistan et l'Iran. Face à la forte pression de l'armée soviétique, les pays producteurs de pétrole du Moyen-Orient sont alarmés et commencent à ajuster rapidement leurs relations avec les États-Unis.

En avril 1981, le directeur de la CIA Casey effectue une visite secrète en Arabie Saoudite. Casey a travaillé de manière productive dans la guerre économique contre l'Allemagne pendant la Seconde Guerre mondiale. Les deux parties ont commencé à comploter sur la façon d'utiliser les armes pétrolières contre l'Union soviétique.

En 1985, pour la première fois dans l'histoire, la production de pétrole soviétique a commencé à diminuer, et le moment tant attendu du "pic pétrolier" aux États-Unis est enfin arrivé.

Sur ordre des États-Unis, l'Arabie saoudite a annoncé qu'elle multipliait par plus de deux l'ampleur de l'exploitation pétrolière, ce qui a immédiatement déclenché une chute sans précédent des prix du pétrole, et les revenus générés par les exportations soviétiques de pétrole sont tombés dans l'abîme. L'aide pétrolière aux pays d'Europe de l'Est était insoutenable, et l'Europe de l'Est, fortement endettée, fut immédiatement plongée dans la récession économique et l'instabilité politique. Les espoirs de l'Union soviétique d'importer des dizaines de millions de tonnes de nourriture ont été anéantis ; la pénurie extrême de nourriture sociale a accru la colère de la population contre le gouvernement ; les nouveaux chantiers de construction, qui avaient été déployés à grande échelle, ont été paralysés par la difficulté d'importer du matériel étranger sans devises étrangères, ce qui, ajouté à l'énorme consommation de la guerre en Afghanistan, a entraîné une grave détérioration de la balance fiscale ; la dette extérieure massive empruntée pour soutenir la nouvelle construction a mis l'Union soviétique dans une position difficile à rembourser ; le complexe militaro-industriel s'est soudainement trouvé à court de fonds dont il avait un besoin urgent pour une course aux armements avec les États-Unis, ce qui a entraîné une montée du mécontentement des militaires.

L'Union soviétique a glissé au bord d'une véritable crise de régime dans un environnement périlleux de crise interne et externe, de dette élevée, de finances en péril et d'aliénation.

Le dollar a lâché son poignard pétrolier et le rouble est revenu à l'ouest.

Après 1971, l'étalon du dollar est passé de l'or nominal à l'obligation du Trésor américain pour l'essentiel, tandis que le rouble est soumis à un "étalon planifié" au nom de l'or depuis les années 1930.

Dans le monde du dollar, l'essence de toute activité économique consiste en une série d'échanges, et l'échange qui a lieu est le processus par lequel l'argent change de main avec les marchandises. Ainsi, la monnaie est profondément ancrée dans toutes les sphères de l'activité économique, et ce sont les transactions de marchandises qui créent la demande de monnaie.

Au début des transactions simples, l'acheteur et le vendeur se basaient sur le principe du versement de l'argent dans une main et de sa livraison dans une autre, et l'expansion de la taille de la transaction s'est produite parallèlement à la croissance de la monnaie. À ce stade, la monnaie présente une qualité "rigide", derrière laquelle la monnaie représente une marchandise qui existe déjà, et sa forme principale est l'or et l'argent. Au fur et à mesure que la distance de la transaction augmente, l'acheteur et le vendeur, par souci de transport et de commodité, acceptent progressivement la méthode du crédit, dont découle le crédit commercial, c'est-à-dire que la transaction a eu lieu et que l'argent n'a pas été payé. Le crédit commercial sert de substitut à l'argent pour faciliter la transaction, et ce paiement différé prend la forme d'un mandat commercial. Avec l'expansion de l'échelle du crédit commercial, les effets de commerce et la monnaie forment ensemble la masse monétaire pour faciliter les transactions de marchandises, et la monnaie reflète de plus en plus les caractéristiques "élastiques". C'est la principale caractéristique de la première ère du capitalisme occidental — le crédit monétaire du capitalisme commercial.

L'essor de la révolution industrielle a marqué l'avènement de la deuxième ère du capitalisme — le capitalisme industriel. La technologie industrielle a entraîné la croissance explosive de la production de marchandises, le long et grand cycle de capital nécessaire au développement industriel, la guerre pour les ressources et les marchés a généré une plus grande demande d'argent, le crédit industriel, le crédit national, le crédit commercial et l'argent constituent ensemble une plus grande masse monétaire pour faciliter l'énorme processus de commerce des marchandises de l'ère industrielle. Étant donné que le crédit industriel et le crédit national constituent tous deux un engagement de paiements futurs et s'étendent sur un horizon temporel plus large que le crédit commercial, la "composante dette" de la masse monétaire est plus importante.

Toutefois, le modèle d'économie planifiée mis en place par l'Union soviétique refusait institutionnellement la propriété privée et excluait indirectement l'idée du commerce des matières premières. Le besoin de roubles ne découle plus du marché, mais est un produit du plan.

Si l'État établissait des plans de production uniformes pour tous les secteurs de l'économie, suffisamment précis et couvrant tous les détails de l'activité économique, alors tous les produits créés par les secteurs productifs répondraient aux besoins du secteur de la consommation et l'activité économique serait aussi précise qu'une horloge. L'essence de la monnaie est de faciliter les transactions, et si la quantité et la variété des produits requis par les parties à une transaction sont entièrement calculées à l'avance, alors l'essence de la transaction devient le troc, et la monnaie n'est qu'une unité de mesure statistique dans laquelle les transactions ont lieu.

Basé sur l'idée d'une économie planifiée, le rouble est créé strictement selon la planification préalable de l'activité économique, créée par les banques nationales et directement insérée dans la chaîne du fonctionnement économique, non pas comme un participant actif, mais comme un enregistreur passif. Ce que le rouble compte, c'est uniquement le montant total de la rotation des produits.

Du point de vue de l'émission, le rouble est une monnaie typique de la "norme planifiée".

Au début des années 1930, lorsque l'Union soviétique a achevé le modèle d'économie planifiée, le crédit commercial entre entreprises a d'abord été supprimé dans la sphère financière et le crédit bancaire direct a été mis en place, car le crédit commercial était un acte de "transaction privée" entre entreprises, et l'effet d'expansion du crédit de ces transactions interférait avec le calcul précis du chiffre d'affaires des produits dans l'économie planifiée. En même temps, le gouvernement a supprimé la circulation des papiers commerciaux entre les anciennes organisations économiques, laissant la Banque nationale comme seule institution pour le règlement non monétaire des entreprises, étant donné que les anciennes organisations de règlement des papiers commerciaux, au cours du règlement des papiers, auraient obligé les entreprises à déposer une quantité considérable d'argent pour les préparations du règlement, et que cette monnaie dispersée aurait également interféré avec le fonctionnement précis de l'horloge économique ; en 1931, les fonds des différents secteurs de l'économie nationale se sont progressivement concentrés sur le compte de compensation de la Banque nationale, avec lequel cette dernière a effectué 73% de ses prêts à court terme.

Dans le cadre du modèle d'économie planifiée, les fonctions de la monnaie et des banques se sont considérablement réduites, formant le schéma "grande finance, petites banques". L'Union soviétique n'a conservé que quatre banques spécialisées dans les investissements à long terme, en plus de la Banque nationale, et la banque centrale est essentiellement devenue un supercaissier, responsable d'opérations simples telles que l'émission de monnaie, les prêts à court terme et les règlements.

Au cours du premier plan quinquennal, le système bancaire a multiplié par 1 les investissements à long terme dans l'économie nationale et par 1,4 les prêts à court terme, ce qui a permis de multiplier par 1,3 la production industrielle et par 1,4 le total des transactions de marchandises sur la même période. Le rouble est fondamentalement synchronisé avec l'horloge économique.

Cependant, avec l'évolution du système économique, le nombre de catégories industrielles a augmenté et les interrelations sont devenues plus complexes, et la difficulté de la planification a augmenté de façon géométrique. La Commission d'État pour la planification de l'URSS ne planifie que les produits les plus importants, mais produit également un programme équilibré complexe d'au moins 2 000 produits, sur la base duquel d'autres départements subordonnés calculent des plans détaillés pour 20 000 produits, qui sont ensuite émis en aval de la chaîne.[55] Les variables de l'activité économique sont si nombreuses et les difficultés pratiques rencontrées par les entreprises sont si variées que les planificateurs sont incapables de fournir des prévisions pour tous les détails de l'activité économique, et encore moins de contrôler la productivité et la qualité de toutes les entreprises. Au lieu de cela, les entreprises se concentrent sur la réalisation des plans et n'ont pas la motivation sous-jacente pour améliorer les processus, améliorer la qualité, augmenter les profits et renforcer la compétitivité.

À l'époque de Staline, un plan avait force de loi, et les conséquences d'un manquement à un plan étaient les mêmes que celles d'une infraction à la loi, avec la possibilité d'être puni, condamné, voire fusillé, de sorte que la discipline de son exécution était assez garantie. Mais à partir de l'ère Khrouchtchev, l'autorité du gouvernement a diminué, l'exécution des plans est devenue un processus de "marchandage", et l'horloge économique est devenue de plus en plus imprécise.

L'échec du plan se traduit non seulement par la difficulté de mettre en place le plan lui-même, mais aussi par l'incapacité de prendre des dispositions humaines préalables efficaces pour les traits évolutifs inhérents à l'économie.

Le problème est que, bien que le plan de production soit souvent difficile à réaliser, le rouble est dépensé en stricte conformité avec le plan. Ainsi, les plans inachevés de l'activité économique se traduisent par une pénurie de biens et de services, tandis que l'"expansion précise"

---

[55] Xu Xiangmei, *A Study on the Transformation of the Russian Banking System*, China Finance Press, 2005, p. 26.

de la masse monétaire conformément au plan crée un excédent de roubles sans contrepartie physique. L'inflation en Union soviétique ne s'est pas manifestée initialement sous la forme d'une hausse des prix, mais plus essentiellement sous la forme de pénuries matérielles. En apparence, le niveau de revenu des Soviétiques augmentait, mais en réalité, l'argent ne suffisait pas à acheter la nourriture et les biens de consommation nécessaires. Dans le même temps, le manque de produits d'investissement divers sur les marchés financiers en Union soviétique faisait de l'excès de rouble un fardeau politique encore plus lourd.

La contradiction entre le système "basé sur un plan" du rouble et l'échec du plan a constitué la cause profonde de l'incurable crise monétaire soviétique.

Le dollar des États-Unis, en tant que monnaie en circulation dans le monde entier, permet aux États-Unis d'intégrer efficacement les ressources mondiales. L'utilisation du dollar pour la plupart des règlements du commerce international a contraint l'Union soviétique et les pays de la zone rouble à exporter du pétrole et des matières premières afin d'obtenir des devises fortes pour importer des denrées alimentaires et des équipements techniques occidentaux.

En 1985, lorsque la production soviétique de pétrole a chuté, les Etats-Unis ont délibérément fait baisser les prix mondiaux du pétrole et créé une pénurie artificielle de devises soviétiques, obligeant les pays de la zone rouble à emprunter massivement à l'Ouest pour répondre à la demande d'importations. La rigidité de la demande d'importations se traduit par le fait qu'une réduction des importations alimentaires déclencherait des contradictions sociales et intensifierait la crise du régime, tandis qu'un arrêt des importations d'équipements étrangers creuserait le fossé technologique avec l'Occident et affaiblirait fondamentalement le potentiel économique de la région du rubis. Plus important encore, le principal moteur de la croissance économique en Union soviétique et en Europe de l'Est n'est pas la compétitivité générée par l'innovation technologique, mais la force expansionniste créée par l'expansion constante de l'échelle de production par de nouveaux projets de construction, des projets à grande échelle qui nécessitent l'introduction d'énormes importations d'équipements étrangers, et l'arrêt des importations signifie un gaspillage insupportable d'énormes investissements. Même à la fin de 1989, alors que les finances de l'Union soviétique étaient à bout, l'ampleur des projets inachevés atteignait 180,9 milliards de roubles, ce qui, dans le contexte de la profonde crise fiscale et monétaire du pays, engloutissait 4/5 des recettes fiscales.

La crise des revenus pétroliers en Union soviétique a rapidement affecté les importations de denrées alimentaires et la balance budgétaire. Le déficit budgétaire a déclenché des difficultés liées à la dette extérieure et une contraction de l'économie, ce qui a entraîné une diminution de l'aide étrangère soviétique aux pays de la région du rouble et une augmentation des forces centrifuges au sein des pays.

Le "poignard pétrolier" des États-Unis pour traiter avec l'Union soviétique, juste un couteau dans le rouble sur la clé, même les États-Unis eux-mêmes ne s'attendaient pas à l'effet serait si bon.

En 1988, lorsque la production pétrolière soviétique a de nouveau diminué, les États-Unis ont répété la même tactique, cette fois avec des conséquences fatales.

En 1988, la dette extérieure totale de l'Union soviétique et de l'Europe de l'Est avait atteint 206 milliards de dollars, et son montant total était tel que même sans l'ajout d'une nouvelle dette extérieure, le simple coût de la dette aurait entraîné une escalade de la dette totale. En 1990, l'Union soviétique aurait dû utiliser toutes les recettes des exportations d'énergie pour rembourser le principal et les intérêts de sa dette extérieure.

L'Union soviétique avait perdu la baguette magique de l'aide pétrolière, était elle-même plongée dans une profonde crise alimentaire, avait épuisé ses devises et n'était plus en mesure de soutenir les autres pays de la région du rouble qui avaient besoin d'une aide d'urgence. Lorsque les singes se sont dispersés, le demi-siècle de coopération économique durement acquise par l'Union soviétique s'est désintégré, et la moitié du marché du commerce extérieur de l'Union soviétique s'est effondrée en même temps. Les nations satellites se sont remariées à l'Occident.

Les réformes politiques entreprises dans le cadre de la crise économique ont affaibli la force centripète de la centralisation et accéléré l'indépendance souveraine des républiques de l'Union soviétique. Le marché unifié formé par l'économie intérieure, à l'origine fortement intégrée, fournissait à l'Union soviétique la moitié de son chiffre d'affaires économique total. Avec l'indépendance successive des pays, la lignée économique reliant l'Union soviétique dans son ensemble a été artificiellement rompue, le marché intérieur a été paralysé et l'économie a fini par s'effondrer complètement.

L'Union soviétique, un empire autrefois invincible, souffrant de maux économiques internes, s'est finalement effondrée sous le coup extérieur dévastateur du dollar.

CHAPITRE IV

L'essor et la confusion de la monnaie européenne

Aujourd'hui, les problèmes de l'euro et de la dette européenne se succèdent à un rythme effréné. Les Chinois doivent-ils sauver l'euro ? Quelle est l'attitude des financiers américains vis-à-vis de l'euro ? L'euro va-t-il se désintégrer ? Verrons-nous des États-Unis d'Europe ? Quel est le rôle exact du yuan entre l'euro et le dollar ? Le but de l'étude de l'histoire n'est pas de mémoriser par cœur des personnes et des choses qui sont passées, mais de trouver une sagesse vivante dans ces expériences historiques passées.

Pour comprendre l'Europe d'aujourd'hui, il faut connaître le passé allemand et français ; pour connaître l'avenir de l'euro, il faut remonter aux origines de l'Union monétaire européenne ; pour comprendre les initiatives actuelles de la BCE, il faut étudier les tenants et aboutissants de la seule banque centrale allemande.

Il y a eu des gouvernements dits fantômes dans l'Europe de l'après-guerre, sans lesquels l'UE et l'euro ne seraient pas ce qu'ils sont aujourd'hui. L'euro n'est pas né de l'intégration européenne, mais de la construction d'une économie mondiale, avec pour objectif ultime la création des "États-Unis d'Europe". L'euro ou la crise de la dette européenne à laquelle nous assistons actuellement est le processus à suivre pour créer ces États-Unis.

L'attitude des Etats-Unis à l'égard des "Etats-Unis d'Europe" (qui sont encore pleinement réalisés) a été complètement différente selon les périodes, allant d'un soutien fort dans les années 1950 et 1960, à une prévention progressive. Les États-Unis avaient besoin d'utiliser la puissance européenne pour faire barrage à l'Union soviétique et, de même, ils avaient besoin de la puissance du marché européen pour stimuler les exportations, à condition que l'Europe soit un petit talon docile. C'est le mécontentement de de Gaulle face à l'intimidation américaine qui lui a permis de s'unir à d'autres nations pour attaquer le dollar et finalement renverser l'ensemble du système de Bretton Woods.

Après 1971, la monnaie mondiale est entrée dans l'ère de l'étalon dollar. Comme l'étalon de change intégral du système de Bretton Woods, l'étalon dollar présente les mêmes contradictions inhérentes insurmontables.

L'histoire est la réalité d'aujourd'hui, et la réalité est l'histoire de demain ! Se concentrer sur la réalité, c'est façonner l'histoire de demain.

L'industrie allemande était presque "castrée", la mort de Roosevelt a sauvé l'Allemagne !

En 1945, juste avant la fin de la guerre, une chose qui hantait Roosevelt était de savoir quoi faire avec l'Allemagne après la guerre pour s'assurer que la future "paix permanente sous l'égide des États-Unis d'Amérique" ne serait pas remise en cause par la réapparition de l'Allemagne.

Pour maintenir l'ordre mondial sous leur domination, l'ancien hégémon britannique et les futurs dirigeants américains s'inquiètent surtout des "destructeurs de paix" comme l'Allemagne, qui ont une "colonne vertébrale" au potentiel explosif. En 25 ans, de 1914 à 1939, l'Allemagne a défié l'ordre mondial à deux reprises, les deux fois en brisant les os du monde, et Roosevelt a dû peser soigneusement s'il y aurait une troisième fois. Si les deux premières fois ont entraîné l'Empire britannique dans leur chute, la troisième fois serait contre les États-Unis. Après la Première Guerre mondiale, l'Allemagne a été placée dans le carcan des réparations de guerre, dont elle n'a jamais pu se libérer, et les sévères restrictions du traité de Versailles ont resserré l'étau de l'industrie militaire allemande. Dans ces conditions difficiles, il n'a fallu que 20 minutes à l'Allemagne pour battre à nouveau les anciens empires coloniaux britannique et français, et le cœur de Roosevelt se serre à cette idée.

Dans le projet d'après-guerre de Roosevelt, l'Empire britannique serait démembré et l'Union soviétique serait un partenaire commercial des États-Unis, et qu'en est-il de cette Allemagne fauteur de troubles ? Il serait préférable de procéder à une "castration industrielle" et de ne jamais avoir de conséquences. Comme Cao Cao avait capturé Lv Bu à la Maison de la Porte Blanche, Lv Bu a crié que les cordes étaient trop serrées, et Cao Cao a répondu : "Le tigre doit être attaché en vitesse". "Sur ordre de Roosevelt, le secrétaire au Trésor Morgenthau a conçu le "plan Morgenthau" pour détruire complètement la base industrielle lourde de l'Allemagne et ramener l'économie allemande à l'ère agricole d'il y a 100 ans.

Après la mort soudaine de Roosevelt en avril 1945, le président Truman et un grand nombre d'opposants à la stratégie de Roosevelt ont uni leurs forces pour promouvoir le "révisionnisme" d'après-guerre, qui a subverti la stratégie d'après-guerre de Roosevelt et a commencé à faire pression sur l'Union soviétique, forçant Staline à abandonner l'espoir de coopérer avec les États-Unis et à refuser d'adhérer au système du dollar dominé par Bretton Woods, se retrouvant ainsi sur la voie de la guerre froide.

Qui est le principal moteur de la stratégie de confrontation américano-soviétique ? C'est évidemment l'Angleterre ! Churchill a toujours été une avant-garde contre l'Union soviétique parce qu'il avait compris que si Roosevelt insistait pour démanteler le système colonial de l'Empire britannique, alors la puissance britannique serait comprimée dans les îles britanniques, l'hégémonie mondiale serait impossible à négocier, et même le statut d'allié européen serait intenable. En termes simples, le Royaume-Uni sera complètement marginalisé. Si l'arbre soviétique devient la cible principale des Etats-Unis, et que l'Union soviétique est utilisée pour remplacer l'Allemagne, alors la Grande-Bretagne deviendra l'allié le plus important des Etats-Unis et les intérêts de la Grande-Bretagne seront négociables.

Le plan de Churchill consiste à éradiquer l'Allemagne aux mains des États-Unis, puis, comme au lendemain de la Première Guerre mondiale, à exclure progressivement la puissance américaine. Avec suffisamment de temps, grâce aux ressources de la vaste zone de la livre sterling, la Grande-Bretagne finira par se rétablir et le monde sera toujours l'Empire britannique. Au moins en 1941, c'est la direction que Churchill voyait prendre le monde de l'après-guerre.

Roosevelt ne voyait pas plus loin que le petit quatre-vingt-dix-neuf dans le ventre de Churchill lorsque, les 13 et 14 août 1941, avant l'entrée en guerre des États-Unis, Roosevelt et Churchill se trouvaient en Argentine pour discuter de la Charte de l'Atlantique, en mettant l'accent sur la zone de la livre sterling créée par la préférence impériale britannique. Eliot Roosevelt, le fils de Roosevelt, a conservé un témoignage vivant des arguments des deux parties.

dit sérieusement Churchill :

> *"Les accords commerciaux de l'Empire britannique étaient..."*

Roosevelt a immédiatement interrompu Churchill,

> *"Oui, le système de préférences impériales en est un exemple. Ces peuples colonisés en Inde et en Afrique, et dans l'ensemble du Proche et de l'Extrême-Orient, restent (précisément à cause des préférences impériales) dans leur état arriéré actuel."*

Le cou de Churchill est devenu rouge et il a tendu la main pour poser des questions,

> *"Monsieur le Président, la Grande-Bretagne n'a pas l'intention, pour le moment, de discuter la question du traitement préférentiel au sein du système impérial. Le commerce rend l'Empire britannique fort, et cette politique doit se poursuivre, et c'est la condition que prescrivent les ministres britanniques."*

Roosevelt a répondu lentement,

> *"Vous voyez, il y a une différence d'opinion sur cette question. Je crois fermement que si nous voulons avoir une paix stable, nous devons promouvoir le développement des pays en retard... et l'approche (colonialiste) du 18ème siècle n'a certainement pas fonctionné... quelle que soit la politique proposée par vos ministres, cette approche consistant à piller les matières premières des colonies et à les refuser aux populations locales en retour ne fonctionne pas... l'approche du 20ème siècle consistait à aider ces pays à s'industrialiser..."*

Churchill grogne d'exaspération,

> *"Vous voulez dire l'Inde !"*

dit Roosevelt calmement,

> *" Oui. Je ne crois pas que nous puissions mener une guerre contre l'esclavage fasciste sans émanciper les populations des colonies du monde entier asservies par des politiques coloniales rétrogrades. "*

Par la suite, Roosevelt a enseigné à son propre fils,

> *"Nous allons faire comprendre aux Britanniques dès le début que nous ne serons pas ce "Charlie serviable" qui se fait user par les Britanniques et les abandonne à jamais.* " [56]

Roosevelt avait apparemment le sentiment que sa politique à l'égard de la Grande-Bretagne et de l'Union soviétique se heurtait à une forte résistance de la part du département d'État, et à la fin de 1943, il révéla ses soupçons de cette manière :

> *"J'ai constaté à de nombreuses reprises que les hommes du département d'État ont essayé de me cacher des informations, soit en les retardant, soit en y faisant obstacle, parce que les diplomates de ces professions ne partagent pas mes vues. Ils devraient aller travailler pour Churchill. En fait, pendant longtemps, ils ont aidé les Britanniques... On m'a conseillé, il y a six ans, de nettoyer complètement le département d'État. Il ressemble trop au Foreign Office de l'Empire britannique."*[57]

Après la mort de Roosevelt, les Britanniques obtiennent ce qu'ils veulent ! Truman, poussé par les forces du département d'État, désigne finalement l'Union soviétique comme l'ennemi numéro un des États-Unis.

Les Allemands, en revanche, ont eu une chance inespérée de renaître. De 1945 à 1946, les forces d'occupation américaines en Allemagne mettent en œuvre le "plan Morgenthau" visant à "castrer" l'industrie allemande, ce qui implique le démantèlement de plus de 1 600 usines, le chargement de bases militaires en explosifs et les explosions sourdes ; un grand nombre d'usines sont démantelées et les équipements sont expédiés ; les docks de Hambourg, l'industrie de l'armement Krupp, l'usine automobile Mercedes-Benz, la chaîne de production d'avions de chasse Junkers, la base chimique d'IG Farben et même toute la zone industrielle de la Ruhr sont en danger. Le plan Morgenthau était bien plus complet que la destruction de l'industrie allemande par les bombardiers lourds alliés. [58]

---

[56] Jacques Cheminade, *FDR et Jean Monnet*, été-automne 2000 du magazine FIDELIO.

[57] Elliott Roosevelt, *As he saw it*, Duell, Sloan and Pearce, 1946.

[58] Frederick H. Gareau, *Morgenthau's Plan for Industrial Disarmament in Germany*, The Western Political Quarterly, Vol. 14, No.2, 1961, p. 517–534.

En 1947, la politique américaine à l'égard de l'Allemagne a connu un changement brutal. Le démantèlement des installations industrielles allemandes fut essentiellement arrêté, la "dé-nazification" des nazis parmi les anciens fonctionnaires du gouvernement fut passée au crible, le processus de sélection visant à absorber l'élite dirigeante du Troisième Reich dans le nouveau gouvernement fut transformé en un processus de sélection, la punition des criminels de guerre allemands fut considérablement affaiblie, les barons de l'armement tels que Krupp furent amnistiés, les cadres financiers tels que Schacht furent accommodés, et les dollars roulants du plan d'aide Marshall allaient remplacer la fumée de la destruction de l'industrie allemande par Morgenthau.

Alors, quelle puissance industrielle restait-il dans l'Allemagne déchirée par la guerre, surtout au milieu des bombardements massifs et continus des Alliés sur les ruines ?

Dans leur bombardement stratégique de l'Allemagne, les Alliés ont ciblé principalement les transports, plutôt que les usines allemandes elles-mêmes. Cela s'explique par le fait que Hitler avait suffisamment évacué la capacité de production de l'industrie allemande pour permettre enfin la mise en place effective de matériel militaire par simple assemblage centralisé. Les Alliés ont estimé que le coût d'un bombardement décentralisé était prohibitif et extrêmement inefficace, et que le simple fait de bombarder le système de transport allemand aurait empêché la capacité d'exportation éventuelle de l'industrie militaire allemande, une cible de transport évidente et facile à détruire.

Selon les estimations du US Bombardment Command, les bombardements n'ont détruit que 6% de la production allemande d'acier, 2% de la production de charbon, 4% de celle de coke, 15% de la construction de machines et 6,5% des machines à travailler les métaux. Le 12 décembre 1945, le colonel Burstein a déclaré devant un groupe de la commission des services armés du Sénat américain que " l'industrie allemande est saine et sauve à 75% et peut être facilement récupérée en toutes circonstances"."

Dans le cas de Volkswagen, par exemple, Hitler a accordé une grande attention au projet d'"Automobile nationale" et a même participé à la conception des voitures "Coccinelle", qui n'ont pas été produites en grand nombre pendant la guerre, mais la taille de l'usine et l'équipement de pointe, pour un coût de 2 milliards de DM, étaient parmi les plus grands du monde, soit 50% de plus que l'usine de la Ford Motor Company pendant la guerre.

À la fin de 1939, Volkswagen a terminé la première phase d'investissement de 80% dans les usines, les machines et l'équipement. Malgré le soutien financier total du gouvernement allemand au projet, des investissements de cette ampleur semblent encore insuffisants financièrement, et le gouvernement a dû rendre obligatoire pour un quart des Allemands le paiement de 25 DM par mois pour l'achat de "voitures nationales" non produites, en plusieurs versements. À la fin de la Seconde Guerre mondiale, 336 000 Allemands avaient avancé 2,67 milliards de DM et n'ont pas obtenu de voiture parce que VW a dû se tourner vers la production de voitures militaires. La construction de méga-usines avec des investissements aussi incroyables est inimaginable pour les entrepreneurs de toute l'Europe et même des États-Unis.

Les dégâts causés à la méga-usine VW par les bombardements stratégiques alliés ont été largement surestimés et les dommages à la capacité de production n'étaient pas graves. Les Alliés n'ont pas démantelé l'usine et, par conséquent, la capacité de production de voitures de VW a été rapidement rétablie. Elle a produit une moyenne de près de 30 Coccinelles par jour en 1946 et 1947, plus de 300 par jour en 1950, plus de 1 000 en 1955 et un total de 8 000 à la fin de 1960. À cette époque, Volkswagen avait exporté près d'un demi-million de véhicules aux États-Unis. Les Allemands n'auraient pas pu construire une usine aussi grande et bien équipée dans les années qui ont suivi la guerre sans l'usine moderne, qui avait été construite en cinq ans à grands frais avant la guerre. Ni le plan Marshall ni le plan Oxfam ne peuvent être considérés comme une relance économique sans la forte puissance industrielle que l'Allemagne a accumulée au fil des ans.

Le plan Morgenthau n'a pas fait trop de mal à l'industrie allemande, principalement parce que les forces d'occupation américaines ont dû assumer les lourdes tâches quotidiennes de réparation des infrastructures urbaines, de déblaiement des débris, de sauvetage des civils, de maintien de l'ordre, etc. et n'ont pas libéré suffisamment de main-d'œuvre pour démanteler les installations industrielles allemandes. On estime que seul un petit pourcentage des plus de 1 600 usines figurant sur la liste noire a subi des dommages irréparables, et que la plupart sont prêtes à reprendre une production normale après quelques mois de réparations. Au final, l'industrie allemande a été démantelée à moins de 1/10 de sa capacité de production.

Ainsi, pendant et après la guerre, l'Allemagne a conservé environ 70% de sa force industrielle, depuis son système d'organisation de la production jusqu'à ses ingénieurs et ouvriers qualifiés, qui, après avoir mangé à leur faim, reconstitué leurs stocks de matières premières et disposé de réserves d'énergie suffisantes, étaient prêts à mettre en marche leurs machines et équipements et à fabriquer à nouveau des produits industriels technologiquement avancés et de haute qualité, au fur et à mesure que les commandes arrivaient.

C'est la véritable base du renouveau allemand !

Un problème plus urgent qui doit être résolu avant que l'économie allemande puisse se remettre sur les rails est celui des problèmes de devises.

Le Mark a changé, l'Union soviétique a changé de visage

Alors que les États-Unis, la Grande-Bretagne et la France occupent la partie occidentale de l'Allemagne, l'Union soviétique contrôle la partie orientale de l'Allemagne. Les quatre grandes puissances se partagent le territoire allemand et la capitale, Berlin, sous une quadruple administration. La région occupée par l'Union soviétique est une base traditionnelle d'approvisionnement en nourriture en Allemagne, et la vie quotidienne dans la région de l'Allemagne de l'Est est plutôt bonne. Alors que les États-Unis resserrent leur emprise, le nuage de la guerre froide plane déjà sur l'Allemagne, et l'Union soviétique, dans un effort pour contrer l'agressivité des États-Unis, commence à resserrer les exportations de denrées alimentaires de l'Allemagne de l'Est vers l'Allemagne de l'Ouest, ce qui met la Basse-Allemagne dans une situation difficile.

En février 1946, le "télégramme de la guerre froide" rédigé par Kenan depuis son lit d'hôpital à Moscou a non seulement déclenché un tourbillon de confrontation à Washington et à Moscou, mais a également affamé les Allemands. Au cours de l'hiver 1946, l'hiver le plus froid du XXe siècle, les Allemands ont enfin fait l'expérience de ce que c'était pour les habitants de Leningrad d'être assiégés par la faim et le froid pendant 900 jours, alors que les ouvriers de la zone industrielle de la Ruhr n'étaient nourris que de 1 000 calories par jour, soit moins de la moitié de la norme normale.

Comme c'était le cas en Union soviétique au début de 1921, le marché allemand en 1946 a connu une pénurie extraordinaire de produits de base, et ce pour les mêmes raisons, à savoir le rationnement des produits de première nécessité et la forte dévaluation de la monnaie ; en même temps, la dévaluation de la monnaie a aggravé les difficultés du système de rationnement. Dans la pénurie économique de l'après-guerre, les produits de base et les denrées alimentaires disparaissaient purement et simplement des rayons, non pas parce qu'ils n'existaient plus, mais parce qu'ils étaient thésaurisés. Ce qu'on appelle le koochie est la recherche du profit, et dans un environnement de forte dévaluation monétaire, le koochie contournera la monnaie et s'engagera directement dans le troc pour en tirer le meilleur parti.

Ainsi, le marché noir est devenu le moyen d'échange le plus actif en dehors du rationnement.

En Allemagne de l'Ouest, où la nourriture est sans doute la denrée la plus rare, toute richesse n'est qu'un nuage flottant comparé à la famine. Les paysans qui avaient moins souffert de la guerre et qui avaient encore de la nourriture dans leurs maisons sont naturellement devenus de grands gagnants dans le commerce du marché noir. Les classes riches et moyennes de la ville affluaient, échangeant leurs maisons contre des trésors d'or et d'argent, des tableaux, et même des meubles et des vêtements contre de la farine, des œufs, de la viande et du beurre, et les paysans devenaient soudainement extravagants avec de la porcelaine dorée et des meubles de grande classe. Le marché noir de la ville était également très développé, et même les forces d'occupation alliées étaient impliquées avec enthousiasme dans ce commerce populaire. Les fournitures de l'armée américaine étaient fournies par le gouvernement, et les cigarettes, le savon, les rasoirs, le café, les boîtes de conserve et les chocolats sont devenus très recherchés sur le marché. Parmi ces marchandises, la cigarette était la plus importante, et avec sa grande acceptation monétaire, sa liquidité, sa portabilité, sa facilité de division et sa grande homogénéité, la marque impériale a commencé à jouer un rôle officiel en tant que monnaie à une époque où elle n'était qu'un bout de papier. L'armée américaine devint naturellement la curiosité de cette denrée monétaire des plus rares. Ils achetaient des cigarettes au magasin d'approvisionnement de l'armée pour un dollar pièce, qui pouvaient être échangées sur le marché contre diverses sortes de bijoux en or et en argent valant des milliers de marks impériaux. [59]

L'armée américaine échangeait des cigarettes bon marché contre les coûteux appareils photo en lycra et les pianos à queue des Allemands, ce qui revient à dire que les États-Unis échangent aujourd'hui des produits de base précieux pour les nations contre des morceaux de papier en dollars qui ont moins de valeur que les cigarettes. À l'époque, les forces d'occupation américaines étaient étonnamment un peu gênées, après tout, ce commerce prédateur faisait ressembler les procès solennels des criminels de guerre nazis à Nuremberg au partage du butin des vainqueurs.

Il était clair que l'on ne pouvait pas compter sur l'"étalon cigarette" pour rétablir l'ordre normal du marché en Allemagne, et comme le Reichstag avait complètement perdu sa crédibilité, la réforme monétaire était devenue une priorité absolue. Toujours dans la lignée de la réforme monétaire soviétique de 1922-1924, l'ancienne monnaie devait être remplacée par une nouvelle monnaie plus stable, mais cette année-là, l'Union soviétique disposait d'une réserve d'or de 50 millions de livres, et les roubles Chevron et or ont été échangés pour moins cher, et ont remplacé avec succès le rouble papier soviétique. Le problème est qu'en Allemagne, en 1948, l'économie avait déjà fait faillite, l'or n'était pas disponible, le dollar n'était pas arrivé, et le Troisième Reich avait laissé derrière lui une importante dette nationale, qui s'élevait à 400% du PNB allemand en 1939 !

La réforme monétaire de 1948, à nouveau confrontée au dilemme de Schacht de 1923, la nouvelle réforme mark va à nouveau chanter la "ville vide" des réserves monétaires, mais cette fois le directeur en chef a été remplacé par un Américain. Les Américains avaient déjà une longueur d'avance sur les Allemands dans le domaine de la monnaie, ils ne se sont donc pas adressés à l'ancien "tsar économique" allemand Schacht. La stratégie américaine consiste en trois actes, qui sont le Currency Act, le Issue Act et le Exchange Act.

La loi sur la monnaie établit le cours légal du Deutsche Mark (DM) en remplacement du Reichsmark ; la loi sur l'émission établit le statut

---

[59] Vincent Bignon, *Monnaie de cigarette et prix du marché noir pendant le miracle allemand de 1948*, 2009.

de banque centrale de la Banque fédérale ouest-allemande (Bank Deutscher Lander), devenue après 1957 la fameuse Bundesbank ; et la loi sur l'échange traite du taux de change entre l'ancien et le nouveau mark, ainsi que des détails de mise en œuvre.

La première question à laquelle est confrontée la réforme monétaire est de savoir quel est le taux de change le plus approprié pour l'ancienne et la nouvelle marque. Cela signifie qu'alors que la monnaie a été quintuplée, la quantité totale de biens et de services sur le marché a diminué de près de la moitié, et le rapport entre la monnaie et les biens et services était de près de 10 pour 1. Par conséquent, si l'indicateur des prix était fixé au niveau d'avant-guerre de 1935, la circulation monétaire devrait diminuer de 90%. Les Américains ont donc décidé de fixer le taux de change de l'ancien et du nouveau mark à 1:10.[60]

Le problème clé se situe au niveau du système bancaire. La banque est comme un fardeau plat, ramassant l'épargne des gens ordinaires d'un côté et les prêts débloqués de l'autre, l'épargne est un passif pour la banque car lorsque les gens retirent de l'argent, la banque est obligée de fournir le montant total de l'argent liquide. Le prêt est l'actif de la banque, le prêt génère des intérêts et la banque gagne de l'argent en conséquence, l'argent gagné devient un capital pour la banque. Les banquiers sont comme des cueilleurs, ils équilibrent l'actif et le passif des deux côtés, avec leur propre capital argent dans leurs poches. Lorsque vous avez terminé, prenez un peu d'argent du côté de l'actif et mettez-le dans votre propre poche ; si vous perdez de l'argent, prenez un peu d'argent de votre poche et mettez-le du côté du passif. En bref, il faut toujours équilibrer les extrémités d'un brancard aplati. Après la réforme monétaire, 10 anciens marks pour 1 nouveau mark du côté de l'épargne ont diminué de 90%, et la charge étant déséquilibrée, le côté du crédit a dû également diminuer, dans la même proportion. Il y a un gros problème ici, beaucoup de prêts bancaires ont été accordés pendant la guerre aux gouvernements nazis à tous les niveaux, et maintenant ces gouvernements ont disparu et les prêts sont irrécouvrables, avec pour résultat que le passif est élevé et l'actif faible, et que les charges des banques sont déséquilibrées, ce qui signifie que tout le système bancaire pourrait faire faillite pour cause d'insolvabilité. Les Américains ont dit

---

[60] Martin Pontzen et Franziska Schobert, *Episodes in German Monetary History-Lessons for Transition Countries*, 2007-04-13.

que cela n'avait pas d'importance, que les prêts au gouvernement nazi seraient annulés, et que le trou de l'actif au milieu serait couvert par la dette nationale du futur gouvernement fédéral nouvellement créé, garantissant que tout le monde serait équilibré et aurait un peu d'argent dans ses poches. Ainsi, les Américains et les banquiers se sont réjouis.

La population est tenue de déposer tous les anciens marks en espèces sur un compte d'épargne bancaire dans un certain délai et de les annuler à l'expiration. Les banquiers divisent chaque compte d'épargne en deux, la moitié de l'épargne étant échangée immédiatement contre 10 anciens marks pour 1 nouveau mark, et l'autre moitié attendant 90 jours en fonction des prix avant de se décider. En outre, afin d'assurer la conduite normale des affaires et de la vie, les autorités d'occupation ont fourni aux Allemands les nouveaux marks nécessaires à leur vie quotidienne, en échangeant 40 anciens marks contre des nouveaux marks à raison de 1:1 par personne, et l'employeur a reçu 60 nouveaux marks pour les frais de subsistance de base de chaque employé.

Ceux qui ne comprennent pas le mystère peuvent penser que cette approche est juste, mais en fait, il y a un apprentissage profond dans le pillage des richesses.

La principale forme de richesse des riches et du prolétariat en Allemagne est constituée d'actions, de biens immobiliers, de lingots d'or, de bijoux, de tableaux et d'autres formes d'actifs physiques, tandis que les principaux actifs des pauvres et de la classe moyenne sont tous sous forme d'épargne bancaire. Si vous êtes riche, félicitations, votre pouvoir d'achat ne sera pas endommagé par la réforme monétaire, si vous êtes un industriel ou un grand homme d'affaires qui a contracté un énorme prêt auprès d'une banque et acheté des terrains, des biens immobiliers, des marchandises ou des matières premières, alors encore plus de félicitations, votre dette a été réduite à 10% et le reste sera payé pour vous par les pauvres. Si vous êtes pauvre et de la classe moyenne, désolé, la grande majorité de votre richesse a été transférée aux riches. Avec des prix de marché élevés pour les matières premières, l'immobilier et les actifs, la réforme monétaire a privé les pauvres et la classe moyenne de 90% de leur pouvoir d'achat, en fait une redistribution de la richesse sociale, augmentant la richesse des riches en s'attaquant aux pauvres et à la classe moyenne.

Pas étonnant que Schacht ait crié vicieusement :

> " Il s'agit d'une tentative délibérée de saper le tissu social de l'Allemagne, avec des conséquences encore plus sinistres que la super-inflation de 1923... C'est une tentative d'héberger un fléau. " [61]

Je me demande si le vieux Schacht était si amer parce qu'il était impliqué dans le meurtre d'Hitler et qu'il a été jeté en prison par les nazis, qui ont confisqué les biens de la famille et ne lui ont laissé que son épargne retraite.

Au cours de sa mise en œuvre, les autorités d'occupation, afin de contraindre les entreprises qui avaient accumulé des réserves à vendre leurs produits sur le marché le plus rapidement possible pour stabiliser le marché, n'ont fourni aux entreprises que l'équivalent de 17% de la nouvelle marque délivrée à la population, ce qui a effectivement servi à augmenter l'offre sur le marché et à consolider le crédit de la nouvelle marque.

Une fois la conversion des anciennes et des nouvelles marques achevée, la quantité totale de monnaie en circulation a diminué de 93,5%, s'écartant ainsi légèrement de l'objectif fixé.

Nombreux sont ceux qui considèrent les réformes monétaires de juin 1948 et l'introduction de politiques économiques de libre-échange comme les principales raisons du décollage de l'économie allemande, alors qu'en fait, la complexité du système industriel moderne n'est pas aussi simple que le libre-échange d'un étal de sol, et si les principes du marché peuvent être établis en un temps relativement court, une forte capacité de production industrielle nécessite une longue accumulation. L'environnement économique du libre-échange ne pourra jamais se substituer aux fondements d'une économie productive.

La cause première du miracle industriel de l'Allemagne était la force de sa solide base industrielle, tandis que la stabilité monétaire, l'économie de marché et le plan Marshall ont créé des conditions extérieures favorables. Même avec ces conditions, le miracle économique a nécessité de fortes opportunités extérieures. En 1949, l'Allemagne a de nouveau connu une grave inflation de 38%, obligeant la Banque centrale nouvellement créée à mettre un frein d'urgence à l'économie. Au début de 1950, le déficit de la balance des paiements de

---

[61] Hjalmar Schacht, *La magie de l'argent*, Oldbourne, 1967.

l'Allemagne s'était tellement aggravé que les États-Unis ont dû prendre la tête de l'OCDE pour sauver l'Allemagne. C'est le déclenchement de la guerre de Corée en 1950, qui dure trois ans et s'accompagne d'énormes commandes de fournitures militaires, qui propulse réellement l'économie allemande à plein régime et met enfin la machine industrielle allemande sur une orbite de décollage à grande vitesse. Sinon, l'industrie allemande devra compter sur la lente reprise des marchés nationaux et européens.

Le 20 juin 1948, lorsque les Américains lancent officiellement le New Mark en Allemagne de l'Ouest, l'Union soviétique comprend immédiatement l'intention des États-Unis de tenter de diviser l'Allemagne de manière unilatérale. Bien que l'Allemagne de l'Ouest n'ait pas encore formé de gouvernement fédéral, la nouvelle monnaie et la nouvelle banque centrale ont signalé l'arrivée d'un nouveau gouvernement.

Au moins jusqu'alors, l'Union soviétique avait encore des illusions de coopération avec les États-Unis, et après quatre années de guerre brutale, l'Union soviétique avait désespérément besoin d'un répit et n'avait ni la capacité ni le désir de s'engager à nouveau dans une guerre de grande ampleur. Staline n'était pas un fanatique qui voulait une "révolution d'exportation" mondiale, mais un réaliste froid. Le plaidoyer constant de Staline en faveur de la construction du socialisme dans un seul pays est fondamentalement différent de la pensée de Trotsky qui détestait l'idée d'une révolution mondiale commune. Staline a également soutenu le mouvement communiste en Chine et dans d'autres pays, mais le point de départ était de créer un tampon de sécurité stratégique plus important pour l'Union soviétique, et non de renverser le système capitaliste à l'échelle mondiale. Le réalisme lui a fait comprendre que, face aux avantages de productivité plus avancés et développés de l'Occident, l'Union soviétique devait se défendre stratégiquement, puis se développer, et enfin devenir forte.

Roosevelt adopte la stratégie de Huairou contre l'Union soviétique et Staline se montre coopératif ; Roosevelt reconnaît la sphère d'influence de l'Union soviétique et Staline accepte de rejoindre le système de Bretton Woods. Staline a toujours placé les intérêts nationaux de l'Union soviétique au-dessus de la mission du socialisme. En finançant l'expédition du Nord de Chiang Kai-shek dans les années 1920 avec 30 millions de roubles d'or et en cultivant le pouvoir de Feng Yuxiang de l'armée du Nord-Ouest, il essayait d'affaiblir les seigneurs de la guerre pro-occidentaux dans le nord de la Chine et le pro-japonais Zhang Zuolin dans le nord-est et d'alléger la pression impérialiste sur l'Extrême-Orient soviétique. Au cours de la guerre civile soviétique de 1918-1921, les forces impérialistes japonaises et occidentales sont entrées en Sibérie précisément par l'est, constituant une grande menace pour la survie du régime soviétique, un spectacle menaçant qui est encore bien présent dans l'esprit de Staline. En soutenant le Kuomintang tout en réprimant systématiquement le développement par le Parti communiste de sa propre puissance militaire, il craignait de compromettre sa stratégie globale. Zhang Xueliang admonesta Chiang Kai-shek et Staline, pensant que la résistance de la Chine pourrait retenir le Japon et l'empêcher d'avancer vers le nord, insista pour que Chiang soit relâché à Nankin. Alors même que l'APL s'apprêtait à traverser le fleuve pour libérer le pays, Staline avait encore à l'esprit la promesse qu'il avait faite à Roosevelt cette année-là et proposait que la Chine soit gouvernée par voie fluviale.

Staline était si froidement réaliste qu'il ne voulait pas être un pionnier empressé à défier l'hégémonie américaine. Cependant, Staline n'était pas non plus un défenseur négatif, et il croyait fermement que la meilleure défense était l'offensive. L'essence de la défense soviétique se reflétait dans une posture offensive dure sous la foulée de Truman.

La réforme monétaire allemande, sans accord préalable avec l'Union soviétique, était un acte unilatéral qui sapait l'entente tacite entre Roosevelt et Staline et aurait rendu l'Union soviétique de plus en plus passive en Europe de l'Est si elle avait été laissée aux caprices de Truman. Ainsi, Staline devait donner un coup de tête à Truman.

L'Union soviétique a immédiatement envoyé une note de protestation aux États-Unis pour le début de l'émission de nouveaux marks en Allemagne de l'Ouest, déclarant que l'introduction de réformes monétaires distinctes à l'Ouest était destinée à diviser l'Allemagne. Lorsque l'Allemagne de l'Ouest a commencé à émettre de nouveaux marks, les anciens marks avaient toujours cours légal en Union soviétique, et les anciens marks ont afflué en Allemagne de l'Est, les économies des habitants de l'Union soviétique ont été instantanément anéanties, l'inflation a immédiatement grimpé en flèche, et les marchés étaient dans le chaos. Quelques jours plus tard, Sokolovsky, le commandant militaire soviétique en Allemagne, a annoncé que les districts de l'occupation soviétique et du Grand Berlin introduiraient des réformes monétaires et émettraient des marks avec des symboles spéciaux en provenance d'Allemagne de l'Est pour protéger l'économie de l'occupation soviétique de la destruction du système monétaire de l'occupation occidentale. Avec l'apparition des deux marks émis par les deux autorités d'occupation en Allemagne, la division du pays était inévitable.

Le quatrième jour de la réforme monétaire de l'Allemagne de l'Ouest aux États-Unis, l'Union soviétique annonça le "blocus de Berlin", qui fit sensation dans le monde entier, et qui coupa toute circulation terrestre et maritime entre l'Allemagne de l'Ouest et Berlin à partir du 24 juin 1948. Dans la pratique, l'Union soviétique n'a laissé de place qu'à l'interruption du trafic terrestre et maritime, et les trois couloirs aériens reliant Hambourg, Hanovre et Francfort à Berlin sont restés ouverts.

La guerre monétaire de l'Allemagne, qui a finalement déclenché une véritable guerre froide.

L'Union du charbon et de l'acier, le berceau des rêves de l'UE et de l'euro

Lorsque l'économie allemande a commencé à s'accélérer après la crise de Berlin en mai 1949, une réalité de plus en plus pressante a freiné l'expansion rapide de la production industrielle, à savoir un énorme déficit d'approvisionnement en énergie et en matières premières pour l'industrie allemande.

L'énergie industrielle de l'Allemagne repose principalement sur le charbon, alors que dans le même temps, le développement industriel a un besoin urgent d'acier, sans lequel l'industrie allemande ne pourrait pas se développer. Le charbon et l'acier proviennent principalement des régions allemandes de la Ruhr et de la Sarre. La Sarre a été enlevée à la France dès 1947, et la Ruhr est devenue la viande grasse que la France était impatiente d'avaler. Mais les Américains ne pouvaient pas permettre un effondrement économique de l'Allemagne, qui était en première ligne de la guerre froide. Le résultat de ce compromis d'intérêts est que la zone industrielle de la Ruhr est cogérée par l'IAR (Autorité internationale de la Ruhr), créée par les Alliés pour déterminer la part du charbon et de l'acier que l'Allemagne peut obtenir. De cette manière, l'élément vital de l'économie allemande est resté entre les mains des Français.

La tâche la plus urgente de l'Allemagne était d'établir le plus rapidement possible son propre gouvernement fédéral, sans lequel il ne pouvait y avoir de développement en Allemagne sans la fin de la domination de tout en Allemagne par les forces d'occupation. Et les Français font de la commune de la Ruhr une condition importante pour accepter la fondation d'une Allemagne fédérale, ce que les Allemands n'ont d'autre choix que d'accepter. À mesure que l'économie allemande se renforçait, le conflit entre l'Allemagne et la France s'intensifiait progressivement. C'est comme si l'on pouvait sentir à nouveau les tensions franco-allemandes après la Première Guerre mondiale.

L'origine de la crainte de la France à l'égard de l'Allemagne réside dans le fait que la France a été envahie par l'Allemagne à trois reprises au cours des 70 années écoulées depuis 1870 et qu'elle n'a jamais vaincu l'Allemagne par ses propres moyens. La révolution industrielle en France a commencé beaucoup plus tôt qu'en Allemagne, mais les fréquentes révolutions et guerres qui ont constamment interrompu le développement de l'industrie française ont conduit l'industrie allemande à prendre le relais plus tard. Les stéréotypes austères des Allemands semblent plus adaptés au fonctionnement rigoureux, complexe et précis de la grande industrie que la désinvolture romantique des Français. Bien que les deux guerres aient permis aux Français de se proclamer vainqueurs politiques et militaires, sur le plan économique, la France est vite redevenue l'outsider de l'Allemagne. La France n'a plus l'ambition et l'audace de l'ère napoléonienne du continent européen, si ce n'est pour l'alliance de la Grande-Bretagne et des États-Unis, les Français et l'Allemagne, le tigre comme voisins, seront toujours inquiets.

La France soutenait fermement le plan Morgenthau visant à "castrer" définitivement l'industrie allemande, et s'est personnellement coupée des deux plus gros problèmes de la Sarre et de la Ruhr. Toutefois, à mesure que l'atmosphère de la guerre froide s'épaissit, les États-Unis commencent à se pencher de plus en plus sur l'Allemagne, mais au contraire, ils portent un regard de plus en plus désagréable sur la France, notamment sur la "doctrine de Gaulle" qui prévaut en France et qui dégoûte encore plus la Grande-Bretagne et les États-Unis. Au cœur de la doctrine de De Gaulle se trouve l'idée que le destin de la France doit être entre ses propres mains.

Alors que la balance politique des États-Unis penche progressivement du côté allemand, la France se sent de plus en plus contrainte de faire face seule à une Allemagne de plus en plus puissante. La France doit trouver une stratégie globale qui permette à la fois de mettre un terme aux conséquences de la guerre et de contenir efficacement le tigre. Après de longues délibérations, les Français ont finalement trouvé un plan brillant, le plan Schumann !

Le 9 mai 1950, lors d'une conférence de presse, le ministre français des Affaires étrangères, M. Schumann, propose de manière inattendue la création d'une entité économique "supersouveraine" sous laquelle les capacités de production de charbon et d'acier françaises et allemandes seraient placées, les ressources partagées, développées et gérées ensemble, et la structure serait complètement ouverte et tout pays européen pourrait demander à y adhérer. C'est ce que l'on a appelé la "Coalition du charbon et de l'acier" (CECA, Communauté européenne du charbon et de l'acier). Étant donné que le charbon et l'acier sont des ressources indispensables aux États pour faire la guerre, placer le charbon et l'acier entre les mains d'une nouvelle entité qui dépasse l'autorité des États allemand et français éliminerait fondamentalement l'intention et la capacité des deux parties à faire la guerre. Pas étonnant que Schumann ait salué l'alliance charbon-acier comme "rendant la guerre non seulement inconcevable, mais aussi matériellement impossible". [62]

Le plan Schumann a d'abord obtenu le soutien ferme des États-Unis, afin de faire face à l'Union soviétique, le camp occidental de l'Allemagne et de la France réunifié, a retiré la mèche des futures guerres en Europe, l'alliance charbon-acier formée par le marché commun, a également contribué à la reprise de l'économie européenne, globalement propice aux objectifs stratégiques des États-Unis, les États-Unis en 1950, est l'ère de la puissance nationale, il est maintenant anxieux reprise économique européenne n'est pas assez rapide, les États-Unis n'exporte pas assez de marchandises, la résistance européenne à l'Union soviétique force est trop faible. Les États-Unis n'ont pas pensé au type de défi que l'UE et sa monnaie, l'euro, poseront au dollar dans 60 ans.

L'opinion publique en France, en Allemagne et dans le reste de l'Europe applaudit également la crainte générale d'une future guerre entre l'Allemagne et la France, qui était déjà très répandue en France en 1950, mais qui est maintenant claire. Les Allemands étaient à l'origine indignés par la prise de force par les Français de la Ruhr et de

---

[62] Traité instituant la Communauté européenne du charbon et de l'acier, traité CECA.

la Sarre, et l'alliance charbon-acier, initiée par les Français, a immédiatement aplani le cœur des Allemands. Le rapprochement franco-allemand avait donné aux Européens une grande confiance dans les perspectives de paix et de prospérité, seule la Grande-Bretagne restant sur la touche, observant froidement.

En avril 1951, le traité de Paris est signé et l'Union du charbon et de l'acier est née. Outre l'Allemagne et la France, l'Italie, la Belgique, le Luxembourg et les Pays-Bas se joignent à la formation de la "Communauté des Six Destinées". Six ans plus tard, les six pays signent le traité de Rome, établissant la Communauté économique européenne et la Communauté européenne de l'énergie atomique sur la base de l'Union du charbon et de l'acier, jetant ainsi les bases de la future Union européenne.

Contrairement à toute forme antérieure d'organisation ou de société internationale, la Coalition est unique en ce qu'elle est "sursouveraine". Par "sursouveraineté", l'État souverain cède une partie du pouvoir de décision national ultime, économique et même politique, à la nouvelle entité, qui aura, dans une large mesure, le caractère d'un État.

L'autorité de l'Union du charbon et de l'acier est la "Haute Autorité", qui est composée d'un président et de huit membres qui, bien qu'issus de gouvernements, ne représentent pas les intérêts nationaux de leurs pays et sont assermentés pour défendre les intérêts de la "Communauté" plutôt que l'intérêt national. Le Conseil suprême peut exercer trois pouvoirs : premièrement, prendre des "décisions" ayant force de loi ; deuxièmement, formuler des "recommandations" assorties d'objectifs finaux juridiquement contraignants, mais les États peuvent faire preuve de souplesse quant à la manière de les atteindre ; et troisièmement, exprimer des "avis" qui n'ont aucune portée juridique.

L'Union du charbon et de l'acier dispose également d'une "Assemblée commune" qui supervise le "Conseil suprême". Ses "parlementaires" doivent être élus par les États, qui, de même, "représentent le peuple" et non "l'État". Dans une structure similaire à la séparation des pouvoirs, l'Union du charbon et de l'acier a également créé sa propre "Cour de justice" pour arbitrer les litiges juridiques qui surviennent en cas de mauvaise conduite des États membres.

En cas de litige entre l'Union du charbon et de l'acier et ses États membres, celui-ci serait réglé par un traité ayant force de loi internationale. L'essence de cette forme est l'État dans l'État.

Il n'est pas exagéré de dire que sans l'Union du charbon et de l'acier, l'Union européenne et l'euro ne seraient pas ce qu'ils sont aujourd'hui. C'est pour cette raison que l'Union européenne a fait du 9 mai, date de l'annonce du "plan Schumann", la "Journée de l'Europe" annuelle.

En fait, le "plan Schumann" n'était pas l'œuvre de Schumann, mais venait d'un autre grand homme, Jean Monnet, connu comme le "Père de l'Europe".

Un "gouvernement de l'ombre" derrière le "Père de l'Europe".

Dans l'arène politique française, où les présidents sont partout et les premiers ministres ont pignon sur rue, il y a eu 24 gouvernements en l'espace de 12 ans, de 1945 à 1957, juste pendant l'ère de la Quatrième République, avec une moyenne d'un changement tous les six mois. Avec des situations politiques aussi fréquentes et chaotiques, il est difficile d'imaginer que le gouvernement ait la capacité et le temps de mener une quelconque stratégie économique. En dehors de la sphère publique, cependant, certaines des personnes qui dirigent réellement la grande politique du pays ne sont pas aussi voyantes. Jean Monnet est l'un des opérateurs stratégiques français les plus lourds. C'est également sous sa direction que la célèbre Union du charbon et de l'acier a connu un grand succès, reconnu par la postérité comme l'architecte principal de l'intégration européenne d'après-guerre.

Monnet est issu d'une riche famille d'hommes d'affaires et a de nombreuses relations. Bien avant le début de la Première Guerre mondiale, Monnet, qui a une vingtaine d'années, rencontre de nombreuses personnes importantes avec l'aide de son père. Il s'agit notamment de Lord Kindersley, directeur de la Banque d'Angleterre, associé de Longyear Brothers, président du conseil d'administration de la Compagnie de la Baie d'Hudson. La famille Lange est l'une des plus anciennes banques d'investissement. La Compagnie de la Baie d'Hudson a été l'une des premières entreprises au monde à représenter les Britanniques sur un vaste territoire en Amérique du Nord, le statut de la Compagnie des Indes orientales.

Eric Drummond, futur secrétaire général de la Société des Nations et l'un des dirigeants de la Chambre des Lords britannique.

John Dulles, futur secrétaire d'État américain, et son frère Alan Dulles, directeur de la CIA.

Douglas Dillon, futur secrétaire au Trésor des États-Unis, et la famille Dillon est également bien connue dans la communauté financière des États-Unis.

John J. McCloy, futur président de la Banque mondiale, commandant militaire suprême des États-Unis en Allemagne et président du conseil d'administration de la Chase Manhattan Bank.

Et puis il y a le plus vieux membre de la famille Astor en Amérique.

On peut dire que Monnet s'est lié d'amitié avec le noyau de l'élite dirigeante anglo-américaine. Au début de la Première Guerre mondiale, Monnet a été présenté au Premier ministre français par un "ami de poids". Le jeune Monnet propose de renforcer la circulation et le transport unifiés des marchandises stratégiques entre la Grande-Bretagne et la France, et est envoyé en Grande-Bretagne en tant que représentant français au Comité international pour l'approvisionnement en marchandises, basé à Londres, pour coordonner l'organisation au nom de la France. Le représentant britannique qui travaille avec lui en Angleterre est son vieil ami Arthur Salter, qui participera plus tard à la négociation du traité de Versailles et à la création de la Société des Nations, et dont l'idée des "États-Unis d'Europe" a profondément influencé le cours de la vie de Monet.

Après la Première Guerre mondiale, à l'âge de 31 ans, Monnet est nommé secrétaire général adjoint de la Société des Nations, sous la promotion de Sir Caddesley, pour aider à gérer les affaires courantes du secrétaire général Caddesley. La Société des Nations était à l'origine le fruit du Club de Lodz, dont le but ultime était de

> " étendre la domination de l'Empire britannique dans le monde entier ; perfectionner le système d'expansion de l'Empire britannique vers l'extérieur ; coloniser tous les endroits viables par des ressortissants britanniques... introduire une représentation coloniale dans le Conseil impérial, unir les membres dispersés de l'Empire, et établir ainsi un monde exempt de guerre et conforme au bien-être de l'humanité. "

La Société Rhodes a des bureaux aux États-Unis, au Canada, en Inde, en Australie, en Nouvelle-Zélande, en Afrique du Sud et dans d'autres territoires autonomes, colonies et anciennes colonies de l'Empire britannique. Le prestigieux "Council on Foreign Relations" (CFR) américain est la branche américaine de la Rhodes Society. Le Lodz Club se réunissait en secret de temps à autre dans les territoires autonomes de l'Empire britannique, planifiait et se déployait de manière unifiée, influençait la formulation et la mise en œuvre des décisions politiques et économiques dans les coulisses, et contrôlait la presse, l'éducation et les institutions de propagande, dans le but premier d'unifier les pays anglophones sous la forme d'une fédération, et finalement d'établir une forme de gouvernement mondial et de réaliser "un seul monde".

Monnet, en tant que Français activement impliqué dans l'unification de l'Empire britannique, était certainement très apprécié. En 1935, Monnet a été nommé par la Société des Nations en Chine comme conseiller financier de Chiang Kai-shek et pour examiner la situation économique et financière du pays. À l'époque, Tchang Kaï-chek procédait à la réforme du système monétaire français, et après l'effondrement de l'étalon-argent chinois, la question de savoir si la monnaie française devait être inversée en livre sterling ou en dollar était un sujet de grande préoccupation pour la Grande-Bretagne et les États-Unis. Par conséquent, Chiang Kai-shek a choisi la stratégie consistant à garder les pieds sur les deux rives du bateau.

Alors que Murnane était encore à Shanghai, en Chine, George Murnane, un partenaire des frères Lange, a fait des affaires avec les Wallenberg en Suède, les Bosch en Allemagne, les Solvay en Belgique, les frères Dulles et les Rockefeller aux États-Unis.

Monnet, à la fin des années 30, est considéré comme le Français le plus connecté internationalement de sa génération.

Au début de la Seconde Guerre mondiale, voyant la France s'effondrer, Monnet suggère à Churchill de réunir la France et la Grande-Bretagne en un seul pays, un seul gouvernement, un seul parlement et une seule armée, et d'unir leurs efforts contre l'Allemagne. Churchill accepte l'idée au nom du gouvernement britannique, et même Charles de Gaulle, qui n'a pas le choix à l'époque, accepte la fusion, mais est fermement opposé par le Premier ministre français, le maréchal Pétain, qui se rendra plus tard à l'armée allemande et deviendra l'empereur fantoche du régime de Vichy. Après la chute de la France, il est nommé par Churchill comme membre supérieur de la Commission britannique du matériel de guerre et se rend en Amérique pour demander de l'aide. Aux États-Unis, Monnet devient à nouveau conseiller de Roosevelt, qui lui conseille de changer les idées reçues et de ne pas déterminer les besoins en fonction des ressources déjà disponibles. Au moment où l'Europe est menacée d'extinction, les États-Unis doivent aller chercher des ressources pour répondre au mieux aux besoins de la guerre. À cette fin, Roosevelt s'est lancé dans le "plan de victoire" de production militaire générale, dans lequel Monnet a joué un rôle important que les Britanniques eux-mêmes n'ont pas pu réaliser. Après la guerre, Keynes a fait valoir que Monnet avait fait prendre conscience à l'Amérique de l'importance de la mobilisation industrielle militaire générale, et que la contribution de Monnet à la Grande-Bretagne en mai et juin 1941 était extrêmement importante. [63]

Sur la base de ses vastes relations anglo-américaines, Monnet s'est vu confier le pouvoir de superviser la mise en œuvre du plan Marshall en France, et Charles de Gaulle a dû faire appel aux relations de Monnet pour accéder aux ressources américaines et charger Monnet d'élaborer un plan quinquennal pour le redressement économique de la France après la guerre. Malgré la différence fondamentale entre les valeurs nationalistes et internationalistes de de Gaulle et de Monnet, la France avait trop besoin de l'aide américaine.

Au début de l'après-guerre, le "Plan Monnet" de Monnet, qui suit la pensée américaine, est en fait une réplique du "Plan Morgenthau", qui préconise la "castration" complète de l'industrie allemande dans le cas de l'Allemagne. Avec le changement de cap aux États-Unis, Monnet a commencé à planifier le "plan Schumann" de l'Alliance du charbon et de l'acier. Lorsque Monnet se précipite en Grande-Bretagne avec le plan Schumann, l'attitude de la Grande-Bretagne est très tiède. Les Britanniques se disaient que l'Alliance du charbon et de l'acier renforcerait les intérêts allemands et français et affaiblirait l'influence britannique sur le continent, et les Britanniques n'étaient pas d'humeur à faire les choses en grand. Monnet doit faire demi-tour et revenir soutenir la coalition franco-allemande et devenir le premier président du "Conseil suprême" de la coalition.

Un petit cercle de personnalités centrales s'est également formé progressivement entre l'Allemagne et la France, dont l'ancien Premier ministre Antoine Pinay du côté français, Jean Violet, le chef des

---

[63] Jacques Cheminade, *FDR et Jean Monnet*, été-automne 2000 du magazine FIDELIO.

renseignements français, Monnet et le ministre des affaires étrangères Schumann. Du côté allemand, on trouve Konrad Adenauer, le premier chancelier d'Allemagne, Otto von Habsburg, ancien prince héritier de l'Empire austro-hongrois, chef de la dynastie des Habsbourg et président de l'Union paneuropéenne, et plus tard Carlo Pesenti, un banquier italien proche de la Banque du Vatican.[64]

David Rockefeller, le chef de la famille Rockefeller, décrit dans son autobiographie ce caucus européen plus controversé que le Club Bilderberg

> *"En octobre 1967, Carlo Pesenti, un banquier qui possédait de nombreuses sociétés italiennes importantes... m'a introduit dans son petit cercle, où les discussions portaient principalement sur les tendances actuelles de la politique européenne et mondiale... Jean Monnet, Robert Schumann et Conrad Adenauer étaient les initiateurs de ce cercle... Les discussions étaient menées en français, et j'étais généralement le seul Américain à assister aux réunions, bien que parfois, lorsque ce groupe se réunissait à Washington, le conseiller à la sécurité nationale du président Nixon, M. Kissinger, venait manger ensemble. Tous les membres du cercle Pesenti sont des promoteurs actifs de l'intégration politique et économique européenne."*[65]

Il n'y a aucun doute que Monnet est le plus vendu de ces personnes pour l'intégration européenne. Après le succès de la première bataille de la "sursouveraineté économique" de l'Alliance du charbon et de l'acier, il a commencé à faire un pas de plus pour faire de la défense des pays européens une "sursouveraineté militaire". Si un État souverain perd son autonomie économique, son autonomie monétaire, et finalement même son autonomie de défense nationale, l'État souverain est fini. La Communauté européenne de défense de Monet a finalement été rejetée par les gaullistes français. Les pays européens en sont restés au niveau de la coopération interétatique en matière de défense, qui était

---

[64] Balint Szele, *Le Lobby européen : The Action Committee For the United States of Europe*, European Integration Studies, Miskolc, Volume 4, Numéro 2, 2005, p. 109–119.

[65] David Rockefeller, *Mémoires*, Random House Trade Paperbacks, 2003, p. 412–413.

alors l'Organisation du traité de l'Atlantique Nord (OTAN) nouvellement créée.

Monnet démissionne tout simplement de son poste de président de l'Alliance du charbon et de l'acier et commence à redoubler d'efforts pour mettre sur pied une organisation plutôt discrète appelée ACUSE (Action Committee for the United States of Europe). Cette organisation, en étroite collaboration avec le département d'État américain, a exercé des pressions en coulisse sur les différentes organisations pour qu'elles exercent un lobbying vigoureux, ce qui a conduit à la signature du traité de Rome en 1957 et à la création de la "Communauté économique européenne".

Max Kohnstamm, vice-président du Comité d'action des États-Unis d'Europe, est devenu en 1973 le premier président de la branche européenne de la Commission trilatérale financée par Rockefeller.

L'objectif ultime du cercle Monnet est clair : la création d'une "République européenne". Cette idée d'"internationalisme" ne peut qu'entrer en conflit violent avec le "nationalisme" des États, qui s'accroche à l'idée de souveraineté, et il est clair que la déclaration publique de leurs prétentions politiques à l'élimination des États souverains dans les années 1950 aurait provoqué de vives contradictions dans les pays européens, des gouvernements à la population. Par conséquent, les élites du cercle de Monet ne peuvent que pousser ce processus discrètement, et face à une forte réaction des États souverains et des populations sociales, il est même nécessaire de recourir à des crises majeures pour "repousser" les réformes, obligeant les Gouvernements à renoncer constamment à leur souveraineté industrielle, commerciale, monétaire, fiscale et même de défense.

L'alliance charbon-acier n'est qu'un début, la crise actuelle de l'euro n'est qu'un "levier de crise" et les bonnes nouvelles sont à venir.

Un tel éventail super-luxueux de banquiers, de politiciens, de faiseurs d'opinion, d'universitaires et d'informateurs à l'énergie extraordinaire se trouve dans les coulisses, conduisant immobilement la rotation de l'arène politique internationale dans toute son étrangeté, et eux et les politiciens sur la scène coopèrent parfois les uns avec les autres, parfois se heurtent et se heurtent, et les habitants des pays en dessous de la scène observent avec brouillard et excitation.

Il n'est pas étonnant qu'en 1969, le magazine américain Time ait qualifié le cercle Monnet de "gouvernement fantôme de l'Europe".

En décembre 1963, Monnet s'est vu décerner la médaille présidentielle de la liberté par le président Johnson des États-Unis en reconnaissance de ses "contributions exceptionnelles". Monnet meurt en 1979, et en 1988, les reliques de Monet sont "invitées" par le gouvernement français au Panthéon, où elles sont appréciées par des générations.

Le dollar passe de la rareté à l'excédent, la balance du pouvoir de l'or penche vers l'Europe.

Au début de l'après-guerre, les États-Unis ont continué à enregistrer un excédent commercial, les dollars et l'or affluant aux États-Unis, qui possédaient à un moment donné les deux tiers des réserves d'or mondiales, et les dollars revenant aux États-Unis en un flux constant, alors que l'Europe connaissait une grave crise de pénurie de dollars. C'est un gros problème pour les États-Unis.

Le système de Bretton Woods a été conçu dans l'espoir que les dollars sortent des États-Unis et entrent dans le monde, donnant aux États-Unis une richesse potentiellement illimitée et un contrôle dans le grand cycle du commerce international. L'exportation du dollar fait partie intégrante de la stratégie monétaire américaine, pour laquelle les États-Unis ont élaboré le plan Marshall pour l'Europe, le plan Dodge pour le Japon et de nombreux plans de reconstruction économique, notamment ceux de la Banque mondiale et du Fonds monétaire international. Plus important moyen d'exporter le dollar, comprend également les sociétés multinationales américaines d'investissement direct à l'étranger, la marée déferlante de l'investissement à l'étranger dollar, dans le capital affamé Europe d'après-guerre saccage, le siège de la ville de fusionner les actifs, a déclenché les Européens à crier dans le choc. Le dollar américain était dans la meilleure position du moment, et c'était en Europe à ce moment-là.

Depuis les années 1950, l'économie européenne se relève progressivement des ruines de l'après-guerre. Le plan Marshall a apporté des dollars roulants, le système de Bretton Woods a établi un environnement monétaire stable, l'union du charbon et de l'acier a formé le marché commun européen, et pour couronner le tout, après le déclenchement de la guerre de Corée, les commandes militaires américaines ont volé comme des flocons de neige, ce qui a fait que l'économie européenne a commencé à tourner à plein régime. De 1950 à 1953, les États-Unis ont dépensé environ 30 milliards de dollars pour la guerre de Corée, ce qui est loin d'être aussi important que la Seconde Guerre mondiale, mais suffisant pour faire une petite fortune à l'Europe et au Japon.

Les États-Unis n'ont pas eu recours aux méthodes traditionnelles de financement de la guerre de Corée, comme une augmentation substantielle des impôts, mais ont plutôt eu recours à la "planche à billets". En raison du statut unique du dollar en tant que monnaie de réserve mondiale, les États-Unis n'ont plus besoin d'emprunter massivement aux États-Unis, comme l'Empire britannique l'avait fait pendant la Première et la Deuxième Guerre mondiale. Lorsque les États-Unis ont mené la guerre de Corée, la Réserve fédérale a pris l'initiative de "monétiser" la dette nationale et d'injecter des billets en dollars dans l'économie mondiale, puis elle a fait de son mieux pour s'appuyer sur la dette.

La grande quantité de "mauvais dollars" créée par la monétisation de la dette nationale a commencé à semer les graines de l'inflation à travers l'Europe avec les 3 milliards de dollars par an de dépenses militaires à l'étranger par les États-Unis, ainsi que les fusions et acquisitions en Europe par les sociétés multinationales. Qu'il s'en rende compte ou non, et qu'il soit actif ou passif, tant qu'il détient des dollars, il est le malchanceux qui a financé la dette de guerre de l'Amérique.

On se croirait revenu aux années 1920, lorsque la création de double crédit inhérente à l'étalon de change-or a été étendue à l'échelle mondiale dans le cadre du système de Bretton. Comme l'économiste Trayvon l'a découvert en 1947, les États-Unis fournissent au monde deux actifs de réserve monétaire, l'or et le dollar, et le prix fixe de 35 dollars pour une once d'or lie les deux, l'offre d'or étant lente et le dollar croissant rapidement. La raison intrinsèque de l'expansion du dollar est que lorsque les dollars sont exportés vers l'Allemagne, cette dernière devra augmenter l'offre de marks en raison de l'augmentation des réserves de change ; dans le même temps, l'Allemagne redéposera automatiquement des dollars dans le système bancaire américain, et les États-Unis pourront se recréditer dans le pays grâce au retour des dollars. Le processus peut également se poursuivre à l'infini. Rufus, un conseiller économique du président français Charles de Gaulle, a utilisé un exemple plus imagé pour décrire le processus, où la création répétée de crédit du dollar est comme "une bande de soldats marchant sur la scène, qui peut apparaître dans les deux sens entre les scènes". "Il en résulte inévitablement de plus en plus de dollars, de plus en plus de liquidités, de plus en plus de bulles d'endettement et des conséquences de plus en plus graves de la crise économique ; l'éclatement de la bulle d'endettement causée par le système d'étalon-or dans les années 1920 a conduit à la dépression économique mondiale des années 1930, la bulle du dollar créée par le système de Bretton qui a prévalu dans les années 1950 et 1960, et la crise du dollar et l'hyperinflation qui ont ravagé le monde dans les années 1970 ; le système d'étalon dollar mis en place après les années 1970, après plus de 30 ans d'expansion du crédit et d'endettement, a conduit à l'actuelle crise mondiale des monnaies souveraines.

En raison du défaut génétique de l'étalon de change-or, le dollar est voué à croître plus que l'or, et maintenir un prix bloqué entre le dollar et l'or devient une illusion logiquement insoutenable. Ce problème, découvert par Triffin en 1947, est largement passé inaperçu des politiciens à une époque de pénurie extrême de dollars, alors que les États-Unis possèdent jusqu'à 2/3 des réserves d'or mondiales. La soi-disant "énigme de Triffin" est simplement rejetée comme un "casse-tête" académique "intéressant".

En tant qu'actif de réserve monétaire internationale, le dollar doit être exporté en permanence pour répondre aux besoins de la croissance économique des pays en vue de l'expansion de leur monnaie ; dans le même temps, le développement de l'économie mondiale exige également que l'échelle d'exportation du dollar soit constamment élargie pour assurer la conduite du règlement du commerce international. Le goulot d'étranglement est que lorsque la production du dollar est supérieure à ses propres réserves d'or, cela déclenche automatiquement une crise au cours de laquelle le monde comprime les réserves d'or des États-Unis avec des billets en dollars.

Le problème d'une grave surabondance de dollars en Europe s'est posé avec acuité lorsque, pour la première fois au début des années 1960, le dollar aux mains des pays européens a dépassé le total des réserves d'or des États-Unis. Comment faire face à l'excédent de dollars ? Les problèmes rencontrés en Europe dans les années 1960 étaient exactement les mêmes que ceux auxquels la Chine est confrontée aujourd'hui.

Le dollar européen, une nouvelle terre financière

Le dollar est passé du statut de trésor rare à celui de patate chaude. Confrontés à un excédent commercial sans cesse croissant et à d'importantes réserves en dollars résultant de l'afflux massif de capitaux internationaux, les gouvernements européens ont choisi, outre l'achat de bons du Trésor américain, de les convertir en or. Mais l'échange de dollars contre de l'or, qui semble tout aussi hostile aux Américains, n'a osé aucun autre pays européen à suivre ouvertement l'exemple de la France, à l'exception de de Gaulle, qui a mangé le cœur d'un ours. Mais comment les pays européens pourraient-ils être disposés à le faire alors qu'ils sont assis sur la dette nationale américaine avec d'énormes quantités de dollars dans leurs mains ?

C'est alors que les banquiers ont eu un flash dans la casserole et qu'ils ont découvert une nouvelle terre financière, le marché du dollar en Europe. Par dollars européens, nous entendons les dollars qui ont afflué en Europe et qui s'y sont promenés au plus tôt, et ils étaient énormes et sans réglementation. Plus tard, l'Union soviétique, le Moyen-Orient et d'autres pays ont également déposé dans le système bancaire européen des dollars provenant des recettes d'exportation du pétrole, qui ont également fait partie du dollar européen. À partir de ce moment-là, tous les dollars en dehors des États-Unis sont appelés des dollars européens.

Une telle quantité d'"argent libre", à l'exception de l'achat de bons du Trésor américain, pour obtenir un petit montant d'intérêts, est dans une situation désespérée en termes d'investissement ! Le banquier international Sigmund Warburg est déterminé à ouvrir cette nouvelle terre financière vaste et fertile.

Sigmund était une étoile montante de la famille Warburg, principalement à Londres et à New York, et était un associé principal de l'une des banques d'investissement les plus prestigieuses de Wall Street, Kuhn Loeb and Co. qui, dans la première moitié du XXe siècle, est devenue aussi célèbre que Goldman Sachs aujourd'hui. La famille Warburg était autrefois talentueuse et souriante à Wall Street. Max Warburg, la génération précédente de Max Warburg, était conseiller financier de l'empereur allemand Wilhelm II, il a représenté l'Allemagne lors des négociations de paix de Versailles, après la Première Guerre mondiale, il a dominé la puissance fiscale et financière de l'Allemagne, en tant que directeur juif de la Reichsbank allemande, après l'arrivée au pouvoir des nazis, il a affronté Hitler à la banque centrale pendant cinq ans ; Paul Warburg, l'architecte en chef de la Réserve fédérale, l'un des principaux décideurs de la politique financière des États-Unis ; Felix Warburg, également associé principal de Kuhn Loeb and Co. l'un des gros bonnets de Wall Street ; Fritz

Warburg, président de la bourse allemande des métaux de Hambourg, qui, après la Première Guerre mondiale, a représenté l'Allemagne dans une paix secrète avec la Russie saoudienne. On pourrait dire que le pouvoir de la famille Warburg était réparti entre l'Allemagne, l'Angleterre, la France et les États-Unis.

Sigmund était également un partisan de l'intégration européenne et avait des liens profonds avec le cercle Monnet. En tant que banquier international, la libre circulation des capitaux est l'idéal éternel, et la réduction de l'intervention gouvernementale est la proposition minimale. Dans les années 1920, il reconnaît que le nationalisme devient obsolète en Europe et suggère même que le mouvement paneuropéen commence par le désarmement, la mise en commun de la souveraineté militaire des nations et la création d'une cour d'arbitrage pour régler les différends. Après le déclenchement de la Seconde Guerre mondiale, il s'est déplacé dans l'espoir d'établir une alliance politique en Europe, unissant d'abord la Grande-Bretagne et la France, puis établissant une Union d'États européens avec la Grande-Bretagne en son centre, qui rassemblerait la souveraineté militaire, monétaire, des transports et des communications sous une administration unifiée de "l'autorité suprême".

Après la Seconde Guerre mondiale, il a exhorté le gouvernement britannique à adhérer au Marché commun européen et a fait valoir à Monnet et à Adenauer que Londres devait jouer un rôle de premier plan dans l'intégration financière européenne en tant que centre financier du Marché commun européen. Lors de la création de l'Alliance du charbon et de l'acier, il a préconisé un soutien financier de la part de la City de Londres, qui n'a malheureusement pas été adopté. Sigmund était très déçu par des gens comme Monnet et Adenauer, "qui auraient sûrement été reconnaissants envers l'Angleterre plus tard si, dans les premières années de la guerre, le plan d'unification européenne qu'ils dirigeaient avait eu Londres pour centre financier". "Selon lui, la seule façon de réaliser l'unité européenne est de commencer par l'intégration financière.

Dans le cas des États-Unis, il estime que la coopération avec les États-Unis va de pair avec l'intégration européenne, et que pour accélérer l'intégration européenne, on pourrait même emprunter la puissance financière des États-Unis pour forcer les pays bénéficiaires européens à abandonner les barrières commerciales.

Sigmund a davantage la profondeur professionnelle d'un banquier que quelqu'un comme Monet. Il a vu l'importance de l'alliance charbon-acier de Monet pour promouvoir l'intégration économique et a été capable d'aborder les problèmes pratiques d'un point de vue opérationnel financier concret. Il a longtemps et inlassablement conseillé à l'alliance charbon-acier d'entrer sur les marchés internationaux des capitaux pour obtenir des financements, à la fois pour développer ses ressources et son échelle et pour attirer des investisseurs privés des États-Unis afin qu'ils se joignent au processus de reconstruction de l'Europe. Après de longs efforts, son idée a finalement abouti et, en 1957, 1958, 1960 et 1962, l'Alliance du charbon et de l'acier a émis plus de 120 millions de dollars d'obligations sur le marché des capitaux de New York. [66]

Au fur et à mesure que la taille du pooling de dollars sur le marché européen augmentait, Sigmund a réalisé avec une secousse pourquoi le financement en dollars des entreprises européennes devait aller à New York. Le dollar européen n'est-il pas à portée de main ?

Alors que la CE se concentre essentiellement sur l'union monétaire, Sigmund réfléchit à la manière d'intégrer les marchés des capitaux européens. En première ligne chez Kuhn Loeb and Co. à New York, il a su de première main comment les puissants syndicats financiers de Wall Street organisaient et coordonnaient la souscription d'obligations à grande échelle, mais Paris et Francfort n'avaient manifestement pas la vision stratégique financière pour le faire.

Quatre fois pour le financement à grande échelle de l'Alliance du charbon et de l'acier sur les marchés des capitaux de New York, ce qui a renforcé la conviction de Sigmund quant à la formation d'un puissant syndicat financier en Europe. Les difficultés sont évidentes. Si les pays européens disposent d'un marché commun, il s'agit avant tout d'un marché commercial, et non d'un marché des capitaux. Avec la diversité des politiques nationales en matière de contrôle des capitaux et d'ajustement des taux de change, ainsi que les différentes dispositions légales en matière monétaire et financière, il n'est pas simple de contourner légalement tant de barrières réglementaires pour parvenir à

---

[66] Niall Ferguson, *High Finance : The Lives and Time of Siegmund Warburg*, The Penguin Press, 2010, p. 201–212.

une émission unifiée sur les marchés des capitaux européens afin d'émettre des obligations en dollars préhistoriques en Europe. Ce que fait Sigmund, en fait, c'est relier l'ensemble des marchés de capitaux divisés de l'Europe, en un seul marché de capitaux commun !

Pour créer un marché obligataire européen libellé en dollars, il est primordial qu'il y ait suffisamment de dollars entre les mains des Européens, ce qui est déjà prévu dans la stratégie d'exportation du dollar américain par les excédents commerciaux européens, les investissements multinationaux et les dépenses des bases militaires américaines à l'étranger. En outre, un grand nombre de particuliers fortunés en Europe possèdent également d'importants dépôts en dollars, ainsi que des dépôts en devises de l'Union soviétique, des pays socialistes d'Europe de l'Est, etc., qui sont également détenus principalement en Europe par crainte d'être gelés par le système bancaire américain dans des cas extrêmes. Ces dollars sont détenus sur les comptes de grandes entreprises, de la Banque commerciale européenne, de banques centrales nationales et d'organisations internationales (comme la Banque des règlements internationaux).

On peut se demander pourquoi ces dollars ne sont pas déposés directement sur un compte de la Bank of America à New York. Outre les préoccupations de l'Union soviétique et des pays d'Europe de l'Est, la "clause Q" du secteur financier, qui est restée en vigueur aux États-Unis pendant la Grande Dépression, limitait sévèrement les limites de paiement des intérêts des institutions financières américaines à un maximum de 1% pour 30 jours et de 2,5% pour 90 jours pour l'épargne à court terme.

La prochaine question importante est de savoir où commencer le pilote des obligations européennes en dollars ? Sigmund a préféré Londres. Non seulement en raison de l'histoire de Londres en tant que centre financier mondial, mais aussi parce que la Banque d'Angleterre a adopté une politique plus éclairée vis-à-vis de l'argent chaud dont parle la BCE. Ces capitaux chauds, leur temps de dépôt est relativement court, les banques ne peuvent pas ou n'osent pas effectuer des prêts à long terme, et en même temps, les grandes entrées et sorties sont très faciles à impacter la stabilité du marché des changes, donc la banque centrale est considérée comme un torrent de bêtes. Mais où est l'argent pour justifier le refus de dépôt de la Banque d'Angleterre qui se prend pour un banquier international ? La clé est de savoir comment gérer le conflit entre le short-stocking et le long-lending. La réponse de la Banque d'Angleterre a été d'établir un pare-feu pour les flux de capitaux nationaux et internationaux, en bref, une zone spéciale financière similaire au concept de "zone franche", qui est bien sûr une zone spéciale abstraite. La Banque d'Angleterre décide que les Britanniques ne peuvent pas acheter d'obligations étrangères, sauf au sens strict d'obligations en dollars à des fins d'"investissement réel" : dans ce marché strictement ségrégué, livres britanniques détenues par des Britanniques et dollars étrangers détenus par des étrangers, personne n'est en difficulté. Les étrangers sont libres de faire ce qu'ils veulent sur le marché des capitaux en dollars, qui n'est absolument pas réglementé, et toutes les activités sur ce marché n'affectent en rien le marché national des capitaux au Royaume-Uni. Cet arrangement ressemble davantage au marché boursier chinois où les actions A et B sont ouvertes aux investisseurs nationaux et étrangers respectivement.

Sigmund a également eu recours aux menaces et aux tentations pour persuader la Banque d'Angleterre de soutenir un projet pilote d'obligations européennes en dollars à Londres. Il affirme que si la Banque d'Angleterre ne supprime pas le droit de timbre élevé sur les revenus des investissements en obligations étrangères, il déplacera les obligations en eurodollars vers le Luxembourg ou d'autres marchés aux politiques plus souples. Toutefois, il a également souligné qu'une fois que Londres sera devenu le centre des obligations européennes en dollars, un flux constant de dollars affluera vers la City de Londres et celle-ci redeviendra le centre financier du monde. Cette deuxième partie de la phrase était trop tentante pour que la Banque d'Angleterre y résiste. Juste au moment où de bonnes choses étaient sur le point de se produire, la Bourse de Londres est intervenue avec fracas, rejetant la cotation des obligations en eurodollars sur la bourse. S'il n'est pas possible de les coter, le règlement de l'obligation pour la livraison après la négociation pose un gros problème. La bourse a fait des concessions par la suite, mais a insisté sur le fait que les obligations en dollars doivent être libellées en livres sterling et que le taux de change d'avant-guerre de la livre sterling par rapport au dollar prévaut, que l'achat effectif des obligations ne peut se faire qu'au Luxembourg et que les dollars utilisés doivent être réclamés auprès des lignes de change contrôlées par le gouvernement. Sigmund se demande avec déprime comment l'innovation financière peut être si difficile.

En choisissant quelle société piloter, Sigmund a préféré émettre des obligations en dollars pour l'Alliance du charbon et de l'acier, non seulement pour faire de l'argent, mais aussi pour son rêve de longue date d'unité européenne. Dans une note à la Banque d'Angleterre, il a mentionné,

> *"Il s'agira d'une simple obligation en dollars, sans option de change. Pour le contrôle des changes au Royaume-Uni, il s'agit d'une obligation en devises étrangères que les résidents britanniques devront payer un supplément pour acheter. Par conséquent, les résidents du pays ne pourront pas y souscrire. En revanche, ils obtiendront une offre à Londres et ce prix sera le prix de base pour l'ensemble du marché européen, ce qui les incitera à négocier via Londres. "* [67]

Au moment où l'eau était sur le point de couler, le ministère britannique des Affaires étrangères est intervenu, arguant qu'il serait inapproprié d'émettre des obligations de la Communauté économique européenne à Londres pour contribuer à leur financement à un moment où la Grande-Bretagne était exclue du Marché commun européen. La Banque d'Angleterre a apporté son soutien et, bien que les obligations n'aient pas été libellées en livres sterling, les transactions ont été effectuées à Londres. Cela ne signifie-t-il pas que Londres commence à redevenir le centre financier du monde ?

Au moment même où Sigmund persuadait les régulateurs britanniques de se préparer à l'ouverture, de nouveaux problèmes sont apparus, tous les membres de la CE devant se mettre d'accord à l'unanimité pour obtenir l'approbation de l'émission, un processus qui allait prendre des mois. En conséquence, la première obligation en eurodollars n'était pas l'alliance charbon-acier que Sigmund avait à l'esprit, mais une société italienne qui a établi un record pour un début avec une obligation de 15 millions de dollars sur six ans avec un coupon de 5,5%, émise à 98,5% de la valeur nominale. Sigmund a conduit les institutions financières européennes vers des ventes d'obligations réussies. À partir de là, le marché européen des obligations en dollars a démarré en fanfare !

Le dollar européen a finalement trouvé un énorme espace d'investissement en plus des maigres gains des bons du Trésor américain. Son importance réside dans le fait que les Européens ont commencé à utiliser les ressources en dollars pour tirer parti de leurs

---

[67] Ibid.

atouts et se développer sans tomber dans le piège du faible rendement des bons du Trésor libellés en dollars et devenir des payeurs de factures passifs pour le financement du déficit américain. Cela offre une porte de sortie stratégiquement précieuse pour la Chine d'aujourd'hui, et pour l'Asie dans son ensemble, avec ses énormes réserves en dollars.

Les tentatives de Sigmund ont fait de lui le père bien mérité de l'"eurodollar bond".

L'Union monétaire : le début ou la fin de l'intégration européenne ?

Tout au long des années 1950 et 1960, Monnet a été sans aucun doute l'âme du mouvement pour l'intégration européenne, et le "Comité d'action des États-Unis d'Europe", qu'il a créé, a absorbé de nombreuses figures de l'élite européenne. Dans la campagne pour unifier l'Europe, Monnet s'est progressivement rendu compte que l'intégration économique devait passer en premier, et que la création d'une Union monétaire européenne était le levier le plus puissant pour faire avancer l'intégration économique.

En ce qui concerne les unions monétaires, il existe deux écoles de pensée au sein de l'Europe : l'une est l'union monétaire fortement préconisée par le cercle Monnet, dans laquelle les pays abandonnent leur souveraineté monétaire et un organisme supersouverain met en œuvre un plan unifié pour leur développement économique ; l'autre est l'insistance sur les unions monétaires, dans laquelle les pays établissent seulement un mécanisme permanent pour stabiliser les taux de change, mais le pouvoir d'émettre de la monnaie reste avec l'État. En substance, ces deux écoles de pensée représentent deux forces au sein de l'Europe, les forces de l'union monétaire représentant l'idéologie internationaliste de l'Europe, dont le but ultime est d'abolir la souveraineté des nations et d'établir un gouvernement unifié des États-Unis d'Europe, tandis que les partisans de l'union monétaire sont de fervents adeptes du nationalisme, estimant que l'intérêt national est la valeur ultime. La bataille des monnaies entre internationalistes et étatistes est au cœur de la controverse sur l'euro depuis un demi-siècle. Dans la crise actuelle de l'euro, l'issue finale de ces deux jeux de pouvoir déterminera le sort de l'euro.

La dynastie bretonne centrée sur le dollar avait un "gène du cancer", qui était déjà apparent au milieu des années 1960. L'impact dévastateur de la dépréciation continue du dollar constitue une pression extérieure pour établir une union monétaire européenne. Aux yeux des Européens, le dollar s'est transformé de l'ombrelle de la santé économique et de la stabilité de l'Europe en l'auteur des turbulences commerciales et des crises monétaires. La Conférence économique de Londres de 1933 a été le centre de la rivalité entre les États-Unis et l'Europe et reste un casse-tête difficile à résoudre pour les deux parties. La stabilité monétaire est une condition préalable au développement économique en Europe. En raison de la petite taille de la population des pays européens, du manque de profondeur économique et de capacité du marché à supporter la pression d'un développement économique soutenu, le développement du commerce international et l'expansion du marché commun en Europe sont devenus le plus grand espoir des Européens. Mais les politiques irresponsables du dollar ont à la fois menacé l'environnement commercial extérieur des Européens et perturbé le marché commun intérieur. Le résultat des tractations répétées des Européens avec les Américains est une citation célèbre du secrétaire américain au Trésor, M. Connelly : " Le dollar est notre monnaie, mais c'est votre problème. "

L'impact de la dévaluation du dollar sur l'Europe s'est d'abord fait sentir en Allemagne.

La réforme monétaire allemande de 1948 a créé un système unique de banque centrale, qui est le modèle d'indépendance de la Bundesbank. L'idéal de transcender les contraintes du pouvoir étatique, que les banques centrales américaines et britanniques ne pouvaient guère espérer dans leur propre pays, a finalement offert à l'Allemagne un terrain d'essai idéal dans le désert de l'après-guerre. Ainsi, le modèle américano-britannique de la Banque centrale allemande, qui est antérieur à la naissance du gouvernement fédéral ouest-allemand, une violation des principes fondateurs et des précédents de toutes les nations du monde, a été conçu pour assurer l'indépendance totale de la Banque centrale allemande vis-à-vis du gouvernement.

La banque centrale allemande a été créée au départ, sans or ni devises, le crédit est encore une feuille de papier vierge. Face à un système bancaire totalement insolvable dans le pays, les actifs de la banque doivent être complètement liquidés tandis que le nouveau mark est échangé contre l'ancien à 1:10. Sous l'Allemagne nazie, l'économie nationale était entièrement militarisée et les ressources économiques étaient fortement investies dans la machine de guerre, laissant l'économie privée avec peu de besoin de crédit. L'économie allemande du temps de guerre était rationnée et les gens ne pouvaient rien acheter avec de l'argent, créant le dilemme d'avoir nulle part où prêter l'épargne de la population accumulée dans les banques. Alors que les banques n'avaient nulle part où prêter mais ne pouvaient pas ne pas le faire, sous peine de perdre leur source de revenus et de tomber en déficit ou de s'effondrer, le gouvernement nazi a profité pleinement de l'excès d'épargne des banques et a introduit un grand nombre d'obligations d'État à tous les niveaux, laissant les banques sans autre alternative que d'utiliser l'épargne de la population pour acheter des obligations d'État et financer indirectement la guerre. Après la guerre, il n'y avait plus de gouvernement nazi en Allemagne, et les obligations d'État détenues par les banques sont devenues des créances douteuses. Dans ce cas, la Banque centrale allemande a prévu d'effacer toutes les dettes du gouvernement nazi envers les banques. Les pertes d'actifs importantes subies par les banques sont partiellement partagées entre la banque centrale et le futur gouvernement fédéral en les reconstituant avec des "créances de péréquation" émises par la banque centrale. La "note d'équilibrage" est similaire à la "note centrale" de la Banque populaire de Chine, en ce sens qu'elle est garantie par le crédit du futur nouveau gouvernement et qu'elle est remboursée par les propres bénéfices de la banque centrale, ce qui réduit à son tour la part des bénéfices due au futur gouvernement. En substance, le "billet d'équilibre" est le remplacement de l'ancienne dette du gouvernement nazi par la dette nationale du nouveau futur gouvernement allemand, uniquement pour être émis par la banque centrale en son nom alors que le gouvernement n'existe pas encore.

Ainsi, les actifs de la banque centrale allemande et l'ensemble du système bancaire commercial étaient basés sur la dette nationale pure au début de la période d'après-guerre, le Deutsche Mark en 1948 étant le plus pur "étalon de dette nationale" au monde.

En fait, la pierre angulaire du crédit de la monnaie nationale n'est ni l'étalon or, ni l'étalon dette nationale, mais l'"étalon production" ! Le crédit de la monnaie nationale est naturellement fort et solide tant que le pays dispose d'une forte capacité productive pour créer une richesse de biens et de services de qualité. L'étalon-or ou étalon de la dette nationale n'est qu'une forme symbolique de l'"étalon de production" ! La force de la monnaie d'un pays est en définitive déterminée par sa capacité à créer de la richesse.

Lorsque l'Allemagne est pleine de machines industrielles, une énorme richesse sociale est créée sans cesse, des produits de base de haute qualité inondent le marché des États-Unis et le marché commun européen, faisant rouler les dollars et l'or dans le trésor allemand. En 1950, l'Allemagne n'avait pas de réserves d'or, mais en six ans seulement, les réserves d'or de la banque centrale allemande ont facilement dépassé la puissance historique de l'or de la France, mais ont également accumulé une énorme quantité de réserves en dollars.

Tandis que le mark allemand faisait l'objet d'éloges et de convoitises, les banquiers centraux allemands ont commencé à se montrer à la hauteur de la situation, apparaissant comme les défenseurs du mark et se disputant fréquemment avec le gouvernement allemand, le chancelier Adenauer protestant bruyamment que la banque centrale allemande "est une institution qui n'a de comptes à rendre à personne, ni au Parlement ni à aucun gouvernement… la guillotine (de la politique monétaire) tombe sur la tête de tout le monde dans la rue". La colère d'Adenauer est justifiée, le soutien de la fermeté de Mark n'est pas la politique de taux d'intérêt de la banque centrale, mais la forte puissance industrielle créée par des millions d'ingénieurs et d'ouvriers qualifiés allemands.

Au début des années 1960, le mark a commencé à subir une pression croissante à l'appréciation. Afin de maintenir l'exigence de stabilité monétaire dans le système de Bretton Woods, la banque centrale allemande a commencé à être contrainte d'"imprimer des marks" pour acheter d'importants flux de dollars afin de freiner la pression exercée sur le mark pour qu'il s'apprécie par rapport au dollar. C'est le même problème que rencontre actuellement la Chine, qui doit émettre davantage de yuans pour acheter des dollars afin de maintenir la stabilité du taux de change du yuan. La hausse du mark a ébranlé l'édifice du système dollar, car elle a créé une pression inflationniste en Allemagne, qu'il s'agisse d'augmenter les taux d'intérêt contre l'inflation ou d'apprécier le mark contre l'inflation, ce qui a déclenché une vive dispute entre la banque centrale allemande et le gouvernement.

Il convient de préciser que l'appréciation du mark reflète la réalité de la croissance de la puissance industrielle allemande, et que le système de taux de change solidifié par Bretton représente le niveau de développement économique des pays avant et après 1945. Lorsque l'économie allemande est passée de l'état de ruines à celui de géants, il était évident qu'il ne serait pas approprié d'utiliser les chaussures d'un enfant de 8 ans sur un bâton de 20 ans. Cependant, une appréciation entraînerait une perte potentielle considérable pour les réserves monétaires de l'Allemagne, en particulier le dollar, bien que cette perte ne soit pas superficielle à une époque où le dollar est verrouillé par le prix de l'or. Heureusement pour l'Allemagne, l'or constitue une part plus importante de ses réserves monétaires que le dollar, de sorte que l'ampleur de la perte des réserves en dollars sera fortement réduite. La valeur du mark allemand ayant été détruite deux fois en 30 ans, l'or a toujours représenté une part importante des réserves monétaires de la banque centrale allemande. [68]

Cependant, l'appréciation de la marque a créé une réaction en chaîne en Europe. L'appréciation du mark a entraîné celle du florin néerlandais. La France et d'autres pays de la CE commencent à craindre que la volatilité des taux de change entre les pays du Marché commun n'affecte l'équilibre commercial et économique de la région et ne bouleverse finalement l'équilibre politique. Ainsi, en 1965, la CE suggère que son développement passe inévitablement par la formation d'une union monétaire, avec pour objectif la stabilité des taux de change dans un premier temps, et une transition progressive vers une monnaie européenne unique.

Cela a conduit à une dispute d'un demi-siècle entre les deux écoles de pensée, dirigée par l'Allemagne, l'école de pensée, la monnaie unifiée est un long processus, l'intégration des économies nationales est une condition préalable, doit d'abord avoir une politique commerciale commune, politique fiscale et fiscale commune, politique économique commune, politique de subsistance commune, avant de pouvoir parler d'une monnaie unifiée. Les Allemands ne voyaient pas beaucoup de viabilité dans l'existence d'une union monétaire au-delà de la souveraineté. L'autre faction, menée par la France, insiste sur le fait que l'intégration monétaire est le point de départ de l'intégration économique et qu'il ne peut y avoir d'économie européenne sans un taux de change stable. En fait, l'essence de l'argument est de savoir si l'union monétaire est le début ou la fin, le moyen ou le but, de l'unité européenne.

Avec l'escalade de la guerre du Vietnam et l'intensification de la dévaluation du dollar, l'urgence de la poussée de l'Europe vers une

---

[68] Martin Pontzen et Franziska Schobert, *Episodes in German Monetary History-Lessons for Transition Countries*, 2007, p. 4–13.

union monétaire au milieu d'une crise monétaire qui se détériorait rapidement s'est considérablement accrue.

La bataille de l'or

> " La France ne s'appellera pas France si elle n'est pas à l'avant-garde ; la France ne s'appellera pas France si elle n'est pas grande. Rendre la France grande est le seul but de mon cœur et le but le plus noble de ma vie. "
>
> – De Gaulle

En 1958, Charles de Gaulle arrive au pouvoir et la France entre dans l'ère de la Cinquième République. On peut dire que Charles de Gaulle incarne les caractéristiques des Français : passionnés, arrogants et impulsifs, idéalistes et fanatiques. Depuis l'époque de Napoléon, la psyché française est tellement déséquilibrée que l'ère de la gloire et de la splendeur semble avoir disparu à jamais, et la froide réalité a supprimé de temps à autre le désir des Français de restaurer leur grand pays. La France est victorieuse, mais elle gagne sans gloire ; la France est forte, mais pas assez forte pour être européenne. De Gaulle, dont le cœur est plus haut que le ciel, est déterminé à faire revivre la France.

De forts sentiments nationalistes, des tendances nationalistes non dissimulées, font que de Gaulle n'a pas de langage commun avec le cercle de Monet. Les Européens plaisantent souvent sur Monnet, le qualifiant de "Français le plus influent, sauf en France". La réintégration de De Gaulle avec Adenauer ne consiste pas à "abandonner la souveraineté française" pour des États-Unis d'Europe, comme le préconise le cercle de Monet ; ce dont il a besoin, c'est d'une Union européenne forte sous la direction de la France, dans le but de défier l'hégémonie mondiale des États-Unis, et dans une vision aussi grandiose, même l'Union soviétique est un pion que De Gaulle est prêt à utiliser contre les États-Unis. Dans l'esprit de de Gaulle, "l'union de l'Europe se ferait par la France et l'Allemagne, la France étant l'attrapeur et l'Allemagne le cheval".

Ce qui dérange le plus De Gaulle, c'est le modèle de domination américaine et britannique sur le monde. Pendant la Seconde Guerre mondiale, Roosevelt n'aimait pas de Gaulle parce que ce dernier voulait lui aussi être maître de son destin et que si tout le monde était comme lui, qui d'autre l'Amérique pourrait-elle aller contrôler ? Churchill détestait également de Gaulle, et même après s'être échappé en Angleterre, l'arrogance, l'entêtement et l'intransigeance de de Gaulle n'avaient rien à voir avec le fait de manger de la nourriture blanche dans la maison d'un autre. De Gaulle, quant à lui, détestait la tentative anglo-saxonne de dominer la France, notamment à la conférence de Yalta, où De Gaulle fut mis sur la touche par les Anglo-Américains et n'obtint pas de ticket pour cette grande conférence, et où le cœur fier de De Gaulle fut meurtri.

Après l'arrivée au pouvoir de de Gaulle, qui a écarté à deux reprises la Grande-Bretagne de la Communauté européenne, le Premier ministre britannique a dénoncé "les pays d'Europe continentale comme un bloc économique déchaîné. C'est la première fois depuis les guerres napoléoniennes". De Gaulle ridiculise le Premier ministre britannique devant les officiels en le qualifiant de "pauvre homme, je n'ai rien à lui offrir".

Pourquoi la monnaie anglo-saxonne devrait-elle être considérée comme un pilier alors que les autres monnaies ne font que regarder leur visage ? Tant qu'on peut faire descendre le dollar de son cheval, même si c'est une condamnation à mort. De Gaulle non seulement l'a pensé, mais l'a fait.

Après deux dépréciations du franc entre 1957 et 1958, les exportations françaises s'améliorent et les réserves en dollars explosent. L'or, qui est la clé du dollar, est le seul moyen d'aller au fond du système de Bretton Woods. C'est à ce moment-là que les grands et les puissants se lèvent, et que le franc entraîne les frères du mark, de la lire et autres dans la salle du trône de l'argent, pour voir qui est le meilleur du monde.

De 1958 à 1966, la France a utilisé ses réserves en dollars pour demander en moyenne 400 tonnes d'or par an aux États-Unis, et les réserves d'or de la France ont de nouveau dépassé celles de l'Allemagne. Les autres pays européens, sous la pression du département du Trésor des Etats-Unis, n'osent pas demander facilement l'échange de dollars contre de l'or, la raison invoquée par les Etats-Unis est que cela nuira à la situation financière du monde, le sous-texte des Etats-Unis est très clair, celui qui échange des dollars contre de l'or est "l'ennemi potentiel" de l'ordre financier mondial. Bien sûr, les États-Unis sur l'acte français de la haine à la racine des dents, juste un moment pour prendre le pétrole et le sel ne pas entrer dans le de Gaulle ne peut pas. début des années 1960, les États-Unis ont forcé la Banque centrale européenne à mettre en place une partie de l'or "pool total d'aide mutuelle", la vente conjointe de l'or pour stabiliser la ligne de fond de 35 $ pour une once d'or. Cependant, l'inondation du dollar se poursuit sans relâche.

Lorsque le président américain Johnson est arrivé au pouvoir en 1964, au lieu de proposer des moyens concrets de réduire les dépenses budgétaires et d'améliorer la balance des paiements, il a proposé un plan coûteux de "Grande Société" et un programme coûteux d'escalade de la guerre au Viêt Nam. La "Grande Société" de Johnson englobe tout, de la création d'un meilleur environnement urbain à la lutte contre la pollution ; de la guerre contre la pauvreté à l'augmentation des possibilités d'emploi en passant par le renforcement de la sécurité et de l'aide sociales ; de l'éducation universelle aux droits civils ; du développement des campagnes à la construction d'autoroutes ; de la "prise en charge des orphelins" à celle des personnes âgées ; et 115 textes de loi. L'allocation de fonds pour la santé, l'éducation et le développement des zones arriérées est passée de 8,1 milliards de dollars en 1965 à 11,4 milliards en 1966. L'escalade de la guerre du Vietnam a été un puits sans fond d'argent brûlé, commençant en 1965, lorsque les avions américains ont commencé à bombarder massivement le Nord-Vietnam, et le 8 mars de la même année, les troupes terrestres américaines ont débarqué au Vietnam, accélérant les étapes de la guerre du Vietnam, qui a atteint son apogée en 1968, lorsque les troupes américaines comptaient 530 000 hommes. Une "grande société" aurait épuisé les ressources économiques de l'Amérique, et la guerre du Vietnam a fini par coûter 400 milliards de dollars ! Johnson choisit à la fois le canon et le beurre. Il estime avec assurance : " Après tout, nos pères fondateurs sont ceux qui ont battu l'ennemi avec un fusil dans une main et construit des maisons avec une hache dans l'autre pour nourrir leurs familles… ". "En fait, Johnson ne s'inquiète pas de la provenance de ses coffres, car les États-Unis peuvent imprimer de l'argent et laisser les Européens participer au paiement du déficit américain.

Les dépenses effrénées du trésor américain ont fini par mettre en colère de Gaulle et tous les pays européens, et en 1965, la Banque de France a annoncé ouvertement que la France était prête à exiger du gouvernement américain toutes les nouvelles entrées de réserves en dollars et une partie de ses réserves existantes en or. Les Français avaient l'habitude d'échanger des dollars contre de l'or, tout doucement, ne voulant pas trop embarrasser l'Amérique. Cette fois, c'est une véritable gifle publique à l'Amérique. Les créanciers européens disposant de réserves en dollars ont applaudi en privé. Charles de Gaulle a également proposé un programme de réforme monétaire mondiale visant à renforcer le rôle de l'or dans le système monétaire mondial, à proscrire le dollar et la livre sterling en tant que monnaies de réserve internationales et à demander directement aux pays européens de prendre le pouvoir.

Pour la France, la Grande-Bretagne et les Etats-Unis occupent les deux rives de l'Atlantique, avec le même esprit et les mêmes cornes dans les mains de l'autre. Pour briser le dollar fort, le bloc européen doit d'abord briser la livre et casser ses bras.

Et à ce stade, la Grande-Bretagne est en crise.

Après la guerre, les tentatives continues de la Grande-Bretagne pour restaurer la zone sterling se heurtent à une répression constante et sévère de la part des États-Unis. En particulier, lors de la crise du canal de Suez en 1956, la Grande-Bretagne est soumise à des sanctions financières catégoriques de la part des États-Unis, qui rejettent totalement l'idée de restaurer leur empire colonial.

Pendant la Seconde Guerre mondiale, les exportations massives des colonies britanniques vers la Grande-Bretagne ont créé une énorme réserve de livres sterling. Les Américains ont forcé la Grande-Bretagne à dégeler ces réserves de livres sterling en 1947, ce qui a déclenché une grave crise de la livre sterling qui a anéanti le crédit de la livre et envoyé les anciennes puissances coloniales vers le dollar. Le Royaume-Uni a été contraint de geler à nouveau ses réserves en livres sterling, un énorme fardeau de dette extérieure en livres sterling qui pèse sur les finances du Royaume-Uni et crée une crise de confiance dans la livre dès que l'économie mondiale fluctue un peu. De 1948 à 1982, le compte de capital britannique a été déficitaire 32 fois en 34 ans, à tel point que pendant la période d'essor de l'après-guerre, marquée par la modernisation des équipements industriels et des progrès technologiques rapides, le Royaume-Uni est resté à court d'argent et à la traîne des principaux pays européens en raison des réserves historiques en livres sterling, de la pression de la dette extérieure et des énormes dépenses militaires à l'étranger. En 1960, les réserves monétaires de la Grande-Bretagne s'élevaient à 1 milliard de livres sterling, mais la dette extérieure due en livres sterling atteignait 3 milliards de livres sterling, et à la fin des années 1960, la dette extérieure atteignait même 6 milliards de livres sterling, devenant ainsi le "patient britannique" de l'économie européenne.

La France a non seulement attaqué les réserves de livres sterling de Londres avec de l'or, frappant la Grande-Bretagne là où ça fait mal, mais elle a également utilisé les outils des médias d'État français pour affaiblir la livre. Le fait que la France continue de convertir la livre en or a eu pour conséquence que les États-Unis et d'autres organisations du "Groupe des Dix" et du FMI n'ont accordé aucun prêt pour défendre la livre. À un moment critique, l'Allemagne a refusé de faire une déclaration en faveur de la livre au motif que "la communauté allemande était convaincue que la livre devait être dévaluée", et en novembre 1967, après une campagne épuisante de trois ans pour défendre la livre, celle-ci a capitulé et a été dévaluée de 14,3%. La dépréciation de la livre britannique a immédiatement provoqué une vente massive du dollar sur les marchés internationaux et une ruée vers l'or.

Le 17 mars 1968, la "mutuelle de l'or" durement gagnée par les États-Unis s'effondre et, à la fin du mois de mars, des millions d'Américains entendent le président Johnson annoncer à la télévision qu'il ne se représentera pas aux élections. Pendant ce temps, l'offensive américaine du jour de l'an contre le Viêt Nam n'a pas connu de fin. Le *Wall Street Journal* se lamente,

> *"Les financiers européens nous imposent la paix. Nous, les créanciers de l'Europe, avons forcé un président à démissionner, un événement sans précédent dans l'histoire américaine."* [69]

Au moment critique où la France était victorieuse et prête à lancer une attaque générale contre les réserves d'or de l'Amérique, un événement soudain et dramatique a inversé tout le cours de la guerre de l'or. Cinq jours seulement après l'effondrement de la "Banque générale d'entraide de l'or" aux États-Unis, le 17 mars, des étudiants d'une université parisienne ont soudainement pris le contrôle du campus le 22 mars, et de plus en plus d'universités se sont impliquées, transformant cet événement en une "tempête de mai" à Paris, qui a paralysé la société pendant un certain temps.

Bien que la cause de l'incident ne soit pas claire, le résultat est évident : l'or que la France a rapporté des États-Unis a été forcé de

---

[69] Michael Hudson, *Super Imperialism-New Edition : The Origin and Fundamentals of U.S. World Dominance*, Pluto Press, 2003, chapitre 12.

retourner aux États-Unis en toute bonne foi. De Gaulle lui-même a fini par perdre la présidence à cause de cela.

La "tempête de mai" sur le marché des changes a déclenché une énorme vague, le franc a été massivement vendu, déclenchant une avalanche de dévaluations. Le 29 mai, le gouverneur de la Banque de France appelle à l'aide la Réserve fédérale, les Américains lui répondent : "le dollar n'est pas bon à emprunter pour rien, la France n'a pas de réserves d'or ? Elle peut être vendue contre des dollars. " Dans une situation désespérée, les Français étaient prêts à vendre au Trésor américain au prix forfaitaire de 35 dollars. Les États-Unis étaient en fait désespérément à court d'or et le prix de l'or augmentait, tandis que le Trésor américain exigeait une réduction de prix de 10% de la part des Français. En fait, le FMI et de nombreux autres acheteurs sont certainement prêts à acheter de l'or pour 35 dollars. Les deux parties sont finalement parvenues à un compromis, le département du Trésor américain a payé 35 dollars pour acheter, les Français à Paris au FMI pour livrer de l'or, le FMI à New York à la Banque de la Réserve fédérale de New York leur propre or, 1968 à 1969, la France a été forcée de cette façon aux États-Unis a vendu 925 millions de dollars d'or à la parité. [70]

Les Français ont pris des réserves en dollars et les ont pressées contre l'or américain pendant des années pour rien.

En 1971, le dollar a "usurpé l'or" et établi l'empire américain de la dette.

Bien que l'offensive française sur l'or se soit soldée par un échec, la crise de l'or que la France a créée dans le monde entier a enterré la dynastie de Bretton Woods que les États-Unis avaient construite.

Le 15 août 1971, le président américain Nixon a annoncé la fermeture de la "fenêtre or" des États-Unis et l'arrêt de l'échange du dollar contre de l'or. Depuis lors, le système de Bretton Woods est devenu une expression consacrée.

---

[70] Charles A. Coombs, *The Arena of International Finance*, John Wiley and Sons, 1976, p. 177–178.

À l'origine, les États-Unis pourraient choisir de réévaluer le ratio de l'or et du dollar, tout comme Roosevelt a dévalué le dollar par rapport à l'or en 1934, il a été suggéré que le dollar soit dévalué à 72 dollars pour 1 once d'or, afin de refléter la réalité économique du dollar dans l'après-guerre 25 ans de croissance excessive des cheveux, mais les États-Unis sont trop loin de l'apparence d'un superficiel. Car l'Amérique n'a plus besoin de l'empereur nominal qu'est l'or.

Le dollar est devenu la monnaie mondiale de facto, et que les gens le veuillent ou non, et peu importe qu'ils se plaignent, la dynastie de Bretton Woods a ancré le dollar si profondément dans les systèmes monétaires de tous les pays que plus les gens lutteront, plus ils s'enfonceront, plus la résistance sera féroce et plus la réaction sera forte.

Depuis 25 ans, les États-Unis ont réussi à utiliser le dollar pour rompre le lien entre l'or et l'économie mondiale, et à l'exception des banques centrales, les gens se sont éloignés de l'or dans leur vie quotidienne et se sont habitués au dollar. Le dollar pour remplacer l'or plan "Li pour la pêche", maintenant il est temps pour le melon de tomber, l'eau au canal.

L'impact profond qu'allait avoir sur le monde le système libellé en dollars, qui remplaçait l'étalon de change-or, n'a pas fini de faire parler de lui, plus de 40 ans plus tard. L'économie progressait et la société évoluait, mais la crise suivait le mouvement, et l'intensité, l'ampleur et le moment de la Grande Dépression des années 30 approchaient. Le monde a reconnu que le système monétaire mondial actuel présentait des problèmes fondamentaux.

Le dollar étant la réserve monétaire mondiale, les bons du Trésor américain deviendraient de facto un actif de base de la réserve mondiale. Plus l'économie mondiale se développe, plus les monnaies des pays sont avides de Treasuries américains ; plus le commerce international se développe, plus la pression sur les exportations en dollars américains sera forte. Le dollar est comme une machine à planter, dans le processus de circulation du monde, insérant les graines de la dette nationale américaine dans le système financier de chaque pays, ces graines germeront et grandiront, et la croissance des intérêts sur la dette générera plus de demande de dollars. Le dollar et la dette américaine, en demande mutuelle, auront un élan rigide inhérent d'auto-croissance, jusqu'au jour où l'on trouvera soudain un énorme lac de déversoirs de dette souveraine se pressant sur la tête de chacun, et c'est alors que quelqu'un s'exclamera que ce lac de déversoirs de dette est condamné à se briser !

Lorsque Trayvon a découvert la contradiction naturelle entre le dollar et le verrou d'or, personne ne s'en est soucié, parce que c'était une crise des décennies plus tard, pas un problème aujourd'hui. Quand ce jour est arrivé tôt, les gens ont été laissés à eux-mêmes.

Maintenant, lorsque nous découvrirons que le dollar est tout aussi intrinsèquement contradictoire que la dette américaine, personne ne s'en souciera. Mais l'étude de l'histoire nous fait comprendre que ce jour viendra !

CHAPITRE V

L'Orient veut savoir, le bras de fer entre la Chine et le Japon en matière d'industrialisation

Sur la carte économique mondiale actuelle, la posture de base des États-Unis, de l'Europe et de l'Asie a progressivement formé trois jambes. On a dit que le 19e siècle était le siècle de la Grande-Bretagne, le 20e siècle celui des États-Unis et le 21e siècle celui de l'Asie, et au moins à la lumière des développements mondiaux actuels, il y a une réelle possibilité pour cela.

Les malheurs de l'Amérique résident dans l'économie, la crise de l'Europe dans la politique, et les problèmes de l'Asie dans l'histoire.

La Chine et le Japon, comme la France et l'Allemagne, sont à la fois ennemis dans l'histoire et parents dans la réalité. Dans la course économique d'après-guerre qui dure depuis 60 ans, le Japon a mené la première moitié, tandis que la Chine a progressivement pris de la vitesse dans la seconde moitié et les deux parties sont maintenant dans une position assez proche. La Chine peut-elle enfin devancer le Japon ? Ou est-ce la résurgence miraculeuse du Japon après 20 ans de stagnation économique ?

La course a ressemblé à celle de l'après-guerre des années 1950, où les deux camps étaient à égalité.

Après avoir reçu une aide de 2,4 milliards de dollars de l'Union soviétique, la Chine se lance dans une industrialisation complète avec la construction massive de 156 projets industriels clés. Le Japon, quant à lui, se lance dans une difficile renaissance d'après-guerre avec l'aide directe et indirecte de 4,1 milliards de dollars des États-Unis. Au moins au milieu des années 1950, les deux parties ne sont pas au même niveau de développement. L'industrialisation du Japon a commencé tôt, avec une accumulation de talents et de technologies bien supérieure à celle de la Chine, mais dans la période d'après-guerre, le gouvernement japonais a perdu le leadership politique et économique, et la production industrielle et le commerce extérieur connaissent encore une reprise difficile. L'industrialisation de la Chine avait une base médiocre, mais l'aide industrielle massive de l'Union soviétique en matière de technologie et de nouveaux équipements, ainsi que les 18 000 experts soviétiques qui ont approfondi la diffusion technologique en Chine, ont permis de réduire considérablement la distance entre l'économie chinoise et le niveau mondial dans les années 1950.

Le point d'inflexion dans la course économique entre la Chine et le Japon est survenu en 1955, un énorme écart dans la vision stratégique économique qui a été amplifié par les propres erreurs de la Chine et renforcé par la pleine utilisation par le Japon des ressources du marché mondial. La Chine a perdu 20 ans dans le changement et l'accélération spectaculaires de l'industrialisation mondiale qui se sont produits dans les années 1960.

Si la Chine ne veut pas voir l'histoire se répéter, elle doit examiner attentivement comment le fossé stratégique a été créé et comment il s'est détérioré.

La Chine obtient le plan Marshall soviétique

La guerre de Corée, qui a éclaté en 1950, n'a pas seulement changé le paysage de l'Europe, mais a également provoqué une fissure dans le destin de l'Asie. La Chine choisit l'Union soviétique, tandis que les États-Unis décident de lui imposer un "exil économique".

En fait, pour la Chine, le choix n'est pas compliqué. Pour transformer une nation agraire arriérée en une nation industrielle forte, la Chine devait rechercher une aide étrangère, et les seules forces extérieures susceptibles de l'aider à s'industrialiser à grande échelle dans les conditions historiques de l'époque étaient l'Union soviétique et les États-Unis. Étant donné le soutien de longue date des États-Unis au gouvernement du Kuomintang et le début de la guerre froide avec l'Union soviétique, il est manifestement très peu fiable d'attendre des États-Unis qu'ils fournissent à la Chine du Parti communiste la technologie, l'équipement, le talent et le capital nécessaires à une industrialisation à grande échelle. Par conséquent, l'Union soviétique est devenue la seule force extérieure capable de fournir une assistance à l'industrialisation de la Chine.

Depuis la Seconde Guerre mondiale, tous les pays en développement et les anciens pays colonisés du monde ont pris très clairement conscience que l'industrialisation est la seule voie vers des nations prospères et fortes. Cependant, l'économie industrielle est bien plus complexe que l'économie agricole traditionnelle, et la diffusion technologique induite par la révolution industrielle ne se résume pas à la construction d'usines, à l'importation d'équipements, à l'achat de matières premières, à l'organisation de la production et de la commercialisation, mais implique également un énorme projet social qui l'accompagne, comme le développement simultané de l'énergie et de l'électricité, de l'acier et du charbon, de la fabrication d'équipements, de la pétrochimie, de l'électronique, des infrastructures, des transports, du commerce et des échanges, de la banque et des finances, de l'éducation et de la formation, et de bien d'autres industries, et ce mécanisme précis de coordination des grandes industries et ce système complexe de commerce et de services financiers dépassent largement les bases humaines, matérielles et financières disponibles dans la plupart des pays agricoles. C'est pourquoi, au cours des 60 années qui ont suivi la Seconde Guerre mondiale, très peu de puissances industrielles émergentes ont réellement émergé.

Impressionné par sa rencontre avec les principaux dirigeants du Parti communiste à Singapour en février 1949, l'envoyé spécial de Staline, Mikoyan, écrit dans son rapport à Staline que le Parti communiste ne sait pas comment arrêter l'inflation, comment traiter les entreprises étrangères, comment imposer un monopole d'État sur le sel, le tabac et l'alcool, comment nationaliser les biens des quatre grandes familles et des grands acheteurs, comment imposer un monopole sur le commerce extérieur. Les dirigeants communistes sont "très bien informés et confiants" sur les questions politiques générales, les affaires du parti, les questions internationales, les questions paysannes et les questions économiques, mais ils ne connaissent pas grand-chose aux questions de gestion, "ont des concepts vagues de l'industrie, des transports et de la banque", et ne comprennent pas la situation des entreprises et de l'économie de la Chine, ni ne savent quoi faire. En bref, "ils sont dans la campagne fermée, déconnectés de la réalité".

Au cours de la longue et brutale guérilla post-ennemi et du développement des bastions ruraux éloignés des grandes villes, la qualité des cadres était loin de répondre aux exigences de l'industrialisation. Selon les statistiques, il y avait 1,5 million de membres du parti en Chine du Nord au début des années 1950, dont 1,3 million étaient analphabètes ou semi-alphabètes. Près de 50% des cadres dirigeants (comités de district et au-dessus) sont sans instruction ou peu instruits. Il faut deux à trois ans aux seuls dirigeants pour s'alphabétiser, et au moins cinq ans aux membres ordinaires du parti.

Il existe également une grave pénurie de ressources humaines de base nécessaires à la prolifération des technologies industrialisées, et le nombre d'institutions et de chercheurs scientifiques hérités de l'ère du Kuomintang est pitoyablement faible. L'Académie centrale des sciences du gouvernement du Kuomintang ne compte que 13 instituts de recherche avec 207 chercheurs, et seuls la physique, les mathématiques, la biologie, la géologie et les sciences humaines sont couverts. L'Académie des sciences de Pékin compte neuf instituts de recherche, mais il ne reste que 42 chercheurs. Il y a moins de 200 experts en géologie dans le pays, et le nombre total d'ingénieurs et de techniciens dans le pays n'est que de 20 000, même dans des entreprises clés comme Anshan Steel, il n'y a que 70 ingénieurs, dont 62 sont japonais ! Même avec ces ressources humaines extrêmement rares, le niveau de technologie industrielle qu'ils connaissaient était encore à des décennies de distance de celui de l'Allemagne d'après-guerre. Dans le même temps, il y a une pénurie encore plus grande de professionnels dans d'autres secteurs qui doivent être appariés à ces talents afin de faire fonctionner la machine de l'industrialisation, comme la planification des systèmes économiques, l'organisation de la production dans l'industrie moderne et les services de financement du commerce. Il est clair que le goulot d'étranglement des talents est la plus grande difficulté à laquelle est confrontée l'industrialisation de la Chine.

En outre, l'industrialisation doit exiger une énorme accumulation de capital, et le capital dont ont besoin les pays agricoles dans le processus d'industrialisation ne peut provenir que de l'accumulation agricole et du financement extérieur. La pénurie généralisée de devises étrangères dans les pays en développement est due au fait qu'ils doivent échanger la lente et maigre accumulation naturelle de l'agriculture contre le coût des équipements technologiques avancés à l'étranger, qui est trop élevé. Dans le processus d'industrialisation, l'importance principale des devises étrangères réside dans l'importation d'équipements et de matières premières pour la production de la prolifération technologique. L'aide étrangère, les investissements étrangers, l'emprunt de la dette étrangère sont tous liés à la prolifération de la technologie de valeur.

Sur le plan militaire, la guerre de Corée a complètement inversé la tendance à la défaite de la défense nationale de la Chine au cours du siècle dernier, en dissuadant l'ennemi puissant sur le 38e parallèle et en consolidant la zone de sécurité stratégique de l'industrialisation dans le nord-est et même dans toute la Chine, depuis lors, les puissances occidentales ont complètement abandonné l'idée d'une guerre à grande échelle avec la Chine. La dissuasion militaire créée par la guerre de Corée a fait que les forces américaines de la guerre du Viêt Nam n'ont pas osé faire un demi-pas vers le champ de mines situé à 17 degrés de latitude au nord du Viêt Nam, et a forcé la puissante armée soviétique à compter avec les dividendes de paix de cette dissuasion, dont la Chine a bénéficié pendant les 60 années suivantes de son industrialisation.

Sur le front politique et économique, la guerre de Corée a radicalement modifié l'attitude sceptique de Staline à l'égard du gouvernement chinois, et son enthousiasme pour aider la Chine à s'industrialiser s'est considérablement accru. Zhou Enlai a dit un jour : " Ce n'est que lorsque Staline est entré en résistance contre les États-Unis qu'il a changé d'avis sur la Chine ". Mao a également affirmé que "l'entrée des volontaires du peuple chinois dans la guerre a été une raison plus ou moins importante pour Staline de croire au Parti communiste chinois". "Après Staline, la contribution substantielle de Khrouchtchev à l'industrie de la défense chinoise, en particulier aux missiles et aux armes nucléaires, au milieu et à la fin des années 1950, a dépassé celle de l'ère stalinienne.

Au total, l'Union soviétique a fourni à la Chine jusqu'à 6,6 milliards de roubles, soit l'équivalent de 1,65 milliard de dollars, pendant le début de l'industrialisation de la Chine dans les années 1950, soit plus que le montant total de l'aide fournie par les États-Unis à l'Allemagne dans le cadre du plan Marshall (1,45 milliard de dollars). En outre, sous la direction de l'Union soviétique, l'aide en équipements techniques fournie par les pays d'Europe de l'Est à la Chine s'est élevée à 3,08 milliards de roubles. En conséquence, la Chine a reçu du camp socialiste un total d'environ 2,4 milliards de dollars en capital brut industrialisé.

C'est avec cette énorme quantité de capital industriel que la Chine s'est lancée dans un processus d'industrialisation sans précédent dans son histoire, en réalisant 156 projets clés (150 effectivement achevés) dans les secteurs de l'énergie, de la métallurgie, des machines, de la chimie et de la défense. Le processus de transformation de l'économie privée en économie d'État, qui devait prendre 15 ans pour s'achever progressivement, a été fortement réduit à cinq ans avec l'entrée massive de capitaux extérieurs, dont les contreparties sont toujours contestées. Bien entendu, cet argent n'était pas gratuit et la Chine a dû l'échanger contre des produits agricoles et des matières premières primaires industrielles.

En tant que pays agraire qui n'a jamais connu le baptême de la révolution industrielle, l'interrelation, la hiérarchisation et la coordination proportionnelle entre les différents secteurs de l'économie industrielle complexe sont, pour la Chine, la première fois qu'une grande fille monte sur la chaise à porteurs, et de nombreux concepts plausibles et jugements flous doivent être appris et améliorés rapidement. Pour les systèmes industriels formés dans des conditions non naturelles, la planification est particulièrement importante. Le premier plan quinquennal a été discuté en février 1951 sous les auspices d'une équipe de six membres composée de Zhou Enlai, Chen Yun et Bo Yibo, et il a fallu plus de deux ans de recherches et de révisions répétées avant que les principes fondamentaux du plan quinquennal ne soient distillés et affinés. Néanmoins, ils ignoraient des questions aussi importantes que la proportion de l'industrie militaire dans l'investissement total, la pression que les objectifs de croissance industrielle excessive exercent sur l'utilisation concentrée des ressources humaines et matérielles, la manière de combiner le développement industriel avec les abondantes ressources humaines de la Chine en matière d'artisanat, la manière d'assurer l'approvisionnement en denrées alimentaires et en matières premières agricoles pour l'agriculture, et la manière dont la finance et les finances peuvent garantir que l'industrialisation progresse en même temps que le niveau de vie de la population. À cette époque, l'Union soviétique était passée maître dans l'économie planifiée et, avec l'aide des experts soviétiques en planification, ces problèmes ont été progressivement identifiés et réglés.

Avec un plan, il s'agit juste de comprendre les principes de ce que l'industrialisation doit faire, ceux qu'il faut faire en premier et ceux qu'il faut faire plus tard, quel pourcentage d'investissement est approprié, comment les chaînes entre les secteurs industriels sont connectées, mais le diable se cache dans les détails de la mise en œuvre. Même les meilleurs plans, s'ils sont difficiles à mettre en œuvre, finiront par être beaucoup moins efficaces.

Sans la coopération industrielle de l'Union soviétique avec l'Allemagne de 1922 à 1927, et sans la remise à l'Union soviétique d'un grand nombre d'ingénieurs et d'experts militaro-industriels allemands, les tentatives de Staline de transformer l'Union soviétique d'un État agraire arriéré en un puissant État industriel en dix ans ne pouvaient être qu'une fantaisie irréaliste.

Des dizaines de milliers d'ingénieurs chinois ont été confrontés à des équipements de production complexes qu'ils n'avaient jamais vus de leur vie, à des processus de production totalement inconnus, à des données et des dessins techniques russes comme un livre céleste, à des normes techniques de produits inconnues, à des exigences strictes en matière de matières premières et à des formulations précises, qui n'avaient que la taille de deux têtes. Il n'est pas facile de fabriquer des produits de pointe tels que des aciers alliés de haute qualité, des aciers inoxydables, des tubes d'acier sans soudure, des avions à réaction, des chars d'assaut, des pièces d'artillerie de gros calibre, des radars d'alerte, des automobiles, des tracteurs, des navires de plusieurs tonnes, des équipements complets de production d'énergie thermique et hydroélectrique de grande capacité, des équipements de haut fourneau de grand volume, des mineurs de charbon combinés et de nouvelles machines-outils parmi des centaines de nouvelles entreprises en seulement trois à cinq ans ! Après tout, ce n'est pas aussi simple que les meubles IKEA peuvent être assemblés à la main !

Mais les "diables" de l'industrialisation se cachent dans ces millions de détails. Si les ingénieurs et techniciens chinois avaient pu surmonter une à une les différentes difficultés techniques, je crains qu'au moment où la machine aurait pu bouger, le produit aurait été obsolète.

Les 18 000 experts et ingénieurs de diverses industries envoyés en Chine par l'Union soviétique dans les années 1950 ont le mérite d'avoir absorbé la prolifération de la technologie industrialisée en Chine. Aux premiers stades de la construction économique, la première chose dont la Chine se sentait dépourvue était la puissance de conception. En 1953, il n'y avait que 78 unités de conception dans le pays, chacune comptant moins de 500 personnes, et une force aussi maigre ne pouvait pas répondre aux besoins de la Chine pour une reprise et une construction économiques complètes. Afin d'aider la Chine à planifier l'électrification nationale, le développement de l'acier et la détermination de la variété des produits, l'adaptation de l'industrie des machines et la construction de nouvelles usines, l'industrie navale et le transport ferroviaire, l'étude géologique, etc., l'URSS a envoyé pas moins de 47 équipes d'experts en planification. Dans 156 grands projets industriels, vous pouvez souvent voir la figure des experts soviétiques, ils ne sont pas seulement les "consultants" qui s'assoient et parlent, mais aussi l'aide pratique à l'installation et la mise en service des experts pratiques, les ingénieurs chinois sont en contact étroit, comprendre et découvrir les détails des problèmes d'industrialisation, et ses solutions. Grâce à la facilité avec laquelle les experts soviétiques connaissent leurs propres équipements, de nombreux grands projets sont construits, du démarrage à la production, à une vitesse étonnante ! Par exemple, la première usine de fabrication d'automobiles de Changchun n'a pris que trois ans entre le démarrage et la production. Il n'est pas étonnant que le Comité central des finances et de l'économie ait tiré la leçon que

> "Deux ans d'expérience ont prouvé que les petites usines conçues par les techniciens chinois ou les petites usines réhabilitées et converties sont déjà truffées de défauts techniques de conception et de gaspillage. La conception de l'énorme usine complexe, qui n'a connu aucun succès, est revenue pour moitié à l'Union soviétique. Engager une équipe de conception soviétique était donc un moyen rapide, économique et très sûr d'y parvenir pendant un certain nombre d'années, alors que les techniciens supérieurs chinois n'étaient pas formés."

Parce que la valeur des actifs incorporels a été omise de l'aide soviétique à la Chine, la valeur de la véritable prolifération technologique que la Chine a acquise de l'Union soviétique a été largement sous-évaluée. Ces actifs incorporels devraient inclure le coût du brevetage de centaines de milliers de technologies de base dans 156 grands projets, les bénéfices en temps créés par les experts industriels dans la résolution des défis techniques, les bénéfices globaux combinés des experts en conception dans la planification directrice, les bénéfices de prise de décision fournis par les experts industriels dans les grandes stratégies de développement, et les bénéfices de diffusion des connaissances créés par les experts soviétiques dans la formation d'un grand nombre d'ingénieurs chinois et d'étudiants internationaux. Ces avantages sont les suivants : dans l'industrie pétrolière, les experts soviétiques ont rejeté la théorie chinoise traditionnelle de la pauvreté pétrolière et enseigné des méthodes avancées d'exploration des champs pétrolifères, ce qui a permis de multiplier par trois la productivité du travail de l'industrie pétrolière chinoise ; dans le secteur de l'électricité, 16 méthodes de construction avancées ont été promues, ce qui a permis de réduire considérablement les coûts et de raccourcir les périodes de construction ; dans l'industrie du charbon, la durée de vie d'un grand nombre de mines a été prolongée de 20 à 40 ans ; dans l'industrie sidérurgique, la nouvelle technologie soviétique a largement dépassé le niveau de conception de la capacité de production d'acier et a réduit de moitié le temps d'entretien ; dans la sylviculture, les nouveaux programmes des experts soviétiques ont réduit le taux de perte de flux de bois à un dixième du taux original ; en outre, la technologie soviétique a généré de bons avantages pour la Chine dans l'agriculture et la conservation de l'eau.

Si l'on tient compte de ces éléments intangibles, les avantages totaux de la diffusion des technologies industrielles que la Chine a reçus de l'Union soviétique sont loin de l'échelle de 2,4 milliards de dollars, et je crains qu'ils ne soient supérieurs d'un ordre de grandeur !

L'industrialisation du pays de la Chine des années 50 n'est plus un rêve lointain du passé, mais une réalité qui prend son envol !

Le grand bond en avant et la grande récession

Lorsqu'une personne se fixe pour ambition de passer de la pauvreté à la richesse et de la faiblesse à la force, elle aura deux choix : l'un est d'accumuler des forces et de se développer régulièrement, et l'autre est de pêcher dans les eaux asséchées et de faire des gains rapides. S'il est trop pressé de se développer, qu'il consacre tous ses revenus épargnés à sa carrière, qu'il travaille dur tous les jours sans se soucier de sa santé, qu'il souffre de malnutrition chronique et que sa santé finit par s'effondrer et qu'il tombe gravement malade, une grande partie de ses efforts seront gaspillés.

En 1957, la Chine a cependant fait le second choix.

L'achèvement rapide du premier plan quinquennal a plongé la société chinoise dans un état d'euphorie rapide. La supériorité socialiste a été démontrée par de nouvelles usines, des ateliers, des tours occupés, un flux constant de produits industriels, une grande variété de marchés et des tables de plus en plus riches pour les agriculteurs, donnant un réel espoir à une société déchirée par la guerre et frappée par la pauvreté. L'abondance et la prospérité engendrées par l'industrialisation ont soudain donné l'impression que la route pour rattraper les pays développés du monde n'était pas si longue. Plus le rythme de l'industrialisation est rapide, plus le rêve de prospérité et de richesse devient réaliste.

Or, la base principale du développement industriel est une agriculture fragile. Les équipements nécessaires à l'industrie lourde, dont 85% sont échangés à l'étranger contre des produits agricoles, et les matières premières nécessaires à l'industrie légère, dont 90% proviennent de l'agriculture, sont également nécessaires pour nourrir 100 millions de citadins et 500 millions d'agriculteurs. C'est le phénomène commun auquel sont confrontés les pays typiquement agricoles lorsqu'ils développent l'industrialisation.

En Chine, où l'industrialisation n'en est qu'à ses débuts, l'agriculture dépend encore largement du ciel pour sa subsistance. Tant les conditions naturelles que le changement climatique peuvent sérieusement affecter les récoltes agricoles. Cela était déjà évident pendant les cinq premières années. Au cours des cinq années de 1953 à 1957, il y a eu deux bonnes années, deux mauvaises années et une année plate. En conséquence, la Grande Année de Désolation de 1954 a réduit la production agricole, les réserves de coton et de nourriture étaient insuffisantes, et les industries légères telles que le textile n'ont connu qu'une croissance de 1%. Et comme l'agriculture et l'industrie légère constituent la quasi-totalité de la source des produits de consommation en Chine, lorsque les biens de consommation diminuent, le commerce décline, et les recettes fiscales du pays diminuent avec eux. L'insuffisance des recettes fiscales affecte à son tour les investissements et l'industrie lourde. Ainsi, les années catastrophiques de 1954 et 1956 ont directement affecté la croissance économique en 1955 et 1957.

Ce n'est que lorsque l'industrialisation a atteint un certain niveau que les machines agricoles, les engrais, les pesticides et les constructions hydrauliques à grande échelle qu'elle a entraînés peuvent apporter une aide substantielle à l'agriculture. Jusque-là, les fondations fragiles de l'agriculture, sous le poids de l'industrialisation, avaient particulièrement besoin de soins.

Un pays est comme une famille, dont le revenu n'est utilisé que pour la consommation ou l'épargne. Les ménages pauvres dépensent la plus grande partie de leur revenu pour les dépenses quotidiennes, seule une petite partie pouvant épargner. Un pays agricole pauvre est confronté aux mêmes problèmes d'accumulation et de consommation de son revenu national. L'accumulation est le potentiel de développement futur du pays, la consommation est la dépense réelle des masses, sans laquelle il n'y aura pas d'impulsion de développement, tandis qu'un manque de consommation empêchera la nation de mener une vie normale. Le rapport entre l'accumulation et la consommation est une question cruciale. Si le taux d'accumulation est trop élevé, c'est comme si l'on travaillait sur un estomac affamé, et avec le temps, la santé ne peut que s'effondrer, surtout dans un pays pauvre comme la Chine, qui ne vit que de subsistance.

Forcer une accumulation industrielle élevée signifierait que les agriculteurs devraient réduire leurs rations alimentaires, ce qui constituerait un danger caché à long terme ! Si l'industrie ne peut pas fournir suffisamment de biens de consommation pour un échange équitable, les agriculteurs se relâcheront passivement et réduiront leur production alimentaire, ce qui sera un désastre économique ! Si nous rattrapons des années catastrophiques successives, alors l'agriculture, l'industrie légère, l'industrie lourde, le commerce et les recettes fiscales subiront une catastrophe au carré ! Si l'accumulation industrielle était utilisée dans le secteur industriel gravement déformé, avec un grand gaspillage, la situation serait cubique de désastre !

Malheureusement, pendant les trois années du Grand Bond en avant, de 1958 à 1960, ces trois "et si" ont pris le dessus !

En 1957, l'accumulation n'était que de 24,9%, en 1958 elle a grimpé à 33,9%, en 1959 elle a atteint le chiffre stupéfiant de 43,8%, et en 1960 elle atteignait encore 39,6% ! Un taux d'accumulation aussi élevé ne manquerait pas de perturber gravement le fragile équilibre de l'agriculture, et les agriculteurs devraient réduire considérablement leurs rations alimentaires pour assurer le développement industriel. En fait, après avoir culminé à 410 livres par habitant en 1956, les rations des agriculteurs n'ont pas dépassé ce niveau avant 1980, soit 24 ans plus tard. La stagnation prolongée de l'agriculture a entraîné une croissance lente de l'ensemble de l'économie chinoise.

La "Commune populaire" a pris de force les richesses privées des paysans, telles que les outils agricoles, les bovins, les poulets, les canards et les porcs, pour en faire la propriété de l'équipe de production, et a introduit une grande cantine où l'on pouvait manger dans de grandes marmites et de grands pots sans argent, ce qui faisait que l'on mangeait la moitié d'une année de nourriture en un trimestre. Il n'était plus possible pour les paysans d'avoir l'enthousiasme et la responsabilité de la production agricole qui était presque identique à celle des fermes collectives de l'époque de Staline. Couplé à de graves catastrophes naturelles successives, il y a eu un sérieux déclin de la production agricole, la production réelle de nourriture en 1958 était de

400 milliards de kilogrammes, en 1959 elle a été réduite à 340 milliards de kilogrammes, et en 1960 elle a même été abaissée à 287 milliards de kilogrammes, le déclin de la production de coton était encore plus sérieux. La faim se répand à grande échelle dans les zones rurales et urbaines.

Les investissements industriels lourds, forcés de s'accumuler au détriment de l'agriculture, ont été gaspillés de façon spectaculaire. La production d'acier a été hautement totémisée comme un signe d'industrialisation, a proposé que la production d'acier en 1958 double par rapport à 1957, de 5,35 millions de tonnes à 10,7 millions de tonnes, 1959 double encore par rapport à 1958, de 10,7 millions de tonnes à 30 millions de tonnes. "Avec l'acier comme plate-forme", le spectacle de dix mille chevaux galopant en avant est apparu, et ce fut la frénésie du grand raffinage de l'acier de la nation. L'industrialisation est un système d'ingénierie très complexe, et même lorsque Staline a industrialisé, il n'a fait qu'extraire plus de capital brut de l'agriculture pour le développement de l'industrie lourde, mais en investissant dans l'industrie lourde, après tout, il l'a fait selon un schéma relativement rationnel du système industriel. Le "Grand Bond en avant" a bouleversé la logique de base de tout développement économique industriel, en mettant en avant l'acier et en laissant le reste derrière lui ! L'industrialisation ne peut apporter des bénéfices que si elle est coordonnée et équilibrée. En conséquence, l'industrie sidérurgique a été précipitée dans l'action et a soudainement découvert qu'il y avait une pénurie d'électricité, et lorsque la pénurie d'électricité a été résolue, elle a été confrontée à des contraintes de charbon. Le "maréchal de l'acier" en tête du cheval a fait demi-tour, mais a soudain constaté que le grand groupe d'hommes derrière ne pouvait pas suivre. Cette situation, associée au grand nombre de produits de qualité inférieure fabriqués par la sidérurgie à base d'argile, a entraîné un énorme gaspillage de ressources humaines, matérielles et financières, la destruction grave des ressources forestières, et le développement de l'industrie lourde est complètement déformé et la relation avec l'industrie légère est complètement faussée.

La crise économique a commencé par l'expansion anormale de l'industrie lourde, l'accumulation excessive entraînant la faillite de l'agriculture, ce qui a inévitablement entraîné la chute de l'industrie légère, qui avait perdu sa source de matières premières, suivie d'une contraction vicieuse des ventes au détail de marchandises en raison du manque de biens de consommation, ce qui a entraîné un énorme déficit des recettes fiscales du pays et l'a obligé à réduire l'ampleur des investissements, ce qui a finalement conduit à un grand déclin sans précédent de l'industrie lourde à partir de 1961, la production de l'industrie lourde ayant chuté de 46,6 pour cent en 1961 par rapport à l'année précédente, et de 22,6 pour cent en 1962. L'acier est passé de 18,66 millions de tonnes en 1960 à 6,67 millions de tonnes en 1962 et la production de charbon est passée de 397 millions de tonnes à 220 millions de tonnes. C'est la première crise économique sérieuse depuis la fondation du pays !

Ce n'est qu'en 1965 que l'économie chinoise a progressivement retrouvé son niveau de 1957, et pour cette erreur, la Chine a perdu huit années entières d'un temps précieux !

L'"étalon matériel" qu'est le yuan a une nouvelle fois freiné la propagation de l'hyperinflation

Depuis la fondation du pays, l'émission du yuan a adhéré au concept fondamental d'"étalon matériel" pendant les années de guerre, choisissant de ne pas être rattaché au dollar et au rouble, ni à l'or et à l'argent, formant un système monétaire complètement indépendant. Dans son système monétaire, la Chine s'est inspirée des caractéristiques externes du système "fondé sur le plan" du rouble soviétique pour former un mécanisme de masse monétaire "fondé sur le plan" et de "régulation matérielle" de la circulation monétaire.

Le Kuomintang a expédié la grande majorité de ses réserves d'or et d'argent lorsqu'il a quitté le continent, il est donc peu probable que la Chine établisse la valeur intrinsèque d'une monnaie liée à l'or, comme l'a fait le rouble soviétique. Dans le même temps, le gouvernement du Kuomintang, après la réforme monétaire française de 1935, a utilisé la livre sterling et le dollar comme garantie pour l'émission de sa propre monnaie, ce qui a entraîné la perte progressive de la souveraineté financière et l'incapacité subséquente de dominer le destin économique de la Chine. Par conséquent, le RMB ne tolérera pas que le rouble, le dollar ou toute autre devise étrangère influence l'émission de sa propre monnaie, que le pays soit ami ou ennemi, et le sort de la monnaie chinoise doit être à sa propre merci !

L'économie planifiée de la Chine, tant en termes d'expérience réelle que de précision, est bien en deçà du niveau de l'Union soviétique, et si la masse monétaire est uniquement guidée par la planification, il n'y aura pas de petite déviation, ce qui entraînera une augmentation significative des prix. Donc, en fin de compte, le facteur déterminant de la masse monétaire n'est pas le plan, mais les prix !

Après l'effondrement final du Grand Bond en avant, qui a duré trois ans, la Chine a connu une grave inflation. Il ne fait aucun doute que l'origine de cette flambée des prix est précisément due au dépassement de la monnaie.

Dans le processus d'auto-inflation de la "maréchaussée d'acier", l'ampleur de la construction de capital en Chine présente une situation de folie "big dry fast", violant la loi et la poursuite d'objectifs super élevés, réduisant les exigences de base de la qualité de la production, le résultat est un grand nombre de projets inachevés, un arriéré de produits de faible qualité. Cependant, les fonds nécessaires à ces projets et à la production ont été débloqués par les banques sous forme d'énormes quantités de crédit, comme l'exige le plan du gouvernement. Le système bancaire chinois est fondamentalement calqué sur celui de l'Union soviétique. Dans le cadre de la "grande finance, petites banques", les banques ne sont que les caissiers du gouvernement, le gouvernement donne le mot et les banques versent l'argent. La capacité de production industrielle et ses produits résultant de ces investissements auraient dû être achetés par le secteur commercial avec des liquidités empruntées aux banques, puis vendus et, une fois les bénéfices commerciaux réalisés, les prêts bancaires remboursés. Cependant, les rebuts entassés dans les entrepôts ne peuvent être vendus sur le marché et le système commercial s'est retranché sous le mantra "produisez autant que vous pouvez, achetez autant que vous pouvez". Il y avait un grave pourrissement industriel et commercial dans les banques, qui a finalement dû être payé par l'État.

Le gouvernement, tout en reconnaissant que les produits invendables dans les entrepôts sont "achevés", a inévitablement encouru des déficits vertigineux en raison de la "sous-collecte fiscale". Afin de garantir l'ampleur de la construction du "Grand Bond en avant", le crédit industriel a été multiplié par 12 en 1960 par rapport à 1957 ! Au début des années 1960, le déficit fiscal de la Chine s'est fortement aggravé, et les trois années du "Grand Bond en avant" se sont soldées par un déficit fiscal cumulé de 17 milliards de yuans, soit plus de trois fois le montant total de l'argent en circulation en 1957 !

Le déficit fiscal a contraint le gouvernement à imprimer de la monnaie à grande échelle, et au cours des trois années du "Grand Bond en avant", l'augmentation cumulée de la monnaie émise s'est élevée à 7,289 milliards de yuans, tandis que le montant total de la monnaie en circulation est passé de 5,28 milliards de yuans en 1957 à 12,57 milliards de yuans en 1961 ! À une époque où la production de l'industrie lourde diminuait fortement et où l'offre de produits de base était extrêmement rare en raison de l'effondrement de l'agriculture et de l'industrie légère, les 25,5 millions de personnes supplémentaires employées par le "Grand Bond en avant" ont ajouté 10 milliards de yuans de pouvoir d'achat, exacerbant la contradiction aiguë entre l'excédent monétaire et la rareté des produits de base.

L'extrême pénurie de nourriture et de produits de base a rendu l'approvisionnement des magasins d'État totalement inadéquat pour répondre aux besoins minimums de la société, et le gouvernement a dû assouplir massivement les restrictions du marché libre des agriculteurs, et lorsqu'une énorme quantité de devises a été tuée sur le marché des agriculteurs, le flot monétaire des achats frénétiques d'articles rares a fait augmenter les prix des aliments de 10 à 20 fois ! Une cargaison de riz jusqu'à 2 yuans, un œuf à 50 centimes, une cargaison de porc au prix faramineux de 5 yuans, un poulet presque à manger la petite moitié du salaire d'un ouvrier moyen !

Il s'agit de l'hyperinflation la plus grave à l'échelle nationale depuis que la superinflation héritée de l'époque de la guerre a été pacifiée au début de la fondation du pays. L'une des principales raisons de la défaite du gouvernement du Kuomintang était sa politique d'accaparement des richesses avec sa super dévaluation de la monnaie, qui a déclenché un effondrement de la confiance dans le gouvernement national parmi la classe moyenne urbaine. Les leçons de l'histoire ont fait prendre conscience au gouvernement que la stabilisation des prix est devenue une priorité urgente et pressante.

À l'époque, il y avait deux types de prix sur le marché chinois de la circulation des produits de base, les magasins d'État et les marchés de producteurs. L'approvisionnement en produits de base dans les magasins d'État était planifié et contrôlé, et les prix n'étaient pas élevés, mais les produits de base étaient rares. Les marchés de producteurs ont des produits de base, mais ils sont chers. La question centrale de la maîtrise de l'inflation est de ramener progressivement les prix des marchés de producteurs à des niveaux légèrement supérieurs à ceux des magasins d'État. Cela permettra de stabiliser la société et de rassurer la population.

En 1961, la Chine a commencé à rationner 18 catégories de produits de base, allant des céréales, du coton, du porc, du savon aux cigarettes et aux allumettes, et sur cette base, les gouvernements locaux ont introduit des dizaines et des centaines de normes de rationnement locales pour les produits de base, même les légumes dans de nombreux endroits. Les citadins fournissent deux taels de porc par personne et par mois, alors que les rations sont généralement insuffisantes, et les agriculteurs ne fournissent que trois pieds de coton par personne et par an. Ces rations minimales ne répondent évidemment pas aux besoins d'une vie normale et ne peuvent que maintenir un état de subsistance minimal. Mais ces quantifications minimales ont au moins permis de stabiliser les prix des principaux produits de base.

Si le découvert monétaire et la pénurie de produits de base ont formé le statu quo de la flambée des prix, alors il y a deux solutions : L'une consiste à reconnaître la réalité du découvert monétaire et à laisser le prix des produits contrôlés augmenter, en réduisant l'énorme écart de prix entre les magasins d'État et les marchés agricoles, en espérant que la hausse des prix quantitatifs des produits affaiblira l'incitation des marchés agricoles à augmenter les prix ; l'autre solution est l'idée classique qui a été testée et éprouvée pendant la guerre et les premiers jours de la libération, puisque la hausse des prix est causée par le découvert monétaire, alors la clé de la baisse des prix consiste à ramener l'excédent de monnaie et à réduire la circulation monétaire pour s'adapter au statu quo de la pénurie de matières premières. Quoi qu'il en soit, la clé du succès ou de l'échec consiste à stimuler une augmentation de l'offre de produits de base, à réduire la pression sur le public et à stabiliser le sentiment social.

La première approche, qui consiste à répondre à la surévaluation de la monnaie par des augmentations de prix, peut stimuler temporairement l'offre de biens plus chers, mais entraînera une nouvelle augmentation de la masse monétaire, ce qui peut ne pas être socialement stable. Parce que l'augmentation prévue des prix des produits de base réduira inévitablement le pouvoir d'achat du public, le gouvernement, afin de s'assurer que la vie des gens ne sera pas plus difficile, se contente d'augmenter les salaires, ce qui entraînera une augmentation de la masse monétaire, l'augmentation des produits de base sous la stimulation de l'augmentation des prix, sous le décalage temporel et la recherche de plus d'argent, ne produira pas nécessairement l'effet de la stabilité des prix. Le résultat est susceptible de créer un cercle vicieux d'augmentations de prix répétées pour plus d'eau et plus de nouilles, plus de nouilles et plus d'eau, et d'augmentations de salaires à leur tour. Par conséquent, les augmentations de prix n'élimineront pas l'inflation et sont susceptibles de conduire à une plus grande inflation.

La deuxième voie, qui consiste à combattre l'inflation en éliminant l'excès de devises, est clairement le remède, et c'est une solution à une étape, sans fin. À la suggestion de Chen Yun, l'idée de base consistant à utiliser des produits de base à prix élevé pour rapatrier les devises a été proposée. L'offre supplémentaire de "bonbons à prix élevé, snacks à prix élevé, restaurants à prix élevé", sans changement du prix des marchandises quantitatives, permet aux segments riches de la société, tels que les agriculteurs qui bénéficient de la vente de nourriture à prix élevé sur les marchés de producteurs, les démocrates avec une sécurité de revenu élevée, les travailleurs à haut salaire, et les anciens capitalistes avec des taux d'intérêt fixes dans l'industrie et le commerce, d'ajouter une avenue pour compléter leur nutrition et améliorer leur vie, consommant ainsi leur surplus de devises en grandes quantités, sans affecter la vie des autres groupes. À l'époque, le principe de fixation des prix pour les produits à prix élevé était "assez élevé pour vendre, assez bas pour ne pas vendre". Après trois ans de mise en œuvre de cette politique, l'État a pu récupérer l'afflux de liquidités à grande échelle avec des produits à prix élevé, ce qui a eu un impact significatif pour stabiliser les prix et assurer l'approvisionnement du marché. Cependant, cette politique a également généré un mécontentement important parmi les groupes de consommateurs les plus faibles de la société.

Immédiatement après, Liu Shaoqi a proposé deux politiques de prix pour les agriculteurs, "haut contre haut et bas contre bas". La politique dite "low-to-low" signifie que si l'État acquiert des produits agricoles aux prix bas prévus, il fournit également des biens de consommation industriels à bas prix en échange du prix ; la politique "high-to-high" signifie que l'État et les agriculteurs négocient, en échangeant des biens de consommation industriels à prix élevé contre des produits agricoles à prix élevé et en reprenant l'excédent de devises obtenu par les agriculteurs sur les marchés agricoles.

Entre 1962 et 1964, le montant total des deux programmes s'est élevé à environ 4,5 milliards de yuans sur trois ans, et le montant total de la monnaie en circulation a été considérablement réduit, passant de 12,67 milliards de yuans à la fin de 1961 à 8 milliards de yuans à la fin de 1964. Les prix sur les marchés agricoles ont commencé à baisser progressivement et la stabilité des prix a eu un effet évident.

Mais la simple stabilisation des prix n'a fait que résoudre le problème immédiat et contrôler la propagation de la flambée des prix. Seule une augmentation substantielle de l'offre de produits de base peut éteindre le feu de l'inflation à sa racine. Cela implique d'ajuster le système de prix irrationnel créé par le "Grand Bond en avant".

L'effondrement de l'économie agricole était manifestement le résultat de la politique d'industrialisation extrême qui consistait à transférer les richesses agricoles en recourant à des prix excessivement bas. Pour compenser la perte de l'agriculture, l'État a commencé en 1961 à augmenter considérablement le prix d'achat des produits agricoles, en réduisant l'ampleur des constructions industrielles et en réorientant les ressources économiques du pays vers l'agriculture, qui était en 1961 supérieure de 28% à celle de 1960 et de 34,8% à celle de 1958.

La hausse du prix d'achat des produits agricoles a eu un fort effet de stimulation sur la motivation de production des agriculteurs presque immédiatement. À partir de 1962, avec la Chine orientale en tête, l'agriculture de la plupart des régions a commencé à connaître une augmentation de la production alimentaire et une baisse des prix sur le marché des agriculteurs. Le redressement de l'agriculture a entraîné une augmentation de l'offre de matières premières pour l'industrie légère, un grand nombre de biens de consommation ont commencé à inonder le marché, un nouvel essor des échanges commerciaux et un renversement de la tendance à la détérioration budgétaire. En 1965, la production industrielle s'est progressivement redressée et la plupart des entreprises ont commencé à réaliser des bénéfices. À l'exception de quelques produits comme le charbon, dont les prix ont augmenté, la grande majorité des prix des produits de base sont restés stables. Les prix des engrais lucratifs, des médicaments occidentaux et des produits chauds quotidiens produits à Shanghai ont été généralement réduits dans tout le pays : l'indice général des prix à la consommation a baissé jusqu'à 12% en 1965 par rapport à 1962, le prix moyen des produits de base a baissé de 4,8%, et les prix des marchés agricoles sont revenus à une fourchette normale avec les prix des magasins d'État. L'approche "matérialiste" de l'hyperinflation a de nouveau été un grand succès !

Au cours des cinq années de reprise économique, de 1961 à 1965, la masse monétaire s'est fortement contractée tandis que l'offre de produits de base augmentait rapidement et l'économie dans son ensemble a de nouveau prospéré dans un contexte de baisse des prix. Le processus de base consiste à contracter la monnaie pour stabiliser les prix, à ajuster les prix pour stimuler la production, et à stabiliser encore les prix à mesure que l'offre de biens rattrape progressivement la monnaie sur-émise. La pratique de l'ancienne génération de dirigeants financiers, comme Chen Yun, montre une fois de plus que la prospérité économique n'entraîne pas nécessairement l'inflation, mais que les politiques économiques et monétaires irresponsables sont les plus grands complices de l'inflation !

La réponse de l'Allemagne à l'hyperinflation en 1948 et l'approche anti-inflationniste de la Chine en 1961 ont toutes deux consisté à réduire drastiquement la circulation monétaire afin de réduire la disparité entre les devises et les produits de base face à de graves pénuries de produits de base et à des perturbations extrêmes causées par la prolifération des devises, ce qui a finalement eu pour effet de stabiliser les prix. En substance, cependant, les instruments qui ont réduit les liquidités en Allemagne et en Chine incarnent les différences fondamentales entre les deux dénominations monétaires différentes. En Allemagne, la banque centrale a fait du "billet équilibré" son principal instrument pour réduire la taille des actifs du système bancaire tout en réduisant la masse monétaire, et le "billet équilibré" est en fait l'équivalent d'une future dette nationale fédérale allemande. Cela représente une approche de base de la contraction de la liquidité dans un système monétaire "basé sur la dette nationale".

Toutefois, le montant de la dette nationale de la Chine était négligeable dans les années 1960, et en 1965, la Chine était devenue le seul pays au monde à n'avoir "ni dette intérieure ni dette extérieure". Est-il impossible d'utiliser des moyens monétaires pour gérer l'inflation sans la dette nationale ? Il est clair que les bons du Trésor ne sont pas le seul instrument monétaire et ne constituent peut-être pas le choix optimal. L'utilisation de biens et de marchandises est tout aussi efficace pour réduire les liquidités et éliminer l'inflation, sans les coûts d'intérêt inhérents à la dette nationale. Dans la situation actuelle de la dette nationale à laquelle sont confrontés les pays européens et américains et la crise des monnaies souveraines qui en découle, ne vaut-il pas la peine que les pays du monde entier s'inspirent et réfléchissent sérieusement aux grands succès obtenus par l'"étalon matériel" du yuan chinois en matière de stabilité des prix et d'anti-inflation ?

Quelle est la nature exacte de la monnaie ? La dette nationale, ou les devises étrangères, sont-elles la base sur laquelle la monnaie d'un pays doit être émise ? Qui a réellement établi cette règle ? Existe-t-il une meilleure alternative ? Ce sont toutes des questions fondamentales auxquelles le monde doit sérieusement réfléchir dans la crise monétaire actuelle !

La réflexion ne signifie pas que nous devons revenir en arrière ; l'histoire nous a donné la réponse à la comparaison des avantages et des inconvénients d'une économie planifiée et d'une économie de marché.

L'économie strictement planifiée, c'est comme planter un arbre dans un réservoir, le réservoir est isolé les uns des autres, les racines ne peuvent pas être reliées aux racines, la vigne ne peut pas être enroulée autour de la vigne, les branches et les feuilles ne peuvent pas être reliées aux branches et aux feuilles, tout l'échange de nutriments au milieu ne peut se faire que sous des règles de planification strictes, en apparence une forêt luxuriante, mais l'environnement écologique n'a pas de fonction évolutive. Dans ces forêts stéréotypées créées par l'homme, les mauvaises herbes ne peuvent pas pousser, les fleurs ne peuvent pas s'épanouir, les oiseaux sont confinés à voler en hauteur, les animaux sont maintenus en captivité, les loups, les insectes, les tigres et les léopards ont disparu, les chevreuils et les cerfs disparaissent, et le lien inhérent entre les espèces dont la nature les a dotées est artificiellement rompu, de sorte que, bien entendu, la forêt est dépourvue de vie et les montagnes sont naturellement dépourvues de production matérielle. Si la planification ne donne pas à tous les groupes d'individus de la société une pulsion instinctive de survie, alors les pénuries ne peuvent être que le résultat inévitable d'une économie planifiée.

Le changement et l'accélération de l'industrialisation : L'occasion manquée de la Chine

Jusqu'au début des années 1960, 90% des matières premières destinées à l'industrie légère chinoise provenaient de l'agriculture, et la plupart des équipements techniques fournis par l'industrie lourde servaient à l'industrie légère pour fabriquer des produits de consommation finale. Le taux de croissance naturellement faible de l'agriculture limite nécessairement le potentiel de fourniture de matières premières à l'industrie légère et, tout en limitant directement le développement de cette dernière, il limite indirectement l'expansion de l'industrie lourde, ce qui entraîne une faible croissance des échanges commerciaux et des recettes fiscales, et le développement de l'ensemble de l'économie nationale est fermement confiné par l'agriculture dans une voie à faible croissance.

À ce stade, seule une percée dans l'industrie légère, en particulier dans la source des matières premières, peut briser le goulot d'étranglement de la croissance économique.

En fait, les mêmes problèmes ont été rencontrés dans le processus d'industrialisation en Europe et aux États-Unis. L'"Alliance charbon-acier" franco-allemande, qui a fait de l'acier la principale matière première de l'industrie et du charbon la principale source d'énergie, a démontré la centralité de l'acier et du charbon dans le développement industriel mondial au début des années 1950. Cependant, la mer de pétrole dormante du Moyen-Orient a complètement changé la trajectoire de l'industrialisation du monde.

En seulement cinq courtes années, de 1946 à 1950, une moyenne de 27 milliards de barils de pétrole ont été découverts au Moyen-Orient chaque année, ce qui représente neuf fois la production annuelle mondiale de pétrole de l'époque (environ 3 milliards de barils) ! L'Occident a connu une prospérité économique sans précédent à une époque de grande abondance pétrolière, le pétrole se déversant du Moyen-Orient sur le monde entier. La surabondance des réserves a entraîné des prix super bon marché, le prix du pétrole occidental dans les années 1960 n'étant que de 1,50 dollar le baril.

L'approvisionnement massif et bon marché en pétrole a non seulement entraîné le développement rapide de l'industrie automobile occidentale, mais surtout, les dérivés du pétrole, qui ont fondamentalement brisé les contraintes des matières premières de l'industrie légère issues de l'agriculture ! L'essor soudain de l'industrie pétrochimique a entraîné la révolution de l'industrie chimique : la production à grande échelle d'ammoniac synthétique, stimulant la croissance rapide des engrais, brisant directement le goulot d'étranglement de la production agricole ; l'utilisation de pesticides chimiques, pour la prévention et le contrôle des parasites et des maladies agricoles a joué un grand rôle ; le nylon, le polyester, l'acrylique et autres fibres chimiques, dans l'industrie textile, un grand nombre d'alternatives au coton et aux peaux animales ; l'émergence du plastique, remplaçant la vie quotidienne, des casseroles aux tables, chaises, bancs et autres équipements ménagers, dans les matières premières industrielles, des pièces automobiles aux circuits intégrés sont inséparables du plastique, dans l'industrie de la construction, le plastique est un grand nombre d'alternatives à l'acier, au bois et au ciment, dans l'industrie de l'emballage, le film plastique, les sacs en plastique sur tout le marché ; le caoutchouc synthétique dans une variété de pneus, de courroies de transmission, de tuyaux et autres fournitures industrielles a largement dépassé le caoutchouc naturel, les imperméables, les chaussures en caoutchouc et autres articles ménagers, enrichissant grandement la vie. Dans l'industrie des revêtements et des adhésifs, les matériaux émergents font également fureur.

Depuis les années 1950 et 1960, le monde a émergé dans les voitures, les téléviseurs, les réfrigérateurs, les machines à laver, les "quatre pièces" du boom des biens de consommation, ces produits sont indispensables à la pétrochimie dans le domaine des matières premières de l'industrie légère une percée majeure. L'éthylène, produit de base de la pétrochimie, est devenu la coqueluche de la nouvelle ère économique. En 40 ans, de 1940 à 1980, la production américaine d'éthylène est passée de 400 000 tonnes à 13 millions de tonnes, soit une multiplication par 32 !

Dans la vie moderne, parmi tous les biens de consommation que les gens peuvent voir et toucher, le produit direct de l'agriculture, a été doublement rare. Il était une fois, en effet, les bonnes chemises sont si rares, le tissu acrylique est très recherché, les vestes en cuir artificiel sont à la mode, les chaussures en caoutchouc de la marque de la libération sont partout dans les rues et les ruelles, les armoires de grande taille en tri-plywood remplacent les meubles en bois pur, les revêtements de sol en matériaux synthétiques entrent dans les maisons à grande échelle, la peinture ultra blanche pour rendre la pièce plus lumineuse, la planche à découper en plastique dur dans la cuisine d'un millier de ménages, les achats dans les mains de la ménagère du marché aux légumes sont soit une pochette en filet, soit un sac en plastique, tout cela, sans la révolution matérielle déclenchée par la pétrochimie, n'existera plus. Les matières premières de consommation issues des cultures agroforestières ont été complètement remplacées par des dizaines de milliers de nouveaux matériaux synthétiques. L'impact révolutionnaire de la pétrochimie sur l'industrie légère a ouvert une toute nouvelle ère de consommation sociale ! Le processus d'industrialisation, qui a pris un tournant dramatique, s'en est trouvé bouleversé.

Alors que la Chine mettait encore l'accent sur le grand rôle du "maréchal de l'acier" dans l'industrie, l'industrialisation mondiale avait pris un tournant, et une percée majeure avait été réalisée dans le domaine des matières premières pour l'industrie légère, changeant fondamentalement la relation entre l'industrie et l'agriculture, libérant l'économie nationale de sa profonde dépendance à l'égard de l'agriculture et des matières naturelles, et poussant le niveau d'industrialisation à un nouveau palier.

En 1965, l'économie chinoise venait à peine de sortir de la Grande Dépression qui avait suivi le Grand Bond en avant, puis elle est tombée directement dans la décennie de stagnation économique qui a suivi la Révolution culturelle de 1966-1976. Bien que de nombreuses technologies et idées de la pétrochimie se soient répandues en Chine, elles n'ont pas encore été largement diffusées dans l'industrie chinoise, et le passage de l'accumulation industrielle à l'accumulation agricole est loin d'être achevé, manquant ainsi une occasion fondamentale pour l'industrialisation de changer de cap.

Si l'industrie pétrochimique a complètement résolu la dépendance des matières premières de l'industrie légère vis-à-vis de l'agriculture, entraînant un changement majeur de la voie de l'industrialisation, alors la révolution de l'automatisation industrielle déclenchée par l'avancement rapide de l'industrie électronique et des ordinateurs, l'industrialisation dans une nouvelle orbite a soudainement augmenté à la vitesse du premier univers !

La naissance du transistor aux Bell Labs aux États-Unis en 1947, et l'avènement du circuit intégré en 1958, ont entraîné une vague d'automatisation dont le circuit intégré a été le centre de l'explosion nucléaire, la loi de Moore la vitesse de l'onde de choc, balayant tous les domaines de l'industrie.

L'automatisation recueille, analyse, juge et alimente les données du processus de production, et contrôle la machine pour finalement réaliser la production continue automatique avec une ultra-haute vitesse, une ultra-précision et une ultra-intensité, ce qui est hors de portée des êtres humains, et la vitesse et la qualité de la production industrielle ont été considérablement améliorées. L'automatisation a pour la première fois dépouillé l'information du processus industriel, et cette grande division du travail a créé une branche industrielle distincte, cette branche avec l'ordinateur comme cerveau, le circuit intégré comme colonne vertébrale, le réseau comme membre, la grande quantité d'informations comme grain, dans le domaine de l'industrie lourde, a créé des équipements techniques intelligents et numériques, qui, dans le système industriel léger, ont porté l'efficacité de la production à un niveau sans précédent depuis la révolution industrielle. La "forêt industrielle" n'est plus un silo de machines et de production indépendante, mais s'est transformée en un "environnement écologique" étroitement connecté, hautement intelligent et totalement intégré. L'automatisation ne libère pas seulement la force physique de l'homme, mais stimule également le potentiel du cerveau humain, du contrôle du processus de production à la promotion de l'évolution de la gestion scientifique, de la production industrielle à l'imprégnation de la vie sociale, l'information générée par l'automatisation changera plus profondément tous les domaines de la vie sociale.

Dans 156 projets à grande échelle soutenus par l'Union soviétique dans les années 1950, la Chine a récolté les énormes bénéfices de la prolifération de l'industrialisation, réduisant considérablement l'écart avec l'économie mondiale. Cependant, de 1957 à 1970, à un moment critique où l'industrialisation mondiale commençait à changer de cap et à s'accélérer, l'économie chinoise était aux prises avec la récession et la reprise. La fermeture et l'isolement provoqués par l'"exil économique" des États-Unis contre la Chine ont causé de profonds dommages internes au dynamisme de l'industrialisation chinoise, et la détérioration des relations sino-soviétiques a encore coupé l'accès aux dernières proliférations technologiques de l'Union soviétique et des autres pays socialistes. Incapable d'échapper aux contraintes innées de l'agriculture sur l'industrialisation, l'économie chinoise a longtemps stagné, tandis que les luttes politiques ont accéléré la détérioration de ses réalisations antérieures en matière d'industrialisation ; les usines qui étaient avancées dans les années 1950 sont devenues obsolètes et arriérées dans les années 1960, alors que l'industrie mondiale connaissait une vague d'innovations spectaculaires. La grande révolution technologique mondiale a provoqué une dépréciation accélérée de l'industrie chinoise. Les entreprises ont réalisé d'importants profits, réduisant considérablement l'accumulation de capital nécessaire à la mise à niveau technologique. Lorsque ces précieux profits industriels sont canalisés vers des expansions inefficaces et gaspilleuses basées sur une technologie ancienne, cela fausse encore plus la relation entre l'industrie lourde, l'industrie légère et l'agriculture. Bien que dans un environnement fermé, l'investissement crée l'illusion de la croissance, l'ensemble du système industriel est en fait en état de faillite dès qu'il s'engage dans la concurrence extérieure.

Pour les Américains, la Chine est comme un "géant isolé et en colère", ce qui est exactement ce que les États-Unis attendent d'un "exilé économique". Cependant, la situation internationale change profondément et en faveur de la Chine au début des années 1970. Alors que les États-Unis sont de plus en plus confrontés à l'issue de la défaite au Viêt Nam, leur réputation internationale touche le fond, le sentiment intérieur anti-guerre est élevé, l'influence de l'Union soviétique s'accroît et la puissance américaine est confrontée au dilemme d'un rétrécissement spectaculaire dans le monde. À cette époque, la détérioration des relations sino-soviétiques a fait prendre conscience aux États-Unis de la valeur de l'utilisation de la Chine, et les deux crises pétrolières des années 1970 ont provoqué une profonde récession économique dans les pays développés occidentaux, la recherche de nouveaux marchés d'outre-mer est devenue la tâche la plus urgente des pays européens et américains.

La Chine a saisi l'occasion et a proposé le "Programme 43" en 1973 pour introduire à grande échelle des équipements pétrochimiques et de fabrication d'acier d'une valeur de 4,3 milliards de dollars US en trois à cinq ans. La Chine comprend enfin l'importance de la pétrochimie pour l'industrie légère afin de s'affranchir des contraintes agricoles, et a donné la priorité aux fibres chimiques, aux engrais et aux équipements chimiques dans l'introduction des équipements.

Le "programme 43" des années 1970 était le deuxième plan à grande échelle de la Chine pour absorber la prolifération des technologies, après les 156 projets à grande échelle soutenus par l'Union soviétique dans les années 1950. Par la suite, un certain nombre de projets supplémentaires ont été ajoutés au programme, portant le total des importations prévues à 5,14 milliards de dollars. Grâce à ces installations, un investissement total d'environ 20 milliards de yuans a été réalisé par le biais de l'aide intérieure et de la rénovation, et 27 grands projets industriels ont été construits, tous devant être mis en service d'ici 1982. La mise en œuvre de ce plan a jeté les bases matérielles nécessaires à la réforme et à l'ouverture de la Chine dans les années 1980.

À l'heure où l'industrialisation de la Chine prend un essor fulgurant et connaît des revers constants, le Japon, principal rival de la

Chine depuis un siècle, s'empresse de rattraper son retard sur la voie de l'industrialisation.

L'assurance industrielle du Japon est "castrée", la "réforme agraire" de MacArthur…

En août 1945, le Japon a déclaré sa reddition. Pendant la guerre, 40% de la richesse nationale du Japon a été détruite, directement ou indirectement, et l'économie a été complètement ruinée. Alors que les troupes américaines marchent en force sur le Japon, MacArthur, le commandant suprême de l'armée d'occupation américaine, reçoit une instruction claire de Washington :

> "Vous n'êtes pas responsable de la renaissance et du renforcement de l'économie japonaise. Dites clairement aux ressortissants japonais que vous n'êtes pas non plus responsable du niveau de vie particulier que le Japon doit maintenir."

L'occupation américaine du Japon, contrairement à l'Allemagne, où les États-Unis, l'Union soviétique, la Grande-Bretagne et la France exerçaient un pouvoir militaire direct sur l'Allemagne, au Japon, les forces d'occupation exerçaient un pouvoir indirect par le biais du gouvernement japonais, et ce n'est que dans des cas extrêmes que MacArthur pouvait avoir le pouvoir d'exercer un pouvoir direct sur le peuple japonais. Face à la question de l'existence ou de l'abolition de l'empereur, l'expérience directe de la vie de MacArthur pendant son séjour au Japon l'a convaincu que la préservation du système de l'empereur favoriserait le "gouvernement indirect" aux États-Unis. Il a également étudié systématiquement l'expérience historique du régime militaire d'Alexandre, de César et de Napoléon et a conclu que "presque toutes les occupations militaires engendrent de nouvelles guerres à l'avenir" et que l'empereur avait été incarné comme un dieu au Japon et que, bien que le Japon ait été vaincu, l'inspiration de l'empereur était "plus grande que 20 divisions mécanisées". Ainsi, si l'empereur est aboli, les États-Unis porteront le lourd fardeau de l'hostilité et géreront indéfiniment les 70 millions de personnes confrontées à l'effondrement.

Le gouvernement japonais était depuis longtemps habitué à être sous le commandement de l'armée pendant la guerre ; il était moins un organe de décision qu'un organe exécutif, de sorte que lorsque les forces d'occupation américaines ont remplacé l'armée japonaise, le gouvernement japonais a coopéré avec les forces d'occupation sans aucun obstacle.

L'attitude initiale de l'Amérique à l'égard du Japon était semblable à celle qu'elle avait adoptée à l'égard de l'Allemagne, à savoir détruire fondamentalement le potentiel industriel et la volonté de guerre du Japon pour recommencer une guerre. À cette fin, les États-Unis ont également préparé une version japonaise du "plan Morgenthau" pour le Japon. L'objectif des Etats-Unis était de limiter l'échelle de production de l'industrie japonaise après la guerre largement aux niveaux qui existaient avant et après les événements du "18 septembre" de 1931, et de réduire la capacité industrielle du Japon à un niveau d'industrialisation primaire qui ne pourrait satisfaire que le faible niveau de fonctionnement de sa propre économie, sans augmenter le coût de l'occupation pour les Américains. Dans le même temps, afin de contraindre le Japon à verser des compensations aux pays envahis en Asie, un grand nombre d'installations industrielles seraient démantelées afin de fournir une compensation en nature à ces pays touchés. L'armée américaine établit une "liste noire" des démanteleurs industriels japonais. Au total, 1 100 entreprises figurent sur cette liste, soit moins que les 1 600 entreprises allemandes, ce qui reflète à la fois le bombardement stratégique plus approfondi du Japon par l'armée américaine et le fait que l'industrie japonaise est plus faible que l'industrie allemande.

Outre la "castration" industrielle du Japon, les autorités d'occupation américaines estiment qu'une autre source majeure de la capacité des seigneurs de la guerre à faire la guerre au Japon est le système éducatif qui, depuis de nombreuses années, inculque aux jeunes l'idée du "militarisme" dans le système scolaire. Ainsi, suite à l'arrivée des forces d'occupation américaines au Japon, avec un grand nombre d'éducateurs américains. Les autorités d'occupation américaines, tout en arrêtant les criminels de guerre tels que Tojo et d'autres criminels de guerre, ont entrepris de débarrasser immédiatement le système éducatif des partisans de l'idée de "militarisme". Les éducateurs américains ont commencé à tracer la direction du contenu des idées dans leurs manuels scolaires, indiquant clairement quel type d'idées devait être accepté par les jeunes Japonais.

Dans le même temps, les autorités d'occupation américaines sont prêtes à s'en prendre au système ploutocratique du Japon. Cependant, il y a beaucoup de choses louches dans ce système. Les quatre principaux ploutocrates, Mitsui, Mitsubishi, Sumitomo et Yasuda, sont clairement la force de soutien et la base financière les plus importantes du militarisme, et la soi-disant "dissolution des ploutocrates" ne fait que briser les sociétés d'actionnariat des ploutocrates, mais la banque des ploutocrates, le cœur du système ploutocratique, reste indemne. Ces familles bancaires zaibatsu avaient des siècles d'amitié avec les banquiers internationaux de Wall Street et de la City de Londres, et la famille Mitsui avait une relation inhabituelle avec les banquiers internationaux avant même la restauration Meiji. Lorsque le couperet tombait sur la tête des Zaibatsu, il y avait toujours une main invisible inattendue qui désamorçait la dureté de la loi, non seulement de la part du gouvernement japonais, mais aussi des forces derrière l'occupation. De même que les banquiers allemands, tout en soutenant les nazis, se sont vivement opposés aux banquiers anglo-américains à Bâle, ils ont été indûment punis après la guerre.

Alors que les prêts ne représentaient que 12,8% des sources de financement du développement des entreprises au Japon avant la guerre, la dépendance à l'égard des prêts pour le développement des entreprises après la guerre a atteint 62,8% en 1951. Cela renforce sans aucun doute considérablement l'influence de la Zaibatsu Bank sur les entreprises. Lorsque le Japon a retrouvé son indépendance nationale après avoir signé le Pacte de San Francisco avec les États-Unis, il a modifié la "loi anti-monopole" de MacArthur en 1953 pour permettre aux entreprises concurrentes de détenir des parts les unes dans les autres, permettant ainsi aux entreprises qui avaient été divisées par les ploutocrates de se regrouper. La loi modifiée a permis aux banques d'augmenter le pourcentage de leurs actions dans les entreprises de 5 à 10%, formant ainsi une alliance stratégique d'anciennes entreprises ploutocratiques, centrée sur les banques ploutocratiques, qui non seulement détenaient des actions dans ces entreprises, mais accordaient également des prêts plus favorables aux entreprises alliées ploutocratiques, renforçant ainsi considérablement le système ploutocratique en tant que communauté d'intérêts. En fait, la Zaibatsu Bank est en quelque sorte l'équivalent de l'ancienne holding Zaibatsu, jouant un rôle central dans la formulation de la stratégie, la coordination tactique et le centre d'intérêt du groupe Zaibatsu.

Les banques ploutocratiques ne se contentent pas de lever des fonds à partir de l'épargne des résidents, mais empruntent aussi progressivement à la banque centrale. En conséquence, la ploutocratie a pu mobiliser davantage de ressources économiques, pénétrer dans plus de secteurs, faire face à moins de concurrence et disposer d'un système organisationnel plus souple qu'auparavant.

L'exemple le plus évident est celui du groupe Mitsui. La Mitsui Bank, la Mitsui Trust, la Mitsui Life Insurance, la Taisho Marine Fire Insurance et d'autres institutions financières de la série Mitsui ont uni leurs forces pour accorder la priorité aux prêts aux entreprises de la série Mitsui telles que Mitsui Mines, Mitsui Metals, Mitsui Mfg, Mitsui Shipbuilding, Mitsui Fudosan, Mitsui Petrochemical et Oji Paper. Bien que l'ancien holding Zaibatsu n'existait pas d'un point de vue organisationnel, les dirigeants de la famille Mitsui se rencontraient régulièrement au nom du "Niki-kai" dans le but d'échanger des informations, et ils étaient aussi proches que l'ancien groupe de sociétés Zaibatsu.

Les quatre plus grandes Zaibatsu du Japon, Mitsui, Mitsubishi, Sumitomo et Yasuda, représentent ensemble 25,4% du capital total du pays, tandis que les dix premières Zaibatsu en représentent 35,2%. Sur les 325 entreprises qu'il était initialement prévu de scinder, seules 11 l'ont été, Mitsubishi Heavy Industries ayant été scindée en trois avant d'être réunifiée.

C'est grâce à la Zaibatsu Bank intacte qu'après la fin de l'occupation japonaise, les anciennes entreprises Zaibatsu se sont rapidement regroupées autour de la Zaibatsu Bank et ont à nouveau dominé en coulisse la scène économique et politique du Japon d'après-guerre.

En 1946, l'Union soviétique refuse d'adhérer au système du dollar et la guerre froide commence à s'intensifier. Les États-Unis " castrent " les industries allemande et japonaise et freinent en même temps.

De 1947 à 1950, l'industrie japonaise a été démantelée à une échelle beaucoup plus réduite, les équipements ne représentant que 160 millions de dollars. Le Japon a pu conserver sa plus importante puissance industrielle. La situation était presque identique à celle de l'Allemagne, et sans ces forces industrielles préservées, la renaissance rapide du Japon après la guerre n'aurait pas été facile. Le démantèlement des équipements industriels dans le cadre des réparations de guerre ayant été réduit à l'insignifiance, les pays asiatiques n'ont pas reçu les compensations nécessaires pour les énormes pertes de la guerre, ce qui a permis au Japon de se débarrasser d'un lourd fardeau sur son développement économique et d'en sortir légèrement et rapidement.

L'autre initiative majeure de MacArthur au Japon a été la directive d'émancipation des terres agricoles de décembre 1945, qui a déclenché un vaste mouvement de "réforme agraire" au Japon. On peut dire que sans la libération de la productivité agricole, il aurait été difficile d'avoir l'essor industriel ultérieur du Japon.

La situation difficile dans laquelle se trouvait l'agriculture japonaise était à peu près la même que celle de la Chine. L'industrialisation du Japon avant la guerre a également nécessité l'accumulation de capital provenant de l'agriculture, et lorsque la production de sa propre agriculture n'a pas pu répondre à l'approvisionnement en matières premières industrielles, la croissance rapide de l'industrie impériale a obligé le gouvernement japonais à s'étendre agressivement en Chine et en Asie du Sud-Est afin de s'approvisionner en matières premières industrielles, en nourriture et en pétrole, et en même temps de fournir un marché pour les produits industriels japonais qui faisaient l'objet d'un dumping important. Dans la période d'après-guerre, lorsque le Japon a perdu toutes ses colonies et occupations à l'étranger, non seulement la source de matières premières industrielles a été coupée, mais le marché des biens de consommation a également été perdu. L'accumulation de l'industrialisation depuis la restauration de Meiji a été épuisée par la guerre. Sans "réforme agraire", l'atonie persistante de la production agricole obligera les autorités d'occupation à faire face à un Japon incapable de se nourrir, ce qui deviendra un fardeau économique permanent pour les Américains.

La "réforme agraire" de MacArthur au Japon, dans laquelle le gouvernement a acquis de force des terres auprès des propriétaires fonciers et les leur a vendues à des prix équitables, était une réforme attendue depuis longtemps au Japon, mais à l'époque impériale, lorsque les ploutocrates, les seigneurs de la guerre et les propriétaires fonciers japonais étaient alliés, la réforme agraire n'était qu'un rêve lointain. Ce n'est qu'après la guerre que les autorités d'occupation américaines ont eu la motivation et la force de détruire d'un seul coup le monopole millénaire du Japon sur la plupart des terres par la classe des propriétaires fonciers. Pour la première fois, les métayers ont reçu la terre de leurs rêves, et ils n'ont plus eu à payer la moitié ou plus de leur loyer annuel de céréales à leurs propriétaires, ce qui a considérablement augmenté leur enthousiasme pour la production, et la production agricole a atteint des sommets. Pendant un certain temps après la guerre, les agriculteurs étaient même plus productifs que leurs homologues urbains. Les agriculteurs vendent leurs aliments à des prix élevés sur le marché, ce qui leur permet de gagner une richesse considérable et d'accumuler un certain capital. Les agriculteurs, qui représentent la moitié de la population, ont été progressivement réduits à un tiers de la population au cours des 20 années suivantes, mais la production agricole a doublé. Il est donc clair que la réforme agraire a donné un énorme coup de pouce à l'agriculture.

C'est également le succès de la réforme agraire qui a entraîné un boom agricole au Japon en 1948 et les années suivantes, permettant non seulement d'atténuer les pénuries alimentaires et l'inflation, mais aussi de soutenir une décennie de redressement de l'industrie légère japonaise.

Toutefois, avant de connaître une véritable reprise économique, le Japon doit également s'attaquer au dilemme de l'inflation.

Faire basculer le plan de production, amener le charbon et l'acier et l'inflation

Au début de la période d'après-guerre, en 1945, le Japon et l'Allemagne se trouvaient à peu près dans la même situation économique. Pendant la guerre, 119 villes japonaises ont été réduites en ruines, 2,36 millions de maisons ont été détruites et 9 millions de personnes ont été déplacées. Près de la moitié des équipements industriels, des routes, des ponts, des installations portuaires ont été endommagés à des degrés divers. La production industrielle a fortement diminué, pour ne représenter en 1946 que 30% du niveau d'avant-guerre. Pendant la guerre, la quantité totale d'argent en circulation au Japon a été multipliée par plus de 24, et les prix sur le marché noir ont été multipliés par 29 en moyenne, et l'échec agricole de 1945 a laissé la production de riz à seulement 60% de ce qu'elle était les années précédentes. La grave crise alimentaire, les pénuries matérielles extrêmes et l'hyperinflation ont déclenché une série de manifestations à grande échelle et une instabilité politique continue au Japon.

Lorsque les autorités d'occupation américaines ont annoncé l'arrêt de la production militaire japonaise, un grand nombre d'entreprises industrielles militaires ont immédiatement été confrontées à une crise de désorganisation, et les secteurs industriels de soutien (machinerie, chimie, métallurgie, etc.) se sont pratiquement arrêtés. Une fois que l'armée et les industries de soutien, qui représentent la moitié de l'économie nationale, cessent de fonctionner, un chômage de masse s'ensuit. Avec le retour des troupes étrangères et des immigrants, le nombre de chômeurs au Japon a déjà atteint 11,3 millions. La pénurie de matériaux, la rareté de la nourriture et l'inflation ont contraint le gouvernement à imposer un rationnement strict, une mesure qui, presque sans aucun doute, fera monter en flèche les prix du marché noir.

Pendant la guerre, le système bancaire japonais a accordé des prêts à l'industrie militaire représentant la moitié du montant total des prêts, et notamment un pourcentage alarmant de 90% des prêts militaro-industriels des six grandes banques, qui étaient destinés à devenir des prêts irrécouvrables, et le jour de la fin de la guerre, lorsque ces banques ont fait faillite. Dans un effort pour sauver le système bancaire et la situation économique générale, le gouvernement japonais a publié une déclaration le jour même de l'annonce de sa capitulation, autorisant les institutions financières à continuer à accorder de nouveaux prêts jumbo aux entreprises tout en permettant aux clients des banques de continuer à retirer de l'argent librement. Ce mépris permanent de l'existence des créances douteuses et l'émission de prêts énormes vont sans aucun doute exacerber l'inflation.

En 1946, le gouvernement japonais risquait déjà de se trouver dans une situation houleuse, et si l'hyperinflation n'était pas rapidement contenue, la possibilité de révolution et d'émeutes augmenterait de jour en jour.

Avec une inflation aussi brutale, les Japonais sont prêts à retirer leurs dépôts bancaires et à acheter rapidement diverses marchandises au marché noir pour protéger leurs économies durement gagnées, et une crise de panique bancaire est imminente ! Comment les banques, dont l'actif et le passif se détériorent gravement, peuvent-elles résister à une ruée sur la population ? Le gouvernement japonais, à l'instigation des ploutocrates, demande aux autorités d'occupation américaines une réponse urgente à la crise inflationniste, et MacArthur craint que si le problème continue à s'aggraver, il ne provoque des troubles de masse au Japon, voire le déclenchement de la Révolution II. MacArthur a donc immédiatement chargé le gouvernement japonais de prendre des mesures urgentes pour mettre fin à la crise.

En février 1946, le gouvernement japonais a introduit des "mesures d'urgence financière" pour émettre de nouveaux yens et récupérer les anciens yens. Les gens étaient tenus de convertir tous les anciens yens en nouveaux yens en les déposant sur un compte d'épargne bancaire dans un certain délai, mais ils ne pouvaient retirer qu'un maximum de 500 yens pour leurs dépenses quotidiennes, un chiffre qui pouvait à peine soutenir une vie d'extrême pauvreté. En gelant les dépôts, le gouvernement a temporairement atténué la crise imminente de panique bancaire et supprimé la flambée des prix sur le marché noir grâce à une forte réduction de la circulation monétaire résultant de l'échange. À court terme, la flambée des prix a été brièvement contenue, permettant ainsi de survivre à une crise financière ; à long terme, cependant, aucun problème de fond n'a été résolu.

Contrairement à la réforme monétaire allemande de juin 1948, lorsque l'Allemagne a échangé un nouveau mark contre dix anciens, que les banques ont décuplé leurs actifs et leurs passifs dans les deux sens et qu'elles ont remplacé les actifs bancaires par des "billets d'équilibre" (future dette nationale), la cause monétaire fondamentale de l'inflation a été éliminée d'un seul coup, bien qu'elle ait créé de graves problèmes de redistribution de la richesse sociale. Bien que tragique, c'est aussi une sorte de thérapie radicale qui est "meilleure pour la douleur à long terme que pour la douleur à court terme". Les "mesures financières d'urgence" du Japon, en revanche, étaient entièrement destinées à des fins d'urgence et n'ont pas réduit fondamentalement les pressions inflationnistes, mais ont seulement retardé l'apparition du problème.

Comment ce rare "retard" peut-il être utilisé efficacement pour éradiquer l'inflation ? Si l'on ne veut pas commencer par une contraction de la monnaie, il faut faire une percée en augmentant l'offre de biens. C'est le "plan de production incliné" du gouvernement japonais. L'objectif principal de ce plan est de concentrer des ressources limitées et d'augmenter la production de charbon et d'acier. Le charbon étant la source d'énergie de l'industrie et l'acier la matière première de l'industrie, la disponibilité de ces deux matériaux pourrait conduire à la restauration d'autres secteurs industriels.

En 1946, la production industrielle du Japon représentait environ 30% des niveaux d'avant-guerre. Si la production pouvait être ramenée à 60%, le gouvernement japonais pensait qu'une forte augmentation des produits de base compenserait l'impact de l'excédent de monnaie et mettrait ainsi fin à l'inflation. Ce n'est qu'en mettant fin à l'inflation que la reprise économique peut véritablement commencer. Pour atteindre cet objectif, il faudrait augmenter la production de charbon de 20 millions de tonnes à 30 millions de tonnes, ce qui obligerait les autorités d'occupation à approvisionner le secteur de l'acier en huile lourde et en sable de fer, puis à approvisionner le secteur du charbon en augmentant la production d'acier, ce qui faciliterait l'augmentation de la production de charbon, puis à promouvoir davantage l'acier avec le charbon.

Guidé par cette idée, le gouvernement a commencé à mettre en commun toutes ses ressources financières et, en janvier 1947, il a créé un Trésor spécial pour le redressement financier. Le Trésor public est financé par le crédit de la Banque centrale, qui se reflète en fin de compte dans le déficit budgétaire du gouvernement. Entre 1947 et 1948, le Trésor public a prêté un total de 125,9 milliards de yens, soit un tiers du crédit industriel total, et le gouvernement a alloué un montant énorme de 85 milliards de yens (12% du budget total) pour subventionner les écarts des entreprises " à production réduite ". L'industrie du charbon a reçu un prêt de 47,5 milliards de yens, soit environ 38 pour cent du montant total des prêts du trésor public. En 1948, l'économie japonaise montre les premiers signes d'amélioration. La production industrielle est revenue à son niveau d'avant-guerre, soit 54,6 pour cent, dont 90 pour cent pour le charbon et 49,2 pour cent pour l'acier, atteignant largement les objectifs fixés au préalable.

Cependant, le coût de cette "orientation vers la production" a été un déficit budgétaire plus important et un afflux d'argent, et si l'acier et le charbon étaient disponibles, les matières premières de l'industrie légère pour produire des biens de consommation étaient encore limitées par l'agriculture de 1947. Cette année-là, l'industrie légère du Japon était similaire à celle de la Chine et, l'industrie pétrochimique n'ayant pas encore été lancée, elle dépendait fortement de l'agriculture comme source de matières premières. À cette époque, la "réforme agraire" du Japon venait à peine de commencer, et les effets de l'augmentation de la production agricole ne se manifesteront progressivement qu'après 1948. L'équilibre fragile entre la prolifération monétaire plus importante causée par la "production inclinée" et le goulot d'étranglement de l'industrie légère, qui était encore coincée dans une coquille, a de nouveau été perturbé en 1947 et 1948, et l'inflation, comme un cheval sauvage, a de nouveau perdu le contrôle. L'augmentation des prix de gros au Japon a atteint jusqu'à 193% en 1947 et 167% en 1948.

L'effet ultime de cette politique a été que les entreprises du système ploutocratique, utilisant les fonds de l'État et l'épargne du peuple, ont regagné l'accumulation de capital, récupéré une partie de la force perdue dans la guerre, et leurs charges d'emprunt ont été rapidement effacées dans l'inflation vicieuse, laissant finalement le désastre de l'inflation au peuple et aux épargnants. Il s'agit essentiellement d'un vol de la richesse, et d'un vol flagrant sous la direction de l'État ! En conséquence, la "Lutte de mars" de 1948 a éclaté au Japon, avec une grève nationale d'un million de personnes, d'une ampleur sans précédent dans l'histoire du Japon. Dans le même temps, les fonctionnaires des agences gouvernementales et des organismes publics ont également organisé des manifestations de masse.

Au lieu de déverser de grandes quantités de biens de consommation, la "production pendulaire" a déversé une inflation plus violente et des troubles politiques massifs.

Les Américains sont sortis ! N'est-ce pas une absurdité des Japonais ? Jouer avec le feu du déficit fiscal conduira inévitablement au désastre de l'inflation vicieuse et des troubles sociaux à la fin !

La route de Dodge, le yen dans les bras de l'empire du dollar

Fin 1948, le banquier américain Dodge arrive au Japon. Dodge venait d'être en Allemagne pour la réforme du mark de juin, et maintenant il arrive à Tokyo, face à l'inflation vicieuse du Japon et à la politique fiscale du pays, et ne peut s'empêcher de s'enflammer. On est loin de la réflexion sur la réforme du mark allemand qu'il a orchestrée.

Lorsque des représentants du gouvernement japonais lui ont vanté les mérites de la reprise de la production industrielle, M. Dodge a fait remarquer avec nonchalance : "Il serait stupide de se vanter de la hausse des indices de production et de l'augmentation des exportations, alors qu'en fait, ce n'est rien d'autre qu'une manifestation de l'argent de l'aide américaine, des subventions (du ministère des finances japonais) et de l'élargissement des déficits". "Il a fait une analogie célèbre : " L'économie japonaise est comme montée sur un cheval de bambou, avec l'aide américaine sur une jambe et les agences d'aide financière nationales sur l'autre. En rendant les jambes du cheval de bambou trop longues, il y a un risque de tomber et de se casser le cou, et les jambes du cheval doivent maintenant être raccourcies rapidement. "

Deux points de vue ont également émergé au Japon à cette époque : l'un est que la stabilité est une condition nécessaire à la reprise et qu'il faut d'abord stopper l'inflation, et l'autre qu'il ne peut y avoir de stabilité sans reprise et qu'il faut développer la production afin de reconstruire l'économie. Ce dernier point de vue est en fait un point de vue pro-inflation. Les ploutocrates veulent apparemment que le pays continue à enregistrer des déficits budgétaires massifs afin de continuer à recevoir d'énormes sommes d'argent et des subventions pour réaliser une plus grande accumulation de capital, et le coût de l'inflation est naturellement supporté par les Japonais ordinaires. Sous l'influence des ploutocrates, le gouvernement japonais a tardé à réduire le déficit fiscal.

Les Américains sont enfin pressés !

Ayant constaté l'attitude obstinée des zaibatsu japonais, le gouvernement des États-Unis et les autorités d'occupation ont pris des mesures fermes et sont venus ouvertement sur le devant de la scène politique japonaise et, sans en informer le gouvernement japonais, ont annoncé aux ressortissants japonais le 18 décembre 1948, au nom du commandement général des forces d'occupation, les "neuf principes de stabilité économique", la fameuse "ligne Dodge" de l'histoire. La classe politique japonaise est indignée.

L'essentiel de la "ligne Dodge" est le suivant : équilibrer le budget, limiter le crédit, réformer le système fiscal et introduire un taux de change unique.

Dans sa "lettre" adressée au Premier ministre japonais Yoshida, MacArthur a exigé, en des termes extrêmement forts et durs, que le gouvernement japonais applique à la lettre les principes susmentionnés. En tant que pays fournissant au Japon une aide considérable, MacArthur a estimé qu'il était en droit de demander au Japon de supporter des difficultés et même de renoncer pour l'instant à une partie de ses libertés et de ses droits, et qu'aucune activité idéologique et politique contraire aux "neuf principes" ne serait autorisée.

Les ploutocrates étaient en émoi, la situation politique au Japon était agitée, et le cabinet Yoshida était complètement déstabilisé par la puissante opposition de la Diète japonaise. À cette fin, le secrétaire MacArthur a donné son feu vert pour dissoudre purement et simplement le Congrès et organiser de nouvelles élections. Le nouveau cabinet de Yoshida a finalement obtenu une majorité écrasante à la Chambre des représentants et la "ligne Dodge" a été mise en œuvre.

Comme les ploutocrates ont pratiqué une accumulation de capital brutale et de sang de fer pendant la phase de reprise de l'économie, les salaires des travailleurs japonais étaient si bas que, lors de l'élection de la Chambre des représentants, le parti communiste japonais a remporté une victoire écrasante, avec pas moins de 35 personnes élues, ce qui a déclenché la panique aux États-Unis et au gouvernement japonais. Ainsi, la maîtrise de l'inflation, la hausse des salaires des travailleurs et l'augmentation du pouvoir d'achat réel de la monnaie ont été élevées au rang d'enjeux politiques. Témoignant devant la Chambre des représentants des États-Unis, M. Dodge a fait remarquer que "le véritable problème de la stabilité économique est la réaction des gens à la politique et à la société. La question importante pour le Japon à l'heure actuelle est d'assurer la stabilité politique et salariale et de maintenir un niveau de vie élevé qui empêche le développement des forces communistes, pour cela il est nécessaire d'augmenter les salaires réels, et, ce qui est important, d'augmenter le pouvoir d'achat de la monnaie, et, en dernière analyse, d'augmenter le quota alimentaire et la vente des produits du coton. "

Ici, l'accent mis par Dodge sur la nourriture et les tissus en coton constitue le goulot d'étranglement de la réforme agraire et de l'industrie légère. Les difficultés de la production agricole et de l'industrie légère que la Chine a connues dans les années 1950 et 1960 sont également au centre des contradictions au Japon à cette époque.

Se fondant sur l'expérience de Dodge en matière de réforme monétaire en Allemagne, il a fait valoir que la cause première de l'inflation était le déficit budgétaire, et que l'on ne pouvait pas supprimer la cause première de l'inflation sans l'éliminer. Il a donc commencé par examiner les raisons du déficit du gouvernement japonais et a constaté que le budget de 1948 avait pris la forme d'un équilibre uniquement en comptabilité générale, mais d'un énorme déficit de 150 milliards de yens en comptabilité spéciale. Dans le budget de 1949 préparé par Dodge, les impôts ont été augmentés de manière substantielle et les dépenses publiques ont été réduites autant que possible, ce qui a donné lieu à un "budget super-équilibré" qui non seulement était consolidé et équilibré sans déficit, mais qui présentait également un énorme excédent de 257 milliards de yens, soit un excédent atteignant 14% des dépenses budgétaires. Cet énorme excédent, tout en remboursant la dette, a également fourni des fonds aux institutions financières, ce qui a permis de freiner l'inflation et d'augmenter la capitalisation des banques.

Comme la "ligne Dodge" s'opposait aux déficits fiscaux déguisés de la "renaissance du trésor financier", le trésor a cessé tout nouveau prêt à partir de 1949 et a commencé à récupérer les prêts passés. Cette mesure élimine une source majeure d'inflation.

Comme l'a souligné Dodge, l'aide américaine et les subventions gouvernementales sont les "deux jambes du cheval de bambou" de l'économie japonaise, alors comment les couper ? Dodge a d'abord interrompu les prêts de la Reconstruction Finance Corporation, ce qui a permis d'économiser 125,9 milliards de yens de dépenses, mais le gouvernement japonais a doublé les subventions financières pour protéger les intérêts des ploutocrates, annulant ainsi les efforts de Dodge. Dodge ne peut que réfléchir à deux fois à l'aide américaine.

Le montant total de l'aide américaine au Japon s'élevait à 460 millions de dollars en 1948, puis à 534 millions de dollars en 1949, et cette aide consistait principalement en surplus américains de nourriture et de pétrole, de produits médicaux et de coton, qui pouvaient être vendus avec un profit stupéfiant sur le marché japonais des biens de consommation de l'industrie légère et de l'énergie, où il y avait une grave pénurie. Au taux de change de 1 dollar pour 360 yens, l'aide américaine en 1949 équivalait à 19,22 milliards de yens, soit bien plus que le montant de la "Reconstruction Finance Bank" et des subventions financières.

Pour une telle somme d'argent, les États-Unis ont essentiellement laissé le gouvernement japonais décider de la manière de la dépenser, mais Dodge veut maintenant utiliser cet effet de levier pour réaliser l'intention de la "ligne Dodge".

En conséquence, les États-Unis ont mis en place un système de "fonds de retour", qui oblige le gouvernement japonais à déposer le produit de la vente des biens bénéficiant de l'aide des États-Unis sur un compte comptable spécial qui sera géré par les autorités d'occupation. Le gouvernement japonais ne peut utiliser les "fonds de retour" sur une base forfaitaire qu'avec le consentement des États-Unis. Dodge a fixé le champ d'application de l'utilisation des fonds comme étant limité à l'investissement direct dans le remboursement de la dette publique et la construction de l'économie. De cette façon, les États-Unis ont la mainmise sur une grande partie des recettes fiscales du Japon, ce qui oblige le gouvernement et les ploutocrates japonais à être plus serviles sur le plan politique et économique.

De 1949 à 1951, un total de 316,5 milliards de yens a été consacré aux "fonds de redressement", dont 35% ont été consacrés au remboursement de la dette publique et au rachat de la dette publique, et 65% aux investissements des entreprises.

Sur ce montant, 111,8 milliards de yens ont été utilisés pour rembourser la dette publique et acheter des titres de la dette publique, ce qui a joué un rôle clé dans le rétablissement des liquidités et la maîtrise de l'inflation. L'essence de cette politique est similaire à la stratégie des "produits de base à prix élevé", "haut contre haut, bas contre bas", proposée par Chen Yun et Liu Shaoqi au début des années 1960 pour faire remonter la monnaie, Dodge a simplement utilisé les produits alimentaires, le pétrole, les médicaments, le coton et d'autres produits de base du marché japonais aidés par les États-Unis. Dodge a simplement utilisé les denrées alimentaires, le pétrole, les médicaments, le coton et d'autres produits de base du marché japonais en pénurie comme "produits de base à prix élevé", et lors de la vente de l'excédent de yens, les fonds récupérés ont servi à rembourser la dette publique, éliminant ainsi une partie de l'excédent de monnaie et soulageant considérablement la pression de l'inflation. En septembre 1946, le montant total de la monnaie japonaise en circulation était de 64,4 milliards de yens, et à la fin de 1947, de 219,1 milliards de yuans. L'impact de la taille du "retour" en monnaie sur la circulation monétaire est évident.

Dans l'investissement de l'entreprise, le "capital de retour" n'a pas continué à investir massivement dans l'industrie du "charbon et de l'acier" rassemblée par les ploutocrates, mais a vigoureusement investi dans l'électricité, le transport maritime, le télégraphe et le téléphone, les chemins de fer nationaux et d'autres infrastructures, dans la sévère austérité "Dodge route", l'investissement financier est la tête de l'entreprise pour obtenir des fonds, et le "capital de retour" a représenté 70% des fonds financiers, on peut dire que cet argent est devenu un outil puissant pour les États-Unis pour contrôler le Japon financier, financier, industriel.

L'essence de l'aide américaine est en fait le transfert des excédents alimentaires et des produits de base américains au Japon en tant que "cadeau", les États-Unis ont gagné la gratitude du gouvernement japonais ; l'utilisation de ce "cadeau" de marchandises pour rapatrier la monnaie sur-émise, le but étant de contrôler l'hyperinflation et de gagner la faveur du peuple japonais ; enfin, le "cadeau" est ensuite converti en investissement de "retour de capital", comme levier politique pour supprimer les forces politiques au Japon, et freiner la cupidité excessive des ploutocrates. Les Américains ont porté l'aide au plus haut niveau de "un poisson, trois repas" !

L'autre pilier de la voie Dodge est le taux de change unique. Pendant un certain temps après la guerre, l'économie japonaise a été presque totalement isolée du monde extérieur, les autorités d'occupation contrôlaient toute activité économique extérieure, tout commerce extérieur nécessitait l'accord préalable des États-Unis, et chaque transaction impliquait un taux de change différent, ce qui coupait les moyens d'exporter massivement des marchandises japonaises.

Un taux de change unique permettrait d'unifier la situation chaotique des devises et d'intégrer l'économie d'exportation du Japon. En raison du manque de pouvoir de consommation intérieur du Japon, de l'étroitesse de son marché et de sa dépendance vis-à-vis des sources étrangères de matières premières et de pétrole, il sera difficile pour l'économie japonaise de se développer réellement sans accroître le commerce extérieur. La question clé est de savoir à quel niveau du yen par rapport au dollar l'économie japonaise en tirera un réel avantage.

En 1949, le coût de fabrication des machines à coudre au Japon était de 24 000 yens, tandis que le prix FOB était de 40 dollars, ce qui les rendait compétitives au niveau international.

Mais dans le plan Dodge, les Américains ont unilatéralement fixé un taux de change unique de 1 $ pour 360 yens, de sorte que le prix d'une machine à coudre japonaise sur le marché international deviendrait 66,67 $, ce qui serait beaucoup moins compétitif. Dans ces circonstances, le gouvernement japonais ne pouvait que compenser les effets négatifs du taux de change excessif par des subventions et assurer le développement harmonieux du commerce d'exportation. Lorsque la première étape difficile a été franchie, avec la reprise de l'économie, la production mensuelle de machines à coudre a augmenté rapidement de 30 000 à 130 000 unités en deux ans, tandis que les coûts de production ont continué à baisser, et lorsque le gouvernement a cessé de subventionner, les entreprises japonaises ont encore pu faire des bénéfices. En 1960, le coût de fabrication des machines à coudre est passé de 26 000 yens à 4 300 yens, et il était encore rentable de les vendre à plus de dix dollars sur le marché international, alors que la compétitivité des produits japonais à forte intensité de main-d'œuvre sur le marché international devenait difficile.

Le taux de change unique, bien que peu favorable au Japon dans un premier temps, compensera progressivement les effets négatifs de l'échelle croissante de la production et de la baisse des coûts une fois qu'il aura accédé au marché mondial à travers lequel opère l'empire du dollar, et alors le taux de change fixe deviendra de plus en plus favorable au commerce d'exportation du Japon.

La voie Dodge a permis d'établir un budget équilibré, d'atténuer les pressions inflationnistes et d'instaurer un taux de change unique. Tout cela n'a fait que créer une piste de décollage pour l'économie japonaise, et l'accélération nécessaire au véritable décollage est venue de la guerre de Corée de 1950-1953.

Le "boom coréen" a rapporté au Japon un superdividende de guerre de 2,3 milliards de dollars. Les bénéfices des dix premières entreprises de l'industrie du coton ont été multipliés par 9 à 19, dont 90% ont constitué une accumulation de capital, et l'industrie de l'acier, des fibres chimiques et du papier a enregistré une croissance similaire des bénéfices. Combiné aux 1,8 milliards de dollars d'aide américaine au Japon, le Japon a reçu un total de 4,1 milliards de dollars de "paiements de faveur" au cours de la période de redressement économique de 10 ans, de 1945 à 1955, dans le cadre de son choix de se soumettre à l'empire du dollar. Cependant, avec l'expansion rapide du marché international, l'échelle de l'industrie japonaise s'est rapidement développée, et en même temps, le Japon a absorbé une grande quantité de nouvelles technologies du monde, augmentant encore la rentabilité de l'industrie japonaise, la dépendance à l'empire du dollar gagné par les commandes d'outre-mer "dividende", beaucoup plus que l'aide en argent réel des États-Unis.

"Plan de doublement du revenu national", le changement et l'accélération de l'industrialisation au Japon.

Les fondements de l'industrialisation du Japon ont été posés pendant la restauration Meiji, mais lorsque la guerre sino-japonaise a éclaté en 1937, les deux plans quinquennaux de l'Union soviétique l'avaient largement dépassé. À la fin des huit années de guerre, l'économie nationale du Japon avait été entièrement transformée en machine de guerre, et la profondeur et l'ampleur de son industrialisation avaient pris un sérieux retard sur celles des États-Unis et des pays occidentaux. Pendant la guerre de Corée, les États-Unis ont envisagé de faire produire par le Japon des systèmes d'armes lourdes pour approvisionner le champ de bataille coréen tout proche, mais les experts industriels américains ont abandonné l'idée après un aller-retour au Japon parce que la technologie industrielle japonaise était tellement en retard qu'elle ne pouvait tout simplement pas répondre aux besoins des forces américaines.

En 1955, l'industrialisation de la Chine, avec l'aide de l'Union soviétique, s'approchait rapidement du niveau mondial ; tandis que le Japon avait réussi à se relever des ruines de l'après-guerre, mais il s'agissait d'une "reprise industrielle superficielle" centrée sur l'industrie légère, et le niveau technologique de l'industrie lourde n'était même pas aussi bon que celui des usines soviétiques les plus avancées directement introduites par la Chine. Si l'on considère les conditions matérielles, la Chine et le Japon sont à peu près au même niveau d'industrialisation.

Cependant, l'année a également marqué un point d'inflexion clé dans le désalignement stratégique du développement de l'industrialisation entre la Chine et le Japon. Alors que la Chine considère toujours l'acier comme un élément central de son industrialisation, le Japon a pris conscience de l'importance de l'industrie électronique et de la pétrochimie, et a fait de l'automatisation son nouvel objectif de développement. Ce décalage dans la vision stratégique a creusé l'écart entre la Chine et le Japon au cours des 15 années suivantes, à un point tel qu'il était difficile de le rattraper.

L'épiphanie japonaise sur la nouvelle industrie leur a fait réaliser à quel point l'acte de guerre initial était stupide, l'offre abondante de pétrole sur le marché mondial a rendu inutile l'occupation de la base énergétique de charbon du nord-est de la Chine, et le caoutchouc synthétique bon marché, abondant et de haute qualité apporté par la pétrochimie a fait de l'opération militaire visant à aller au sud et à piller le caoutchouc naturel de l'Asie du Sud-Est une aventure impensable. Dans une mer de milliers de dérivés issus de la pétrochimie, la source de matières premières pour l'industrie légère est presque entièrement satisfaite. Le Japon est déterminé à abandonner la tradition fondatrice de l'agression militaire, car elle n'est ni nécessaire ni bénéfique.

La pétrochimie a remplacé l'agriculture comme principale source de matières premières pour l'industrie légère, tandis que l'électronique et l'automatisation étaient les accélérateurs de l'industrialisation. Avec ces deux outils, il était beaucoup plus facile pour le Japon de conquérir le monde avec des produits industriels qu'avec des sabres et des bottes, tant que la source de pétrole était garantie par les États-Unis.

La Chine, comme la France, a gagné la guerre, mais a perdu l'économie.

C'est dans l'optique de cette stratégie économique que les Japonais ont introduit le "Plan de doublement du revenu national" en 1960. Le ministère du commerce international et de l'industrie (ITI) du Japon avait une vision beaucoup plus stratégique de l'économie que l'économie planifiée de la Chine de l'époque, qui a d'abord spécifié les types d'industrie chimique lourde à développer en priorité. Il s'agit notamment du raffinage du pétrole, de la pétrochimie, des fibres synthétiques, des véhicules à moteur, des machines industrielles, des avions, de l'industrie électronique, etc. Ces industries bénéficient alors d'une protection absolue et d'une aide au développement. Afin d'éviter la concurrence féroce des produits étrangers dans ces industries stratégiques japonaises, le ministère du commerce international et de l'industrie (MITI) a introduit diverses mesures de protection commerciale telles que des quotas d'importation, des licences d'importation, des tarifs élevés et des taxes commerciales préférentielles sur les produits nationaux.

Lorsque le Japon a rejoint le GATT, les subventions financières directes étaient trop importantes, et le ministère du Commerce international et de l'Industrie (MITI) a été inondé de tactiques étranges pour le développement des industries stratégiques. Lorsque l'industrie de la construction navale a besoin de subventions, le gouvernement n'est pas commode pour payer directement, et à cette époque les prix du sucre sur le marché japonais sont élevés et rentables, le gouvernement fournit à l'industrie de la construction navale des licences d'importation de sucre, afin qu'elle puisse gagner la différence sur le marché intérieur du sucre, comme une subvention gouvernementale déguisée. Cette seule mesure a permis de réduire le prix à l'exportation de la construction navale japonaise de 20 à 30%.

Afin d'accélérer le développement rapide des industries stratégiques, le Japon a entamé une vague d'introduction frénétique de technologies et d'équipements de pointe. Dans le système de subventions pour l'importation des machines les plus récentes, la moitié du prix d'importation est payé par le gouvernement, le coût des fabricants nationaux similaires, et le gouvernement paie également la moitié des subventions financières. L'introduction d'un système d'amortissement spécial pour les équipements des entreprises afin d'accélérer le renouvellement des équipements et de développer l'accumulation de capital. Le gouvernement japonais stipule que l'année où une entreprise achète un nouvel équipement, elle peut prendre une charge d'amortissement égale à 50% du prix de l'équipement, qui est déduite du bénéfice total et n'est pas soumise à l'impôt. Avec les encouragements du gouvernement, les entreprises rivalisent pour augmenter leurs investissements et moderniser leurs équipements, et en 1961, la part des investissements en équipements des entreprises privées dans le produit national brut atteignait 23% ! En outre, les institutions financières gouvernementales, telles que la Banque de développement du Japon et la Banque d'import-export du Japon, fournissent des prêts à long terme et à faible taux d'intérêt aux industries stratégiques, et le coût des prêts est déduit d'emblée des bénéfices, de sorte qu'ils ne sont pas non plus soumis à l'impôt.

Grâce à divers instruments politiques et financiers, les entreprises japonaises ont la charge fiscale la plus faible parmi les pays développés du monde, avec une charge fiscale totale de 21,2% en 1972, contre 28,1% aux États-Unis et 36% en Allemagne.

Le gouvernement, les industriels et les financiers ont adopté une approche de coopération étroite et les industries désignées comme stratégiques au niveau national sont soigneusement protégées et soutenues par le gouvernement. Pour ces secteurs, les ministères du Tonkin et du Grand Tibet fournissent des conseils administratifs détaillés aux entreprises, leur conseillant de réduire la production lorsqu'ils estiment qu'elle est trop élevée et d'ajuster les investissements lorsqu'ils estiment qu'ils sont trop importants. Les entreprises sont également disposées à accepter ces conseils, et elles se pressent toujours autour du gouvernement pour en tirer des avantages. Le gouvernement est extrêmement partial envers certaines entreprises et très froid envers d'autres. Même s'il s'agit d'une opinion ou d'un avis du gouvernement, tant qu'il s'agit du TPP, toute entreprise a peur d'être mise à l'écart si elle ne s'y conforme pas.

Le "window guidance" de la Banque du Japon en matière d'octroi de crédit est également une orientation administrative largement acceptée au Japon. Elle est étroitement liée à la politique du gouvernement envers l'économie dans son ensemble et équivaut à une version financière de la politique économique. Lorsque les banques se présentaient au guichet de la banque centrale, l'instruction était une "simple allusion" au fait que la banque centrale avait fixé un plafond au montant total d'argent pouvant être prêté par chaque banque, mais elle était toujours acceptée sans condition. Sous réserve de contraintes administratives sur le total des prêts des banques, celles-ci donneront la priorité aux clients ploutocratiques. Pour la province du Grand Tibet, la disponibilité des fonds prend la forme d'une allocation basée sur des considérations politiques spécifiques, les taux d'intérêt n'étant qu'un facteur secondaire.

Au cours d'une décennie de développement, la structure industrielle du Japon s'est fortement orientée vers une rentabilité élevée. Dans le secteur industriel, la marge bénéficiaire de l'industrie chimique lourde est supérieure à celle de l'industrie légère, qui représentait 51% de l'économie totale du Japon en 1955, 64% en 1965 et 75% en 1975, soit le taux le plus élevé jamais enregistré dans un pays développé. De 1950 à 1969, la production industrielle du Japon a été multipliée par 17, les produits anciens ne représentant que 60% du total, tandis que la part des produits nouveaux, notamment l'électronique et la pétrochimie, a augmenté de façon spectaculaire.

Le modèle de développement économique du Japon est radicalement différent de celui de la libre concurrence du marché occidental, avec un caractère nettement planifié. La vision et l'audace du gouvernement japonais dans son soutien aux industries stratégiques à ce moment critique de la transformation et de l'accélération de l'industrialisation est un modèle de réussite. Une stratégie correcte, une exécution parfaite, des conseils attentifs, un soutien solide et une protection minutieuse sont les éléments clés de la grande réussite des industries stratégiques du Japon.

En ce qui concerne la concurrence, la perception du Japon est très différente de celle de l'Occident. Le Japon est une société compétitive, mais pas entre individus, mais entre groupes d'entreprises. L'harmonie entre les employés d'une entreprise, le dévouement à l'entreprise, sont considérés comme dignes d'être encouragés par la société japonaise, tandis que la concurrence entre les employés d'une entreprise est découragée. Par conséquent, au Japon, il existe une concurrence entre les conglomérats japonais, tandis qu'à l'étranger, elle se traduit par une coopération entre les entreprises japonaises et une concurrence féroce avec les entreprises étrangères.

L'économiste japonais Doureihara a un jour exalté avec fierté le miracle japonais :

> *"M. Keynes a dit un jour en 1937 que, d'après l'expérience passée, il n'est pas réaliste d'augmenter le niveau de vie de plus de 1 pour cent par an en moyenne. Même si de nombreuses inventions permettent de l'élever un peu plus, notre société ne peut pas facilement se réconcilier avec un taux de croissance supérieur à 1 pour cent. Il y a probablement eu une ou deux fois*

> *au cours des quelques centaines d'années passées où le niveau de vie au Royaume-Uni a augmenté à un taux annuel de 1%. En général, cependant, l'augmentation du niveau de vie est, en moyenne, inférieure à 1 pour cent au total.* ' Keynes a fait ces remarques dans le sombre milieu des années 1930 du 20ème siècle, et il était peut-être psychologiquement influencé par le pessimisme de l'époque au moment de son discours. Cependant, comme l'histoire peut l'attester, le revenu réel par personne n'a augmenté qu'à un taux annuel moyen de 0,9% au cours du glorieux demi-siècle de l'Empire britannique, de 1860 à 1913. Ainsi, pratiquement aucun économiste de l'époque n'a douté de ce point de vue keynésien... (mais) *le taux de croissance du revenu réel moyen par habitant au Japon, au moins jusqu'en 1973, est resté presque constant à un taux annuel supérieur à 8% pendant 20 ans. Face à ce fait, que dira Keynes ?* "

Même en tenant compte de la force de la livre sterling, de l'étalon-or pur appliqué en Grande-Bretagne pendant un demi-siècle, de 1860 à 1913, et du facteur de dépréciation de la monnaie entre 1945 et 1971, lorsque l'étalon-or était en place, et de la faiblesse du dollar, il faut reconnaître que le taux de croissance du revenu national japonais était effectivement beaucoup plus élevé qu'à l'époque britannique. Un facteur objectif, cependant, est que la révolution industrielle de cette année-là n'a pas débarrassé le pays de sa dépendance naturelle à l'égard de l'agriculture, et que la croissance du revenu, inférieure à 1%, reflétait véritablement les limites de son potentiel de croissance. Sans la révolution industrielle, la croissance économique réelle n'aurait fluctué qu'à la hausse ou à la baisse à partir de zéro, ce qui explique pourquoi la socio-économie des sociétés agraires, pendant des millénaires, était essentiellement au point mort. Ce n'est qu'après les années 1950, lorsque la pétrochimie a remplacé à grande échelle les matières premières agricoles, brisant ainsi le goulot d'étranglement de la croissance dans l'industrie légère, que la possibilité d'une croissance du revenu national à un taux plus élevé est devenue disponible.

L'industrialisation a apporté la prospérité et l'aisance à l'Ouest, et le processus d'industrialisation a entraîné des guerres et des catastrophes dans le monde, les pays se disputant les matières premières et les marchés. Lorsque l'industrialisation a commencé à se répandre à l'Est, la balance du pouvoir, de l'économie mondiale et de l'argent, a commencé à pencher du côté de l'Est. La voie à suivre pour la Chine et le Japon, quelle que soit la voie choisie et quels que soient les revers à endurer, est toujours de réaliser le rêve d'être riche et puissant grâce à l'industrialisation. Tous les pays d'Asie suivront un à un ce flot de l'histoire. Le développement et la croissance du reste du monde rompront de plus en plus avec le monopole d'après-guerre des États-Unis, et le monde montrera de plus en plus la tendance générale de l'ère des États en guerre.

CHAPITRE VI

La progression serpentine, le chemin vers l'euro des États-Unis d'Europe

En ce moment, l'euro est en grande difficulté : la crise de la dette en Europe semble désamorcée, les querelles internes à l'UE se poursuivent, les théories de désintégration de l'euro sont légion. Les Américains jubilent quelque peu, les Chinois semblent ne pas savoir quoi dire, les marchés financiers internationaux sont inondés de baisses, les économistes ne savent plus où donner de la tête.

L'euro va-t-il se désintégrer ? Y aura-t-il une rupture de l'intégration européenne ? L'économie mondiale va-t-elle dérailler ?

Pour trouver la bonne réponse, nous devons revisiter l'histoire de l'intégration européenne et examiner de près la naissance de l'euro.

L'histoire de l'intégration européenne d'après-guerre est l'histoire de la lutte franco-allemande pour la domination du continent, et l'histoire de la tentative de l'Europe de se relever sous la pression de l'hégémonie américano-soviétique. Parallèlement à ce processus, il y a toujours eu un jeu entre deux forces majeures en Europe, à savoir la lutte entre l'internationalisme et l'étatisme.

Derrière l'internationalisme se cache le pouvoir de l'argent, les frontières souveraines bloquant la volonté de libre circulation des capitaux. L'étatisme, quant à lui, a hérité de l'idée traditionnelle de souveraineté et a cherché à limiter la montée en puissance de la puissance dorée. L'Union monétaire européenne a évolué avec difficulté dans les méandres d'un jeu répété d'idées supersouveraines et d'intérêts nationaux.

Le nouveau paradoxe de la démocratie politique et de la dictature financière, mêlé à l'ancien paradoxe de la réémergence de l'Allemagne et de la manière dont la France la contrebalance, a été le moteur du processus complexe de l'intégration européenne.

De la naissance de l'Union du charbon et de l'acier au lancement du plan Viner, du fonctionnement du mécanisme de change en serpentin à la mise en œuvre du système monétaire européen, de la publication du rapport Delors à la signature du traité de Maastricht, de la formulation de l'unité monétaire européenne à la création de la Banque centrale européenne, l'euro, sur la route progressive en serpentin, après un demi-siècle d'orages et de pluies, a finalement réparé le bon fruit.

Mais au lieu de résoudre les problèmes de l'Europe, l'euro a apporté davantage de problèmes.

La crise actuelle de l'euro ne peut être surmontée sans un Trésor européen unifié. Sans des États-Unis d'Europe définitifs, l'objectif de l'intégration européenne n'est pas atteint.

L'euro continue d'évoluer !

La chute de De Gaulle ; l'intégration européenne s'accélère alors que les nuages changent de direction

En mars 1968, une grande ruée mondiale sur les réserves d'or américaines a éclaté, à l'instigation des Français. De Gaulle promet de retirer le dollar de sa position d'hégémonie monétaire mondiale, de renverser la dynastie de Bretton Woods et de réformer le système monétaire mondial, et de donner à l'Europe, sous la direction de la France, une plus grande puissance financière.

Au moment même où le "pool mutuel de l'or" américain s'était complètement effondré et où De Gaulle était sur le point de lancer une attaque générale contre les réserves d'or américaines, il y a eu une soudaine "tempête de mai" en France, et non seulement le franc a été écrasé par une attaque désespérée contre le dollar américain, mais les États-Unis ont également récupéré une partie importante de l'or que De Gaulle avait soutiré aux États-Unis depuis son arrivée au pouvoir.

À la fin du mois de mai, au plus fort de la crise, l'appareil d'État est presque paralysé alors que des étudiants et des citoyens défilent à Paris avec le slogan "De Gaulle hors d'état de nuire". De Gaulle, qui a perdu le contrôle de la situation, "disparaît" soudainement le 29 mai sans même en informer son Premier ministre, Georges Pompidou, et s'enfuit pendant la nuit dans une base militaire française en Allemagne.

Il est clair que, pour de Gaulle, la soudaine "tempête de mai" avait pour but de le contraindre à se retirer, alors que la situation politique et économique du pays était largement stable. Il est naturel que les Américains le détestent, mais certaines forces politiques du pays, même au sein de son propre gouvernement, ne sont pas satisfaites de sa politique de "suprématie française".

Pendant les dix années où Charles de Gaulle était au pouvoir, les idéaux des États-Unis d'Europe étaient largement en place. L'Union du charbon et de l'acier, super-souveraine, et la Communauté économique européenne ont toutes deux été créées par le "cercle Monnet" avant l'arrivée de de Gaulle au pouvoir. De Gaulle ne s'oppose pas à l'Union européenne et soutient un rapprochement avec l'Allemagne, mais pas en perdant la souveraineté française, mais en faisant de la France le conducteur de la voiture européenne et en laissant les Allemands la tirer. Les "cercles Monnet" sont d'autant plus furieux que les deux candidatures de la Grande-Bretagne à la Communauté européenne sont rejetées par Charles de Gaulle. Le problème était clair, sans le retrait de De Gaulle, l'idéal des États-Unis d'Europe n'était tout simplement pas en jeu.

Le Premier ministre Georges Pompidou, était également un membre actif du "Cercle Monnet".

Pompidou a fréquenté le célèbre Lycée Louis le Grand à Paris dans ses jeunes années, était un camarade de classe du futur président fondateur du Sénégal, Léopold Sédar Senghor, et un ancien élève du grand Guy Rothschild.[71] Guy Rothschild devint plus tard le chef de la banque de la famille Rothschild en France, hérita de l'entreprise ancestrale et devint administrateur de la Banque de France. Il détenait la banque centrale, ainsi que des actions dans de nombreuses entreprises du secteur industriel français, et était un géant de la finance et de l'industrie françaises.

Pompidou est diplômé de l'École Normale Supérieure de Paris et devient ensuite professeur de lycée. En 1944, lorsque Pompidou apprend que l'un de ses camarades de classe est déjà chef de cabinet de Charles de Gaulle, il lui écrit immédiatement, espérant obtenir une demi-douzaine de postes. Lors de la présentation de ses camarades, la

---

[71] Georges Pompidou, Biographie Wikipédia.

première tâche de Pompidou est de résumer les différents événements politiques en France et de rédiger un résumé d'une page de la situation, qu'il envoie quotidiennement à Charles de Gaulle pour information. En 1946, de Gaulle crée son propre parti, le Rassemblement Populaire Français, et Pompidou devient le principal agent de liaison entre de Gaulle et son parti, qui a démissionné du pouvoir.

De Gaulle attendait l'occasion de faire son retour en montagne orientale depuis qu'il avait quitté le terrain en 1946, et il a fini par attendre 12 ans. Pendant tout ce temps, Pompidou a été l'homme de main le plus vocal et le plus tacite de de Gaulle. Malgré son absence de la scène, l'immense prestige de de Gaulle auprès des Français lui permet de reprendre à tout moment le contrôle du destin de la France.

Les Rothschild, qui ont toujours cru qu'il fallait "toujours marcher avec le roi", ne se contentent pas de brûler le poêle chaud du régime, ils n'ont pas oublié le poêle froid de De Gaulle, un "stock de qualité" potentiel. La crise dans la colonie française d'outre-mer, l'Algérie, s'aggrave, et les chefs de l'armée française en Algérie sont presque tous les mêmes que l'ancienne équipe de de Gaulle lorsqu'il a mis en place le gouvernement de la "France libre" en exil.

En 1954, Guy Rothschild retrouve son ancien mentor personnel, qui est non seulement un vieil ami de Pompidou, mais qui travaille également à la banque Rothschild. Rothschild veut débaucher Pompidou, le coup de cœur de De Gaulle. Au début, Pompidou est un peu hésitant ; après tout, il n'a enseigné que dans le secondaire et ne connaît rien à la banque, il a donc peur de ne pas être capable de faire le travail à la banque de la famille Rothschild. Cependant, Pompidou pense un instant que cela fait huit ans qu'il attend l'arrivée de De Gaulle au pouvoir, et Dieu sait si cela finira par arriver, autant aller à la célèbre banque de la famille Rothschild pour ouvrir un chemin lumineux à sa vie future.

On ne peut nier que Pompidou possède une intelligence et une capacité d'apprentissage extraordinaires. Il était censé être un simple oisif dans la banque, et Rothschild ne s'attendait pas à ce qu'il accomplisse beaucoup de choses dans le domaine financier ; cependant, en deux ans seulement, Pompidou est passé du statut de profane ne sachant pas lire un bilan à celui d'impliqué progressivement dans les activités principales. Tout comme de Gaulle a été impressionné par Pompidou, Rothschild a dû être impressionné par l'ancien élève. Non seulement Pompidou est capable de saisir rapidement l'essentiel de l'activité, mais il trouve souvent le moyen de résoudre rapidement le problème. En conséquence, la position de Pompidou dans la banque de Rothschild s'accroît de jour en jour, gagnant la confiance de Rothschild. De 1956 à 1962, Pompidou devient directeur général de la Banque Rothschild et est nommé par Rothschild administrateur de plusieurs autres grandes entreprises et décide des décisions à prendre au nom de la Banque Rothschild.

En 1958, de Gaulle fait son retour, et Pompidou est appelé à participer à la rédaction de la constitution de la Cinquième République, et continue à conseiller de Gaulle. En 1962, le président Charles de Gaulle propose à Pompidou, qui n'avait jamais eu de carrière politique importante, de devenir Premier ministre de la France. Alors que les précédents Premiers ministres français étaient soit des icônes électorales, soit avaient passé des années en politique en tant que ministres du gouvernement, Pompidou s'est hissé au sommet à partir de son poste de directeur général de la banque Rothschild. Dès lors, Pompidou est devenu un important exécutant de la doctrine de Gaulle, occupant le poste de premier ministre pendant six ans, le plus grand nombre d'années en quatre générations de politique française. Au cours de ces six années, Pompidou a progressivement pris le contrôle des principaux départements centraux du gouvernement français en sélectionnant et en implantant ses propres contacts.

Lorsque survient la "tempête de mai" en 1968, de Gaulle constate soudain que les ministres se sont retournés contre le Président, qui n'a plus le contrôle du gouvernement, et que Pompidou est au pouvoir. Dans la panique, de Gaulle ne peut que jouer les "disparus" et n'ose pas faire savoir aux ministres où il se trouve. Il court vers les bases militaires françaises en Allemagne pour voir qui l'armée française soutient avant de décider où aller. Une fois soutenu par l'armée française, Charles de Gaulle rentre à Paris et annonce la tenue de nouvelles élections au Parlement en juin, qui se soldent par une large victoire des gaullistes. Immédiatement après avoir retrouvé son soutien, Charles de Gaulle démet Pompidou de son poste de Premier ministre. [72]La scène politique française est en état de choc. Tout le monde pense que Pompidou est le plus fervent partisan du gaullisme et que les deux

---

[72] Dogan, Mattei, *How Civil War Was Avoided in France*, International Political Science Review/Revue Internationale de Science Politique (3), p. 245-277.

hommes ont toujours entretenu de bonnes relations, mais seul De Gaulle sait qui a provoqué la "tempête de mai" et pourquoi.

Pour son limogeage, Pompidou "s'offusque", affirmant qu'il s'agit d'une erreur commise par Charles de Gaulle. À cette époque, Pompidou, qui avait résolu pacifiquement la "tempête de mai", avait dépassé le vieux Charles de Gaulle obstiné en termes d'image, avec son humiliation, sa loyauté et son manque d'égard pour les gains ou les pertes personnels.

Bien que le gaullisme ait remporté les élections législatives, le vainqueur n'est pas de Gaulle. Les Français commencent à réclamer une ère de "gaullisme" sans de Gaulle et, en 1969, les idées de de Gaulle concernant la réforme du Parlement et des collectivités locales sont rejetées par référendum.

Georges Pompidou est naturellement le nouveau président que les Français attendaient. Grâce à sa timidité et à sa tactique, il a conquis le cœur et l'esprit du peuple et a ouvert la voie à son époque.

La "Doctrine de Gaulle" promue par Pompidou est essentiellement un "révisionnisme" qui enlève le cœur de l'esprit de la "suprématie française". Lui et ses collègues des "cercles Monnet", libérés de de Gaulle, commencent à avancer à grands pas vers les États-Unis d'Europe.

Pour Pompidou et le groupe de forces financières qui le soutient, l'abolition des frontières souveraines, la libre circulation des capitaux et la finance non réglementée sont les plus grands idéaux ! Laisser le capital contrôler l'État, et non l'État contrôler le capital, est l'idée maîtresse la plus importante ! Le but de la sursouveraineté est de l'abolir ! Les Européens unis contre l'oppression américaine est le slogan le plus convaincant.

À l'heure actuelle, les trois personnalités au centre de la scène politique européenne — le président français Pompidou, le chancelier allemand Brandt et le premier ministre britannique Heath, tous militants du "cercle Monnet" — n'ont jamais eu de meilleur moment politique pour faire avancer l'intégration européenne.

En avril 1969, immédiatement après la chute du pouvoir de Charles de Gaulle, les chefs d'État britannique, allemand et français, en liesse, se réunissent à La Haye pour le sommet de la CE, qui décide d'accélérer le processus d'intégration européenne.

La Grande-Bretagne est soudainement accueillie à bras ouverts par le continent européen, et en 1973, la CE est instantanément rejointe par la Grande-Bretagne, le Danemark et l'Irlande, passant de six pays à l'origine à une union de neuf nations.

Une autre initiative majeure de la Conférence de La Haye a été la conception du cadre stratégique de l'Union économique et monétaire européenne (UEM), qui a abouti au lancement du rapport Wiener dans l'OI en 1970. Pierre Werner, Premier ministre et ministre des Finances du Luxembourg, a été chargé par le Comité exécutif de la Communauté européenne d'organiser des experts nationaux pour mettre en place la Commission de l'Union monétaire européenne afin de proposer une stratégie monétaire globale destinée à protéger les intérêts européens contre l'indifférence, voire la confrontation délibérée, des États-Unis et à équilibrer la puissance économique et industrielle de l'Allemagne.

Dans le rapport Wiener, il est proposé d'établir une Union économique et monétaire européenne, dans laquelle certains des pouvoirs clés des États membres (y compris les budgets fiscaux et la politique monétaire) seraient finalement transférés des parlements, gouvernements et banques centrales nationaux à de nouvelles institutions créées au sein de la Communauté.

Le rapport recommande une approche en trois phases de l'union économique et monétaire. La première étape consiste à stabiliser les taux de change, à établir des orientations communes pour les économies membres et à coordonner les politiques fiscales et budgétaires nationales. La tâche de la dernière phase est également claire, à savoir la fixation permanente des taux de change nationaux, la réalisation d'une politique économique cohérente entre les États membres et la création d'une banque centrale unifiée de la Communauté européenne. En revanche, le rapport ne dit rien sur la manière de réaliser la phase intermédiaire de transition.

La Banque d'Angleterre, après avoir examiné le rapport Wiener, a conclu que

> *"le projet d'Union monétaire européenne est profondément révolutionnaire, tant sur le plan économique que politique. En termes simples, il s'agit de créer une fédération européenne avec une monnaie unique comme levier. Tous les instruments de base de la gestion économique des États membres, y compris les politiques fiscales, monétaires, de répartition des revenus et de*

développement régional, sont finalement transférés à l'Autorité fédérale européenne. "

C'est la source de l'idée d'un "gouvernement économique européen" ou d'un "ministère des finances européen", qui a fait l'objet de nombreuses spéculations dans l'actualité. En fait, il ne s'agit pas d'une idée nouvelle qui a émergé après le déclenchement de la crise de la dette européenne, mais d'un plan qui a déjà été formulé il y a 40 ans !

Au moment où le "cercle Monnet" se réjouissait, l'intégration européenne s'est accélérée ; au moment clé, le dollar et l'or se sont découplés, ce qui a provoqué un chaos économique total. Le processus d'intégration européenne a été contraint de subir des ajustements importants.

L'empire de la dette des États-Unis ne s'ouvre pas bien, la vente de céréales et d'herbe "perd la femme et l'armée".

Le 15 août 1971, le président Nixon annonce le découplage du dollar et de l'or, et le dollar "usurpe l'or pour se tenir debout", ouvrant une ère de grande dévaluation de la monnaie de l'empire de la dette américaine.

Les "dollars" devenant "pas d'argent", les marchés monétaires mondiaux connaissent une agitation sans précédent. Les gens fuient le dollar dans la précipitation, avec un afflux massif de capitaux cherchant refuge dans le mark allemand et le franc suisse. Dans un effort pour inverser l'effondrement dangereux de la confiance dans le dollar, Nixon annonce des réductions d'impôts, un gel des salaires et des prix pendant 90 jours, et un tarif temporaire de 10% sur toutes les importations " pour s'assurer que les produits américains ne sont pas désavantagés par rapport à la concurrence à cause d'un taux de change injuste ". "

La dévaluation dramatique causée par le découvert du dollar, qui a entraîné à son tour un désordre mondial des taux de change, s'est avérée être, dans la bouche de Nixon, une manipulation délibérée du taux de change par d'autres pays dans le but d'enlever les emplois des Américains dans le commerce. Il semble que les accusations américaines de manipulation noire et blanche du taux de change ne soient pas une invention d'aujourd'hui ! Mais une telle logique consistant à mettre la charrue avant les bœufs n'est pas très intéressante, même pour les Américains eux-mêmes. Lorsque le président de la Réserve fédérale Burns a averti le secrétaire au Trésor américain

Connolly que les partenaires commerciaux de l'Amérique pourraient exercer des représailles, Connolly a répondu avec mépris : " Laissez-les faire, que peuvent-ils faire ? "

Mais l'indignation de l'Europe était claire et ferme, et les Européens n'ont pas caché que leurs banques centrales étaient déjà très réticentes à détenir le dollar, et que si les États-Unis n'acceptaient pas de rétablir un régime de taux de change stable tout en supprimant la surtaxe injustifiée sur les importations, les tensions en Europe et aux États-Unis évolueraient vers la confrontation.

L'intention du dollar d'évincer complètement l'or d'un seul coup a suscité une vive réaction de la part de l'Europe. Les États-Unis ont dû prendre une tactique dilatoire, en décembre 1971, a tenu une réunion à Washington, D.C., avec la participation des ministres des finances et des gouverneurs des banques centrales, a formé le "Smithsonian Agreement", le dollar et l'or de 35 $ à 1 once d'or, dévalué à 38 $, le dollar contre les principales devises du monde déprécié de 10%.

Les marchés mondiaux des devises ont retrouvé une brève période de calme. En 1972, les États-Unis, qui n'avaient pas réussi à défendre l'accord du Smithsonian, ont continué à baisser les taux d'intérêt pour stimuler l'économie, et le dollar a de nouveau été plongé dans une crise de ventes massives. En février 1973, le dollar s'est encore déprécié de 10%, pour atteindre 42,22 dollars par rapport à l'or. Le monde est à nouveau dans le chaos.

Dans le but d'apaiser les craintes du monde à l'égard du dollar, les États-Unis sont désireux de renverser le dilemme du déficit de leur balance des paiements. En 1972, alors que l'agriculture soviétique est confrontée à une récolte désastreuse, les États-Unis, ignorant temporairement la rivalité de la guerre froide, s'emparent dans la panique des exportations agricoles vers l'Union soviétique.

Depuis la loi américaine sur l'ajustement agricole de 1933, afin de garantir les intérêts des agriculteurs, le gouvernement subventionne l'agriculture année après année, acquérant de grandes quantités de produits agricoles à des prix élevés pour l'aide américaine à l'étranger. L'échec agricole de l'Union soviétique coïncidait avec un excédent de produits agricoles américains, et les deux parties se sont entendues le 8 juillet 1972, lorsque les États-Unis et l'Union soviétique ont annoncé un accord agricole dans lequel l'Union soviétique achèterait 750 millions de dollars de produits agricoles aux États-Unis sur une période de trois ans.

Les problèmes agricoles de l'Union soviétique sont profondément enracinés et établis de longue date, et la catastrophe agricole de 1972 a été bien plus grave que le gouvernement ne l'avait estimé, lorsque, au cours du seul été de cette année-là, l'Union soviétique a effectué un achat massif de produits agricoles aux États-Unis pour un milliard de dollars, dont l'achat de blé équivalait à un quart de toute la production américaine !

Les Américains se sont avérés avoir leurs propres petits calculs : l'Union soviétique disposait de peu de réserves de change, de sorte qu'un achat de nourriture aussi important l'obligerait inévitablement à vendre de l'or à grande échelle, comme elle l'avait fait au milieu des années 60. Selon la demande soviétique de nourriture, au moins 800 tonnes d'or devraient être vendues sur le marché. En conséquence, les cours mondiaux de l'or ne manqueront pas de s'effondrer et la position du dollar s'en trouvera considérablement renforcée. Par conséquent, l'achat de produits agricoles par l'Union soviétique était de plus en plus bénéfique.

Ce à quoi les Américains ne s'attendaient pas, cependant, c'est que l'appétit surprenant des Soviétiques pour l'importation de produits agricoles américains aurait un impact bien plus important que prévu sur les prix du marché intérieur américain. Les prix des denrées alimentaires aux États-Unis ont commencé à grimper en flèche, l'indice des prix a augmenté d'heure en heure, et l'inflation qui avait balayé le pays a soudainement frappé.

Au grand dam des Américains, les Soviétiques n'ont pas vendu autant d'or qu'ils l'espéraient, mais se sont plutôt tournés vers le marché européen du dollar pour emprunter de l'argent. En février 1972, l'Union soviétique a emprunté 600 millions de dollars pour sept ans à l'Italie, le taux d'intérêt n'est que de 6%, et en mai aux banques européennes ont emprunté 1 milliard de dollars, le taux d'intérêt n'est que de 3/8 points de pourcentage supérieur à celui du marché de Londres.[73] Le dollar européen, qui était censé être le véhicule d'exportation inflationniste de l'Amérique, a été utilisé par hasard par les Soviétiques cette fois pour jouer un reflux inflationniste du dollar,

---

[73] Michael Hudson, *Global Fracture, The New International Economic Order*, Pluto Press, 1977, p. 70–73.

en payant la nourriture américaine en dollars européens. En conséquence, les États-Unis sont pris dans un cercle vicieux : moins de nourriture, plus d'inflation et un dollar plus faible.

La vente de nourriture par les Américains à l'Union soviétique est en fait devenue un "acte volontaire" consistant à rendre les dollars excédentaires en nourriture, ce qui a déclenché une pression inflationniste intérieure à la baisse sur l'économie américaine. C'est le genre de comportement altruiste que seule une "puissance responsable" emploierait, mais cela n'a jamais été l'intention du gouvernement des États-Unis ! En juin 1973, l'indice composite des prix des États-Unis a augmenté de 15% et les prix des aliments ont grimpé de 50% ! Le gouvernement des États-Unis, "aux dépens de sa femme", a été contraint de commencer à contrôler l'exportation des produits agricoles, et le ministère de l'Agriculture a ordonné que toutes les commandes d'exportation de produits alimentaires après le 3 juillet ne pourront pas obtenir de licence d'exportation et devront attendre un avis de suivi lorsque les exportations reprendront.

À ce moment-là, le marché alimentaire mondial a commencé à bouillir. La montée en flèche des prix alimentaires a finalement déclenché une crise pétrolière encore plus grave !

Octobre 1973, la crise pétrolière fait dérailler les nations industrielles

La dévaluation du dollar et la hausse des prix des denrées alimentaires ont relancé l'inflation dans le monde entier. Les pays importateurs de denrées alimentaires, dont l'Organisation des pays exportateurs de pétrole, ont été secoués par l'onde de choc de l'inflation.

Une nouvelle dépréciation de 10% du dollar en 1973 a fait perdre aux États arabes 350 millions de dollars de réserves de change, l'inflation a englouti 525 millions de dollars du pouvoir d'achat de leur épargne, et les pays exportateurs de pétrole ont été spoliés de 875 millions de dollars de leur richesse en 1973. [74]

---

[74] Michael Hudson, *Global Fracture, The New International Economic Order*, Pluto Press, 1977, chapitre 5.

Les pays exportateurs de pétrole, qui ne veulent pas voir leurs économies rongées par l'inflation, ont accru leur colère contre les États-Unis et Israël avec le déclenchement de la quatrième guerre du Moyen-Orient en octobre. Ils ont catégoriquement imposé un embargo pétrolier aux États-Unis, aux Pays-Bas et au Danemark jusqu'à ce que ces pays ne soutiennent plus ouvertement Israël, tout en déclarant que tout pays européen qui apporte son soutien aux bases militaires américaines sera également placé sur la liste noire de l'embargo pétrolier. Ainsi, la Grande-Bretagne n'autorise que les avions américains à décoller de la base, mais plus aucun atterrissage ; l'Allemagne refuse d'autoriser les navires transportant des armes américaines à accoster ; et l'Italie exige qu'Israël restitue toutes les zones occupées. Il y a un gel total des bases militaires américaines en Europe.

L'Europe occidentale a besoin de pétrole et les pays du Moyen-Orient ont besoin d'industrialisation, et il est parfaitement logique que les économies des deux soient profondément intégrées, de sorte que l'Europe s'éloigne progressivement de l'orbite de la planète économique fixée par les États-Unis. Au fur et à mesure que l'économie de l'Europe s'intégrera plus profondément aux pays exportateurs de pétrole du Moyen-Orient et aux régions d'Afrique riches en ressources naturelles et qu'elle se développera de manière autonome, une sphère de pouvoir monétaire plus dangereuse que celle que la livre sterling a jamais pu capturer émergera devant les États-Unis. L'objectif stratégique des États-Unis est que l'Europe, ainsi que le Moyen-Orient et l'Afrique, dépendent directement des États-Unis, et que toute interdépendance entre eux constitue, dans une certaine mesure, une entrave au contrôle américain du monde.

L'ombre de l'Empire britannique est de trop pour les États-Unis cette année-là, et lorsqu'il prend conscience du potentiel de développement indépendant de l'Europe, Kissinger se précipite en Europe en décembre 1973. Kissinger ne veut pas que l'Europe et le Moyen-Orient prennent le pas sur leur relation avec les États-Unis, et demande donc avec force une "réponse commune à la crise énergétique", et que les États-Unis disposent de pouvoirs "sénatoriaux" avant que l'Europe ne négocie toute question avec le Moyen-Orient.

Plutôt que de gober le récit de Kissinger, les Européens ont souligné que "la concentration croissante du pouvoir et de la responsabilité du développement mondial entre les mains de quelques pays puissants signifie que l'Europe doit être unie et avoir une voix extérieure si elle veut jouer le rôle qui lui revient sur la scène mondiale".

Afin de ramener l'Europe dans l'orbite américaine, les États-Unis ont lancé, quatre mois après la crise pétrolière, l'Agence internationale de l'énergie (AIE), une agence conçue par les Américains comme l'équivalent de l'Organisation des pays importateurs de pétrole (OPEP) pour contrer l'influence de l'OPEP sur les prix du pétrole. Les États-Unis sont même prêts à recourir à la guerre contre les pays exportateurs de pétrole du Moyen-Orient si les moyens politiques et économiques n'arrivent pas à leurs fins. Les pays du Moyen-Orient, pour leur part, ont averti l'Europe et le Japon qu'ils saboteraient les puits de pétrole, les oléoducs et les installations portuaires en cas de frappe militaire, ce qui garantirait une interruption de l'approvisionnement en pétrole de l'Occident pendant au moins un an. Les pays européens ont été choqués. Bien que l'impact sur les États-Unis soit important, ces derniers disposent eux-mêmes d'un grand nombre de gisements de pétrole qui peuvent être exploités, sans compter l'augmentation des importations de pétrole en Amérique centrale et du Sud, en Afrique et dans d'autres régions pour combler le déficit énergétique. Mais l'économie européenne, qui dépend fortement du pétrole du Moyen-Orient, est en grande difficulté. Aussi, lorsque le ministère américain de la défense a menacé les États-Unis d'utiliser la force militaire contre les pays du Moyen-Orient si l'embargo pétrolier se poursuivait, les pays européens ont immédiatement sauté sur l'occasion d'user de leurs bons offices.

En outre, les Français sont venus au Koweït pour garantir l'approvisionnement en pétrole brut français en échange d'une aide à la construction de projets de pétrochimie et de raffinage. En Arabie Saoudite, les Français ont signé un accord avec le gouvernement saoudien pour fournir 5,6 milliards de barils de pétrole brut au cours des 20 prochaines années, en échange des projets de pétrochimie et de raffinage qui restent. La diplomatie pétrolière française a fait parler d'elle.

Lorsque les Américains ont proposé le "Nouveau partenariat atlantique" dans le but de continuer à confiner l'Europe dans l'orbite conçue par les États-Unis, l'Europe a une fois de plus élevé la voix de manière unifiée et coopérerait largement avec les États arabes. Les États-Unis sont si populaires qu'ils doivent engueuler les Européens pour leur trahison.

La crise pétrolière a creusé un profond fossé dans l'alliance d'après-guerre entre l'Europe et les États-Unis.

Un impact économique plus durable que l'embargo pétrolier est le prix du pétrole. Les pays exportateurs de pétrole ont fait passer le prix du pétrole de 1,8 à 2,48 dollars le baril au début de 1971 à 10 dollars le baril à la fin de l'année, non seulement en raison des sanctions imposées à l'Occident, mais aussi pour compenser l'épuisement des réserves de change causé par la dévaluation du dollar, et surtout la forte hausse du prix des importations alimentaires.

Le pétrole est depuis longtemps plus qu'une simple source d'énergie ; il constitue une nouvelle base pour la croissance économique des pays industrialisés. La multiplication par quatre des prix du pétrole augmentera considérablement le prix des matières premières dans l'industrie pétrochimique, alors que les matières premières des produits pétrochimiques, mais aussi la source de matières premières pour presque tous les biens de consommation finaux, tels que les automobiles, l'électronique, les appareils électriques, textiles, etc., la pénurie soudaine de pétrole et la forte augmentation des prix, sur les pays développés qui ont été déraillés à l'économie de l'industrie pétrolière, a instantanément causé de grands dommages économiques internes. Tout comme la crise alimentaire a frappé l'industrialisation de la Chine à la fin des années 1950, la crise pétrolière fera grimper en flèche les coûts des carburants pour l'industrie et les transports, l'industrie pétrochimique s'effondrera, les prix des matières premières pour l'industrie légère s'envoleront, et la transmission éventuelle au marché entraînera une hausse des prix des produits de base, une inflation plus élevée et un développement économique stagnant, et la stagnation mondiale des années 1970 est la conséquence du goulot d'étranglement économique de l'industrie pétrolière.

Plus l'industrie chimique lourde est développée, plus elle sera durement touchée par la crise pétrolière. Les États-Unis ont été le premier et le plus grand pays industriel dans l'industrie pétrochimique, et pendant la crise, la production industrielle américaine a chuté de 14% ; dans les années 1960, le Japon a mis en œuvre le "Plan de doublement de la richesse nationale", qui mettait l'accent sur l'industrie pétrochimique comme industrie stratégique pour le développement, et dans la production orientée vers l'exportation de biens de consommation, a rencontré un goulot d'étranglement dans les matières premières à la maison, tandis qu'au niveau international face à la situation difficile d'un marché de consommation léthargique, en conséquence, la production industrielle japonaise a chuté jusqu'à 20%. Tous les pays industrialisés, tout en entrant dans une phase de récession ou de faible croissance. La croissance rapide et la prospérité économique de l'Occident d'après-guerre ont subi leur premier revers majeur depuis que l'industrialisation a changé de cap.

La crise pétrolière a contraint les pays à chercher des énergies propres pour remplacer le pétrole. En fait, les percées énergétiques ne résoudront pas à elles seules le goulot d'étranglement de la croissance économique occidentale, qui est la dépendance de l'industrie légère aux matières premières pétrochimiques. La production d'énergie atomique, solaire, éolienne, hydraulique ou marémotrice, en partant de la seule énergie, tente de remplacer le pétrole et de déclencher une nouvelle révolution économique, qui malheureusement n'obtiendra pas de percée majeure dans la croissance économique. Pendant deux décennies complètes, du début des années 1970 au milieu des années 1990, les pays industrialisés développés tels que l'Europe, l'Amérique et le Japon ont été en proie à une faible croissance, principalement due à l'absence de percées technologiques et de matières premières majeures et fondamentales et à l'absence d'une forte stimulation économique similaire à celle provoquée par les grandes découvertes de pétrole des années 1940 et 1950.

La révolution industrielle de l'humanité n'était en fait qu'une question de conversion de l'énergie du bois au charbon et au pétrole, et des matières premières des produits agricoles et des matériaux naturels de la terre aux matériaux synthétiques basés principalement sur le pétrole. Et une nouvelle explosion économique est en train de naître d'une nouvelle révolution technologique.

Le taux de change de l'Europe se stabilise, le dollar flotte et fait des vagues

Au début des années 1970, les fréquents problèmes alimentaires, l'inflation, les crises pétrolières, les récessions économiques et le fossé entre les États-Unis et l'Europe étaient, pour l'essentiel, le résultat de la dévaluation du dollar.

Les Américains ont enfin compris que même avec l'abolition du trône de l'or, le dollar est toujours potentiellement menacé par l'or. Avec l'or comme référence, la dévaluation du dollar sera exposée au monde entier, le prix de l'or a chuté encore et encore, l'embarras de la faiblesse du dollar est exposé à plusieurs reprises au monde. Un mécanisme de taux de change stable, de sorte que la vérité de la dépréciation du dollar ne peut pas être cachée, de sorte que le tour de passe-passe est difficile à cacher. Par conséquent, les États-Unis sont déterminés non seulement à "clôturer" l'or pour toujours, mais aussi à abolir complètement le système de taux de change fixe et à perturber complètement les marchés monétaires mondiaux. Le chaos économique plus complexe créé par le taux de change flottant détournera l'attention de la dépréciation du dollar et servira de distraction et d'échappatoire.

Ce que l'Amérique veut en ce moment, c'est un désordre de mots ! Prenez le charivari des devises et suppliez le dollar de s'échapper !

Les États-Unis cherchent le chaos, tandis que l'Europe cherche la stabilité.

Le libre flottement des taux de change a provoqué la hausse et la baisse des monnaies des pays du Marché commun européen et a gravement perturbé le commerce et le développement économique. Afin de stabiliser la situation, la Communauté, dans l'esprit du rapport Wiener, a introduit le fameux "mécanisme de change en serpentin" en avril 1972, qui fixe un plafond au flottement autorisé pour toute paire de monnaies au sein de la Communauté, et le "Smithsonian Agreement" de décembre 1971, qui a étendu le flottement des monnaies de réserve non internationales par rapport au dollar des Etats-Unis de 1% à l'époque de Bretton Woods à 2,25%. Graphiquement, les fluctuations des taux de change au sein de la Communauté sont comme un python au milieu de ce tunnel "Smithsonian". Cependant, lorsque le dollar a commencé à flotter librement en 1973, le "taux de change serpentin" de la Communauté ne nageait plus dans un tunnel, mais flottait plutôt dans une mer agitée.

Les Européens espéraient que l'impact de la dépréciation du dollar serait sensiblement affaibli face au "mécanisme de change serpentin". Mais aux yeux du dollar américain, les monnaies européennes représentaient une "formation de long serpent", mais une "formation battue" en un mot. Le dollar américain est haut et bas, monte et descend, quand frapper, quand donner des coups de pied, complètement dans les mains du capital spéculatif international ; et la formation de long serpent de la monnaie européenne est comme une guerre de position stagnante, ne peut être défendue que passivement, posée comme un visage battu !

Le plus gros problème du "mécanisme de change en serpentin" est qu'il ne verrouille que la relation comparative entre les monnaies des pays de la Communauté européenne, mais les politiques monétaires et fiscales des pays suivent des chemins séparés, ce qui revient à prendre au lasso neuf gros navires dans les vagues, mais la puissance du moteur de chaque navire et même la direction du gouvernail sont différentes les unes des autres, une fois qu'ils naviguent ensemble, ils sont voués à se heurter les uns aux autres et sont difficiles à coordonner. Lorsque la vague spéculative du dollar s'abat sur eux, la corde de fer est facilement brisée par la grande coque qui ondule violemment.

En 1973, le mark allemand était le navire amiral du "mécanisme de change serpentin", tandis que la France et la Grande-Bretagne étaient les principales frégates. Au cours de l'été 1972, les États-Unis ont vendu des céréales à l'Union soviétique, qui était censée vendre de l'or pour les payer, afin de créer une tendance à la baisse des prix de l'or et à l'augmentation de la confiance dans le dollar, à la suite de quoi l'Union soviétique a profité du vent d'est du dollar européen et a renvoyé le feu de l'inflation aux États-Unis. Au début de 1973, les pressions inflationnistes croissantes avaient contraint le dollar à ne plus respecter les limites de dévaluation fixées par le Smithsonian. Par conséquent, à la mi-février, lorsque la Bundesbank a été contrainte de relever les taux d'intérêt sous une pression inflationniste de 7,5%, la dévaluation submergée du dollar s'est finalement transformée en une vague furieuse de vente d'actifs en dollars.

La Grande-Bretagne a brièvement rejoint le "mécanisme serpentin" en 1972, mais elle a été rapidement battue par les capitaux spéculatifs, et en 1973, le Premier ministre Heath est venu à Bonn et a demandé à la livre de rejoindre à nouveau le "mécanisme serpentin". L'Allemagne est naturellement favorable, et avec les deux bras que sont la livre et le franc, la capacité à résister au raz-de-marée des capitaux spéculatifs en dollars sera plus forte. Cependant, l'offre britannique de conditions est une source d'hésitation pour les Allemands, et comme le gouvernement britannique a échoué à plusieurs reprises lorsqu'il a essayé d'arrimer le taux de change à la monnaie européenne, et que les gouvernements successifs ont été descendus pour avoir soutenu des politiques similaires, Heath propose que l'Allemagne s'engage à soutenir la livre sans limite. Pour les Allemands, cela revient à leur demander d'utiliser leurs propres réserves de change pour faire un chèque en blanc aux Britanniques qui, avec ce talisman, risquent de perdre leur modération en matière de déficit. Les Allemands, peu enclins à la rejeter directement, font une contre-offre, suggérant que la Grande-Bretagne adhère d'abord au "mécanisme serpentin" afin de démontrer leur détermination à défendre la stabilité du taux de change européen en partant en guerre contre vents et marées. En conséquence, les Britanniques font marche arrière.

La France aurait saisi l'occasion de la réintégration des Britanniques dans le "mécanisme serpentin" pour sortir de la poche des Allemands les réserves de change alléchantes et créer une réserve de fonds similaire au taux de change stable, de manière à partager une partie de la pression avec l'argent allemand si le franc ne tenait pas, mais le rêve français s'est brisé lorsque les Britanniques ont fait marche arrière. Une vague de spéculation sur le dollar s'abat sur nous.

Le 1er mars 1973, la "digue Smithsonian" s'effondre et ce qui reste du système de taux de change fixes de Bretton Woods s'écroule. Le monde est entré dans une ère chaotique de monnaies flottantes.

Lorsque les États-Unis ont brisé les chaînes de taux de change fixe autour du cou, a commencé à préparer pour la permanente "anneau" d'or comme le roi de la monnaie, pour terminer l'achèvement des obligations du Trésor des États-Unis pour remplacer l'or, devenant les actifs de base des réserves monétaires internationales de l'acte final.

En 1976, la dette nationale des États-Unis détenue par les gouvernements du monde entier s'élevait à 90 milliards de dollars. Comment alors éliminer complètement cette dette ? C'est un casse-tête stratégique difficile. La façon de penser américaine consiste à dénaturer ces dettes en réserves monétaires internationales, tout comme la dette nationale qui sous-tend la monnaie nationale n'a pas à être remboursée.

En juin 1974, les États-Unis ont proposé la création d'un "compte de substitution" au FMI, dont la fonction principale serait de convertir la dette américaine détenue par les pays en droits de tirage spéciaux (DTS),[75] complétant ainsi le saut de la dette nationale américaine aux actifs de la réserve monétaire internationale. La dette américaine dénaturée, qui ne sera plus une dette nationale des États-Unis, mais un actif essentiel de la réserve monétaire internationale, sera intégrée de façon permanente au système d'exploitation monétaire international et n'aura jamais à être remboursée !

---

[75] Département de la recherche de la Banque fédérale de réserve de San Francisco, *Substitution Account*, 1980.

Les États-Unis vont "clôturer" le marché de l'or en quatre étapes : premièrement, les banques centrales de tous les pays membres du FMI ne sont pas autorisées à fixer le prix officiel de l'or ; deuxièmement, le lien de valeur entre l'or et les droits de tirage spéciaux doit être rompu, de sorte que l'or contenu dans les réserves monétaires de la banque centrale perdra sa base de prix légale et deviendra un actif "sans valeur" ; troisièmement, le département du Trésor des États-Unis organisera une vente aux enchères d'or ; quatrièmement, le FMI coopérera avec le département du Trésor des États-Unis pour faire baisser le prix mondial de l'or. Son principe de base est le suivant : rendre le prix de l'or aussi instable que possible, de sorte que l'instabilité devienne moins susceptible d'être un réservoir de richesse, et rende l'or moins intéressant en tant que réserve monétaire.

À la demande insistante du gouvernement des États-Unis, les membres du FMI ont accepté d'expulser l'or de la base de valeur des DTS, qui ne sont plus liés à la valeur de l'or, mais ont été redéfinis comme une référence à un "panier" de 16 monnaies nationales. Immédiatement après, conformément à l'esprit des États-Unis, le FMI a décidé de vendre 1/3 de ses réserves d'or, dont la moitié a été restituée aux banques centrales et l'autre moitié a été vendue publiquement sur le marché.

Avec l'abolition du taux de change fixe et le "ring-fencing" de l'or, le problème le plus marquant aux yeux des Américains est celui des pays du Moyen-Orient qui ont reçu d'énormes revenus en pétrodollars grâce à la flambée des prix du pétrole depuis la crise pétrolière.

Les excédents de l'Europe et du Japon ont été engloutis par la hausse des prix du pétrole, et de 1974 à 1976, 40 milliards de dollars de dividendes pétroliers se sont déversés dans les poches des pays du Moyen-Orient, et le Moyen-Orient est devenu un grand pays exportateur de capitaux. Si le Moyen-Orient se rapproche de l'Europe et utilise l'accumulation de capitaux en pétrodollars pour la construction industrielle à grande échelle, alors l'Europe sera le meilleur fournisseur d'équipements industriels et de technologies, et le Moyen-Orient ouvrira ses portes à l'Europe en termes d'approvisionnement en pétrole et de marchés de consommation. De cette façon, les intérêts américains seront marginalisés. La question clé est de savoir comment les États-Unis peuvent canaliser les abondants pétrodollars qui affluent du Moyen-Orient vers les États-Unis, en affaiblissant l'incitation intrinsèque du Moyen-Orient à se rapprocher de l'Europe.

L'approche américaine consiste toujours à utiliser les bons du Trésor américain pour canaliser les pétrodollars du Moyen-Orient, permettant à ce dernier de reprendre l'ancien rôle de l'Europe et du Japon et de continuer à financer le déficit américain. À cette fin, les États-Unis ont d'abord averti les banques européennes de ne pas accepter d'épargne supérieure aux 15 milliards de dollars qu'elles détiennent actuellement, coupant ainsi les pétrodollars du Moyen-Orient, puis ont contraint les Saoudiens à verser des pétrodollars dans les bons du Trésor américain, en utilisant l'attrait de la coopération militaire et des garanties de sécurité.

Après l'"usurpation de l'or et de l'autonomie", l'empire de la dette américaine a subi un choc dramatique, comme le taux de change flottant, la crise pétrolière, les reflux du dollar au Moyen-Orient, pour finalement tenir bon. Au milieu du chaos, l'union monétaire européenne a été durement touchée.

Le "Cercle Monnet" se dissout et l'Union européenne languit

Le retrait de De Gaulle a été une grande aubaine pour le "cercle Monnet". Grâce à ce vent actionnaire, les anciens compagnons d'armes de Monet, le chancelier allemand Brandt et le premier ministre britannique Heath, ainsi que le président français Pompidou, ont accompli d'un seul coup de chance les deux événements majeurs que sont l'élargissement de la Communauté européenne et le rapport Wiener.

Cependant, les guerres qui ont suivi au Moyen-Orient et la crise pétrolière ont interrompu la longue croissance économique d'après-guerre de l'Europe, et l'avènement de l'ère des taux de change flottants a projeté l'Europe dans un tourbillon économique et politique beaucoup plus vaste. Les hommes politiques européens, épuisés par la récession économique et les troubles politiques intérieurs, ont considérablement affaibli leur volonté et leur enthousiasme pour la coopération internationale. L'Allemagne est préoccupée par l'inflation, la France s'inquiète de la croissance économique, l'enthousiasme de la Grande-Bretagne pour le "mécanisme serpentin" a plus qu'assez à jouer, l'Italie et d'autres pays de la Communauté européenne voir les dirigeants de la querelle, pas de leader, peut seulement balayer leur propre porte de neige, difficile de se soucier des autres à la gelée.

Face à l'impasse de la perte de vitesse de l'intégration européenne, Monnet propose la création d'un "fonds européen de ressources" dans l'espoir de sortir à nouveau de l'impasse de l'union monétaire, mais le ministre allemand des finances s'oppose à cette proposition, arguant que l'intégration économique doit primer sur l'intégration financière. Après l'éclatement de la crise pétrolière, Monnet propose que la Communauté européenne établisse un mécanisme de coopération pour la répartition des approvisionnements en pétrole entre les pays de la région, ce que l'Allemagne accepte, mais la Grande-Bretagne et la France s'y opposent et doivent s'arrêter.

En mai 1974, Destin, du "Cercle Monnet", est élu président de la France après la mort de Georges Pompidou. Monnet, qui a déjà 80 ans, éclaire le nouveau président, qui a moins de 50 ans, en lui disant que "ce qui manque le plus dans les affaires européennes, c'est le pouvoir. Les discussions ont des règles à suivre, mais pas les décisions. "Cette déclaration inspire De Stein, qui a une idée similaire, et avec les encouragements de Monet, De Stein propose un plan majeur lors du sommet de la CE à Paris en décembre, le système du "Conseil européen". [76]

Le "Conseil de l'Europe", composé des chefs d'État de la Communauté, est l'organe de décision stratégique le plus élevé de la Communauté qui, bien qu'il ne dispose pas de pouvoirs législatifs, a la responsabilité d'orienter les grandes questions politiques en Europe et de fixer les priorités politiques. Face à une grave récession économique et à une crise des taux de change, l'Europe a un besoin urgent de réunions régulières des chefs d'État. La création du "Conseil de l'Europe" signifie que les chefs d'États souverains sont tenus de fournir des services politiques à la CE supra-souveraine.

À cette époque, la CE avait déjà formé le prototype original des États-Unis d'Europe. La Haute Autorité de l'Union du charbon et de l'acier, sous la première présidence de Monet, coexistait avec la Communauté économique européenne et la Communauté européenne de l'énergie atomique après le traité de Rome, et les trois institutions suprasouveraines ont ensuite fusionné pour former la Communauté

---

[76] Pascaline Winand, *Comité d'action de Monnet pour les Nations unies d'Europe, son successeur et le réseau des européistes*.

européenne, leurs pouvoirs respectifs étant regroupés en un seul exécutif européen, prédécesseur de l'actuelle Commission européenne. C'est l'équivalent d'un gouvernement de cabinet dans un pays, responsable de la gestion quotidienne de la Communauté européenne.

Monnet a conçu l'"Assemblée commune" de l'Union du charbon et de l'acier, qui est devenue le "Parlement européen", l'équivalent d'un organe législatif, de contrôle et consultatif national.

De cette façon, le "Conseil de l'Europe", le "Comité exécutif des Communautés européennes" et le "Parlement européen" ont construit les trois piliers de la construction des futurs États-Unis d'Europe, et presque toutes ces institutions ont pris leur forme originale à partir du "Cercle Monnet", et Monnet et d'autres seront certainement considérés comme les fondateurs des États-Unis d'Europe dans le futur.

En 1975, le "Comité d'action des États-Unis d'Europe", formé par le "Cercle Monnet", fonctionnait depuis 20 ans, et Monnet lui-même avait 87 ans. Il ne s'attendait pas à ce que la route vers les États-Unis d'Europe soit si longue, et pendant les 10 années de règne de de Gaulle, Monnet a perdu de son influence en France, bien qu'il jouisse toujours d'un statut élevé en Europe et en Amérique. Dans l'esprit de Monnet, les États-Unis d'Europe étaient fondés sur une union avec la Grande-Bretagne et les États-Unis, avec pour objectif principal un partenariat des deux côtés de l'Atlantique, et ont été créés non pas pour contester l'hégémonie américaine, mais pour partager le pouvoir avec les États-Unis et dominer le monde ensemble. La crise pétrolière depuis les années 1970, la dévaluation du dollar, les taux de change chaotiques en Europe et la récession dans les pays industriels ont créé des tensions et même des confrontations émotionnelles entre les États-Unis et l'Europe, ce qui a profondément déçu Monnet. Le laxisme des forces d'intégration au sein de l'Europe ajoute à ses inquiétudes, et à mesure qu'il vieillit et perd de son énergie, Monnet a le sentiment que sa mission a été accomplie. À un moment donné, il souhaite que le chancelier allemand Brandt reprenne son rôle, mais il renonce finalement à cette idée. [77]

Parmi les membres du personnel qui ont suivi Monnet pendant des années, sa secrétaire, Mme Linger, n'est absolument pas rémunérée

---

[77] Ibid.

pour son service bénévole. Elle travaille pour le Baron Robert Rothschild pendant la journée et poursuit son travail au bureau de Monnet après 17 heures. Le Baron Robert Rothschild, également membre des Rothschild, n'a pas choisi l'ancienne carrière bancaire de la famille, mais s'est engagé activement dans une carrière de diplomate. Il est le principal rédacteur du traité de Rome de 1957, et donc l'un des fondateurs de la Communauté européenne. Tout au long de ces longues années, Monnet a maintenu un contact étroit avec la famille Rothschild, et grâce à la liaison de son secrétaire privé, chaque étape spécifique du Comité d'Action des Etats-Unis d'Europe de Monet a pu atteindre les oreilles de la famille Rothschild avec un retour et des conseils précis et opportuns.

Lorsque Monnet a finalement annoncé à tous les membres de son cercle qu'il avait décidé de prendre sa retraite et de dissoudre le Comité d'Action des Etats-Unis d'Europe, tous ont été extrêmement choqués. Après avoir perdu son chef spirituel, le mouvement des Etats-Unis d'Europe a erré pendant une décennie entière dans la perte et la désorientation. Ce n'est qu'en 1985, après que les armées de gauche et de droite de Monet aient à nouveau levé le drapeau et soient devenues actives, que l'Union économique et monétaire européenne a connu une nouvelle accélération brutale, qui a conduit directement au traité de Maastricht.

À l'époque de la retraite de Monet, le seul développement significatif de l'Union économique et monétaire européenne a été l'établissement du Système monétaire européen (SME) en 1979, résultat concret du rapport Wiener de 1970.

Au cœur du système monétaire européen se trouvait l'unité monétaire européenne (ECU), qui a finalement évolué vers ce qui est aujourd'hui l'euro. L'Allemagne et la France se sont livrées à une âpre querelle autour de l'unité monétaire. Selon la conception française, l'unité monétaire européenne consiste en un "panier de monnaies" basé sur une moyenne pondérée des monnaies des pays de la Communauté européenne.

Sur la base de l'unité monétaire européenne (UME), le flottement de la monnaie d'un pays par rapport à l'UME ne doit pas dépasser 2,25%, tandis que la lire italienne, qui est molle, est autorisée à flotter jusqu'à 6%. Le nouveau mécanisme de change européen (MCE) est connu sous le nom de mécanisme de change européen (MCE).

Cette conception française est assez astucieuse, et l'idée d'un "panier de monnaies" pour l'unité monétaire européenne, dans le cas d'un mark fort et d'un franc faible, est bénéfique pour le franc. En effet, le rapport des monnaies dans le "panier" n'est ajusté que tous les cinq ans après avoir été fixé. Entre-temps, si le mark allemand s'apprécie trop rapidement, l'Allemagne devra, pour éviter que la valeur du mark dans le "panier" ne franchisse la frontière, intervenir d'abord sur le marché avec ses propres réserves de change pour faire baisser le mark. De cette façon, le mark devient un bouclier pour les monnaies des autres pays. En même temps, l'écu deviendra un instrument permettant aux pays d'intervenir sur le marché des changes et, en fin de compte, de rembourser la dette extérieure causée par les fluctuations du taux de change de leur monnaie nationale.

Les Allemands s'opposent fermement à un tel arrangement, estimant qu'il "forcerait la création de la monnaie allemande en mark à échapper entièrement à notre contrôle". Les Allemands ont compris que lorsque le dollar dévalué affluerait, l'Allemagne serait obligée d'émettre des marks supplémentaires pour acheter des dollars afin d'empêcher le mark de s'apprécier, alors que l'augmentation de la monnaie échapperait à tout contrôle. Dans le même temps, lors de l'intervention visant à stabiliser les marchés des changes européens, il est apparu clairement que les spéculateurs de devises ne pouvaient sauver ces pays aux marks forts que lorsqu'ils étaient en mesure de rembourser l'Allemagne dans leur propre monnaie par le biais de l'écu, ce qui revenait à forcer l'Allemagne à augmenter l'offre de marks.

Par conséquent, les Allemands insistent sur le fait que l'opération de stabilité du taux de change, doit hériter du "mécanisme serpentin", le flottement de la monnaie nationale ne peut pas être relative à l'écu, mais le taux de change relatif de deux groupes de monnaies ne peut pas briser le plafond, de sorte que les pays ne peuvent utiliser leurs propres réserves de change pour ajuster le taux de change. Cette manœuvre, le stratagème visant à transformer Mark en bouclier, a fait long feu. En outre, bien que l'intervention dans le marché des changes à court terme des emprunts a augmenté de façon significative, mais l'Allemagne insiste sur le remboursement de l'emprunt, doit utiliser le dollar, le mark ou l'or, qui brise l'idée d'autres pays qui tentent de "tranche" de la marque. Enfin, l'Allemagne n'accepte pas non plus la création d'une "banque de réserve de change" commune.

En lançant le système monétaire européen, la France semble avoir remporté une victoire conceptuelle, notamment avec l'introduction de l'écu. Mais l'Allemagne, sur les principes fondamentaux, fait un demi-tour de piste. Le nouveau mécanisme de change, qui s'est contenté de légaliser le "flottement serpentin", n'a pas augmenté la charge des Allemands et n'a pas modifié la situation où le Mark était dominant.

Le système monétaire européen a été établi, en fait, comme une zone monétaire de marque.

Lever à nouveau le drapeau de l'Esprit de Monnet, le "Comité d'action européenne" en action

Après l'effondrement du "cercle Monnet" en 1975, l'élan spirituel qui avait animé les États-Unis d'Europe a été paralysé, retardant considérablement le processus de l'Union économique et monétaire européenne. Cependant, le noyau dur du "cercle Monnet" n'est pas abattu et attend le bon moment pour reformer un nouveau cercle afin de poursuivre la cause de l'unité européenne.

Au début des années 1980, l'adjoint initial de Monet, le Néerlandais Max Kohnstamm, devient progressivement le nouveau noyau cohésif. Il a longtemps été vice-président du Comité d'action des États-Unis d'Europe et, en 1973, il est devenu le premier président de la branche européenne de la Commission trilatérale financée par Rockefeller. Kohnstamm, bien qu'il ne soit pas aussi rassembleur que Monnet, avait longtemps été impliqué dans le travail spécifique de liaison et de coordination, connaissait bien les personnalités européennes importantes, et il s'est porté volontaire pour assumer la tâche de lancer le nouveau cercle. La foule avait déjà désespérément besoin d'un cercle privé pour communiquer et discuter des questions européennes, et dès que Kohnstamm l'a appelé, l'ancien cercle a immédiatement trouvé un foyer spirituel et a afflué vers lui.

En octobre 1982, Kohl remplace Schmidt comme nouveau chancelier de l'Allemagne de l'Ouest et Kohl, également ancien membre de la Commission Monnet, déclare dès son arrivée au pouvoir que les affaires européennes et l'union politique européenne sont les politiques prioritaires du nouveau gouvernement. Kohnstamm estime que le moment est enfin venu de rétablir un "nouveau cercle". Il commence à tendre la main à ses anciens compagnons d'armes, Schmidt, qui vient de se retirer de son poste de chancelier allemand, et le chancelier belge Tindermans, ancien membre de la Commission Monnet et sous l'influence de Kohnstamm, commence également à écrire aux anciens amis de l'ancien cercle qui sont encore actifs dans la politique et le commerce, en leur demandant s'ils souhaitent rejoindre le nouveau cercle afin de "garantir que les idées et les méthodes de Jean Monnet continuent à servir de guide spirituel pour l'Union européenne". [78]

Afin de reconstituer un nouveau cercle en 1984, Kohnstamm a commencé à voyager à travers l'Europe, rendant visite aux anciens et nouveaux amis qui se préparaient à venir à la conférence un par un, et apportant avec eux le thème de la conférence et la plate-forme pour l'avenir.

Le 13 mars 1984, Kohnstamm lance officiellement le nouveau cercle à Bruxelles, en présence du chancelier belge Tindermans, de l'ancien chancelier allemand Schmidt, ainsi que des autorités de divers pays dans le domaine des finances et du commerce. Le président allemand Karl Carstens, bien qu'absent, a déclaré qu'il participerait au nouveau cercle de discussions lorsqu'il quitterait ses fonctions. Un consensus s'est dégagé pour restaurer l'esprit de Monnet et reconstruire une nouvelle Commission dans les nouvelles circonstances. Selon M. Schmidt, la Commission devrait "élaborer une stratégie globale pour réveiller une Europe en perdition". Il a également été recommandé à M. Schmidt de présenter un rapport stratégique sur le système monétaire européen (SME) et aux autres membres de rédiger des rapports thématiques sur la CE, le marché unifié, la sécurité et la défense, et l'adhésion de l'Espagne et du Portugal à la CE. M. Schmidt a conclu en insistant sur un point particulier : " Il faut savoir que si (le président français) Mitterrand a mis les questions européennes au centre de ses considérations, il n'existe pas de consensus de ce type au sein du Parti socialiste français ". "Il était donc nécessaire de trouver "des personnes capables d'impressionner Mitterrand et d'obtenir le soutien tactique de Mitterrand" pour s'engager.

Le meilleur candidat pour cela est Jacques Delors, le ministre français des finances. Kohnstamm et Delors se sont rencontrés pour la première fois en 1976, et les deux hommes sont restés en contact étroit depuis, les idées et le cercle puissant de Monet ayant un attrait irrésistible pour le jeune Delors. Ancien haut fonctionnaire de la

---

[78] Ibid.

Banque de France, Delors était confiant et souvent franc. Ses capacités étaient évidentes pour tous, et même Mitterrand tenait Delors en haute estime.

En juin 1984, Delors informe Kohnstamm que Mitterrand a accepté de le laisser participer à un nouveau cercle initié par Kohnstamm, et ce dernier, à la surprise de Delors, lui suggère de faire de la relance de l'intégration européenne un objectif majeur de son travail. Plus tard, avec le soutien de Mitterrand et l'aval du chancelier allemand Kohl, Delors est élu "président du Conseil de l'Europe", l'équivalent d'un Premier ministre de la Communauté européenne. Pour Mitterrand, Delors était son agent dans le nouveau cercle, et le principal objectif des Allemands en attirant Delors dans le nouveau cercle était précisément d'influencer Mitterrand pour qu'il pousse l'intégration européenne à fond. L'accord tacite était de placer Delors au poste clé de "président de la Commission européenne" afin de travailler ensemble à la promotion d'une union économique et monétaire européenne.

Le "nouveau cercle" s'est naturellement réjoui de la nouvelle de l'entrée en fonction de Delors. Avec ses propres membres aux postes clés, le rythme de l'Union monétaire européenne serait beaucoup plus rapide. Cependant, avec Delors comme "président du Conseil de l'Europe", le nouveau cercle devra combler le poste vacant de Delors par un autre candidat du parti socialiste français. En guise de mesure provisoire, Delors participera en tant qu'"invité" à toutes les activités du nouveau cercle. Lorsque Delors arrive à Bruxelles en tant que "Président du Conseil de l'Europe", le "Nouveau Cercle" s'active immédiatement à le recommander pour la composition du Conseil de l'Europe.

En septembre 1984, le "Nouveau Cercle" est officiellement nommé "Comité d'action pour l'Europe". [79]Au milieu des années 80, la situation internationale en Europe et dans le monde est très différente de celle des années 50, lorsque la Commission Monnet a été créée. La menace de l'Union soviétique est progressivement levée, le fondement interne de l'Europe et des États-Unis unis contre l'Union soviétique se désintègre progressivement, la possibilité de la réunification de

---

[79] Ibid.

l'Allemagne de l'Ouest et de l'Est n'est plus un lointain fantasme, une Allemagne unifiée et puissante apparaîtra à nouveau sur la scène mondiale, non seulement la France et d'autres pays de la CE en Europe ressentent une pression psychologique, même la Grande-Bretagne et les États-Unis sont également inquiets, le système monétaire européen est déjà devenu le monde du mark, si l'unification de l'Allemagne est réalisée, le territoire de l'Allemagne démembrée redeviendra un géant politique. À ce moment-là, le mouvement des "États-Unis d'Europe", impulsé par les Allemands, susciterait aux États-Unis la suspicion de l'émergence d'une autre superpuissance, et un fort nationalisme serait attisé en Europe. En conséquence, les mots aveuglants "États-Unis d'Europe" ont été remplacés par une Europe généralisée.

Dans le processus d'intégration européenne, c'est la France qui est la plus empêtrée psychologiquement. Le peuple français connaît depuis longtemps la bravoure de la nation germanique, et l'"Alliance du charbon et de l'acier" dirigée par la France dans les années 1950 a été pour lui un beau sentiment de tolérance et de bienveillance, tandis que l'Union européenne représentait un acte juste de solidarité européenne dans la lutte pour l'indépendance entre les États-Unis et l'Union soviétique. Cependant, dans les années 1980, la France avait déjà du mal à rivaliser avec la puissance économique de l'Allemagne, et le franc était devenu le talon du mark. L'idée qu'une Allemagne de 80 millions d'habitants, politiquement unifiée, économiquement forte et dotée d'une monnaie forte réapparaisse à la frontière française donne froid dans le dos aux Français.

Le président français Mitterrand a répondu en intégrant la puissance économique et monétaire de l'Allemagne à la position militaire et politique de la France afin d'obtenir une position plus équilibrée pour la France et l'Europe. L'Allemagne a le mark et la France a les armes nucléaires, et une union plus poussée serait un avantage pour les deux parties, et un recul et une scission seraient un véritable désastre. Lorsque les Français ont compris cela et que les Allemands ont été convaincus de ce motif, la volonté d'intensifier la coopération entre les deux parties a connu une nouvelle percée. Il se trouve que Delors a joué un rôle clé dans cette percée.

Juste avant que Delors ne soit prêt à s'adresser pour la première fois au Parlement européen au nom du "Conseil de l'Europe", Kohnstamm a écrit une longue lettre à Delors avec une série de suggestions sur le contenu de cet important discours. Delors l'a compris et, dans un discours prononcé en janvier 1985, il a formellement fixé l'objectif majeur de réaliser le marché unique européen d'ici 1992. Quelques mois plus tard, les chefs d'État du "Conseil européen" approuvent formellement les objectifs de Delors et le chargent de rédiger un rapport détaillé sur le calendrier de mise en œuvre. L'intégration européenne est immédiatement entrée dans une nouvelle phase.

Le 6 juin 1985, lors de la première réunion officielle du "nouveau cercle", présidée par le président allemand Karl Karstens, Delors a présenté des plans pour le futur renforcement du système monétaire européen. Lors du déjeuner, le chancelier allemand Kohl a placé de grands espoirs dans le "nouveau cercle", et il a estimé que la tâche la plus importante du "Conseil européen de conduite" était de

> "transmettre l'importance historique du processus d'unification européenne à la jeune génération. Ce n'est que si nous continuons à hériter de cette richesse spirituelle que nous pourrons rendre le processus d'unification européenne irréversible".

En 1986, Delors s'associe plus étroitement au "nouveau cercle" et le remplace au sein de celui-ci par son ami intime Henri Nallett, qui avait été conseiller agricole puis ministre de l'Agriculture de Mitterrand. Lors des réunions du "nouveau cercle", Delors "prête" à Kohnstamm l'équipe d'experts de la Commission européenne et même des traducteurs, afin de lui fournir les derniers développements dans le domaine économique et monétaire européen. En outre, Delors fournit 22 000 unités monétaires européennes (ECU) par an pour les activités du "Nouveau Cercle", qui est financé par la Commission européenne.

En septembre 1988, le Nouveau Cercle s'était élargi à 92 membres issus de gouvernements, de partis politiques, d'associations d'entreprises, de l'industrie bancaire et financière et du Parlement européen. Treize de ces membres sont des anciens de l'ère Monnet. Les résolutions formées par le "nouveau cercle", qui parviennent directement à l'Allemand, au Français, à l'Anglais, à l'Italien, au Néerlandais, au Belge et au Président du Conseil de l'Europe, se transforment dans une large mesure en lignes pour les politiciens sur la scène européenne. Les hommes politiques peuvent s'exprimer librement et communiquer pleinement dans de petits cercles privés, ce qu'il leur est difficile de faire dans le cadre diplomatique. Le "nouveau cercle" fait avancer le rythme de l'intégration européenne principalement dans les coulisses, avec peu de publicité dans les médias, ce qui laisse aux hommes politiques toute latitude pour agir dans l'arène politique intérieure. Ces personnes, en raison de leur haut degré d'identité spirituelle, sont souvent de vieux amis qui travaillent ensemble depuis les années 1950, se font confiance, prêtent ensemble leurs forces, sont loyaux les uns envers les autres et ne révèlent jamais leurs secrets, formant la Terre Sainte de la foi dans les indestructibles États-Unis d'Europe.

La Commission Delors, un coup de pied au cul de l'Union monétaire européenne

En 1988, l'infrastructure politique de la Communauté européenne en tant que nation naissante était déjà en place, le "Conseil de l'Europe", le "Conseil de l'Europe" et le "Parlement européen" formant les trois piliers des futurs États-Unis d'Europe. Cependant, un véritable État ne peut être construit sans la banque centrale, le pilier central, qui est de toute façon le plus central de tous.

L'union monétaire, principal levier de l'unité européenne, a joué un rôle majeur depuis les années 50, en stabilisant les relations de change au sein de la Communauté et a été un moteur constant de la coopération entre les pays européens.

La percée la plus importante du système monétaire européen, lancé en 1979, a été la formation de l'unité monétaire européenne (ECU), qui a établi l'étalon monétaire européen. Cependant, la banque centrale, élément clé de l'éventuel système monétaire, a tardé à faire une percée majeure.

Celui qui détient le pouvoir d'émettre de l'argent en a le contrôle de facto !

Dans ce concours de puissances clés, un jeu externe d'intérêt national entre l'Allemagne, la France et la Grande-Bretagne, ainsi qu'une lutte interne entre les ministères des finances et les banques centrales de chaque pays, se sont formés.

Juger les Allemands, d'après leur humble posture diplomatique d'après-guerre et leur image internationale pacifiste, comme ayant abandonné pour toujours la poursuite de l'idéal d'hégémonie mondiale serait sous-estimer la forte volonté de la nation germanique. L'Allemagne ne fait qu'apprendre, elle ne s'améliore pas !

L'objectif de l'Allemagne en soutenant l'unité européenne était de créer un continent européen sous contrôle allemand. Dans l'embarras d'être militairement boiteux et politiquement de prétendre être un petit-fils, la seule arme lourde que les Allemands ont en main est la monnaie ! Les Allemands sont exceptionnellement clairs, constants, cohérents et inébranlables sur ce qu'ils doivent obtenir. Le pouvoir monétaire en Europe doit et ne peut être contrôlé de manière substantielle que par la Banque centrale allemande. L'avantage du temps est du côté allemand, la CE est en fait déjà une zone monétaire de référence, l'économie allemande est supérieure à celle de tous les pays européens, l'unité nationale est sur le point d'être réalisée, l'ère des nains politiques s'estompe, et le déclin de l'Union soviétique et de l'Europe de l'Est a offert à l'imagination de la puissance allemande un grand champ d'expansion vers l'Est. Le continent européen, dirigé par l'Allemagne, est appelé à devenir une superpuissance mondiale. L'Allemagne s'est suffisamment hâtée au cours des cent dernières années, et cette fois, elle s'emploiera à gagner son propre avenir avec une patience et une persévérance superbes.

La France sera toujours aspirante et ambitieuse, avec de grands projets, mais pas assez d'exécution. Après chacune de ses vives querelles avec l'Allemagne, les Allemands ont toujours donné à la France un certain soulagement sur le visage, mais une évaluation plus approfondie a révélé que les Allemands n'avaient en réalité fait aucune concession substantielle. Le plaisir du Français dans la gloire et la possession des symboles du pouvoir l'emporte largement sur les ennuis insignifiants qui accompagnent l'exécution du pouvoir. La France veut que la future Banque centrale européenne soit à sa botte, mais elle n'en a ni la force ni la patience.

La Grande-Bretagne n'a jamais quitté le passé "grand et glorieux" dans sa mentalité, et aux yeux des Britanniques, le continent de l'Europe du 20e siècle n'est pas différent de celui du 19e siècle. La Grande-Bretagne s'imaginait qu'elle était encore le poids de l'Europe, et que si elle favorisait l'Allemagne, il faudrait couler les ambitions de la France, et si elle glissait vers la France, les rêves de l'Empire germanique seraient perdus. Sans l'implication de la Grande-Bretagne, le continent ne pouvait que sombrer dans le chaos. En tant que centre du pouvoir monétaire en Europe depuis deux siècles, comment Londres pourrait-elle tolérer que Paris ou Francfort décident de son sort ?

Lorsque les puissances européennes ont mis le cap sur le sommet de l'Union monétaire européenne de 1988, un drame passionnant s'est produit.

Lors du sommet européen de Hanovre, en Allemagne, en juin 1988, l'Allemagne et la France ont officiellement lancé la finale du championnat de la BCE, un événement de l'union monétaire. La décision du sommet de mettre en place un groupe d'experts chargé de définir le cours final de l'union monétaire, qui comprend les gouverneurs des banques centrales des 12 pays de la CE, est devenue le centre d'intérêt du sommet, et la personne qui déterminera en grande partie à qui reviendra le trophée du championnat. Le chancelier Kohl a finalement montré ses cartes, et c'est le président du "Conseil de l'Europe", la super-célébrité française Delors, qui l'a proposé ! Le président français Mitterrand sourit et acquiesce, et le premier ministre britannique Thatcher suit avec perplexité.

Les Allemands ont fait preuve d'une grande habileté dans cette manœuvre, et Cole était bien conscient que les Français accordaient une telle importance à la réputation que la vanité française pouvait être satisfaite de manière adéquate par l'intervention des Allemands à la tête d'un groupe d'experts chargé d'élaborer un programme favorable à la banque centrale allemande, destiné à être fermement opposé par les Français. Tant que la substance est en faveur de l'Allemagne, Cole portera le laurier sur la tête du Français avec un sourire sur le visage. C'est la raison fondamentale pour laquelle les Allemands ont travaillé si dur pour enrôler Delors dans le "nouveau cercle".

Tous ne se réjouissent pas de la nomination de Delors. Le président de la banque centrale allemande, Bohr, ne manque pas de griefs. Il est clair que Boehl se considère comme le leader naturel du groupe d'experts monétaires, et qu'il est à juste titre le patron parmi les 12 gouverneurs de la banque centrale. En outre, la question de la monnaie est le chef-d'œuvre de la banque centrale, le ministre des finances hors de Delors, en fait veulent conduire les gouverneurs de la banque centrale à s'engager dans la recherche monétaire, à la fois quitté le ministère des Finances pour commander la banque centrale de la mauvaise impression, mais aussi un mauvais précédent pour les étrangers à diriger les initiés. Il s'est également plaint du manque de perspicacité politique de Mme Thatcher : "Elle est allée jusqu'à se féliciter de la création d'un groupe d'experts dirigé par Delors. Elle aurait dû savoir que cet arrangement comportait des considérations politiques particulières. "À un moment donné, Ball a même refusé de participer à la commission Delors.

Sur cette question, il y a quelque chose de plus ou moins douteux entre la forte aversion de Ball pour la Commission et son appréciation ultérieure de son rapport. C'est précisément parce que le vieux briscard Thatcher a vu la ferme résistance de Poe à la Commission Delors qu'il n'a pas opposé son veto à la nomination de Delors. Le Royaume-Uni ne veut pas voir la BCE, mais il ne veut pas non plus remettre en cause à lui seul l'ensemble de la CE. Mais Thatcher l'a regretté en faisant confiance à Poe avec crédulité.

Avec la création de la Commission Delors, le travail principal a été entièrement transféré à la Banque des règlements internationaux en Suisse. La Banque des règlements internationaux, conçue pour être une banque centrale pour les banquiers centraux, est bien sûr, de sa philosophie à son atmosphère, de son équipe d'auxiliaires à son noyau d'experts, un dispositif qui favorise gravement le monopole monétaire de la seule banque centrale. Qui est le patron des banques centrales de la CEE ? Toujours la Bundesbank, bien sûr. En fait, le monopole de la Banque centrale européenne sur l'émission de monnaie est le monopole de la Banque centrale allemande sur le pouvoir monétaire.

Sans surprise, en avril 1989, la Commission Delors a présenté le rapport Delors en préférant nettement que la future banque centrale européenne obtienne une "indépendance" encore plus grande que celle de la Bundesbank. Le rapport indique que la BCE

> " devrait prendre une forme fédérale, que nous pouvons appeler le Système européen de banques centrales (SEBC). Ce nouveau système, qui devrait bénéficier d'une autonomie totale, est une institution de la Communauté européenne et n'est subordonné à aucun État. Le nouveau système se compose d'une agence centrale (avec son propre bilan) et de banques centrales nationales. Le mandat du nouveau système est de maintenir la stabilité des prix. Le Conseil du système doit être indépendant des gouvernements nationaux et des pouvoirs de la CE".

Le rapport Delors fournit également une série d'orientations politiques telles que la libéralisation des flux de capitaux, l'intégration des marchés financiers, la libéralisation permanente des devises, la fixation permanente des taux de change, etc. Mais le contenu n'est rien de plus que des platitudes et rien de nouveau. Mais le contenu n'est rien de plus que des platitudes et rien de nouveau. Le plus explosif est le système "fédéral" de la Banque centrale européenne, qui non seulement représente l'indépendance totale des banques centrales, mais signifie également que les pays abandonneront leur "souveraineté monétaire". L'impact de ce rapport a été bien plus important que celui du rapport Wiener de 1970.

La publication du rapport Delors a immédiatement suscité la controverse dans différents pays et plus encore en France. Ce n'est qu'après avoir pris connaissance du rapport que le président français Mitterrand a commencé à réaliser à quel point la Banque centrale européenne était beaucoup plus puissante qu'il ne le pensait. L'inquiétude et l'imbroglio qu'il ressentait étaient écrasants.

Je ne suis pas opposé à une banque centrale, mais à certains de ses modes de fonctionnement. La Bundesbank est totalement libre de tout contrôle gouvernemental. Notre banque centrale, la Banque de France, est également indépendante, mais c'est le gouvernement qui détermine la politique économique et monétaire. Que faudra-t-il pour que les Français aillent de l'avant dans le processus d'union monétaire ? J'ai l'impression que les Allemands seraient prêts à faire pression en faveur d'une union monétaire s'ils pensaient que cela n'affecterait pas leur bonne et saine situation économique. Toutefois, je ne suis pas très disposé à m'engager dans cette voie. Sans la contrainte du pouvoir politique, la Banque centrale européenne aurait le pouvoir de la souveraineté nationale, et ce serait une chose dangereuse à faire. Le système monétaire européen est déjà une zone monétaire de marquage. Actuellement, la République fédérale d'Allemagne n'a pas l'autorité nécessaire pour gérer notre économie. Mais une fois que la Banque centrale européenne sera établie, elle obtiendra ce pouvoir.

Le président de la Banque de France, de La Rossier, qui a participé à la Commission Delors, est devenu le "coupable" au sein du gouvernement français. Non seulement parce que le gouvernement français n'a jamais été intransigeant sur l'indépendance de la banque centrale française, mais aussi parce qu'il a cédé la gestion de l'économie française aux Allemands. Avec le recul, il considère cette période comme l'une des épreuves les plus difficiles de sa carrière.

J'ai été convoqué dans la salle du Trésor après que celui-ci a reçu la version finale du rapport Delors. Bérégovoy (ministre des Finances), Trichet et quelques autres fonctionnaires étaient assis d'un côté de la table et j'étais seul de l'autre côté. Bérégovoy avait une expression très froide sur le visage. Il a déclaré que le Trésor était choqué et très contrarié par les conclusions du rapport Delors. Il laisse ensuite la parole au vice-ministre des Finances, M. Trichet.

L'essentiel du discours de Trichet était que l'indépendance de la Banque centrale européenne, telle que recommandée dans le rapport Delors, était trop grande, plus que celle de la Bundesbank. Il a déclaré que j'avais dû faire des concessions excessives lors des discussions de la Commission Delors.

Bérégovoy m'a alors demandé : "Que voulez-vous dire ? J'ai répondu que j'avais entendu le mot "concessions". Cela veut dire que, pour parvenir à un accord sur l'union monétaire au sein de la Commission Delors, j'ai cédé à certaines opinions ou fait des concessions à certaines opinions. Ce n'est pas vrai. Je suis tout à fait favorable à l'indépendance des banques centrales, mais cela ne signifie en aucun cas une concession ou au détriment de la France. Le futur système monétaire ne sera possible que si la banque centrale et ses unités affiliées sont indépendantes. Tout autre arrangement institutionnel serait instable. Personne ne m'a forcé à dire cela, et je ne l'ai pas dit parce que c'était un point de vue allemand.

Ce n'est rien d'autre qu'un tour que les banquiers centraux jouent depuis les années 1920. Les banquiers centraux parviennent d'abord à un accord tacite et à un consensus entre eux, puis font pression sur leurs gouvernements respectifs pour qu'ils acceptent leurs politiques. Dans le jeu du pouvoir politique contre le pouvoir de l'argent, ce sont les politiciens sophistiqués qui pensent avoir joué les banquiers, mais ce sont les banquiers qui finissent par jouer les politiciens à mort.

Lorsque la Grande-Bretagne a pris connaissance du rapport Delors, Mme Thatcher était tellement exaspérée qu'elle a commencé à se rendre compte qu'elle avait commis une terrible erreur politique en plaçant Delors à la tête du Groupe monétaire, et que l'attitude du gouverneur de la Banque centrale allemande, Pohl, qui était farouchement opposé à la Commission Delors, lui avait donné l'illusion de conséquences graves, admettant que "le plus grand dommage était que la position de Pohl contre l'union monétaire, qui était bien connue, n'était pas du tout exprimée dans la Commission Delors". Cependant, le gouverneur de la Banque d'Angleterre, Pemberton, se réjouissait.

Je reconnais que la création et l'expansion d'une monnaie unique est un plan parfait d'un point de vue pratique. Je veux que les gens sachent que je soutiens le programme d'union monétaire. Il aidera la Banque d'Angleterre à retrouver son indépendance et contribuera à établir un système monétaire plus stable au Royaume-Uni. La brève instruction que m'a donnée Thatcher était de suivre Bohr (le directeur de la banque centrale allemande). J'ai écrit une lettre à Thatcher, en disant que si Poe acceptait de la signer, je ne trouvais aucune raison de ne pas le faire. Si j'étais le seul gouverneur de banque centrale à ne pas signer le rapport Delors, j'aurais l'air extrêmement ridicule et ridicule, et j'aurais l'air d'un carlin thatchérien.

L'Allemagne a lancé une campagne de lobbying douce contre Thatcher lorsqu'elle a réussi à le faire. Thatcher, cependant, avait cessé de faire confiance aux Allemands après avoir pris une grosse bouchée de Poe. Alors l'allié de l'Allemagne, les Pays-Bas, a frappé. Les Néerlandais n'ont jamais été des adeptes du mark en matière de monnaie. Lorsque les Hollandais sont venus en Grande-Bretagne, Thatcher a tout de suite compris qu'il s'agissait de lobbyistes envoyés par les Allemands pour persuader la Grande-Bretagne d'accepter la BCE. Après une réplique cinglante des Néerlandais, Thatcher a insisté sur le fait que l'adhésion de la Grande-Bretagne à l'Union monétaire européenne la rendrait inflexible. Les Néerlandais ont répondu de manière astucieuse qu'adhérer à la monnaie européenne, c'est comme conduire une voiture avec sa ceinture de sécurité, cela n'affecte pas votre vitesse et est beaucoup plus sûr. Après la réunion, l'évaluation de Thatcher sur le Néerlandais était la suivante : "La rhétorique sur l'EPRM est absurde ! "Lorsque le Chancelier de l'Échiquier britannique suggère que la Grande-Bretagne établisse un calendrier d'adhésion à la monnaie européenne, la Dame de fer entre dans une colère noire : " C'est une suggestion particulièrement néfaste. Vous ne devez plus jamais aborder le sujet, il faut que ce soit moi qui le dise !"

La bataille entre les politiciens et les banquiers remonte au moins à la Renaissance en Europe, mais c'est la première fois dans l'histoire de l'Europe que des gouvernements ont cédé la souveraineté monétaire, la partie la plus centrale de la souveraineté nationale, aux banquiers d'une manière aussi approfondie. Dans la compétition entre le pouvoir de l'or et le régime, le pouvoir de l'or a remporté la victoire finale. En Europe, ce n'est plus l'État qui contrôle le capital, c'est le capital qui contrôle l'État !

Deux fronts : La réunification allemande et l'union monétaire

En novembre 1989, lorsque le mur de Berlin est tombé et que l'Allemagne de l'Est était sur le point de plonger dans les bras de l'Allemagne de l'Ouest, la pression énorme et soudaine en faveur de l'unification allemande a fait passer Cole du moteur de l'intégration européenne aux freins d'un seul coup.

Pendant la guerre, les Allemands en avaient assez de se battre sur deux fronts simultanément, et maintenant, dans les deux directions stratégiques de l'union monétaire et de l'unification allemande, Kohl a préféré se concentrer d'abord sur l'unification allemande. Il s'agit non seulement de la question centrale du plan du centenaire de la nation allemande, mais aussi de la monnaie d'échange clé pour obtenir une plus grande domination à l'avenir sur le champ de bataille de l'union monétaire. La France, l'Angleterre, et même le talon néerlandais de l'Allemagne, ont tous ressenti une pression invisible et un sentiment d'urgence.

En 1948, la France avait placé la zone industrielle de la Ruhr en Allemagne sous condominium international (en fait, sous contrôle français) en échange de l'établissement du gouvernement fédéral ouest-allemand. Aujourd'hui, les Français jouent le même tour, et Mitterrand a fortement laissé entendre à Kohl qu'une condition préalable à la réunification allemande est l'abandon du mark, l'acceptation de l'euro et l'accélération du rythme de l'union monétaire. Sinon, les Français auraient servi un plat redoutable et l'Allemagne aurait été confrontée au siège et à l'isolement de l'"alliance franco-britannique-russe", comme à la veille de la Première et de la Deuxième Guerre mondiale. Face à une menace aussi extrême, Cole a dû céder.

L'Allemagne est une fois de plus obligée de se battre sur deux fronts simultanément. L'Union monétaire européenne, unie à l'Allemagne, avait été ligotée par les Français. Chaque pouce de progrès sur la voie de l'unification devra être accompagné d'un compromis lourd sur l'union monétaire. Le prix de la réunification allemande était l'abandon du mark. Mitterrand a vu dans cette concession une grande victoire pour la France, et Kohl a joué la tragédie du peuple allemand contraint de se séparer du mark au point d'émouvoir toute l'assistance. Avec la BoE qui domine la grande image de la BCE, la vraie perte pour l'Allemagne n'est pas l'abandon du mark, mais la perte de l'opportunité de gagner plus de concessions de la France.

C'est encore Thatcher qui a vu les choses plus clairement quand, en mars 1990, lors d'un banquet à Londres avec les 10 premiers géants industriels français, elle a déclaré : "L'Allemagne est déjà la force dominante de l'économie européenne et, une fois unifiée, elle sera la force dominante de la politique européenne". "Elle affirme que l'intégration européenne n'est pas un frein pour l'Allemagne. La France doit unir ses forces à celles de la Grande-Bretagne pour contrer la menace allemande." La Dame de fer a une fois de plus réitéré son opinion constante selon laquelle l'intégration européenne est "une Europe donnée à l'Allemagne comme un morceau de fer", ce qui renforcerait la position dominante de l'Allemagne.

Thatcher était en effet digne d'un homme d'État distingué, et elle a vu très sobrement que la tendance future d'une Europe unie serait une puissance allemande croissante, et que la Grande-Bretagne était bien plus clairvoyante stratégiquement dans sa garde contre l'Allemagne que la France. Pour Thatcher, la France n'était qu'une dot pour l'Allemagne, et finirait par envoyer des gens et des trésors avec elle. Cependant, elle est aussi une super réaliste. Elle ne tolérerait jamais que les Allemands dirigent l'économie britannique par l'intermédiaire de la BCE, d'une part, et veuille bénéficier des avantages du mécanisme de taux de change du système monétaire européen, d'autre part. Selon elle, "la Grande-Bretagne s'attendait à rejoindre le mécanisme de taux de change européen afin d'utiliser le statut du Deutsche Mark pour créer une sorte de mécanisme semblable à l'étalon-or pour aider la Grande-Bretagne à contrôler l'inflation". En d'autres termes, la Vierge de fer a refusé un contrat de mariage en euros, mais a eu envie d'une dot assortie d'un taux de change stable.

En octobre 1990, le Royaume-Uni a décidé d'adhérer au mécanisme de change européen. Les Allemands font coup double : la réunification est officiellement achevée le 3 octobre, et la Grande-Bretagne reçoit la dot du Mécanisme de taux de change. Un pas de plus, l'Empire britannique, qui n'avait même pas réussi à gérer deux guerres mondiales, serait intégré à l'Europe sous domination allemande. L'ambassadeur d'Allemagne au Royaume-Uni était impatient de trouver Thatcher, puisque le Royaume-Uni a accepté la dot, l'Allemagne veut naturellement battre le fer tant qu'il est chaud, dès que possible pour promouvoir le Royaume-Uni à épouser l'avenir du mariage de l'euro.

Thatcher :

> *"L'Allemagne est maintenant unie. Cole a dû être très heureux. Il peut maintenant mettre en œuvre des politiques plus intérieures."*

Ambassadeur allemand :

> *" Le chancelier Kohl continuera à faire progresser l'intégration européenne, notamment la création d'une Union monétaire européenne."*

Thatcher :

> "Qu'est-ce que tu as dit ? Voulez-vous que j'aille voir Sa Majesté et que je lui explique que dans quelques années, son avatar n'apparaîtra plus sur nos factures ? "

Le réalisme froid de Thatcher rivalise avec celui de Churchill à l'époque ! Il n'y avait aucun semblant d'ambiguïté ou de flottement dans la défense des intérêts nationaux de l'Empire britannique. Il est vrai que les Britanniques se sont battus avec les Allemands, qui étaient tous deux très raisonnables, lucides dans leurs objectifs, persévérants et jamais hésitants. Il existe toujours un fossé entre la France et la Grande-Bretagne et l'Allemagne en termes de maîtrise de soi et de jugement, ce qui explique pourquoi la France n'a connu l'ère napoléonienne que pendant un certain temps au cours des 200 dernières années, et a été constamment bousculée par la Grande-Bretagne et l'Allemagne pendant la majeure partie du reste de cette période.

Quoi qu'il en soit, Kohl, qui était à l'époque connu comme l'homme politique le plus brillant d'Europe, a largement sous-estimé les difficultés de la réunification alors qu'il avait entre les mains la tâche historique et ambitieuse d'unifier l'Allemagne. La plus grande erreur commise par Kohl au cours du processus de réunification de l'Allemagne a été le grave déséquilibre du taux de change entre les marks de l'Allemagne de l'Est et de l'Allemagne de l'Ouest, qui a non seulement provoqué 20 ans de séquelles économiques pour l'Allemagne, mais a également failli bouleverser le système monétaire européen.

Le 6 février 1990, sans consulter la Bundesbank, le ministère des Finances et le Reichstag, et sans en informer le reste de la CE, Kohl annonça soudainement la nouvelle choquante que le mark ouest-allemand approvisionnerait l'Allemagne de l'Est. L'opinion mondiale est scandalisée par le fait que le mark a depuis longtemps cessé d'être la monnaie des Allemands et qu'il constitue la pierre angulaire de la stabilité monétaire de la Communauté européenne. La nouvelle, d'une part, a provoqué une onde de choc sur les marchés des devises et, d'autre part, a presque immédiatement calmé le tumulte en Allemagne de l'Est.

Après la chute du mur de Berlin en novembre 1989, la situation en Allemagne de l'Est est devenue largement incontrôlable. Les gens applaudissaient, et il y avait un afflux massif de "tourisme" ouest-allemand, moins de 20 millions d'Allemands de l'Est, jusqu'à

10 millions de personnes ont traversé la frontière pour visiter le "paradis" capitaliste tant attendu, les Allemands de l'Est ont été profondément choqués par l'Allemagne de l'Ouest avancée et prospère. L'opinion sociale en Allemagne de l'Est formait une voix unilatérale, qui devait hâter l'unification avec l'Allemagne de l'Ouest. Dans une telle atmosphère, tous les efforts et tentatives du gouvernement est-allemand pour transformer les mécanismes sociaux existants ont été immédiatement submergés par une vague de déni. Le peuple n'avait plus envie de travailler, des manifestations de toutes sortes avaient lieu, le gouvernement était au bord de la paralysie, et les Allemands de l'Est étaient tombés dans une frénésie générale de désespoir de vivre immédiatement aussi richement que les Allemands de l'Ouest, alors qu'il semblait que dès que l'unité serait réalisée, la richesse et la prospérité viendraient immédiatement et automatiquement.

Depuis 1951, le gouvernement insiste pour que le mark est-allemand soit assimilé au mark ouest-allemand, malgré l'écart de productivité croissant entre les deux. L'effondrement de la confiance dans le système social s'est directement répercuté sur le cours de la monnaie au marché noir. Il a été reconnu par la suite que le montant de la dette extérieure de l'Allemagne de l'Est avait été exagéré et que l'économie n'était pas aussi mauvaise qu'on le pensait. Cependant, l'effondrement de la confiance a accéléré la dévaluation du mark est-allemand et a sapé les fondements de l'économie est-allemande. [80]

Afin de stabiliser le mark est-allemand, en novembre 1989, Kohl a conclu un accord avec le gouvernement est-allemand selon lequel la banque centrale ouest-allemande offrirait 3,8 milliards de marks aux touristes est-allemands à un ratio d'échange de 3:1. Comme ce ratio était bien plus favorable que le prix du marché noir, le grand attrait de l'arbitrage a poussé davantage d'Allemands de l'Est en Allemagne de l'Ouest, qui ont échangé le mark ouest-allemand à un ratio de 3:1 et sont revenus le vendre à un prix plus élevé. En conséquence, l'offre de marks ouest-allemands s'est heurtée à une "demande" frénétique de la part des Allemands de l'Est, ce qui était probablement le "stratagème monétaire" de Kohl, selon lequel, lorsque les marks ouest-allemands seraient en circulation en Allemagne de l'Est, l'Allemagne achèverait

---

[80] Jonathan R. Zatlin, *Rethinking Reunification : L'Union monétaire allemande et l'intégration européenne.*

en fait d'abord sa "réunification économique", et les autres pays insisteraient pour s'opposer à la réunification allemande, et ne pourraient pas inverser le processus de réunification nationale lié par les puissants liens des intérêts monétaires.

Les Allemands de l'Est sont tombés dans un malentendu monétaire dans lequel ils ont considéré le mark ouest-allemand comme une richesse en soi, sans se rendre compte que la valeur de l'argent réside dans la productivité qui le sous-tend. L'idée de renoncer à un travail difficile et de s'enrichir simplement en ayant de l'argent a imprégné toute la société est-allemande. L'économie est-allemande elle-même, avec une telle mentalité générale, s'enfonce de plus en plus. Dans le même temps, la demande de marks ouest-allemands augmente. L'appel à l'unification monétaire a créé un énorme problème social en Allemagne de l'Est. Les Allemands de l'Est crient : "Allemagne de l'Ouest, si nous n'envoyons pas de marks, nous allons nous installer là-bas !

Et c'est là que la pression est sur Cole pour lancer Mark Redemption en vitesse.

Le 1er juillet 1990, la déclaration de Kohl concernant le rapport mark-to-mark n'était pas de 4:1 ou 3:1, comme tout le monde l'avait deviné, mais d'un stupéfiant 1:1 ![81] Si les Allemands de l'Est avaient commencé à travailler assidûment, la charge pesant sur l'économie ouest-allemande aurait été progressivement réduite, mais c'est loin d'être le cas par la suite. Lorsque la "richesse monétaire" est soudainement arrivée, les Allemands de l'Est ont été beaucoup moins travailleurs que les Allemands de l'Ouest pendant 20 ans après la guerre. L'éclat du mark allemand, jusqu'à la naissance de l'euro, n'a pas été complètement ravivé.

L'Allemagne a été contrainte de combler le trou économique de l'Allemagne de l'Est en imprimant de la monnaie, avec pour résultat inévitable l'inflation. En août 1991, l'inflation en Allemagne approchait le taux rare de 5%. La banque centrale a été obligée d'augmenter les taux d'intérêt de façon importante. Il y a seulement trois ans, les taux d'intérêt en Allemagne étaient inférieurs de 3% à ceux des États-Unis, et pendant plus d'un an après la réunification allemande, ils étaient

---

[81] Ibid.

supérieurs de 6% ! Il s'agit du plus grand renversement de position monétaire des deux côtés de l'Atlantique depuis la Seconde Guerre mondiale !

La flambée des taux d'intérêt en Allemagne a semé la pagaille dans les monnaies des pays de la CE. Les pays ont été contraints de suivre l'Allemagne dans la hausse des taux d'intérêt, ce qui a entraîné une nouvelle aggravation de la récession du début des années 1990. Le Royaume-Uni, qui venait de rejoindre le mécanisme de change européen (MCE) avant d'avoir eu l'occasion de ressentir les avantages de la stabilité des taux de change, a laissé la livre faire l'objet d'une attaque par saturation de la part d'individus comme Soros et a été contraint de sortir du MCE sous la pression des hausses de taux allemandes. L'Italie, l'Espagne et la France ont également été successivement ensanglantées par les foules de spéculateurs sur les taux de change.

En décembre 1991, en pleine récession et crise, les chefs d'État européens se sont réunis à Maastricht, aux Pays-Bas, pour cosigner le traité de Maastricht, et la CE est devenue l'UE. Les banquiers centraux, menés par la Bundesbank, rédigent la charte de la Banque centrale européenne, selon la porte tonale du rapport Delors. Le Mayo situe l'achèvement définitif de l'union monétaire en 1997 ou 1999. Les déficits budgétaires des pays, l'inflation, les taux d'intérêt, la dette et d'autres indicateurs deviendront le seuil d'entrée ou non dans l'empire de l'euro.

La naissance de l'euro est enfin entrée dans le compte à rebours.

Euro Empire Genesis

Bien que la BCE soit en théorie une institution suprasouveraine, dans la pratique, il est difficile d'échapper à l'infiltration de la conscience de souveraineté, et en 1994, le différend entre l'Allemagne et la France a repris autour de la création de l'Agence monétaire européenne, l'organe préparatoire de la BCE.

Il y a d'abord la question de l'adresse de la BCE, qui déterminera dans quelle sphère d'influence se trouvera la BCE à l'avenir. L'Allemagne a été contrainte de proposer Francfort comme la meilleure option, qui est le siège de la Banque centrale allemande, et la BCE est située sous l'œil attentif de la Banque centrale allemande, ce qui facilite l'exercice d'une influence tangible et intangible. Il s'agissait d'un arrangement substantiel, et le chancelier allemand Kohl a refusé sans compromis d'envisager d'autres villes telles que Londres, Amsterdam et Bonn. En fin de compte, les Français n'ont pas pu tenir la distance.

En ce qui concerne le mode de fonctionnement de l'Agence monétaire européenne, les Allemands insistent sur le fait que l'Agence monétaire doit avoir la fonction d'opérations d'open market, jouant essentiellement le rôle d'intervention de la banque centrale sur le marché des changes, mais les Français craignent qu'un grand nombre d'opérations de change ne fasse que Francfort remplace Paris en tant que plus grand centre financier du continent européen, et proposent donc d'utiliser le modèle de la Banque centrale européenne et des banques centrales nationales pour opérer conjointement, en essayant de "décentraliser" les opérations d'open market. Cependant, comme les Allemands ont fourni les principales réserves de devises pour le Currency Board, c'est finalement l'argent qui a parlé.

En 1995, Chirac remporte l'élection présidentielle française et le gaullisme gagne à nouveau en influence politique. Chirac, sans être aussi nettement français que de Gaulle, est sensible à la question de la souveraineté française. Il n'est pas un opposant à l'euro, mais il est pour le moins sceptique. Chirac, en particulier, s'inquiète toujours de l'énorme pouvoir de la BCE. Une fois que la BCE sera opérationnelle, la souveraineté nationale de la France sur la monnaie, les taux de change et les taux d'intérêt sera perdue, et le sort de l'économie française sera décidé par ceux de Francfort, une situation très délicate pour Chirac, qui croit au nationalisme. Avec le soutien de Chirac, le ministre français des finances Dominique Strauss-Kahn a proposé un "gouvernement économique" européen pour fournir un contrôle politique sur la BCE. Il s'agit du même Kahn qui est devenu plus tard président du FMI et qui a été démis de ses fonctions par les États-Unis à cause du scandale.

Sur cette question non critique, les Allemands étaient prêts à faire des concessions. Il s'agit de l'"Eurogroupe", qui a été créé en 1997. L'"Eurogroupe" est composé des ministres des finances de l'UE, qui discutent régulièrement des questions économiques, notamment des questions de taux de change, avec les responsables de la Banque centrale européenne. Les Français espèrent utiliser l'"Eurogroupe" pour infiltrer le pouvoir politique de l'étatisme au cœur du pouvoir monétaire sous contrôle internationaliste. Kahn a exprimé l'impératif politique de la France de renforcer la réglementation gouvernementale de la BCE, " Sans l'existence d'institutions politiques substantielles et légitimes, la

Banque centrale européenne sera bientôt traitée par le public comme la seule institution responsable de la politique macroéconomique. "

Les Allemands s'accrochent au pouvoir réel d'émission de la monnaie, et les prétendus contrôles et équilibres de l'"Eurogroupe" contre la BCE ne sont que des "échanges réguliers" non contraignants. Les Allemands, en revanche, ont été beaucoup plus pratiques, ne se contentant pas de manger la "viande grasse" du droit d'émettre de la monnaie, mais plantant également leurs baguettes dans le "pouvoir fiscal" de la marmite.

En 1995, les Allemands proposent un pacte de stabilité qui imposerait des amendes aux pays dont le déficit budgétaire est supérieur à 3% du PIB. Cela met en rogne le Français Chirac. Quoi ? Les Allemands convoitent encore le pouvoir budgétaire de la France ? Un système d'amendes non seulement empêcherait la France d'utiliser plus longtemps sa puissance financière pour stimuler l'économie et améliorer l'emploi, mais la laisserait dans un état de discrédit désobligeant auprès des pays de l'UE et de l'opinion publique mondiale si elle devait le faire, le franc étant soumis au massacre sanglant des capitaux spéculatifs sur le marché des changes avant le lancement de l'euro. Aux cris de Chirac, les Allemands ont un peu baissé la barre, en changeant le Pacte de stabilité et de croissance en Pacte de stabilité et de croissance, et l'effet de la punition sévère a été atténué.

Le différend entre l'Allemagne et la France sur la nomination du président de la BCE a atteint son point culminant en novembre 1997, lorsque les banquiers centraux des États membres de l'UE ont proposé à l'unanimité Duisenberg, le directeur de l'Agence monétaire européenne, comme nouveau président de la BCE. Dans la pratique, cependant, le pouvoir ultime de décider du choix des gouverneurs reste entre les mains des hommes politiques français et allemands. M. Duisenberg est le représentant des Pays-Bas, qui n'ont jamais été le talon des Allemands. En fait, la "constitution" de la BCE a entièrement mis en œuvre et renforcé le système de la Bundesbank, et quiconque occupe ce poste ne peut qu'appliquer les politiques de la Bundesbank. Cette situation est déterminée non seulement par la puissance de l'économie et de la monnaie allemandes, mais aussi renforcée par tous les systèmes de soutien souple que Francfort a à offrir. Cependant, les Français n'ont pas pu franchir le pas et ont insisté pour placer le gouverneur de la Banque de France, M. Trichet, à ce poste.

L'internationalisme dit "supersouverain" est imprégné d'étatisme dès l'os. Le fait qu'il n'y ait qu'un seul pouvoir et tout un tas de gens qui se disputent ce pouvoir, et que les concurrents soient tous recommandés par l'État souverain, crée un piège logique auquel on ne peut échapper.

En mai 1998, les chefs d'État européens s'opposent sur le choix du président de la Banque centrale européenne et se séparent presque à regret. L'Allemagne et la France se sont séparées, les Français insistant sur le fait que si Duisenberg devenait gouverneur, il devrait partir en juillet 2002, six mois après le début de l'euro. Pendant les 12 heures de débat, les chefs d'État allemand, français, anglais et néerlandais se sont comiquement crachés dessus.

> **Chirac** : " *Qui nous a obligés à passer notre temps à discuter du nombre de semaines supplémentaires qu'il pourrait travailler ?* "
> **Cole** : " *Vous demandez 'qui', il ne sort pas de la rue, vous le savez par cœur.* "
> **Chirac** : " *Il (Duisenberg) est une vache !* "
> **Cole** : "*Je n'aime pas quand les gens disent ça de lui. Je crois qu'il a des vertus et des talents. Il est nécessaire pour nous d'en discuter avec respect.* "
> **Chirac** : "*Ce sont les médias qui l'ont appelé ainsi et nous avons appris qu'il avait ce surnom. Je ne peux pas laisser les médias m'appeler comme ça. Nous avons accepté le fait que la BCE soit installée à Francfort.* "
> **Tony Blair** (Premier ministre britannique, président) : " *Il n'y a pas beaucoup d'intérêt à ce que nous ayons cette discussion.* "
> **Chirac à Blair** : "*Ce n'est pas sérieux non plus. Vous êtes un homme tellement sage et rigoureux, mais la procédure n'est pas du tout sage et rigoureuse.* "

Après que Chirac ait menacé d'opposer son veto à la candidature de Duisenberg et que Kohl ait annoncé que l'Allemagne était prête à partir plus tôt, il y a eu une nouvelle brouille et finalement un compromis a été trouvé, et le 3 mai 1998, Duisenberg a été officiellement nommé président de la Banque centrale européenne. Pour sa part, M. Duisenberg a immédiatement publié une déclaration selon laquelle s'il n'achevait pas son mandat de huit ans en tant que gouverneur, ce serait entièrement "volontaire" et qu'il ne démissionnerait pas, du moins jusqu'à l'introduction du papier-monnaie européen.

Le 1er janvier 1999, l'euro tant attendu est enfin né après près d'un demi-siècle de difficultés. Le plus drôle, c'est que l'on parle encore de l'euro comme d'un "bébé prématuré, frêle et malade".

Les monnaies nationales de l'UE, basées sur l'unité monétaire européenne (ECU) de 1 euro, sont converties au taux de change du marché au 31 décembre 1998. À cette époque, l'euro est également une monnaie abstraite, intangible, principalement utilisée sur les marchés financiers, dans le secteur bancaire et pour les paiements électroniques. Ce n'est que le 1er janvier 2002, lorsque les nouveaux billets et les nouvelles pièces en euros ont été introduits, que l'euro est devenu officiellement la monnaie légale de la zone euro.

L'euro est dérivé de l'unité monétaire européenne (UME), qui est constituée d'un "panier" de monnaies nationales européennes. Les réserves monétaires derrière chaque monnaie nationale sont encore principalement constituées de devises et de dette nationale, de sorte que l'euro est, par essence, la dette nationale et les réserves de devises des États membres en garantie, la monnaie émise.

Cela crée un problème inhérent à l'euro, où la dette nationale des États membres est étroitement liée à leur développement économique et à leurs politiques fiscales respectives, et donc la cause profonde de la valeur de l'euro provient de la santé économique et fiscale de chaque pays. La valeur de l'euro ne peut être garantie sans le contrôle des économies et des finances des États. Le nœud de la situation actuelle de l'euro se situe ici.

L'euro a été ouvert et il n'y a pas de retour en arrière, et un Trésor européen unifié est une condition préalable pour assurer son développement continu. La crise actuelle de l'euro est l'occasion d'une "réforme induite par la crise". Les forces motrices de l'intégration européenne ont pris racine depuis longtemps, et la mise en place du Trésor européen n'est pas une question de savoir si elle se fera ou non, mais quand.

Lorsqu'un Trésor européen unifié se profile enfin à l'horizon, la naissance des États-Unis d'Europe sera-t-elle loin ?

CHAPITRE VII

La course à l'endettement, la fragilité de l'âge américain

Depuis la création de l'"empire américain de la dette" en 1971, la dette américaine, en tant qu'actif principal, a été implantée dans les systèmes monétaires du monde entier. Alors que la dette américaine allait à l'Allemagne, au Japon et à la France, l'épargne réelle de ces pays allait aux États-Unis. Ces économies ont été pillées lorsque le dollar s'est fortement déprécié par rapport aux monnaies nationales. Lorsque les Allemands et les Japonais l'ont découvert, ils n'ont pu que le tolérer parce qu'ils avaient besoin d'une forte protection militaire de la part des États-Unis ; lorsque les Français l'ont découvert, Charles de Gaulle était furieux et a juré d'écraser le système du dollar ; lorsque les Européens ont finalement compris, les Moyen-Orientaux, qui étaient riches en pétrole, ont pris le relais ; lorsque l'épargne des Moyen-Orientaux a été presque siphonnée, les États-Unis ont collé la seringue de la dette américaine, le "sang suceur d'épargne", sur les Chinois, qui étaient à la fois riches et pauvres.

L'excédent mondial de dollars crée progressivement un vaste "espace financier hétérogène" au niveau international. Ces dollars "sans racines", qui se promènent sans réglementation, gagnent de l'argent à un rythme alarmant, échangent des actifs tangibles contre d'énormes bulles et dépouillent la société de ses richesses grâce à un fort effet de levier.

La mondialisation de la finance est essentiellement la mondialisation de la dette libellée en dollars, ce qui a entraîné une croissance des actifs financiers beaucoup plus rapide et plus importante que celle de la richesse réelle, ce qui signifie qu'une partie importante de ces actifs, en raison de l'absence de contrepartie en termes de richesse, ne sont en fait que d'énormes dettes. La stagnation de l'économie mondiale va progressivement épuiser les flux de trésorerie qui soutiennent ces dettes. Lorsque le risque de défaut de paiement augmentera, un grand nombre de détenteurs d'actifs se concentreront inévitablement sur la vente pour encaisser, ce qui entraînera un plongeon du prix des actifs, une paralysie du système financier et une récession subséquente de l'économie réelle. La récession aux États-Unis en 1990, le tsunami financier mondial en 2008 et la crise de la dette en Europe en 2011 ont été le résultat inévitable de l'effondrement du modèle de croissance économique fondé sur la dette.

La monnaie d'endettement, le "gène du cancer" de la croissance économique

Le flux d'argent implique le transfert d'actifs derrière lui. Dans le cadre du système de Bretton Woods d'avant 1971, l'échange de dollars et de produits de base se manifestait finalement par le transfert d'actifs en or, ce qui était la cause première de l'épuisement des réserves d'or des États-Unis et de la ruée mondiale sur le dollar en raison du déficit croissant de la balance des paiements des États-Unis.

Après l'établissement de l'empire de la dette américaine en 1971, les principaux actifs derrière le dollar sont devenus de la pure dette américaine, et la circulation du dollar signifiait simplement le transfert des actifs de la dette américaine. La dette américaine, en effet, est devenue le moyen de paiement ultime pour la transaction des principaux biens et services sur le marché international !

Pour les États-Unis et le monde entier, un changement aussi important du mécanisme monétaire conduirait inévitablement à une aliénation du modèle de croissance économique.

À l'époque de l'étalon-or, la force motrice de la croissance économique provenait de l'investissement accumulé dans l'épargne nationale, tandis qu'à l'époque de l'étalon-dette américain, l'impulsion instinctive de l'expansion économique s'est progressivement déplacée de l'investissement vers la dette. L'idée centrale du capital et du crédit est passée de l'accumulation de l'épargne à la création de dettes.

Les modèles de croissance économique fondés sur l'investissement et sur l'endettement représentent un monde de différence dans les visions économiques du monde. La récession de 1990 aux États-Unis, le tsunami financier mondial de 2008 et la crise de la dette de 2011 en Europe trouvent leurs racines dans le fragile chemin de croissance économique que le monde a suivi depuis 1971.

La crise financière mondiale actuelle est la liquidation totale de 40 ans d'un modèle de croissance économique axé sur la dette !

Qu'est-ce que l'épargne ? Qu'est-ce qu'un investissement ? Qu'est-ce que la consommation ? Qu'est-ce que la richesse ? La société actuelle est de plus en plus rouillée avec ces concepts les plus élémentaires, des mots qui sont si souvent utilisés dans la vie de tous les jours que les gens ne prennent souvent pas la peine de les approfondir. Mettez de côté le concept vertigineux de l'argent et revenez à l'état le plus primitif de l'économie et tout deviendra clair en un clin d'œil.

Dans les sociétés primitives, si un chasseur utilisait un simple brochet pour chasser, il devait prendre au moins trois lièvres par jour pour survivre, et il devait courir après le lièvre, ce qui était physiquement épuisant, tout en récoltant très peu de proies. Bientôt, il découvrit grâce à ses compagnons que chasser avec un arc et des flèches et pouvoir tirer sur les proies à distance permettait non seulement de mieux se dissimuler et d'améliorer l'efficacité de la chasse, mais aussi d'économiser beaucoup de force physique en n'ayant pas à courir à vive allure. Avec un peu de chance, il était également possible de tirer jusqu'à l'élan et de faire un excellent repas.

Ce chasseur décida de fabriquer lui aussi son propre arc et ses propres flèches, mais cela ne lui prendrait pas beaucoup de temps. Il devait d'abord parcourir les montagnes pour trouver du bois dur et léger, puis ombrager le bois abattu pour en faire un bois serré, et enfin fabriquer un arc avec ce bois. Il devait également trouver une corde de vache très élastique et la briser à plusieurs reprises pour en faire une corde d'arc. Enfin, il a également dû passer un certain temps à fabriquer de nombreuses flèches. Aux dernières nouvelles, les chasseurs trouvent qu'il faut au moins cinq jours pour terminer l'amélioration technique des outils de chasse. Pendant ce temps, il ne pouvait plus aller chasser, donc il ne pouvait pas travailler avec un estomac affamé, donc le chasseur s'est levé tôt et a chassé dur, et quand il a finalement accumulé 15 lapins, assez de nourriture pour cinq jours, il a pu commencer à fabriquer l'arc et la flèche.

Les 15 lapins qui sont assurés de survivre sans chasse pendant cinq jours constituent les "économies" du chasseur et la fabrication d'un arc et de flèches est son "investissement". L'"investissement" vise à obtenir des résultats de chasse plus efficaces, à condition que les "économies" soient suffisantes.

L'"investissement" du chasseur a donc été largement rentabilisé, avec l'utilisation d'un arc et de flèches qui lui permettent de tirer plus de cinq lapins par jour et, avec de la chance, un élan. En plus d'avoir l'estomac plein, le chasseur est en mesure de prendre les proies supplémentaires et de les échanger contre les vêtements dont il a besoin, et c'est à ce moment-là qu'il commence à "consommer". Ainsi, l'essence de la consommation est un échange ! La prémisse de la consommation est que le chasseur doit avoir un surplus d'épargne.

Au final, les chasseurs ont laissé plus qu'assez de nourriture, l'amélioration nécessaire de l'arc et des flèches "investissement", la subsistance nécessaire "consommation", et c'est la "richesse" que les chasseurs avaient accumulée. Les proies ne pouvant être stockées pendant de longues périodes, les chasseurs doivent trouver un moyen de stocker leur richesse à long terme, au cas où ils en auraient besoin à l'avenir. Sur le marché des échanges, les chasseurs constatent que l'or et l'argent sont très populaires, et tous les gens sont prêts à échanger leurs biens contre de l'or et de l'argent, qui peuvent être stockés pendant longtemps, mais aussi faciles à découper, à transporter et à calculer, les biens recherchés par tous deviennent de la "monnaie". La meilleure caractéristique de la liquidité est qu'il y a des gens qui la veulent quand ils la veulent, donc la "liquidité" est la meilleure. L'or et l'argent remplissent alors toutes les exigences du chasseur pour le stockage de la richesse, à savoir la conservation à long terme, la facilité de conversion et d'utilisation.

L'or et l'argent, de la découverte à l'exploitation minière, en passant par la fonte et la fabrication, sont tous deux à forte intensité de main-d'œuvre, de sorte que cette monnaie particulière, l'or et l'argent, est échangée avec d'autres fruits du travail dans les transactions du marché, et cet échange est un échange de travail honnête. La magie de l'or et de l'argent dans le commerce est qu'il abstrait l'échange complexe de marchandises de différentes natures en ratios numériques purs et simples, réduisant ainsi les coûts de transaction, élargissant la taille du marché et favorisant la division sociale du travail. L'or et l'argent sont progressivement devenus la "monnaie honnête" la plus acceptée sur le marché, servant de moyen d'échange, de mesure de la valeur et de réserve de richesse.

Si le fabricant d'or et d'argent, qui falsifie la monnaie, et la substitue au bien, utilise l'or et l'argent falsifiés sur le marché en échange du travail honnête des autres, alors cette personne commet une fraude ! Cette monnaie, est la monnaie de la fraude ! S'ils sont pris par le marché, ceux qui fabriquent du faux or et du faux argent seront battus. Si cette personne est le gouvernement, qui contrôle la machine violente de l'État, et que les participants au marché sont incapables de résister, tout le monde n'est pas disposé à se faire escroquer, alors fraude contre fraude, la qualité des marchandises se détériorera et l'ordre commercial sera dans le chaos. L'affaiblissement de la monnaie en tant que réserve de richesse, la désintégration de la volonté d'épargner à long terme, la prévalence des comportements à court terme, la montée de la spéculation et la propagation de l'impatience sociale. La monnaie est un contrat de richesse, et détruire la valeur de la monnaie, c'est détruire le contrat d'équité sociale de la richesse, avec pour résultat final l'augmentation des coûts de transaction du marché, ce qui entrave le développement économique et étouffe la création de richesse.

Les actifs qui se cachent derrière le dollar, remplaçant l'or honnête par les barres blanches de la dette, perturbent fondamentalement l'économie de marché, démantelant l'équité sociale, accélérant la division entre riches et pauvres, et érodant le fondement moral !

Lorsque les dettes deviendront de l'argent, ce papier blanc "nourricier de lapins" inondera le système bancaire, et la soi-disant "épargne" ne sera plus l'accumulation des fruits du travail honnête des gens, mais des "lapins" qui n'existent pas maintenant, et qui n'existeront peut-être pas dans le futur. Comment un chasseur pourrait-il avoir faim pour l'"investissement" que représente la fabrication d'un arc et de flèches ? Où y aurait-il des économies réelles pour la "consommation" d'un échange honnête ?

L'empire de la dette américaine lui-même est de plus en plus à court d'épargne, tant pour surcharger la consommation que pour emprunter de l'argent pour investir. Le modèle économique sur lequel il s'appuie pour sa croissance n'est rien d'autre que "l'emprunt" de l'épargne des autres et la jouissance d'une meilleure qualité de vie tout en faisant des investissements rapides dans des actifs financiers pour "faire de l'argent". La dette américaine sert de preuve pour emprunter l'épargne des autres pays, que les Américains n'ont jamais sérieusement l'intention de rembourser, et lorsque l'"obligation blanche" se dévaluera, l'épargne réelle du chasseur détenant l'obligation blanche sera progressivement privée.

La dette américaine, en tant qu'actif principal, est intégrée dans les systèmes monétaires des pays du monde entier. Alors que la dette américaine allait à l'Allemagne, au Japon et à la France, l'épargne réelle de ces pays allait aux États-Unis. Ces économies ont été pillées lorsque le dollar s'est fortement déprécié par rapport aux monnaies nationales. Lorsque les Allemands et les Japonais l'ont découvert, ils n'ont pu que le tolérer parce qu'ils avaient besoin de la protection militaire des États-Unis ; lorsque les Français l'ont découvert, Charles de Gaulle était furieux et a juré d'écraser le système du dollar ; lorsque les Européens ont finalement compris, les Moyen-Orientaux, qui étaient riches en pétrole, ont pris le relais ; lorsque les économies des Moyen-Orientaux ont été presque siphonnées, les États-Unis ont inséré la seringue de la dette américaine, qui "suce le sang des économies", dans les Chinois, qui étaient riches mais pas pauvres.

Après la crise financière de 2008, Bernanke s'est lancé dans une frénésie d'impression monétaire qui n'a pu ni augmenter l'"épargne réelle" des Américains ni promouvoir la "consommation réelle" sur le marché, et encore moins les "investissements réels". Après tout, l'impression de monnaie ne crée pas un "lapin de chasse" à partir de rien. La seule chose qu'elle fait, c'est que les pays qui ont prêté leur épargne réelle aux États-Unis subissent une perte d'épargne importante.

En 1976, le monde détenait 90 milliards de dollars de dette nationale américaine, et en 2011, ce chiffre atteignait 4,5 trillions de dollars ! C'est une multiplication par 50 en seulement 35 ans ! Quelqu'un croirait-il encore qu'un tel actif puisse être préservé ? Alors, dans 35 ans, quel sera ce chiffre ? Combien de monnaies nationales les pays créeront-ils avec une telle réserve monétaire comme garantie ? L'épargne réelle de la société, dans l'inflation de la monnaie, est constamment diluée et transférée, et finalement plus d'épargne est accumulée dans les mains des 1%.

Lorsque l'empire de la dette américaine devient une dépendance "suceuse de sang", la fonction de formation de sang de sa propre économie est affaiblie. Au lieu de dépenser une grande partie de l'épargne étrangère empruntée dans l'économie réelle des États-Unis pour renforcer la compétitivité des produits industriels et améliorer le déficit commercial, elle a été dépensée pour une création de richesse financière sans précédent. Pendant que Wall Street engrangeait des profits faramineux, il ne restait plus qu'une économie industrielle compétitive en déclin, une classe moyenne en perte de vitesse avec des revenus en baisse, un nombre de pauvres en forte augmentation et un État et une société surendettés. Toute la prospérité qui découle des dépenses liées à la dette est un mirage, et lorsque la dette sera insoutenable, la prospérité appartiendra au passé.

Au début des années 1970, l'empire américain de la dette a interdit l'or, supprimé le taux de change fixe et fixé le prix du pétrole, mais le dollar était loin d'être gagnant. La méfiance à l'égard du dollar a entraîné une ruée vers l'or, l'argent, le pétrole et d'autres matières premières. L'inflation, tel un feu ardent, balaie tous les coins du monde et l'empire de la dette américaine est en pleine tourmente.

Le "compte alternatif DTS" : un coup d'État financier sans effusion de sang

Lorsque les actifs collatéraux derrière le dollar sont passés de l'or lourd à la dette américaine légère, tous les détenteurs de dollars ont eu une réaction instinctive de "perte de richesse". La source de la dette américaine est le déficit budgétaire des États-Unis, et la "négligence bienveillante" de longue date du problème du déficit par les Américains a longtemps brisé le cœur des Européens.

La conséquence du déficit budgétaire est l'inflation croissante causée par le surdéveloppement du dollar. De 1958 à 1964, bien que le problème du déficit budgétaire et de la balance des paiements des États-Unis ait été progressivement exposé, les Américains détenaient toujours d'importantes réserves d'or et la confiance dans le dollar demeurait, de sorte que l'inflation était presque nulle ; en 1964, la confiance dans le dollar a commencé à vaciller, car les étrangers détenaient pour la première fois plus de dollars que les réserves d'or des États-Unis, et au cours des quatre années suivantes, l'inflation a atteint 2% ; en 1968, l'inflation a atteint 4% lorsque la défense stratégique des réserves d'or des États-Unis, le "fonds commun d'or", s'est complètement effondrée. Lorsque Nixon a annoncé le découplage complet du dollar et de l'or, l'inflation a grimpé à 10% de 1972 à 1978, et en 1979, l'inflation a atteint le chiffre stupéfiant de 14% !

Les deux chocs pétroliers de 1973 et 1979 ont fait décupler le prix du pétrole, matière première énergétique et industrielle la plus importante pour les économies européenne et américaine, le prix du pétrole s'est envolé, faisant sérieusement dérailler tout le train économique des pays industrialisés. Le dollar c'est le feu, la flambée du pétrole c'est le vent, le taux de change flottant c'est le pétrole, le feu par le vent, le vent pour aider la puissance du feu, le feu sur le pétrole, l'inflation et la récession avec un effet de prairie balayant le monde.

En sortant l'or, une épingle magique monétaire, le système économique mondial s'est immédiatement mis à l'envers et le chaos s'est transformé en une marmite de bouillie.

L'hyperinflation chronique et irrépressible déforme la pensée économique des gens et subvertit les notions de richesse de la société. S'endetter n'était plus une mauvaise idée, puisque l'inflation diluait la pression pour rembourser ; le découvert devenait rapidement la rage, profitant du pouvoir d'achat de l'argent maintenant, puisqu'il continuerait à pourrir ; les épargnants devenaient des imbéciles, et le frugal devenait l'ignorant démodé ; la tradition de l'effort honnête était abandonnée, et la spéculation sur la richesse était largement célébrée ; toute planification à long terme devenait anachronique, et tout comportement à court terme devenait courant. L'hyperinflation a désintégré les valeurs morales traditionnelles de la société et détruit l'esprit industriel de la fondation des États-Unis.

Lorsque le dollar s'est déprécié et que l'inflation a prévalu, la nature du capital, qui recherche le profit, a conduit à ce que davantage de capitaux soient consacrés à la spéculation pour des gains rapides, au détriment de la nature longue, laborieuse et risquée de l'investissement industriel. De 1947 à 1973, la croissance de la productivité aux États-Unis était de 3%, alors que de 1973 à 1979, elle a chuté à 0,8%. L'inflation, l'ennemi naturel de la productivité !

À l'échelle internationale, le dollar, bien que lié au prix du pétrole, est peu enclin à détenir plus longtemps des actifs libellés en dollars, même dans les pays exportateurs de pétrole du Moyen-Orient, à une époque d'hyperinflation où le dollar se déprécie. Les Européens ont depuis longtemps manifesté leur impatience à l'égard du dollar, et les Japonais se préparent secrètement à déplacer les actifs en dollars. En 1979, le monde est sur le point d'abandonner le dollar.

En août 1979, les pays pétroliers ont lancé un avertissement sévère : ils envisageaient sérieusement d'abandonner la fixation du prix du pétrole en dollars au profit des droits de tirage spéciaux (DTS) du FMI.[82] La nouvelle a sans aucun doute alarmé les États-Unis. Si la tarification du pétrole abandonnait le dollar, l'empire de la dette

---

[82] Département de la recherche de la Banque fédérale de réserve de San Francisco, *Substitution Account*, 1980.

américaine risquait fort de s'effondrer sur pied. Qui d'autre voudrait continuer à s'accrocher au dollar alors que le monde est déjà gravement surchargé ? Un effondrement de la confiance dans le dollar entraînerait la folie de tout ce qui n'est pas en dollar et l'hyperinflation serait hors de contrôle.

Le nouveau système monétaire européen (SME), dirigé par les Allemands, est devenu un îlot de stabilité monétaire au milieu de la dévaluation du dollar et risque d'être englouti par une vague de spéculation. Le chancelier allemand Schmidt est allé jusqu'à l'extrême de la rage, en disant aux Américains en termes très clairs que la "négligence bienveillante" et l'inaction de longue date des États-Unis sur l'assouplissement du dollar est assez pour les Allemands ! L'Europe aussi en a assez !

Anthony Solomon, secrétaire adjoint du Trésor américain, s'est exclamé dans un mémo interne :

> "À l'heure actuelle, les États-Unis sont confrontés à une situation absolument extrême et dangereuse sur les marchés internationaux des changes... La principale raison pour laquelle le dollar est soumis à une pression énorme est la suivante : on croit presque universellement qu'il y aura un grave conflit entre les États-Unis et l'Allemagne au sujet de la politique de change et que la coopération entre les deux pays est rompue. La partie américaine veut que le taux de change du dollar reste stable ou s'apprécie, alors que l'Allemagne veut ou s'attend à ce que le taux de change du dollar se déprécie... Une avalanche massive d'argent privé est depuis longtemps inhabituellement nerveuse et prête à fuir le dollar. La pression sur le dollar est susceptible de franchir le point de basculement... Conformément à la situation actuelle du marché des changes et aux attentes psychologiques des investisseurs, les États-Unis ne sont plus confrontés à un problème tactique spécifique, mais au potentiel de détérioration rapide de la situation en une véritable crise dévastatrice."

Au milieu de la pire crise que le dollar ait connue en cette période d'après-guerre, la Fed a même prévu une réelle crainte que l'édifice ne s'effondre. Face à l'abandon du dollar par le monde, les États-Unis ont formulé d'urgence un plan de secours pour "sauver le dollar", qui passe par le plan du FMI visant à remplacer le dollar par des droits de tirage spéciaux (DTS). Le cœur de ce plan consiste à remplacer le dollar américain par des DTS et à investir dans des bons du Trésor américain avec les dollars récupérés.

Ce plan des Américains revient à "électrifier" le dollar et à abandonner son statut de monnaie de réserve internationale afin de désamorcer la colère du monde contre le dollar. Cependant, la domination réelle de l'empire de la dette américaine reste fermement entre les mains des Américains ! Dans le passé, il existait d'autres options d'investissement pour les réserves en dollars des pays en plus de l'achat d'obligations américaines. De cette façon, le DTS n'est qu'une peau, la doublure est toujours la dette américaine, pas la médecine ! L'étalon dollar est devenu l'"étalon DTS" en nom, et le collatéral pour l'émission de devises est toujours les bons du Trésor américain. Au final, la dette nationale américaine deviendra le véritable actif derrière la monnaie unifiée du monde et n'aura jamais à être remboursée ! [83]

En 1979, la monnaie mondiale a fait face à un point d'inflexion majeur. À l'époque du système de Bretton Woods, sous la régence du dollar en 1944, le dollar avait le vent en poupe, et les États-Unis disposaient des plus importantes réserves d'or et de la plus puissante puissance militaire du monde. Dans un contexte aussi puissant, les États-Unis n'osent pas abolir hâtivement le trône impérial de l'or, mais ont adopté la stratégie Xu Tu à progression lente, "prendre l'or en otage pour faire les vassaux", pour finalement conquérir les monnaies du monde. Aujourd'hui, l'empire de la dette américaine est sur les rochers, le dollar est un rat des rues, et tout le monde crie au scandale. Chez nous, l'économie est en déclin, le chômage est élevé et l'inflation galopante. Dans l'arène internationale, la colonne vertébrale européenne est apparue, le Japon a bondi pour essayer, le Moyen-Orient est pro-européen et anti-américain, la Russie est un tigre qui regarde sa proie, il n'y a pas assez de soutien international, le dollar "baisse de régime" facilement, le DTS commande le dur ! [84]

À ce stade, la seule façon de sortir de l'empire de la dette américaine est de s'attaquer à l'inflation, de stabiliser d'abord la confiance dans le dollar, puis d'avoir une vision à long terme de tout.

---

[83] Ibid.

[84] Ibid.

Il convient de noter que, bien que ce paquet n'ait finalement pas été mis en œuvre, il a été préparé il y a longtemps, vers 1980, comme solution de secours en cas d'effondrement du dollar.

Depuis le tsunami financier de 2008, le concept de "comptes alternatifs en DTS" a de nouveau fait surface sur la scène internationale. La colère du monde face aux deux cycles d'assouplissement quantitatif du dollar n'est rien de moins que l'embarras subi par le dollar en 1979. Pour les pays asiatiques disposant d'importantes réserves en dollars, la question de savoir comment se sortir de la situation difficile du dollar est devenue une stratégie nationale. Les États-Unis ont maintenant réintroduit le programme de "compte alternatif DTS", prétendant apporter une solution au problème de la diversification des monnaies de réserve et atténuer les déséquilibres économiques mondiaux, alors qu'en fait, la nouvelle bouteille n'est que du vieux vin.

Jusqu'à présent, le FMI était une réserve limitée de devises nationales, principalement destinée à fournir aux pays bénéficiaires des liquidités "excédentaires" provenant d'autres pays pour répondre à des besoins immédiats. En d'autres termes, le FMI ne peut utiliser que des fonds existants, et non créer du crédit. Ainsi, le FMI n'est pas encore le "prêteur en dernier ressort" du monde et il existe une lacune critique dans le positionnement des banques centrales du monde. À l'avenir, le FMI ne peut exclure la possibilité de faire évoluer le "panier" de devises du DTS vers un concept similaire à l'unité monétaire européenne (ECU), tout en jouant le rôle de "police des changes mondiale" et en restaurant le système de taux de change fixes. Si le FMI se voit confier une fonction de création de crédit, il deviendra une version amplifiée de la "Banque centrale européenne". Plus tard, je crains que le DTS ne soit transformé en "euro mondial". La souveraineté monétaire de chaque pays devra être cédée au FMI.

Ce sera un coup d'État financier international sans effusion de sang !

Le néolibéralisme, le cri des 1% de riches

Le pétrodollar est une arme à double tranchant, et les prix élevés du pétrole ont contribué à la stagnation de l'économie industrielle américaine tout en renforçant la demande internationale pour le dollar. La position de l'économie réelle américaine sur le marché mondial perd du terrain face à la concurrence féroce de l'Europe et du Japon. Les bénéfices des entreprises diminuent, la croissance de la productivité stagne et la structure du capital se détériore en raison de l'inflation élevée. La force industrielle des États-Unis a été affaiblie le plus gravement depuis la guerre. La crise du dollar a encore affaibli les mécanismes par lesquels Wall Street dominait la répartition de la richesse mondiale et, en 1975, la part de la richesse sociale détenue par les 1% les plus riches de la population américaine était tombée à son point le plus bas depuis 1922.

Les 1% de riches ont décidé que les règles du jeu devaient être complètement modifiées pour faire pencher la balance de la répartition des richesses en leur faveur. L'élite dirigeante américaine, avec les Rockefeller en son centre, était déterminée à renverser fondamentalement le système d'État-providence qui avait été mis en place aux États-Unis depuis la Grande Dépression des années 1930, ainsi que les diverses restrictions à l'expansion de la richesse par les riches.

Au milieu des années 1970, John Rockefeller a publié *The Second American Revolution*, dans lequel Rockefeller expose clairement la nécessité d'une réforme radicale du gouvernement, en réduisant ses pouvoirs et en "transférant les fonctions et les responsabilités du gouvernement, dans toute la mesure du possible, au secteur privé". Dans son livre, Rockefeller choisit délibérément des cas économiques qui mettent en évidence le fait que la réglementation gouvernementale de la finance et des affaires est inutile, que le soutien à la protection sociale est un gaspillage d'argent et que seule la recherche illimitée du profit par les entreprises, et le système financier qui les accompagne, est le moteur de la croissance américaine. Le président Reagan a dit dans les années 1980 : "Le gouvernement ne peut pas résoudre les problèmes, le gouvernement lui-même est le problème". "[85]Ces mots constituent l'idée centrale du livre de Rockefeller, sans laquelle Reagan n'aurait pas été choisi par le groupe du Pouvoir d'Or, je le crains.

L'idée de la "deuxième révolution américaine" a sonné l'attaque des médias américains contre le gouvernement. L'inefficacité, l'incompétence, le gaspillage, les déficits, l'inflation et le

---

[85] William Engdahl, *Gods of Money: Wall Street and the death of the American century*, Wiesbaden, 2009, p. 276-279.

gouvernement sont devenus les coupables de la récession économique. Les 1% de riches sont prêts à brûler les chaînes réglementaires du gouvernement sur l'industrie financière et les sociétés transnationales, en profitant du mécontentement du peuple américain face à l'inflation et au chômage. Pour dire les choses crûment, la redistribution par le gouvernement de la richesse sociale et le soutien au bien-être public empêchent la liberté du 1% des riches de s'emparer de plus de richesses, eux qui veulent une forêt vierge du faible et du fort, où le gouvernement ne peut empêcher les riches de presser la richesse des pauvres, mais a l'obligation d'empêcher les pauvres de se soulever contre lui.

En 1976, la "deuxième révolution américaine" est entrée dans sa phase de mise en œuvre. La Commission trilatérale, une organisation d'élite financée par les Rockefeller, pouvait être décrite comme une "division centrale" qui envoyait des cadres supérieurs au gouvernement des États-Unis. Avec le soutien de la Commission trilatérale, le gouverneur de Géorgie sans prétention, Jimmy Carter, a été élu président. Les présidents sans expérience ont tendance à être plus dociles, surtout lorsqu'il s'agit d'introduire des changements politiques majeurs et qu'on a besoin de présidents aussi faibles. En conséquence, avant même que Carter ne soit à la Maison Blanche, les gros bonnets avaient placé 26 cadres de la "Commission trilatérale" à des postes clés du gouvernement, dont la plupart n'avaient jamais été rencontrés par Carter. Toute la politique étrangère et les principales politiques intérieures de Carter provenaient en grande partie de la Commission trilatérale. C'est pendant le mandat de Carter que le gouvernement a commencé à déréglementer l'industrie financière et qu'un grand nombre d'innovations financières ont vu le jour. Lorsque Reagan a été élu président, il a promis de faire de la déréglementation et de la privatisation le point central de son administration. C'est sous l'ère Reagan que la révolution financière a éclaté, avec pour résultat que les puissances aurifères ont révolutionné le gouvernement !

Dans les milieux universitaires, l'esprit de la "deuxième révolution américaine" est enrichi par l'idéologie du "néolibéralisme", qui incarne les principales aspirations du 1% des riches.

L'Université de Chicago, foyer du monétarisme, s'est elle-même développée grâce au financement des Rockefeller, et la politique monétaire que le monétarisme a façonnée a beaucoup apporté au 1% des riches. Friedman, le gourou monétariste, a été envoyé pour donner personnellement des cours particuliers au président Reagan et, au même moment, pour "ouvrir un petit trou de renard" pour le premier ministre britannique Thatcher, le 1% des riches devant s'unifier en pensée et en action pour coordonner les méga changements financiers aux États-Unis et en Grande-Bretagne. Le monétarisme de Friedman commence à s'imposer, affirmant que "l'inflation est en fin de compte un phénomène monétaire" et que l'essentiel de la lutte contre l'inflation consiste à resserrer la masse monétaire. Le dollar est l'outil central du 1% des riches pour diriger le monde et distribuer les richesses, et il doit être défendu fermement sans hésitation. À cette fin, une hausse significative des taux et une appréciation du dollar étaient nécessaires. Les principales formes de richesse des riches étant les actifs financiers, un dollar fort est une condition préalable à la stabilité des marchés financiers. Par conséquent, un dollar fort est dans l'intérêt principal des 1% de riches aux États-Unis. [86]

Un écho lointain du monétarisme est l'école de l'offre qui appelle fortement à des réductions d'impôts et à des réductions de la protection sociale. Ils prétendent qu'avec une grosse réduction d'impôts, l'économie américaine va "magiquement" exploser en productivité massive, tandis que les réductions de l'aide sociale vont forcer les travailleurs à perdre leur dépendance paresseuse et à travailler dur pour augmenter la production. En fait, les plus grands bénéficiaires des réductions d'impôts sont, bien sûr, les 1% de riches, tandis que les victimes des réductions de l'aide sociale sont clairement les 99% de la classe moyenne et des pauvres. Dans les années 1980, alors que toute l'école de l'offre était à son apogée, l'explosion "magique" de la productivité n'a finalement pas eu lieu, et l'économie industrielle américaine, qui s'est gavée de produits allemands et japonais, n'a jamais retrouvé la compétitivité internationale du début des années 1970.

Le monétariste et l'école de l'offre, qui s'oppose fermement à l'intervention du gouvernement, appellent tous deux à la privatisation. Avec ces fondements théoriques en place, l'élite dirigeante américaine est prête à partir dans plusieurs directions et à récupérer le pouvoir de la distribution des richesses.

Avec une telle disposition, la répartition des richesses dans la société profiterait clairement au 1% des riches.

---

[86] Ibid.

Tout cela doit commencer par un resserrement de la monnaie et un renforcement de la position du dollar. À ce stade, le poste de président de la Réserve fédérale devient d'autant plus important. Paul Volcker est un candidat idéal.

La "chimiothérapie" monétaire de Volcker, l'empire de la dette américaine s'est transformé en paix

Le 6 octobre 1979, le président de la Réserve fédérale, Paul Volcker, en poste depuis deux mois à peine, a convoqué une réunion secrète du Comité de l'open market dans le bâtiment de la Réserve fédérale pour discuter de la manière de faire bouger le couteau de l'inflation. Volcker était un Rockefeller qui avait commencé sa carrière à la Chase Manhattan Bank de la famille de Los Angeles (le prédécesseur de l'actuelle JP Morgan Chase) et avait été choisi par le ministre principal de la famille de Los Angeles, Robert Roosa, pour suivre une formation au département du Trésor.[87] Ce Rosa a été l'architecte général de l'utilisation des obligations américaines pour couvrir les réserves européennes en dollars dans les années 1960, lorsque les Européens ont été contraints d'accepter les bons du Trésor américain au lieu de l'or comme principale option d'investissement pour les réserves de change, Rosa peut être considéré comme l'un des pères fondateurs de l'empire obligataire américain. Sous la tutelle de Rosa, Volcker, qui était sous-secrétaire au Trésor pendant l'ère Nixon, a personnellement planifié et participé au "coup" visant à abolir l'or. Après ce succès, Volcker a été promu par la famille Rothschild au poste clé de gouverneur de la Federal Reserve Bank of New York, détenant le "pouvoir militaire" de la Réserve fédérale.

Afin d'endiguer efficacement l'inflation, Volcker a décidé de changer fondamentalement l'approche de la Fed en matière de contrôle de la masse monétaire du dollar en contrôlant directement la masse monétaire (MS) et en n'utilisant plus les taux d'intérêt pour réguler indirectement la monnaie.[88] Le contrôle direct de la masse monétaire

---

[87] Joseph B. Treaster, *Paul Volcker: the making of a financial legend*, John Wiley & Sons, Inc. 2004.

[88] Steve Solomon, *The Confidence Game: How Unelected Central Bankers Are Governing the Changed World Economy*, Simon &Chester, 1995, p. 139–140.

consiste à maîtriser la croissance de la MS et à libéraliser les taux d'intérêt, quelle que soit leur flambée, qui s'apparentent davantage à une "chimiothérapie" qui tue directement les cellules cancéreuses, ce qui est cool et violent. L'idée est de maintenir le taux d'intérêt, de libéraliser la monnaie et de laisser le crédit se développer comme il se doit. Le contrôle indirect est comme la médecine traditionnelle chinoise, qui se concentre sur l'alimentation, et est efficace en stimulant la fonction interne de l'économie. Le contrôle direct de la masse monétaire a l'avantage d'être rapide et énergique, mais les effets secondaires sur l'économie seront importants, car les taux d'intérêt fluctueront de façon spectaculaire.

Pourquoi les moyens conventionnels de contrôle des taux d'intérêt échouent-ils ? La cause profonde de cet échec est aussi le trop-plein de dollars ! Le long et énorme déficit de la balance des paiements des États-Unis depuis les années 1960 a eu pour conséquence que les États-Unis ont imprimé des dollars pour exporter à l'étranger, s'approvisionner dans d'autres pays, payer le fonctionnement de coûteuses bases militaires à l'étranger et le coût de la guerre au Vietnam, ce qui a entraîné la formation d'une force alarmante de spéculation sur le dollar européen, dont la taille a rapidement gonflé de 315 milliards de dollars en 1973 à 4 000 milliards de dollars en 1987 ! Ces dollars "sans racines", errant à l'étranger, se sont transformés en une "hétérogénéité financière" qui transcende les frontières souveraines. Bien qu'ils soient stockés dans les systèmes financiers de pays souverains, leurs moteurs d'expansion inhérents sont dissociés du besoin d'expansion du crédit pour la croissance économique de chaque pays, et se manifestent principalement par l'avidité du capital spéculatif transnational pour le profit. Ils se déchaînent entre les pays, ils ne sont pas réglementés par une banque centrale souveraine et ils se reproduisent rapidement dans un espace financier distinct.

Il s'agit du changement le plus important dans le paysage financier international depuis le 20e siècle !

C'est à cause du dollar européen que le système bancaire américain a changé de façon spectaculaire dans les années 1970. Dans le cadre du système orthodoxe de réserves fractionnaires, la Banque centrale exige des banques commerciales qu'elles "gèlent" environ 10% de leurs dépôts sous forme de réserves, qui peuvent être déposées auprès de la Banque centrale ou détenues par les banques elles-mêmes pour répondre aux besoins occasionnels de retrait des épargnants. Lorsque les banques prêtent, le taux de réserve constitue une contrainte pour l'expansion de leur crédit. Cependant, lorsqu'il est possible d'emprunter des dollars européens de manière pratique et bon marché, les banques ne sont plus liées par les dépôts et les réserves des résidents, et elles ont tendance à prêter d'abord et à emprunter ensuite sur le marché européen du dollar pour répondre aux exigences de réserves ou aux retraits des déposants, une innovation financière connue sous le nom de "passif géré".

La Fed, sous le poids du dollar européen, s'est soudain aperçue que la politique traditionnelle des taux d'intérêt ne pouvait pas freiner l'expansion de la masse monétaire, avec un flux constant de dollars affluant dans le système bancaire américain depuis l'étranger, et les banques ne manquaient pas d'argent !

Une fois que Volcker a compris pourquoi la politique des taux d'intérêt échouait, il a porté toute son attention sur la masse monétaire, en particulier sur la croissance de l'EM. Ce que l'on appelle la MS est la somme de l'argent liquide entre les mains des habitants et de leurs dépôts sur un compte chèque à la banque (Checking Account). Les comptes chèques sont très populaires aux États-Unis, et les gens placent généralement sur ces comptes l'argent qu'ils devront bientôt dépenser, comme le loyer, les paiements hypothécaires, les factures de services publics et les dépenses de la vie quotidienne. Ainsi, l'EM représente le montant total d'argent que les gens sont sur le point de consommer, ce qui a un impact plus direct sur l'inflation.

Volcker a conçu un programme de "chimiothérapie" inflationniste, il a verrouillé l'objectif de croissance de l'EM entre 4% et 6,5%, avec de la "monnaie à haute énergie" comme moyen de régulation. Si l'expansion du crédit causée par la demande spéculative dépasse la valeur cible de l'EM, la Réserve fédérale contractera la "monnaie à haute énergie", ce qui aura pour effet de resserrer les fonds de prêt des banques, le taux des fonds fédéraux augmentera automatiquement, ce qui freinera l'expansion du crédit spéculatif. Lorsque la croissance de l'EM retombera dans la zone cible, les taux d'intérêt baisseront automatiquement eux aussi.

Pour intensifier ses efforts, M. Volcker a également annoncé une augmentation du taux de réescompte de 11 à 12%, et a demandé un taux de réserve de 8% pour les emprunts des banques en dollars européens, l'épargne à long terme et d'autres astuces de "gestion du passif".

À l'issue de la première session, Volcker constate que le taux des fonds fédéraux est passé de 11,5% à 14%, que le crédit spéculatif continue de se développer à un rythme accéléré et qu'en janvier 1980, l'inflation atteint 17% ! De février à avril, le taux des fonds fédéraux a continué à s'envoler pour atteindre 18% et le taux de prêt de la banque aux clients privilégiés a augmenté en même temps pour atteindre 20% !

En conséquence, au lieu de tuer l'inflation, le premier cours de "chimiothérapie" de Volcker a laissé l'économie sur ses dernières jambes.

Au deuxième trimestre de 1980, le PNB des États-Unis a plongé de 9,4 pour cent et le taux de chômage est passé de 6,1 à 7,5 pour cent. L'objectif de croissance de la masse monétaire, qui devait être bloqué dans une fourchette de 4 à 6,5 pour cent, a maintenant dépassé 15 pour cent !

Face à une telle situation, Volcker ne sait plus où donner de la tête. En fait, le problème réside toujours dans le dollar européen. La flambée des taux d'intérêt américains, sur l'"espace financier hétérogène" d'outre-mer, a produit un fort stimulus d'arbitrage, un afflux important de dollars européens, non seulement pour combler la "chimiothérapie" causée par la pénurie de devises, brisant le plafond de la SEP, mais aussi pour accélérer la vitesse des flux de devises, stimulant l'augmentation de l'inflation.

L'inflation ne dépend pas seulement de la taille de la monnaie, mais est également fortement influencée par la vitesse des flux monétaires, qui sont loin d'être aussi simples que le supposent les manuels. C'est un peu comme la capacité de largage rapide de l'armée américaine qui permet à un million de soldats de se déplacer rapidement sur les différents théâtres d'opérations pour déployer la puissance de combat de cinq millions de soldats. Des flux monétaires plus rapides permettront à un dollar de jouer le rôle de quelques dollars. Volcker n'a apparemment pas anticipé le changement brutal de la vitesse des flux monétaires provoqué par l'afflux accéléré de dollars européens.

Lorsque le taux des fonds fédéraux a atteint le chiffre vertigineux de 18%, tous les endettés ont été menacés d'extinction, ils ont dû accélérer le remboursement de leurs dettes, les actifs des banques ont automatiquement diminué au fur et à mesure des remboursements, et la masse monétaire correspondante a commencé à diminuer progressivement.

Le moment décisif est arrivé. Tant que Volcker s'y tient, un taux d'intérêt de 18% est comme une méga-dose de "chimio" qui, au bout d'un certain temps, aura un effet létal sur les cellules cancéreuses inflationnistes, anéantissant ainsi les attentes inflationnistes, et une baisse soutenue de l'EM entraînera finalement une baisse des taux d'intérêt. À ce moment-là, cependant, l'économie se tordait et tournait à l'agonie, les gens appelaient à l'aide et les politiciens commençaient à fulminer. Le membre du Congrès américain a lancé un avertissement sévère : " Volcker, vous serez la première personne à être paradée et brutalement battue ! "

C'est un gros pari ! Ne vous avisez pas de continuer à parier ! Si ça ne marche pas dans les six mois, Volcker deviendra le président le plus pathétique de l'histoire de la Réserve fédérale, sans visage, sans crédibilité, et sera finalement fouetté par la société pour une éternité.

La main de Volker est devenue molle et le crédit a commencé à se relâcher.

À ce moment-là, toute retraite sera une super amplification du marché, la détermination anti-inflation de la Fed a été interprétée comme une "errance", de sorte que l'ensemble des attentes d'inflation du marché se sont immédiatement retournées, la psychologie spéculative a de nouveau salé le poisson ! Au cours des deux mois suivants, le taux des fonds fédéraux a chuté de moitié, à 9%, et avec une inflation qui atteint encore 11%, les taux à long et à court terme sont tombés à des niveaux négatifs.

L'expansion du crédit sur les marchés est à nouveau en ébullition et la Fed est hors de contrôle en même temps !

À l'été 1980, l'économie se remettait rapidement de l'expansion du crédit et l'inflation faisait son retour. La croissance de la masse monétaire MS a étonnamment dépassé 22,8%, deux fois plus que l'inflation. Le premier cours de "chimiothérapie" de Volker est un échec total.

Anti-inflation, pas d'économie ; anti-inflation, pas de dollar ! Après avoir pesé le pour et le contre, Volcker a renouvelé sa détermination anti-inflationniste.

À partir de l'automne 1980 et jusqu'à l'été 1982, Volcker entreprend une deuxième "chimiothérapie" anti-inflationniste. Le 25 septembre 1980, Volcker relève à nouveau le taux de réescompte à 11% et le taux d'intérêt fédéral à 14%. Le rêve de réélection du président Carter devient le premier coup de poignard de Volcker contre l'inflation.

Une année complète de politique de taux d'intérêt élevés, le taux de change du dollar a commencé à s'envoler, surtout après que Volcker ait commencé la deuxième "chimiothérapie", le marché a commencé à croire que cet homme désespéré joue pour de vrai. À ce moment-là, sous la pression de Volcker, l'Allemagne et le Japon ont commencé à baisser les taux d'intérêt. Pour renforcer encore les attentes d'un dollar plus fort, Volcker resserre à nouveau la masse monétaire en mai 1981, et de mai à novembre, le taux de croissance de l'EM tombe à zéro pour la première fois, tandis que le taux d'intérêt fédéral grimpe à 19% ! Le dollar européen est revenu en force et l'appréciation du dollar s'est accélérée. Cette fois, le dollar européen n'a pas déclenché une expansion spectaculaire de la masse monétaire totale, car plus personne ne prête.

Dans l'année qui a suivi, le dollar a grimpé de 34% !

Le deuxième cycle de "chimiothérapie" de Volcker a non seulement continué à resserrer la masse monétaire et à maintenir des taux d'intérêt élevés, mais a également ouvert un deuxième champ de bataille, celui de "l'appréciation contre l'inflation". Les importations américaines en pourcentage du PNB sont d'environ 7%, et l'effet à la baisse du prix des biens importés dû à l'appréciation n'aurait pas dû trop affecter le niveau général des prix aux Etats-Unis, mais Volcker a compris l'essence de l'anti-inflation, qui est de mener une guerre psychologique ! Dans un environnement de taux d'intérêt élevés, il y aura des changements psychologiques complexes dans la perception qu'ont les gens de la baisse des prix des biens importés. À une époque où de plus en plus de personnes remboursent leurs dettes et où la croissance de la masse monétaire est presque nulle, la baisse des prix à l'importation amènera les gens à penser que de nouvelles augmentations de prix sont un peu exagérées. Le taux de change s'est apprécié à ce moment-là, et cela a eu pour effet de faire perdre quatre ou deux livres !

Selon l'estimation composite de la Fed, une appréciation de 10% du dollar entraînerait une baisse de 1,5% de l'inflation, dont la moitié serait probablement due à une baisse du prix des biens importés et l'autre moitié serait purement psychologique. Et une appréciation de 34% du dollar entraînerait une baisse de 5,1% de l'inflation. De 1980 à 1982, l'inflation aux États-Unis est passée de 13,5% à 6,1%, l'appréciation du dollar ayant contribué pour environ deux tiers à cette baisse de 7,4%. [89]

Le deuxième cycle de "chimiothérapie" de Volcker consiste à s'en tenir à l'objectif de la masse monétaire, à maintenir des taux d'intérêt élevés, à forcer les gens à rembourser leurs dettes, à réduire la sclérose en plaques ; dans le même temps, les taux d'intérêt élevés entraînent le retour du dollar européen, renforcent les attentes d'appréciation du dollar, forcent l'Allemagne et le Japon à réduire les taux d'intérêt, ce qui entraîne une forte appréciation du dollar ; dans la réduction de la masse monétaire et les taux d'intérêt élevés de la "pression monétaire négative", l'appréciation du taux de change de l'effet de baisse des prix, sera l'amplification des temps forts psychologiques du marché, inversant finalement les attentes d'inflation.

Cependant, les réductions d'impôts massives, les déficits énormes, le programme Star Wars et les théories économiques de l'école de l'offre dans lesquelles s'est lancé le président Reagan, font craindre à Volcker que les précieuses opportunités gagnées par la victoire dans la guerre contre l'inflation ne durent pas longtemps.

Une prospérité empruntée

Le boom économique de l'ère Reagan était, en dernière analyse, le résultat d'un triple "découvert" : emprunter à l'avenir, emprunter à l'épargne étrangère et "s'emparer" des matières premières bon marché du tiers monde.

Pendant près de trois ans, de l'automne 1979 à l'été 1982, Volcker, avec une ferveur religieuse, manie le bâton monétaire pour briser les anticipations inflationnistes, tout en provoquant une profonde commotion de l'économie réelle. De 1980 à 1985, le dollar s'est apprécié de façon spectaculaire de 50% ! Il s'agit du plus violent séisme monétaire de l'histoire économique moderne pour un grand pays ! En conséquence, l'économie industrielle des États-Unis a été anéantie. Le chômage a grimpé en flèche pour atteindre 10,8%, l'industrie chimique lourde a vu sa colonne vertébrale brisée, près d'un tiers des travailleurs de la sidérurgie ont été licenciés, les usines d'automobiles ont fermé,

---

[89] Ibid, p. 148.

les chaînes de production pour la fabrication d'équipements ont été largement mises au ralenti, l'industrie pétrochimique a été drastiquement réduite en taille, les mines ont été abandonnées et même les produits agricoles ont perdu leur compétitivité internationale.

Cinq ans ont passé et les gens n'ont même pas vu le "miracle", les États-Unis sont pleins de voitures japonaises, d'usines avec des équipements allemands plus avancés, les rayons des magasins pleins de biens de consommation asiatiques bon marché. Enfin, le rebond de l'emploi industriel a été rendu possible par les commandes militaires "Guerre des étoiles" de Reagan. L'école de l'offre, qui prétend être en désaccord avec l'intervention du gouvernement dans l'économie, est sortie d'une profonde récession avec les déficits publics les plus intenses de l'après-guerre.

La période de 1983 à 1988 a été l'âge d'or de la mythologie économique de l'ère Reagan. En y regardant de plus près, on constate que la prospérité économique de Reagan a été "empruntée" à l'avenir. Pendant cette période, le déficit budgétaire américain a atteint plus de 200 milliards de dollars par an, soit plus de 5% du PNB. Le taux d'épargne intérieure nette des États-Unis est tombé à 2,5%, alors qu'il était de 6,5% dans les années 1970, et l'énorme déficit budgétaire est responsable de l'érosion de l'épargne intérieure. L'épargne nette d'un pays est le "lapin du chasseur", qui est la condition préalable à la consommation et à l'investissement. La consommation, c'est lorsque le chasseur prend une partie du lapin d'épargne et l'échange avec quelqu'un d'autre ; l'investissement, c'est l'autre épargne que le chasseur consomme pour fabriquer l'arc et la flèche. Aux États-Unis, depuis la fin de la Seconde Guerre mondiale, l'investissement net a représenté 7% du PNB. Un investissement réussi entraîne une production plus efficace, de sorte que l'investissement donne l'impulsion à la croissance économique. Mais pendant les huit années de l'administration Reagan, l'investissement net aux États-Unis est tombé à seulement 5% du PNB. L'école de l'offre avait promis en toute confiance que ses politiques allaient faire augmenter le taux d'épargne américain et accroître l'investissement net, ce qui a clairement fait mouche !

Lorsque Reagan a été élu président des États-Unis, la dette privée et publique totale de l'ensemble des États-Unis était de 3,87 billions de dollars, et à la fin des années 1980, ce chiffre était passé à 10 billions de dollars !

En raison de l'insuffisance de l'épargne intérieure, l'administration Reagan a non seulement surendetté dans l'avenir afin de maintenir le niveau de vie de la société américaine, mais a également emprunté d'énormes quantités d'épargne étrangère à l'étranger, à hauteur de 14% de l'épargne américaine totale ! En 1984, les achats étrangers d'actifs américains à revenu fixe (principalement des bons du Trésor américain) ont triplé pour atteindre 37,4 milliards de dollars. En une seule année, les flux de capitaux du Japon vers les États-Unis ont atteint le chiffre stupéfiant de 50 milliards de dollars !

Les universitaires américains flirtent avec l'idée que les États-Unis ont finalement trouvé leur avantage comparatif dans les années 1980, et qu'il s'agissait d'exporter des bons du Trésor américain !

L'afflux de capitaux étrangers a renforcé l'appréciation du dollar, fait baisser le prix des biens importés, stimulé la consommation américaine et creusé le déficit commercial américain. En conséquence, la balance courante américaine était excédentaire en 1980, et depuis 1984, les États-Unis accusent un déficit annuel de 100 milliards de dollars, qui a grimpé en flèche pour atteindre 3% du PNB ! L'industrie américaine a été contrainte de se délocaliser à grande échelle, et les actifs industriels essentiels qui créent la richesse nationale ont été fondamentalement affaiblis.

Emprunter de l'argent à l'avenir, emprunter de l'argent aux étrangers, et au lieu d'être utilisé principalement pour réinvestir dans l'économie industrielle, l'argent emprunté a été utilisé par Wall Street pour créer une grande bulle d'actifs financiers en expansion rapide. L'investissement industriel dans le capital à long terme aux États-Unis a été largement abandonné, la croissance des exportations de 1983 à 1984 n'atteignant que la moitié de ce qu'elle était lors de la reprise économique précédente, et les importations étant deux fois plus élevées. Pas étonnant que les médias américains aient commenté,

> Le "miracle" de l'école de l'offre est enfin là : c'est que les étrangers fournissent l'essentiel des biens et la plupart de l'argent. Si la politique américaine des années 60 et 70 était 'dépenser et taxer beaucoup', alors les années 80 étaient 'dépenser et taxer beaucoup'. "

Après que Volcker a maîtrisé l'inflation, l'économie américaine a amorcé une forte reprise de 5%, mais l'emploi industriel américain n'a jamais retrouvé les niveaux des années 1970. En 1985-1986, le taux d'utilisation des équipements industriels américains a de nouveau chuté.

Au moment où l'économie industrielle américaine est en lambeaux, Wall Street en récolte les fruits. Volcker abaisse le taux de réescompte sept fois de suite au cours des six mois allant de l'été 1982 à la fin de l'année, et le taux de référence fédéral tombe directement de 14% à 8,8%. Le marché obligataire et le marché boursier commencent à entrer dans un grand marché haussier. De 1982 à 1987, la bourse de Wall Street s'envole de 200% ! Le mythe de la création de richesse financière commence à s'installer aux États-Unis.

L'année 1984 marque un tournant dans les mégatendances financières des États-Unis, car les capitaux nationaux ont commencé à se déplacer massivement des banques vers les marchés obligataires et les entrées de capitaux internationaux se sont déplacées de l'Europe vers l'Asie. En 1985, Volcker a constaté que la masse monétaire américaine avait recommencé à croître de manière explosive, mais que l'inflation américaine était tombée de 4,4% en 1984 à 3,5% en 1985. La masse monétaire est devenue de plus en plus imprécise en tant qu'indicateur de l'inflation, grâce à une pléthore d'innovations financières. Le secteur bancaire a commencé à entrer sur le marché monétaire à grande échelle à la fin de 1984, et la part d'intérêt des comptes chèques a augmenté de manière significative, ce qui indique que l'argent avait tendance à "investir" plutôt qu'à "consommer", et que l'expansion de MS n'était plus le signe d'une accumulation "d'impulsions de consommateurs prêts à dépenser de l'argent immédiatement". En conséquence, la Fed a discrètement abandonné la politique monétaire axée sur la croissance de l'EM à partir de 1984.

L'expansion de la masse monétaire depuis 1984 a été détournée de la demande expansionniste de crédit générée par la croissance économique réelle et se reflète de plus en plus dans la demande de transactions financières stimulée par l'innovation financière ; avant le milieu des années 80, la valeur marchande des actions américaines en tant que part du PNB était généralement comprise entre 8 et 20%, mais en 1986, cette part avait fortement augmenté pour atteindre 100% ! Ce phénomène suggère que l'expansion du crédit a échappé aux contraintes de la croissance économique réelle et est devenue le résultat inévitable de l'auto-inflation des actifs financiers. L'empire américain de la dette est entré dans une nouvelle phase de développement, et le dollar est devenu un instrument "dérivé des transactions financières et subordonné à celles-ci pour leur bien".

La mondialisation de la finance est essentiellement la mondialisation de la dette libellée en dollars, ce qui a entraîné une croissance des actifs financiers beaucoup plus rapide et à une échelle beaucoup plus grande que la richesse réelle, ce qui signifie qu'une partie importante des actifs, en raison de l'absence de contrepartie en termes de richesse, ne sont en fait que d'énormes dettes. L'essence du boom effrayant des marchés financiers est l'auto-inflation des actifs financiers par la dette ; avant les années 1980, la dette totale des sociétés privées non financières et du gouvernement des États-Unis représentait environ 140% du PNB, et au milieu des années 1980, elle avait dépassé 165%, soit le niveau d'endettement le plus élevé depuis la Grande Dépression des années 1930 ! Dans le même temps, le nombre de pauvres aux États-Unis est passé de 24 millions en 1979 à 32 millions en 1988.

Sous l'effet de l'interaction du dollar européen, les activités d'actifs hors bilan du système bancaire ont connu un essor sans précédent, avec des innovations financières telles que les swaps de taux d'intérêt, les swaps de devises, les garanties de crédit, les prêts hypothécaires à taux variable, la titrisation d'actifs, les rachats par emprunt, les contrats à terme et les options sur les produits financiers, etc. Rien qu'en 1982, pas moins de 230 milliards de dollars d'épargne du système bancaire ont été injectés dans le marché obligataire en plein essor. Le "système de freinage" de la politique monétaire de la banque centrale pour les prêts excessifs sur les marchés financiers est progressivement défaillant, et les risques systémiques augmentent de jour en jour.

Dans la guerre anti-inflationniste menée par Volcker, on a également "tué" un grand nombre de pays du tiers-monde, comme le Mexique, l'Argentine, le Brésil, le Nigeria, le Congo, la Pologne et la Yougoslavie, qui ont tous eu le malheur de tomber dans le "piège de la dette" du dollar américain. Dans les années 1970, les pétrodollars issus du boom pétrolier ont reflué du Moyen-Orient vers "l'hétérogénéité financière" de Wall Street et de Londres. Dans la stratégie de la "deuxième révolution américaine", la redistribution de la richesse internationale est une préoccupation majeure pour les 1% de riches, et le transfert de matières premières des pays du tiers monde vers les pays développés à bas prix est un objectif stratégique à atteindre.

Avec le pétrodollar, les banquiers internationaux ont commencé à prêter à grande échelle aux pays du tiers monde qui avaient désespérément besoin d'importer du pétrole coûteux, mais les banques américano-britanniques ont posé comme condition que le taux d'intérêt sur les prêts devait fluctuer en fonction du London Bank Offered Rate (LIBOR).

La campagne anti-inflationniste de "chimio" à taux d'intérêt élevés menée par les États-Unis et le Royaume-Uni a eu le merveilleux effet de faire d'une pierre plusieurs coups. Le FMI, en tant que "police internationale de la dette" du dollar, a été poussé en première ligne de la dette, et les "Sherlockiens" contemporains veulent couper plusieurs fois la "chair fraîche" des pays du tiers monde, et la prescription du FMI pour les pays débiteurs en dollars du tiers monde n'est qu'un "laxatif" préparé par les médecins de Wall Street, plus vous mangez, plus vite votre corps s'effondre. Le FMI exige des pays débiteurs qu'ils réduisent leurs importations à la limite, le budget fiscal se réduit à un niveau de subsistance à peine suffisant, la dévaluation de la monnaie à l'exportation de matières premières a sauté au bas prix, de sorte que les ressources économiques des pays en développement vers les pays développés dans un transfert sans précédent. Suite à la restructuration de la dette par le FMI, les pays en développement qui, en 1980, n'avaient qu'une dette en dollars de 430 milliards de dollars, devaient en 1987 1,3 trillion de dollars de nouvelle dette aux "Shylocks" contemporains, sans compter les 658 milliards de dollars de principal et d'intérêts déjà payés. Les pays du tiers monde ont subi des pertes bien plus lourdes que les deux guerres mondiales réunies.

En 1987, les prix mondiaux des matières premières sont en fait retombés au niveau de 1932 ! La baisse des prix des matières premières qui a débuté au début des années 80 a duré 20 ans ! Ce n'est qu'au début du 21e siècle, lorsque l'économie chinoise a commencé à prospérer, que cette tendance s'est inversée. [90]

Depuis près de 30 ans, les 1% de riches ont bénéficié d'une " récolte de viande " inédite dans l'histoire économique moderne de la part de la classe moyenne américaine et des pays du tiers monde, et la répartition de la richesse mondiale a inversé le schéma des 70 premières années du XXe siècle, accélérant sa concentration dans une infime minorité ; le mouvement Occupy Wall Street, qui a commencé à se

---

[90] F. William Engdahl, *Gods of Money: Wall Street and the death of the American century*, Wiesbaden, 2009, p. 292.

répandre rapidement dans le monde en septembre 2011, est la raison pour laquelle les 99% des pauvres, qui ne sont plus la majorité silencieuse, sont prêts à exiger, à leur manière, une redistribution rationnelle des richesses de la société, en réalisant les dommages à long terme causés à leurs intérêts vitaux par le "monde doré".

Le néolibéralisme de l'ère Reagan a fait passer les États-Unis du statut de premier créancier du monde à celui de premier débiteur en l'espace de quelques années. C'est la stupéfiante consommation de guerre de la Première Guerre mondiale qui a fait tomber l'Empire britannique du trône de l'hégémonie des créanciers du monde, et ce sont les États-Unis qui ont utilisé la puissance des nations créancières émergentes pour forcer les nations débitrices européennes à accepter l'hégémonie du dollar. Dans presque le même laps de temps, le néolibéralisme a reproduit le grand renversement de la relation entre la dette et l'endettement mondial provoqué par la Première Guerre mondiale. Lorsque la Grande-Bretagne est devenue une nation débitrice, l'Empire britannique a décliné, et lorsque les États-Unis sont devenus la plus grande nation débitrice, l'hégémonie a au contraire été plus solide. Cela suggère que la dette a remplacé l'endettement comme nouveau sceptre de la domination mondiale et que l'investissement a cédé la place à l'endettement comme principal moteur de la croissance économique, ouvrant une ère dangereuse pour un modèle de développement économique axé sur la dette.

Le dollar sur la glace et le feu

En 1985, lorsque Volcker a finalement ramené l'inflation à 3,5%, le dollar était largement sorti de la crise mondiale du dollar de 1979. La stratégie monétaire consistant à lier les prix élevés du pétrole au dollar a soutenu l'empire de la dette américaine chancelant et a sauvé le dollar de la panique de la perte de son or, tandis que l'économie américaine a payé le prix fort de l'hyperinflation et d'une grave récession. Pour ne rien arranger, l'Union soviétique, grand exportateur de pétrole, a fait fortune pendant la crise pétrolière des années 1970, renforçant sa puissance militaire pour mener la Guerre des étoiles avec les États-Unis. Après avoir stabilisé la base hégémonique du dollar, les États-Unis ont vidé leurs mains et se sont préparés à emballer l'Union soviétique.

De 1981 à 1984, le seul moyen pour le gouvernement soviétique de gagner des devises fortes grâce aux exportations était l'exportation de pétrole ; en 1975, la production soviétique de pétrole était de 93,1 millions de tonnes, et en 1983, elle était passée à 130 millions de tonnes, mais depuis la fin des années 1970, la surexploitation du pétrole par l'Union soviétique a entraîné un manque de capacité de production ultérieure ; en 1985, pour la première fois dans l'histoire, la production soviétique de pétrole a chuté de 12 millions de tonnes en raison de l'augmentation des coûts d'extraction et du manque de fonds, ce qui a coïncidé avec le moment critique où les États-Unis ont conquis l'inflation.

Dès le 26 mars 1981, le président Reagan, dans son journal intime, aborde la question de savoir comment tirer parti de l'économie soviétique et de sa dépendance à l'égard des prêts occidentaux pour porter un coup fatal à l'économie soviétique, et en novembre 1982, le président Reagan publie une directive sur la sécurité nationale (NSDT-66) qui expose clairement la mission secrète consistant à infliger des dommages à l'économie soviétique, et en mars 1985, dans un message secret adressé à l'ambassade des États-Unis à Londres, le secrétaire d'État Schultz mentionne que "le secrétaire d'État est extrêmement intéressé par l'étude menée par le département d'État sur l'impact de la chute des prix du pétrole".[91] En septembre, les États-Unis ont commencé à faire pression sur les Saoudiens pour qu'ils augmentent considérablement leur production de pétrole en dessous de 20 dollars. En avril 1986, le vice-président Bush père se rend dans la capitale saoudienne, Riyad, pour rappeler au roi que "les forces du marché, et non l'OPEP, sont le meilleur moyen de fixer les prix et la production du pétrole".[92] Cela implique fortement que l'Arabie saoudite s'engage pleinement à augmenter l'offre de pétrole et à écraser les prix mondiaux du pétrole.

L'Arabie saoudite ayant augmenté sa production, les "forces du marché" ont fait chuter le prix du pétrole de 35 dollars le baril à moins de 10 dollars au printemps 1986. En conséquence, les exportations soviétiques se sont effondrées, les canaux de prêt occidentaux ont été

---

[91] Ibid, p. 295-296.

[92] Ibid.

fermés, les importations de denrées alimentaires ont été perdues, les quotas d'approvisionnement des villes ont été serrés, la corruption a sévi par des moyens détournés et le sentiment antigouvernemental au sein de la population soviétique s'est accru. Dans le même temps, le pétrole s'est détaché du lien d'aide qui unissait les pays d'Europe de l'Est, les amenant à s'éloigner de l'Allemagne sous la pression des énormes dettes occidentales, accélérant l'effondrement économique et provoquant finalement la désintégration du bloc soviétique.

La base économique industrielle des États-Unis et de l'Occident après la guerre était fortement tributaire de l'approvisionnement en pétrole. Les prix bas du pétrole ont entraîné la croissance économique et la prospérité du marché, tandis que la flambée des prix du pétrole a plongé l'économie dans l'inflation et la stagnation du développement. Les résultats anti-inflationnistes obtenus par les moyens monétaires de Volcker n'ont eu des effets durables que renforcés par le krach pétrolier de 1986.

L'inflation tombe à 2% en 1986 et les taux d'intérêt retombent profondément avec elle. Wall Street est en ébullition.

Mais alors que les marchés boursiers et obligataires américains sont en plein essor, une énorme lave volcanique d'argent rassemble tranquillement une force éruptive explosive sous la surface des marchés financiers.

L'appréciation du dollar au début des années 1980 était tellement éloignée des fondamentaux de l'économie américaine. Sous le poids du dollar fort, le déficit commercial américain s'est rapidement creusé, l'économie industrielle a subi un préjudice irréparable, et la production manufacturière américaine doit augmenter d'au moins 30% pour rééquilibrer l'économie, mais le dollar fort fait obstacle à l'équilibre économique. La bulle des actifs financiers à Wall Street a gonflé rapidement lorsque de grandes quantités d'argent chaud provenant de l'étranger se sont déversées aux États-Unis, attirées par le taux de change élevé du dollar. Le crédit bon marché est aussi bon marché que le pétrole bon marché, ce qui fait que les consommateurs américains se délectent de dettes. Les entreprises américaines, stimulées par les instruments financiers émergents tels que les obligations de pacotille et les rachats par emprunt, se sont lancées dans un boom des fusions d'une ampleur sans précédent, les émissions d'obligations de pacotille atteignant à elles seules le chiffre stupéfiant de 170 milliards de dollars dans les années 1980.

Le problème fatal des rachats d'entreprises par effet de levier est qu'ils remplacent des années de capitaux durement gagnés par de la dette. Depuis la Grande Dépression, la formation de capital des entreprises américaines n'a jamais atteint un tel niveau d'endettement. Plus fondamentalement, il y a aussi le déficit budgétaire que le gouvernement américain ne peut contenir, qui est à la fois l'évangile et la malédiction de l'hégémonie du dollar. Puisque les États-Unis ont choisi la voie d'une monnaie d'endettement, puisque la dette est devenue la racine du pouvoir dans l'empire américain de la dette, et que les déficits fiscaux en sont le résultat inévitable, puisque les excédents rachèteront la dette et démantèleront ainsi la base de ce pouvoir, comment peut-on espérer que le trésor américain évolue réellement vers la frugalité et la responsabilité ?

Le Royaume-Uni a déréglementé ses opérations de change en 1979, et le Japon a suivi en 1980. Étant donné que le Royaume-Uni est le plus grand marché pour le dollar en Europe et que le Japon dispose de réserves en dollars en rapide augmentation, ces deux pays ont ouvert les vannes de la libre circulation des capitaux internationaux, et les marchés financiers mondiaux sont devenus depuis lors encore plus volatils et plus sombres. Avec une épargne insuffisante aux États-Unis et un excès au Japon, les graves déséquilibres de l'économie mondiale ont été mis en évidence dans les années 1980.

En 1986, l'économie américaine est au bord d'une nouvelle récession, mais Washington ne réalise pas l'ampleur du problème.

À cette époque, le secrétaire au Trésor de l'administration Reagan avait été remplacé par James Baker, l'étoile montante de l'élite dirigeante américaine. La famille Baker avait des liens sur quatre générations avec l'empire pétrolier Rockefeller, ainsi que des liens profonds avec la famille Bush. Il s'est vu confier la tâche par Reagan, bien qu'il se soit précédemment opposé à lui pendant la campagne. Baker comprend que le dollar doit se déprécier, mais il est réticent à affronter la prédiction la plus pessimiste de Volcker selon laquelle le dollar répétera le cauchemar de la frénésie de vente mondiale de 1978. Si ce scénario le plus pessimiste devait se produire, le parachute de Walker serait d'être obligé de relever les taux d'intérêt et d'arrêter la chute libre du dollar. Et une hausse des taux est la grande bête noire de Baker, qui a tiré les leçons de la folie anti-inflationniste de Volcker, à savoir des hausses de taux catégoriques, qui seraient un nouvel holocauste économique. Son frère dur à cuire, le vice-président George W. Bush, père, a décidé de se présenter à la présidence en 1988, et la récession détruira les perspectives de Bush, père, tout en mettant fin à sa vie politique. Baker est déterminé à réaliser une dévaluation ordonnée du dollar avec ses propres méthodes.

À cette fin, Baker a proposé un programme en deux étapes : d'abord, la mise en place d'une version élargie du mécanisme de change européen (MCE), qui permettrait aux principales devises de flotter entre 10 et 15% par rapport au dollar, dans l'espoir que cela obligerait les autres pays à défendre le dollar et à éviter un éventuel effondrement. Ensuite, un mécanisme de coordination des politiques économiques de chaque pays a été mis en place pour éliminer le déséquilibre entre l'économie américaine et l'Europe et le Japon. En d'autres termes, Baker espère de façon fantaisiste mettre en place un système monétaire plus grand et plus complexe que la zone euro. Les banquiers centraux qui ont connu les méandres de l'union monétaire européenne secouent la tête, sans parler du fait que Baker veut créer une union monétaire mondiale dirigée par les ministres des finances du G5 et jouée par les banquiers centraux. Car une fois que les taux de change des pays sont liés, que la politique monétaire doit tourner autour d'eux et que les banques centrales doivent s'engager à ce que la politique des taux d'intérêt serve les variations des taux de change, comment les banquiers centraux peuvent-ils se plier aux diktats du ministre des finances ?

Le 15 septembre 1985, le puissant Baker se moque tout simplement des gouverneurs des banques centrales et convoque une réunion secrète des ministres des finances des cinq pays pour discuter de la proposition américaine, ce qui donne lieu à l'"accord du Plaza" conclu une semaine plus tard. Cet accord ne spécifie pas d'exigences particulières pour la banque centrale ; tout ce que Baker veut, c'est la tendance à la dépréciation du dollar. Les gouverneurs des banques centrales sont soulagés. En conséquence, le "Square Deal" de Baker lui-même a un impact énorme sur le marché, le dollar se dépréciant de 12% par rapport au mark et de 8% par rapport au yen une semaine plus tard, et en janvier 1986 d'environ 20%.

La confiance de Baker est renforcée par sa victoire initiale, et en janvier 1986, afin de protéger les gains de la dépréciation du dollar, Baker poursuit ses efforts pour persuader l'Allemagne et le Japon d'introduire des mesures de stimulation économique et de réduire les taux d'intérêt en même temps que les États-Unis. L'idée de Baker est que tout le monde baisse les taux d'intérêt ensemble, le dollar ne rebondit pas et l'économie en profite. La relance budgétaire, quant à elle, compte sur l'Allemagne et le Japon pour augmenter les importations aux États-Unis et rééquilibrer l'économie américaine. Le plan de relance budgétaire de Baker a été rejeté sur le champ, et les Allemands ont affirmé qu'il ne nous imposait pas l'inflation, que l'Allemagne pouvait tolérer un taux de chômage élevé à 9%, mais que les leçons amères de l'histoire faisaient que l'Allemagne ne tolère jamais l'inflation.

Après s'être heurté au mur, Baker fait volte-face et demande à Volcker de réduire les taux d'intérêt, ce que Volcker refuse catégoriquement. En conséquence, Baker a profité du changement de deux gouverneurs de la Fed, pour que Bush Sr. insère "ses propres gens", la condition de recrutement étant "ne pas oser dire non à Volcker". Après le changement, Reagan Bush Sr. est plus nombreux que Volcker à la Fed. Lors de la réunion de la Fed du 24 février 1986, Volcker est soudainement "acculé". La plupart des directeurs recommandent de réduire le taux de réescompte de 7,5% à 7%, Volcker en l'absence totale de préparation psychologique, une colère anormale, tombe étonnamment à la renverse, c'est la première fois dans l'histoire de la Réserve fédérale "coup d'État".[93] Baker est également surpris de voir l'ampleur de la volte-face. Il ne veut pas "abolir" Volcker, mais le forcer à céder en le "réprimandant". Il sait que si la part de Volcker à Wall Street était rendue publique, les marchés boursiers et obligataires s'effondreraient le lendemain, et les autres banques centrales resteraient les bras croisés en regardant le dollar tomber de la falaise, et à ce moment-là, Baker n'aurait plus de quoi payer. Baker a dû faire un compromis, et bien que Volcker n'ait rien dit, il détestait le "coup d'État" jusqu'à la moelle.

"La dépréciation du dollar après le "Square Deal" ne s'est pas traduite par un atterrissage en douceur pour l'économie américaine, la pression dépréciatrice sur le dollar s'est fortement accrue, et le plongeon du dollar que redoutait Volcker montre déjà des signes évidents, les données du deuxième trimestre 1986 montrant que les banques centrales étrangères ont cessé d'acheter de la dette américaine et que les entrées de capitaux privés de l'étranger se réduisent. Les

---

[93] Steve Solomon, *The Confidence Game : How Unelected Central Bankers Are Governing the Changed World Economy*, Simon & Schuster, 1995, p. 309–310.

rendements des obligations américaines à long terme sont déjà en alerte rouge.

Baker est devenu anxieux, les Allemands sont bien plus difficiles à traiter que les Japonais, qui refusent catégoriquement de s'engager dans une stimulation budgétaire, et Baker a dû proposer aux États-Unis de réduire le déficit budgétaire en échange, et les Allemands têtus sont restés de marbre. Le dollar américain a plongé brutalement dans le nuage noir de la dépréciation du marché, et par conséquent a brisé le parapluie du "mécanisme de change européen" (MCE), que l'Allemagne a laborieusement géré, les entreprises allemandes face à la dépréciation du dollar, la panique, ont cessé d'investir, l'élan de la croissance économique allemande s'est instantanément effondré.

Les Allemands n'avaient d'autre choix que d'accepter l'"accord du Louvre" de février 1987, dans lequel Baker exigeait que les taux d'intérêt soient abaissés au niveau de ceux des États-Unis afin de former un filet de protection contre la chute libre du dollar. En contrepartie, bien sûr, Baker promettait de réduire le déficit budgétaire américain à 2,3% du PNB. Volcker s'est montré plutôt dédaigneux vis-à-vis de la promesse de Baker : "Vous auriez alors perdu la foi, sachant pertinemment que vous ne pourriez pas atteindre cet objectif. Pourquoi ne pas annoncer un chiffre ambigu ? "Baker l'a admis en privé, mais comme le président Reagan a déclaré publiquement qu'il voulait atteindre l'objectif de réduction du déficit de 2,3%, il n'aurait pas pu chanter le contraire en public. Les États-Unis n'ont naturellement pas tenu cette promesse, car lorsqu'il s'agissait de l'énoncer, Baker n'allait pas la prendre au sérieux. En ce qui concerne l'"Accord du Louvre", le commentaire britannique était très pertinent : "C'est le descendant direct du "Square Deal", lorsque nous pensions tous que le dollar devait être dévalué, et maintenant nous sommes tous d'accord pour dire que le dollar a besoin de stabilité".

Après l'"Accord du Louvre", le dollar a continué à chuter, et les banques centrales ont utilisé leur lait pour empêcher le dollar de se faire taper sur les doigts, et en septembre 1987, les pays avaient mangé une quantité étouffante de 70 milliards de dollars ! En fait, ils ont dû imprimer la monnaie locale pour acheter des dollars. Les banques centrales, dont la principale raison de revendiquer leur indépendance est leur refus d'imprimer de l'argent pour les déficits publics, sont en ce moment même en train d'imprimer sauvagement de l'argent pour les déficits du gouvernement américain.

Cela n'a pas empêché le krach boursier mondial de 1987, déclenché par l'effondrement du dollar.

Greenspan : Le dernier sauveur des marchés financiers

Volcker est parti parce que le futur président Bush père estimait qu'on ne pouvait pas lui faire confiance. En juin 1987, Volcker a sciemment proposé de démissionner, renonçant à l'embarras qu'il y aurait à demander sa réélection. Greenspan arrive avec une rondeur qui fait penser qu'il pourrait être plus obéissant que Volcker, Wall Street l'aime bien, Washington l'accepte, et Greenspan est plus un politicien chevronné qu'un mangeur de terre comme Volcker. Volcker a pris ses fonctions juste à temps pour l'effondrement du dollar lors d'une crise majeure, on considère qu'il est en situation de commandement critique, Greenspan a été inauguré une fois de plus et a rencontré la crise du dollar hors de contrôle, huit ans d'histoire viennent de terminer un cycle, le dollar a augmenté sauvagement cette année-là, il est maintenant en train de chuter sauvagement.

Baker était déjà sous le choc lorsque, lors de la réunion annuelle de la Banque mondiale et du FMI le 30 septembre 1987, il a proposé de manière inattendue d'utiliser les prix des matières premières, y compris l'or, comme indicateur de l'inflation pour réduire la volatilité des taux de change, et de nombreux membres de l'équipe de campagne de Bush père ont suggéré de reconsidérer la monétisation de l'or. De toute évidence, lorsque le dollar devient incontrôlable, les avantages d'un taux de change fixe et d'une monnaie forte font tiquer les politiciens. Les gouverneurs des banques centrales ont été encore plus consternés par la déclaration du chancelier de l'Échiquier, qui est allé jusqu'à proposer un "mécanisme de taux de change permanent et ajustable" plus radical. Le système de Bretton Woods, représenté par l'or, est le Trésor comme le pouvoir du mécanisme central, les banques centrales ne sont qu'un rôle de soutien, tandis que le mécanisme de taux de change européen (MCE) a progressivement remis le pouvoir de taux de change à la banque centrale, à l'ère de l'euro, la Banque centrale européenne est la centralisation monétaire complète, la proposition du chancelier britannique de l'Échiquier est la voie de Bretton Woods, les banques centrales ne peuvent pas être d'accord ?

Lorsque le rapport sur le déficit commercial américain dépassant largement les attentes est sorti, même les Japonais, qui étaient les plus coopératifs avec l'empire de la dette américaine, ont commencé à vendre frénétiquement des actifs en dollars américains, et le rendement du Trésor américain à 30 ans devrait franchir la barre psychologique des 10%. À ce stade, les rendements du Trésor sont proches de quatre fois le rendement des actions !

Le plus grand espoir pour un Baker à tête brûlée est que d'autres pays baissent leurs taux d'intérêt et poussent à la relance économique pour donner un peu de répit au dollar. Les États-Unis, avec des taux d'intérêt au mieux inchangés, une économie très endettée et un marché boursier en pleine effervescence, ne peuvent pas supporter le stimulus d'une hausse des taux. L'Allemagne entêtée est le plus gros casse-tête de Baker, qui ne veut pas stimuler l'économie, mais est prête à augmenter les taux d'intérêt, et a même donné à Baker l'idée que les États-Unis "devraient connaître une récession", afin de résoudre le problème du déséquilibre. Baker était tellement en colère qu'il a failli lui tourner le dos.

Le dimanche 18 octobre 1987, M. Baker, qui réfléchissait à la manière de forcer les Allemands à céder, a déclaré par inadvertance à la télévision nationale que les Etats-Unis n'allaient pas "rester les bras croisés en regardant les pays à excédent commercial relever leurs taux d'intérêt et anéantir les espoirs de croissance économique mondiale, et ils veulent s'attendre à ce que les Etats-Unis suivent".[94] Ceci est interprété par le marché comme l'"accord du Louvre" de la coopération fait face à une rupture, l'Allemagne et le Japon pour augmenter les taux d'intérêt et les États-Unis ne suivent pas, alors le dollar est obligé d'accélérer le plongeon. Dans ce cas, qui oserait détenir des actifs de la dette américaine ? Les gens se débarrassent des obligations américaines comme des fous, les rendements obligataires américains vont monter en flèche et l'attrait des rendements boursiers va disparaître !

Lundi, la bourse de New York a connu une tempête de chutes d'actions qui a débouché sur l'un des plus gros krachs de l'histoire. Le Dow Jones a reculé de 508,32 points en une journée, soit une baisse de 22,6% ! Le krach boursier a balayé le monde entier, Londres, Francfort, Tokyo, Sydney, Hong Kong et Singapour ayant tous subi de fortes secousses, les actions chutant de plus de 10%. La frénésie du krach boursier a provoqué une grande panique chez les actionnaires des pays

---

[94] Ibid.

occidentaux. De nombreux millionnaires ont été réduits à la misère du jour au lendemain et des milliers de personnes ont eu des dépressions mentales et ont sauté vers la mort. La journée a été surnommée "lundi noir" par la communauté financière et "le pire jour de l'histoire de Wall Street" par le New York Times.

Greenspan venait d'entrer en fonction lorsqu'il a été confronté à une crise aussi importante, sachant que tout le monde le comparerait à Volcker, le moment était venu de se faire un nom ! Il a déclaré avec détermination que "dans l'accomplissement de son rôle de banque centrale et pour soutenir le bon fonctionnement de l'économie et du système financier, la Réserve fédérale a réaffirmé aujourd'hui son engagement à garantir la liquidité du système financier". "Cette déclaration indique en fait que la banque centrale est prête à utiliser des machines à imprimer de l'argent pour sauver le marché boursier, une déclaration qui implique que la Réserve fédérale n'est pas seulement le prêteur en dernier ressort du système bancaire, mais devient aussi le sauveur final des marchés financiers.

Le marché boursier a temporairement stabilisé la panique, mais le dollar subira davantage de pressions à la baisse, car le renflouement de la Fed a provoqué une chute unitaire des taux d'intérêt américains à long et à court terme, creusant ainsi l'écart avec les taux allemands. Alors que le monde tourne son attention vers l'Allemagne, les Allemands interviendront-ils pour sauver le dollar et le marché boursier mondial ?

Le 22 octobre, la banque centrale allemande s'est réunie comme d'habitude. Le gouverneur Ball a donné le ton de la réunion en faisant un premier commentaire sans prétention : " Baker a eu des problèmes, nous avons simplement réagi ". Les membres du conseil ont ensuite procédé à l'analyse de la situation économique intérieure de l'Allemagne de manière lente et méthodique, en accordant peu d'attention au désastre boursier mondial. Invité à prendre la parole, le ministre allemand des finances, M. Stoltenberg, si anxieux qu'il a souligné l'importance de la coopération internationale : "Nous avons eu tort de relever les taux d'intérêt (avant le krach)", a été choqué par le krach boursier mondial, et sa participation fréquente à des conférences internationales lui a permis de compatir aux angoisses des autres pays. Mais Poe reste insensible, et il ne fait pas confiance au gouvernement pour déterminer le marché. Finalement, la Bundesbank a annoncé qu'elle ne réduirait pas les taux d'intérêt et a même fait allusion à une hausse des taux dans certaines circonstances.

Les marchés boursiers du monde entier sont en plein désarroi, et Baker grince des dents de haine en apprenant enfin l'indépendance solide comme le roc de la Bundesbank ! Même si le ciel devait tomber, tant que la Bundesbank estime qu'elle a raison, personne ne pourrait ébranler sa détermination. En comparaison, Greenspan est bien meilleur pour parler.

Le même jour, la déclaration de la banque centrale allemande a immédiatement déclenché un nouveau plongeon du dollar et le mécanisme de change européen était en crise. Les choses se sont toutefois rapidement stabilisées et il s'est avéré que les Japonais avaient un appétit stupéfiant pour 2 milliards de dollars par jour, tandis que les actions américaines s'effondraient, et que le dollar gagnait temporairement du terrain. Cependant, l'écart entre les taux d'intérêt des obligations américaines à long et à court terme et les niveaux des marchés internationaux continue de se creuser, comme si une épée de Damoclès était toujours suspendue au-dessus du taux de change du dollar et que les spéculateurs internationaux planaient toujours comme des vautours sur le dollar en difficulté. En théorie, la banque centrale n'a pas la responsabilité directe de manipuler le marché des changes, et en tant que défenseur de l'économie de marché, Greenspan devrait rester les bras croisés et regarder le marché se battre entre le court et le long terme. Les États-Unis accusent souvent les autres pays d'essayer de manipuler le taux de change, mais lorsque quelqu'un ose bouger la tête du dollar, la Fed n'hésite pas à tirer le couteau de boucher.

À la fin de l'année 1987, dans les circonstances où la crise du dollar continue de s'accélérer, Greenspan a décidé de lancer une "guerre de pendaison à court terme du dollar", l'attaque totale était prévue pour le lundi 4 janvier 1988, alors que les cambistes de divers pays venaient juste de retourner à la table de négociation, les tuant par surprise. Cette fois, Greenspan l'a personnellement organisée, les banques centrales japonaise et allemande ont accepté d'unir leurs forces, et la Federal Reserve Bank of New York est devenue le principal négociant. Le défi pour Greenspan est de renverser les attentes du marché concernant la chute du dollar. Le marché international des changes représente un énorme volume d'échanges quotidiens de 64 milliards de dollars, et si les banques centrales s'acharnent contre le marché, les milliards ou dizaines de milliards de dollars d'intervention seront bientôt engloutis par le marché. Greenspan savait que sur le champ de bataille des opérations de change, le moyen le plus important de gagner est la guerre psychologique. Au bon moment, un coup de filet a été donné pour écraser les positions courtes en dollars les plus importantes avec l'élan d'un Tarzan, provoquant un renversement de l'effet mouton, et la soi-disant défaite a été comme un glissement de terrain, et le reste du travail sera résolu par le marché automatiquement.

Lundi 4 janvier, les marchés asiatiques sont sur le point d'ouvrir, juste après le congé des cambistes sont encore dans la léthargie des vacances, leurs cerveaux sur la direction du marché n'a pas encore eu le temps de former un jugement clair, le dollar semble encore être dans la faiblesse de la baisse. En ce moment, c'est encore dimanche soir à New York, et les cambistes de la Banque fédérale de réserve de New York suivent de près les mouvements des marchés étrangers, "comme la porte d'un hippodrome avant son ouverture et les chevaux agités sentent nerveusement tout mouvement autour d'eux qui serait un signal pour qu'ils commencent à galoper".

En attendant l'ouverture officielle du marché, les cambistes de la Banque fédérale de réserve de New York ont immédiatement appelé les banques du Japon et d'autres pays asiatiques pour demander des cotations, les cambistes asiatiques ont été étonnés, ils n'ont presque jamais reçu de cotation directe des cambistes de la Banque fédérale de réserve de New York, et quel que soit le prix du dollar, voir les marchandises ! Cela suggère que le marché d'aujourd'hui est inhabituel et qu'il s'agit probablement d'un mouvement majeur des banques centrales pour unir leurs forces. C'est le genre de coup très médiatisé que Greenspan veut faire en premier et choquer le marché. Les ordres de mise en place de la Fed se multiplient, prennent de l'ampleur et poussent le dollar à la hausse par intermittence, à la fois sur les contrats à terme et au comptant. Les gros vendeurs de dollars sur les marchés asiatiques ont rapidement senti qu'il se passait quelque chose et ont immédiatement retiré leurs jambes et pris leurs jambes à leur cou. Le marché des changes dans les petits et moyens investisseurs de détail ne sont pas sûrs, seulement pour voir le court grande est en retrait, le marché des changes à un moment les gens se sont retournés, le chaos. Immédiatement après, les grands médias ont commencé à courir pour rapporter le fort rallye du dollar sur le marché des changes, amplifiant encore l'attente de Greenspan de choc psychologique du marché, l'effet mouton immédiatement inversé. Les marchés européens et américains ont élargi la bataille en cours de route, et les shorts en dollars ont été tués dans un bain de sang. En deux jours de bourse seulement, lundi et mardi, les ordres courts sur le marché international des changes pour le dollar ont quasiment disparu. Le dollar a gagné 8,3% contre le yen et a rebondi jusqu'à 10,4% contre le mark en deux jours. La bourse de New York a grimpé de 4%, tandis que le prix des bons du Trésor américain à 30 ans a fortement augmenté au même moment.

Plus tard, la Réserve fédérale a révélé que Greenspan sur le marché à terme des devises sous le soldat bizarre est une sorte d'"innovation". La stratégie de Greenspan, qui consistait à gagner avec un ajustement positif et à gagner par surprise, associée à une guerre psychologique, une guerre de l'opinion publique, des pièges aériens et un assaut majeur sur les marchés asiatiques, a été un succès majeur dans la guerre de défense du dollar. Le montant réel de l'argent que les banques centrales ont effectivement investi dans l'intervention a été étonnamment faible, totalisant moins de 4 milliards de dollars, la Banque du Japon ayant probablement contribué pour 1 milliard de dollars, la Bundesbank pour environ 800 millions de dollars et la Réserve fédérale pour seulement 685 millions de dollars. Avec un coût aussi faible et un effet aussi important, on peut dire que les banques centrales sont intervenues sur le marché des changes, la performance la plus impressionnante. [95]

Dans cette bataille pour défendre le dollar, la supériorité de Greenspan sur Volcker apparaît au grand jour. Greenspan n'a tout simplement pas besoin d'augmenter les taux d'intérêt pour protéger l'approche stupide du dollar, mais a utilisé les contrats à terme sur devises cette puissance aérienne stratégique, dans le dollar court derrière le bombardement, et dans les devises, les actions, les obligations plusieurs champs de bataille majeurs combat concerté, et a atteint un faible coût de rendement élevé de l'étrange et de bons résultats. Si Volcker a combattu la coûteuse et meurtrière guerre du Viêt Nam, Greenspan a combattu la frappe de précision, sans contact, de la guerre du Golfe. Depuis lors, la tactique stratégique pour renforcer la position du dollar, ne repose plus sur la traditionnelle hausse des taux d'intérêt, mais dans les devises, les contrats à terme, les actions, les obligations, les matières premières, les médias, les agences de notation, les économistes, les domaines géopolitiques, militaires, diplomatiques et autres pour mener une "guerre à outrance" hautement coordonnée. en mai 2011, alors que le monde est généralement baissier sur le dollar, long sur l'or, les États-Unis ont soudainement lancé une nouvelle guerre

---

[95] Ibid.

de défense du dollar, incarnant une fois de plus l'essence de cette stratégie.

Mais la guerre de défense du dollar de Greenspan expose également un problème plus large, est l'intervention de la banque centrale dans le marché des changes, ou est-ce une économie de marché libre ? La banque centrale en tant qu'arbitre du marché des changes, aurait dû être au jeu des côtés courts et longs du mur pour maintenir l'ordre du marché, mais maintenant en fait directement hors du champ, et tient le football directement dans le but d'un côté.

La soi-disant manipulation du taux de change, Greenspan est le premier prix !

La révolution de l'information, pourquoi la vie est-elle courte ?

De Reagan à Bush père, l'ensemble de la croissance économique américaine des années 1980 était largement fondée sur l'expansion de la dette. Les actifs gonflés entraînent une dette gonflée, qui est finalement financée par l'économie réelle. À un moment où l'économie réelle ne peut plus fournir de flux de trésorerie suffisants et où les emprunts d'épargne étrangers sont sur le point de se tarir, l'éclatement de la bulle des actifs mettra en lumière les vilaines dettes qui étaient auparavant masquées par le boom. La récession devient alors un ennemi juré inéluctable.

Lorsque le marché boursier japonais s'est effondré en 1990 et que l'économie a plongé dans une dépression prolongée, la plus importante source d'épargne étrangère de l'Amérique a été coupée. L'Allemagne était occupée par la réunification nationale, les fonds nationaux étant détournés vers la région de l'Allemagne de l'Est pour relancer l'économie et incapable d'exporter davantage d'épargne. Cela pourrait être un désastre pour l'empire de la dette américaine, qui dépend fortement de l'épargne étrangère.

Le taux d'expansion du passif des entreprises américaines a largement dépassé la croissance des actifs tangibles tels que les équipements et les usines, ce qui a entraîné une baisse des actifs nets des entreprises, qui sont passés de 94,5% du PNB en 1980 à seulement 74,3% en 1988, les bénéfices générés par les actifs tangibles n'étant plus en mesure de supporter l'énorme dette. Lorsque la bulle des actifs a éclaté, la pression pour rembourser le principal et les intérêts de la dette des entreprises a doublé. Le marché des obligations de pacotille, qui représente 200 milliards de dollars, est plongé dans un hiver de perte de liquidités. L'immobilier commercial est en grande difficulté, l'immobilier général est en grande difficulté et le marché des titres adossés à des créances hypothécaires de 1 000 milliards de dollars risque d'être anéanti. Les consommateurs à découvert sont contraints de se serrer la ceinture et d'accélérer le remboursement de leurs dettes. Le rétrécissement de l'immobilier, les retards dans les prêts à la consommation, les défauts de paiement des dettes des entreprises, conduisent à un système bancaire dangereux, près d'un quart des banques sont dans le pétrin, elles contrôlent 750 milliards de dollars d'actifs à problèmes, alarme nuitamment la Réserve fédérale. Plus mortel encore, le déficit budgétaire du gouvernement américain a atteint la somme vertigineuse de 400 milliards de dollars, soit 6,5% du PNB ! Un pays industriel autrefois incroyablement puissant est devenu un "malade économique" qui perd peu à peu sa compétitivité sur le marché mondial ; un pays industriel autrefois premier exportateur mondial de capitaux est devenu une "paralysie économique" qui lui permet difficilement de vivre seul sans épargne étrangère et sans transfusion sanguine ; un paradis de la classe moyenne qui donnait autrefois à 99% des gens ordinaires l'espoir d'une vie riche grâce à un travail acharné est devenu un paradis où seuls 1% des financiers qui profitent de la spéculation et du risque ont des privilèges.

C'est là tout l'héritage de la transition de l'empire de la dette américaine vers un modèle de croissance économique axé sur la dette à partir des années 1980 !

Greenspan est confronté à la première récession par implosion de la dette de l'après-guerre, et il ne s'agit que des premiers stades du développement d'une telle crise, sans savoir combien de fois elle est plus simple que la crise de la dette bien plus profonde de 2008 ! Après tout, la taille de la dette totale des États-Unis à ce stade n'est que de 180% du PIB, bien moins que les 300% de 1929 et les 350% de 2008.

Réduire la dette pour que les entreprises et les consommateurs puissent se recharger légèrement est le seul moyen de sortir de la crise. Néanmoins, la récession de 1990-1991 a été plus compliquée et la période de reprise plus longue que les autres récessions d'après-guerre, et les prix de l'immobilier en 1990 ne se sont progressivement redressés que dix ans plus tard. Ce n'est qu'au milieu des années 90 que l'ensemble du boom économique a repris.

Et la force motrice de ce boom économique est l'ère de la révolution de l'information, qui incite à la rêverie.

Les progrès scientifiques et technologiques de l'humanité prennent souvent beaucoup de temps à s'accumuler, et lorsque des percées technologiques dans des domaines épars convergent vers un objectif commun, on assiste à une explosion soudaine de la productivité. Il en va de même pour l'explosion des technologies de l'information. Après la Seconde Guerre mondiale, l'émergence des semi-conducteurs a ouvert le rideau de la révolution de l'information, l'invention du circuit intégré en 1958, l'ordinateur au centre de la révolution de l'information, les microprocesseurs, les réseaux, les satellites, la fibre optique, les lasers et d'autres domaines de percées technologiques dans le domaine des communications pour former un effet de convergence, et a jeté les bases de la technologie Internet. Lorsque le premier navigateur graphique, Netscape, est apparu en 1995, le premier point culminant de la révolution de l'information a été atteint avec fracas.

Ce processus est très similaire à celui de l'industrie pétrochimique de l'après-guerre, qui a donné une impulsion majeure à l'industrialisation. L'industrie pétrolière et l'industrie chimique, dans des domaines différents, ont respectivement accumulé des décennies de résultats de recherche, lorsque des milliers de percées technologiques au Moyen-Orient ont permis de trouver du pétrole bon marché sous l'effet de convergence, ce qui a immédiatement déclenché l'éclosion de l'industrie pétrochimique, permettant de briser fondamentalement le goulet d'étranglement de l'énergie industrielle et des matières premières, ce qui a permis à l'économie européenne et américaine d'après-guerre de connaître 20 ans de prospérité soutenue.

L'impact énorme de ces deux grandes révolutions technologiques sur la production économique ressort des données sur la productivité des États-Unis depuis plus de 100 ans. Les États-Unis ont connu trois périodes de forte productivité au cours de la période de 111 ans allant de 1889 à 2000 : la première, de 1917 à 1927, avec une augmentation de 3,8 pour cent de la productivité ; la deuxième, de 1948 à 1973, avec une augmentation de 2,8 pour cent ; et la troisième, de 1995 à 2000, avec une augmentation de 2,4 pour cent. L'intervalle entre les trois poussées de productivité, soit environ 20 à 25 ans, correspond exactement à une génération. [96]

La pétrochimie et les technologies de l'information ont toutes deux eu un impact direct et considérable sur tous les aspects de la société humaine. Les divers nouveaux matériaux créés par la pétrochimie ont transformé presque tout ce que l'homme peut toucher, et l'immense quantité d'information apportée par les technologies de l'information a fourni une expérience presque illimitée que le cerveau humain peut percevoir. Ce qu'elles ont en commun, c'est qu'elles brisent les anciens goulets d'étranglement de l'offre et donnent naissance à une série de nouvelles industries qui pénètrent tous les recoins de la sphère traditionnelle et créent de nouveaux produits et services généralement acceptés par la société, qui augmentent considérablement la productivité d'autres industries lorsqu'elles leur fournissent des matières premières, des équipements ou des services, et se développent à un rythme très élevé lorsqu'elles forment de nouvelles industries. Elles touchent les nerfs de l'économie à tous les niveaux, elles rassemblent des inventions dans de nombreux domaines de la science et de la technologie, et elles ont un impact permanent et irréversible sur la qualité de la vie humaine.

Cependant, quelle est la raison d'un écart aussi important entre l'impulsion continue de la pétrochimie à la prospérité mondiale pendant 20 ans et la contribution remarquable des technologies de l'information à la croissance économique, qui semble n'avoir duré que cinq ans ?

La raison en est un changement dans le modèle de croissance économique ! Pendant les deux décennies du boom économique d'après-guerre, l'économie mondiale, dans le cadre du système de Bretton Woods, a maintenu un régime de taux de change stable et la valeur intrinsèque de la monnaie, et le moteur du développement économique dans tous les pays était basé sur l'épargne intérieure réelle et un équilibre relatif entre investissement et consommation. L'"espace hétérogène financier" créé par le vaste capital sans frontières est encore petit, et le pouvoir du capital spéculatif n'est pas encore en place. L'investissement contribue concrètement à la création d'inventions, à

---

[96] Laurence H. Meyer, *A Term At the Fed : An Insider's View*, Harper Business, 2004, chapitre 9.

l'amélioration de la technologie, à l'économie de matières premières et à la réduction de la consommation d'énergie, et la prospérité économique repose sur la croissance régulière de l'économie réelle. Ce modèle de croissance économique axé sur l'investissement crée une richesse sociale importante et réelle dans un environnement monétaire stable. Dans le cadre d'un mécanisme relativement équitable de répartition de la richesse sociale, les pauvres et les riches, l'élite dirigeante et la classe moyenne, sont en mesure de partager les fruits de la croissance économique, d'où une production et une consommation socialement équilibrées qui permettent de maintenir la prospérité économique dans le temps. C'est grâce à cela que l'expansion de l'industrie pétrochimique depuis 20 ans a donné un élan durable à la prospérité économique industrielle.

Après 1980, les États-Unis et le Royaume-Uni ont été le fer de lance d'un changement de paradigme en matière de croissance économique, le modèle de développement sain axé sur l'investissement étant remplacé par un modèle de croissance fragile axé sur la dette. La refonte prolongée du dollar américain dans les années 1980 a créé un "espace financier hétérogène" sans précédent, dans lequel un groupe d'énormes monstres financiers avides de profits et de rendements normaux de l'économie réelle n'a tout simplement pas pu satisfaire son appétit d'auto-inflation en pleine expansion. Ils génèrent de l'argent à un rythme alarmant, remplaçant les actifs tangibles par d'énormes bulles et dépouillant la société de ses richesses grâce à un fort effet de levier. Ils brisent le cycle de croissance normal de l'industrie, ils utilisent les "hormones financières" pour produire les fruits de la technologie qui ne sont pas encore mûrs, ils ignorent la logique économique de la croissance coordonnée de l'industrie, leur clé pour faire de l'argent est que tout doit être plus rapide, plus rapide et plus rapide.

Le malheur de la technologie de l'information est qu'à un stade loin d'être mature, elle s'est heurtée à un surinvestissement frénétique de capitaux et, alors que la technologie de l'information pénètre encore progressivement dans d'autres industries et n'a pas encore formé de bénéfices considérables, elle a formé un sérieux surplus dans sa propre chaîne industrielle qui ne peut générer de rendements suffisants. Le surinvestissement a créé un gaspillage irréparable de l'épargne, et l'éclatement de la bulle a couvert la gloire de la révolution de l'information. Les effets néfastes du déracinement des graines ont repoussé de plus de dix ans les bonnes perspectives de l'ère de l'information.

Après l'effondrement du NASDAQ en 2000, l'empire de la dette américaine a déclenché une bulle immobilière encore plus grande, une crise financière bien plus importante que la bulle de la dette de 1990-1991, et a repoussé la reprise de la révolution de l'information dans un avenir plus lointain.

L'économie va croître, et la révolution technologique va se répandre comme une traînée de poudre. Toutefois, avec un modèle de croissance fondé sur l'endettement, le prochain boom ne sera qu'une brève apparition !

CHAPITRE VIII

Le dragon a des regrets, mise à niveau du modèle 3.0 de la Chine

Pendant les 30 années qui ont précédé la réforme et l'ouverture, l'industrialisation de la Chine a suivi la voie de l'Union soviétique, l'ère du "modèle chinois 1.0". La Chine a étudié très sérieusement l'économie planifiée de l'Union soviétique, mais comme les fondements étaient trop pauvres, que le cerveau des gens était trop actif et que la qualité de la population ne répondait pas aux exigences d'une économie strictement planifiée, elle a fini par être rigide au point d'être immuable. En conséquence, le maître soviétique est passé de rigide à zombie.

Après la réforme et l'ouverture, les élites intellectuelles chinoises ont soudainement trouvé en l'Occident un monde de félicité, avec toutes les idées si nouvelles, tous les produits si avancés, tous les systèmes si raisonnables, et toutes les cultures si à la mode qu'elles ont regretté d'avoir été arriérées parce qu'elles avaient adoré le mauvais maître. Maintenant que la porte est ouverte, ils sont déterminés à prendre l'Occident comme maître, en particulier le modèle américain comme "autre rive" ultime, et à commencer l'exploration du sensationnel "modèle chinois 2.0". Ils n'hésitent pas à plonger dans les eaux profondes et gonflées de la mondialisation et à nager à fond vers "l'autre rive". Plus vous vous rapprochez de l'autre rive, plus vous êtes excité, comme si toutes les difficultés allaient automatiquement disparaître lorsque vous atteindrez cette nouvelle terre.

Soudain, le tsunami financier de 2008 a noyé "l'autre côté" et le maître américain est également tombé à l'eau et s'est débattu. Après que la marée se soit retirée, Occupy Wall Street a été rempli de manifestants de l'autre côté. Que faire ? L'élite intellectuelle a hésité, et certains ont insisté pour continuer à nager vers "l'autre côté", en imaginant que lorsqu'ils y seraient, tout serait à nouveau parfait. Un plus grand nombre de personnes ont commencé à nager à reculons, découvrant que "faire demi-tour vers le rivage" est la meilleure option, et elles ont progressivement identifié les balises des intérêts nationaux et ethniques dans la marée traîtresse de la mondialisation, et elles sont déterminées à entamer un nouveau voyage d'exploration.

Lorsque les deux maîtres, l'Union soviétique et les États-Unis, sont tombés, l'étudiant laborieux de la Chine : a soudainement trouvé la perte et l'anxiété de perdre la voie à suivre. Au cours des 170 dernières années, la Chine a été un étudiant habitué, jamais préparé à devenir Monsieur Pensée. Cependant, la réalité a poussé la Chine au premier plan de la marée mondiale, avec les États-Unis en récession, l'Europe en crise de la dette, et les partenaires commerciaux de l'Asie qui regardent tous les sacs d'argent de la Chine, comptant sur la Chine pour relancer ses politiques de relance et sauver le monde du feu et de l'eau.

Cette fois, le choix de la voie de la Chine affectera la carte économique du monde ! Le modèle chinois, qui attirera l'attention de toutes les nations, est que le destin de la Chine est inextricablement lié à celui du monde, pour la première fois dans l'histoire récente !

L'histoire pourrait appeler le choix de la Chine : "le modèle chinois 3.0".

"Début difficile pour le tirage au sort"

L'origine de ce que l'Occident appelle le "miracle chinois", qui dure depuis 30 ans, est en fait une base industrielle gravement vieillie et fragile.

Les dividendes de la diffusion de technologies industrialisées, qui avaient rapproché rapidement la Chine du niveau mondial à l'époque, dans les années 1950, ont largement stagné au cours des deux décennies suivantes, dans un contexte de vieux capital et d'agitation politique. Au lieu de s'améliorer, l'énorme disparité entre accumulation et consommation, qui résulte d'un grave déséquilibre entre industries lourdes, légères et agricoles, s'aggrave. L'industrialisation de la Chine, après l'"exil économique" des États-Unis et leur hostilité à l'égard de l'Union soviétique, a perdu l'accès à une diffusion technologique rapide et bon marché. Avec seulement 30 ans d'accumulation technologique propre à la Chine, il est impossible pour les Chinois, quelle que soit leur intelligence et leur diligence dans un environnement fermé, de rattraper les 200 ans de sédimentation industrialisée de l'Occident. Cette précipitation se reflète non seulement dans la technologie industrielle

elle-même, mais surtout dans l'ensemble du système industriel, auquel correspondent un réservoir de ressources humaines, l'organisation de la production, les infrastructures, la fabrication des équipements, l'approvisionnement en matières premières et en énergie, ainsi que les institutions financières, les marchés de capitaux, les normes juridiques, la recherche et l'innovation, l'éducation et la formation, les soins de santé, les systèmes de services sociaux adaptés à l'économie industrielle et, surtout, la base agricole. Dépourvue des garanties d'un système intégré, l'industrialisation seule, comme la sidérurgie, sans tenir compte de la coordination des autres industries, est non seulement dépourvue d'élan, mais a aussi des conséquences sans fin. Le revers de l'industrialisation dans les pays émergents est souvent de ne voir que l'industrie elle-même et non le système complet de services sociaux qui est nécessaire derrière elle, et ensuite, après que l'économie a "frappé le mur", elle doit faire demi-tour et se rattraper.

Au début de la réforme et de l'ouverture, le principal goulet d'étranglement qui freinait l'industrialisation était l'agriculture. Quatre-vingt pour cent de la population chinoise sont des agriculteurs, qui doivent fournir non seulement la nourriture nécessaire pour eux-mêmes et pour la population urbaine, mais aussi les principales matières premières pour l'industrie légère avant la percée de la pétrochimie. Ces deux montagnes qui pèsent sur l'agriculture sont déjà écrasantes, et si le taux d'accumulation atteint plus de 25%, l'économie agricole sera asphyxiée et l'industrialisation sera paralysée. Dans les dix années qui ont suivi 1970, le taux d'accumulation a dépassé 30% chaque année, et en 1978, lorsque le "bond en avant étranger" a été relancé, le taux d'accumulation a atteint 36,5%, ce qui est proche du niveau du grand bond en avant de trois ans (39%) !

Ce que l'on appelle accumulation correspond aux ressources "lapins" investies dans la fabrication des arcs et des flèches dans l'histoire du chasseur racontée précédemment. Si ce pourcentage est trop élevé, le manque d'épargne obligera le chasseur à travailler le ventre vide. Or, l'économie chinoise, en particulier l'économie rurale, est fondamentalement dans un état de grave découvert depuis 1957. En outre, le surinvestissement a également contribué à l'absence d'une épargne rurale suffisante en échange de biens de consommation industriels, ce qui a fortement freiné l'amélioration de la qualité de vie et la prospérité du marché. Cette situation, associée à un système de prix faussé, empêche les agriculteurs de recevoir une compensation raisonnable pour les fruits de leur travail en termes de biens de consommation, ce qui réduit considérablement leur incitation à produire.

La revitalisation de l'agriculture est un test de vie ou de mort pour le succès de la réforme et de l'ouverture de la Chine !

En 1979, afin d'effacer sa dette de longue date à l'égard de l'agriculture, le gouvernement a commencé à augmenter les prix d'achat de 18 types de produits agricoles de 30,5% pour les céréales, de 25% pour le coton et de 38,7% pour l'huile et la graisse, et a augmenté la même année les prix de huit types de denrées alimentaires, notamment le bétail, les produits aquatiques et les légumes. Au cours des six années qui ont suivi, le prix d'achat des produits agricoles a augmenté presque chaque année et les revenus des agriculteurs ont connu une hausse historique. Dans le même temps, la réforme de l'économie rurale, dont le cœur est l'entreprise familiale, a été officiellement lancée, les agriculteurs retrouvant le droit de gérer leurs terres et l'autonomie pour commercialiser leurs produits agricoles. La politique consistant à "garantir l'État, laisser assez pour le collectif, et le reste pour soi" a créé une grande tentation pour les paysans, dont l'enthousiasme pour la production a été pleinement libéré, la production agricole a continué à croître, et leur revenu net a été rapidement augmenté. Le charme de l'économie de pénurie a été rompu par l'augmentation rapide de la capacité de consommation rurale, ce qui a fortement stimulé le boom de l'industrie légère, et le marché est devenu de plus en plus bien approvisionné.

L'élan frénétique du "bond en avant de l'étranger", qui a commencé en 1978, a finalement été contenu en 1981. Les investissements dans l'industrie lourde ont été réduits et les ressources économiques ont commencé à être fortement orientées vers l'agriculture et l'industrie légère, la part cumulée tombant en dessous de 30%. En 1984, les ratios de l'industrie lourde, de l'industrie légère et de l'agriculture se sont progressivement harmonisés, et l'économie chinoise était à son meilleur niveau depuis la réforme et l'ouverture. La première salve de la réforme a été de donner aux agriculteurs un accès direct aux bénéfices. Sous l'impulsion de la croissance agricole, l'industrie légère a commencé à prendre de l'ampleur, les campagnes ont prospéré en même temps que les villes, et les réformes qui donnaient au peuple des avantages réels et tangibles ont gagné le cœur et l'esprit du peuple.

Au moment où la situation s'améliorait, la "faim et la soif" chroniques d'investissements dans l'industrie lourde ont refait surface, et les investissements en actifs fixes sous propriété universelle ont bondi à 21,8% en 1984 et 39,3% en 1985, avec une expansion encore plus spectaculaire des investissements sous propriété collective. Dans l'euphorie du boom de la production et des ventes, les primes salariales des entreprises industrielles ont commencé à se dissiper, le crédit bancaire s'est progressivement emballé, et au quatrième trimestre de 1984, le montant du crédit a augmenté de 164% par rapport à l'année précédente, et les primes ont doublé ! La compensation politique des anciens déficits agricoles a permis aux revenus des agriculteurs de croître plus rapidement que la production agricole. Plusieurs facteurs se combinent pour que la somme de l'accumulation et de la consommation dépasse le revenu national, et le déficit budgétaire devient un problème majeur. Les déficits importants ont entraîné une grave sur-émission de monnaie, qui a été multipliée par 2,5 à 3 entre 1983 et 1988 ! Cela a conduit directement à une inflation à deux chiffres en 1988.

Anti-inflation ou libéralisation des prix ? C'est une question poignante.

Dans le cas de graves problèmes de devises, la libéralisation des prix, qui est comme les gens qui ont été effrayés par des augmentations de prix à deux chiffres, a soufflé le "cri de ralliement" des dépôts bancaires et la course folle pour acheter des marchandises !

L'inflation, où qu'elle soit, est toujours l'ennemi mortel de la véritable productivité.

Qu'est-ce que la monnaie ? La monnaie est un contrat de richesse sociale ! Les gens croient qu'à l'avenir, lorsqu'ils en auront besoin, ils pourront échanger ce contrat contre des produits ou des services de même valeur, et ils croient que les "contreparties" qui ne se sont jamais rencontrées sur le marché ne feront pas défaut, et que la monnaie, le contrat de richesse, tiendra des dizaines de milliers de participants au marché, dans le cadre de "ne pas se connaître, mais se faire confiance". Une monnaie stable qui réduit les coûts de transaction dans la société, favorise la division sociale du travail et stimule la création de richesse. Saper la valeur de la monnaie, c'est saper l'intégrité du contrat de richesse, et cela revient à démanteler le fondement de la confiance mutuelle dans toute la société ! La dévaluation de la monnaie finira par augmenter les coûts de transaction sur le marché et frappera la création de richesse.

L'inflation, transformant l'argent en un instrument de fraude, un acte de richesse, en un bon pour les mauvaises dettes. La fraude sur le marché n'apportera que plus de fraude, le vent de la bonne foi aura disparu, la spéculation prévaudra, la planification à long terme sera remplacée par un comportement à court terme, l'épargne prudente sera remplacée par un découvert incontrôlé. L'impétuosité qui prévaut dans la société est le résultat inévitable de l'inflation.

Toute société qui est juste et honnête devrait avoir une tolérance zéro pour l'inflation ! Quiconque, quelle que soit l'excuse utilisée pour préconiser l'inflation, est un destructeur de l'argent honnête et un piétineur de la ligne de fond morale de l'argent.

À cet égard, l'"obstination et l'entêtement" de la banque centrale allemande contre l'inflation, même s'ils ne sont pas parfaits, peuvent servir de modèle à tous les pays.

De nombreuses personnes supposent que le développement économique de la Chine s'accompagne nécessairement d'inflation parce que l'économie se monétise davantage, mais ce n'est en aucun cas une explication logique. Ce qui autrefois ne voulait pas d'argent est entré sur le marché, et si cela a créé une demande d'argent, cela a également augmenté l'offre de marchandises, et ce processus de monétisation correspondant, ne devrait pas affecter le prix d'échange des autres marchandises. Le phénomène de découvert monétaire découle principalement de la monétisation des déficits budgétaires et de la monétisation des actifs financiers gonflés.

La principale source de la grave inflation qui a eu lieu en 1988 était le déficit fiscal. Et le déficit fiscal est enraciné dans le problème séculaire de l'inefficacité, du gaspillage et de la duplication de la construction. La Chine semble être tombée dans un cercle étrange, chaque fois que la poursuite du développement à grande vitesse, la coordination de l'économie est vouée à se tromper, et en fin de compte, le désir de vitesse ne se réalisera pas. Et lorsque le désir de croissance est réduit, l'économie se développe plus sainement et plus rapidement. Cela ne peut qu'illustrer le fait que les sociétés industrialisées sont très complexes, au-delà des limites cognitives de ceux qui planifient l'économie. Le "pile ou face" constant de la surchauffe économique et du refroidissement d'urgence illustre de manière répétée les contradictions insurmontables de l'ancien système.

Il y a une phrase classique dans le film *Jurassic Park*, "Life Finds a Way" (la vie trouve toujours un moyen) Au moment où la réforme du système économique de la ville s'embourbait dans un marécage et devait être traversée avec difficulté, un nouveau point lumineux, jamais remarqué auparavant, a commencé à briller discrètement de plus en plus fort sur l'écran du radar économique de la Chine.

Le premier étage de la fusée de décollage économique de la Chine — l'industrialisation rurale

Si la croissance économique explosive de la Chine au cours des 30 années de réforme et d'ouverture a été portée par une fusée à deux étages, l'industrialisation rurale a assumé la lourde charge du premier étage de la fusée.

Au début des années 1980, l'économie agricole a acquis une accumulation de capital rare dans le cadre d'une politique de basculement des ressources économiques du pays ; dans les années 1950, l'industrialisation de la Chine a commencé avec la technologie et l'apport de capitaux soviétiques, tandis que dans les années 1980, l'industrialisation rurale a commencé avec la diffusion de l'industrialisation urbaine. L'industrialisation des campagnes est une initiative sans précédent dans le monde au cours des 200 ans de la révolution industrielle. La campagne chinoise est à la fois une terre de grande population et de grande pauvreté, et un lieu magique de grande vitalité et de potentiel explosif. La révolution chinoise a commencé dans les campagnes et a fini par former un feu de prairie, avec la stratégie consistant à "encercler les villes avec les campagnes pour finalement prendre le pouvoir", une stratégie que l'Occident n'aurait pas pu imaginer, mais qui a connu un grand succès en Chine.

En fait, tout repose sur une réalité simple et profonde : la majorité de la population chinoise vit dans les campagnes, et le destin de la Chine est inévitablement lié aux campagnes. Dans les temps anciens, il ne pouvait y avoir de changement dynastique sans rébellion armée avec la participation des paysans ; dans les temps récents, il ne pouvait y avoir de révolution complète sans la participation des paysans ; et dans la construction économique, un développement sans que la plupart des paysans n'en retirent des bénéfices substantiels est une croissance fragile et non durable. Ignorez les campagnes et elles deviendront un obstacle insurmontable au développement ; concentrez-vous sur les campagnes et elles deviendront une source de puissance imparable. Les racines du développement de la Chine se trouvent dans les campagnes, et la source de la force de la Chine se trouve également dans les campagnes. Cette simple "Avenue" est aussi l'impulsion initiale du décollage économique de la Chine.

L'économie planifiée, en raison de son incapacité à comprendre la grande complexité de l'économie industrielle d'une manière profonde, approfondie et globale, a toujours eu des irrationalités structurelles dans sa planification, qui sont amplifiées par les contradictions inhérentes aux institutions et aux mécanismes, ce qui permet aux industries d'État de n'occuper que les "grandes villes et les lignes de trafic" du marché, laissant d'énormes vides dans l'arrière-pays du marché, ce qui entraîne le phénomène de ce qu'on appelle "l'économie de pénurie".

Lorsque les campagnes ont acquis une modeste accumulation de capital, des entreprises rurales dotées de mécanismes flexibles et d'un sens aigu du marché ont vu le jour. Elles ont utilisé des équipements d'occasion éliminés par les industries urbaines, les entreprises d'État à la retraite mais encore riches en techniciens de la "chaleur résiduelle", ciblant l'énorme écart dans le marché de la consommation, ont rapidement lancé des machines de production, avec des prix bas, des produits de mauvaise qualité ont rapidement capturé une partie de la part de marché des biens de consommation.

Ces entreprises sont grandes (centaines de personnes), petites (quelques personnes), la plupart des actifs immobilisés ne représentent que des dizaines ou des centaines de milliers de yuans ; dans les statistiques économiques orthodoxes, elles ont juste la même taille que les ménages individuels ; on peut les appeler la "guérilla" dans l'économie de marché. Elles sont de faible qualité, mal équipées, faiblement financées, en petit nombre, et même dépourvues de prêts bancaires pour le "soutien de l'armée de l'air", comparées à l'"armée nationale" des industries d'État, tout simplement minables au point d'être peu attrayantes. Cependant, le spectacle s'est effondré, l'"armée nationale" titulaire ne peut pas réellement battre les "guérilleros", des millions d'entreprises de canton à la posture de fourmis et de soldats, dans tous les domaines du marché, de manger progressivement dans la "armée nationale" part des ventes. Les matériaux de construction, la métallurgie, la viticulture, l'habillement, le textile, la chimie et d'autres industries, qui sont très demandées sur le marché, sont en plein essor, formant progressivement une force majeure dans le secteur économique de la Chine qui ne peut être ignorée.

La principale clé de la victoire pour les "guérilleros" est la "flexibilité stratégique et tactique". Sur le plan stratégique, la "guérilla" entre dans le domaine des petits investissements, des résultats rapides, des rendements élevés, un certain avantage en termes de ressources, la demande du marché des produits est forte. Sur le plan tactique, la gestion de l'opération de "guérilla" a fait preuve d'une grande flexibilité, d'un sens pratique et d'une grande efficacité, permettant à l'opérateur de prendre des décisions opportunes en fonction du marché. La structure interne et la dotation en personnel des entreprises sont également déterminées en fonction des besoins réels ; il n'y a pas de restrictions sur les objectifs de dotation en personnel et de recrutement ; les cadres peuvent monter et descendre ; les travailleurs peuvent entrer et sortir. Dans le système d'emploi, il y a généralement des travailleurs contractuels, des travailleurs temporaires et des travailleurs engagés, avec un petit nombre de personnel improductif. S'ils font du bon travail, ils restent, sinon, ils rentrent chez eux. Les entreprises peuvent choisir les employés, et les employés peuvent choisir les entreprises. En ce qui concerne le système de distribution, les salaires sont généralement déterminés par les entreprises elles-mêmes, la plupart étant liés à la production et à l'efficacité ; le niveau des salaires fluctue en fonction de l'importance de la contribution et de la rentabilité de l'entreprise ; la rémunération peut être élevée et faible ; le revenu des employés se situe dans une classe différente ; plus on travaille, plus on obtient ; et l'accent mis sur l'efficacité mobilise pleinement la motivation des employés. Plus important encore, les "guérilleros" s'appuient sur le fort soutien de la communauté locale, sur des ressources foncières suffisantes, sur de faibles coûts de main-d'œuvre et sur le gouvernement local pour former une communauté d'intérêts, formant ainsi une "base" solide, qui peut attaquer, se retirer et être défendue, et une grande marge de manœuvre.

En 16 ans environ, de 1980 à 1996, l'industrialisation rurale a créé un nombre étonnant de 130 millions d'emplois, représentant un tiers de l'emploi agricole et la moitié de la main-d'œuvre agricole excédentaire, avec des exportations de 60,8 milliards de yuans et une production totale de 1,8 trillion de yuans ! Entre 1980 et 1988, la part de la capacité d'approvisionnement du marché national des produits de l'industrie légère a augmenté, la contribution des entreprises des townships représentant 32% ; en 1988, la production des principaux biens de consommation, les entreprises des townships ont fourni des ventilateurs électriques représentant 45,5% du pays, des tissus de soie représentant 68,7% et du velours de nylon représentant 52,1%. En 1997, l'impôt payé par les entreprises des townships représentait 17,7% des recettes fiscales totales du pays et 35,8% des recettes fiscales locales. Là où l'industrialisation rurale est avancée, c'est aussi là où les recettes locales sont meilleures. En plus de leur contribution aux recettes fiscales, les entreprises des townships ont également assumé la tâche importante de subventionner et de construire l'agriculture par le travail, et ont soutenu financièrement le développement de l'agriculture locale ; de 1978 à 1997, les entreprises des townships ont construit l'agriculture par le travail et ont subventionné l'agriculture à hauteur de 73,66 milliards de yuans, et l'industrialisation rurale a joué un rôle énorme dans le soutien à l'agriculture.

Au stade avancé de l'industrialisation rurale, environ un tiers du revenu des agriculteurs provient des entreprises des townships. Durant cette période, les revenus des agriculteurs ont doublé presque tous les cinq ans, et leur contribution au PIB a atteint plus de 50%, soutenant à un moment donné la moitié de l'économie chinoise !

On peut dire que, du début des années 1980 au milieu des années 1990, l'industrialisation rurale a été le principal moteur de la croissance économique de la Chine, l'affluence rurale et le nouveau pouvoir d'achat injectant une puissante dynamique dans l'économie urbaine. Une révolution de la consommation qui dure depuis plus d'une décennie a éclaté, centrée sur les appareils ménagers et les biens de consommation. Contrairement à ce que l'on croit, ce n'est pas le boom urbain qui a entraîné les campagnes, mais les centaines de millions de paysans qui ont rejoint le flot de l'industrialisation grâce à un modèle unique qui a créé une énorme richesse sociale en augmentant la productivité. Lorsque les zones rurales échangent ces nouvelles "économies" stupéfiantes avec les villes, elles sont incitées à répondre à cette demande par des produits plus récents, de meilleurs services, davantage de moyens de production, des infrastructures plus avancées et une croissance énergétique et électrique plus rapide. Le succès de l'industrialisation rurale a largement dépassé les attentes des acteurs de l'économie planifiée.

Dans le même temps, l'industrialisation des villes subit une transmutation douloureuse et spectaculaire, et la réforme des entreprises d'État s'approfondit de jour en jour. Après une courte période d'ajustement de 1989 à 1991, la tournée de Deng Xiaoping vers le sud en 1992 a ravivé la passion pour la réforme économique en Chine, cette fois, l'économie de marché a complètement remplacé l'économie planifiée et est devenue la politique fondamentale de l'État chinois. La crise financière asiatique de 1997-1998 a temporairement freiné la croissance économique de la Chine.

À cette époque, le carburant de la fusée de premier rang de l'industrialisation rurale s'est aussi progressivement épuisé. Alors que l'économie de pénurie devient une chose du passé, et que la concurrence internationale commence sa puissante pénétration en Chine, les faiblesses de l'industrialisation rurale sont exposées jour après jour, et les difficultés des entreprises en termes de taille, de technologie, de capital, de talent, d'information, de canaux, d'institutions, etc. deviennent une marge de manœuvre de plus en plus réduite. L'expérience de la "guérilla" est passée et l'ère de la "guerre tridimensionnelle" des capitaux, des technologies et des informations sans frontières a commencé.

En l'absence d'un nouveau coup de fouet, l'économie chinoise a amorcé une nette tendance à la baisse à la fin des années 1990. Les gains de productivité de l'industrialisation rurale ont atteint leurs limites, et les nouvelles "économies" des agriculteurs qui peuvent être échangées avec les villes ont commencé à diminuer, tandis que les gains de productivité urbains n'ont pas encore atteint de nouvelles limites. Lorsqu'un échange plus important entre les deux parties n'a pas été possible, le marché de la consommation en Chine a commencé à se refroidir rapidement et les bénéfices des entreprises se sont réduits. La faiblesse des échanges de matières premières a entraîné une faiblesse de la masse monétaire. À cette époque, les transactions financières étaient loin d'être la principale demande de masse monétaire. Dans ce contexte, le brouillard de la déflation et de la récession a commencé à envahir l'économie chinoise, exacerbé par la crise économique asiatique, qui a sans aucun doute détérioré les termes de l'échange autour de la Chine.

À partir d'octobre 1997, l'indice général des prix de détail en Chine a entamé une baisse de 27 mois jusqu'à la fin de 1999, tandis que l'indice des prix à la consommation a continué à baisser pendant 22 mois à partir de mars 1998. La déflation dont les gens se plaignent habituellement n'est pas, par essence, un problème monétaire et ne peut être résolue par l'expansion monétaire. La cause profonde de la déflation est la stagnation de la croissance de la productivité sociale. En Chine, elle a été presque synchronisée avec la stagnation de l'industrialisation rurale au milieu des années 90.

En fin de compte, la productivité globale de l'industrialisation de la Chine ne produira pas de percée fondamentale sans le stimulus d'une autre forte diffusion technologique externe.

À l'époque, les résidents chinois avaient déjà épargné pas moins de 5 000 milliards de yuans, et il a été suggéré qu'en dépensant ces économies pour acheter une maison, une reprise économique pourrait se produire. Il s'agit d'utiliser la marchandisation de l'immobilier pour réaliser l'échange de maisons contre des économies, tirant ainsi l'énorme chaîne de l'industrie immobilière et favorisant la croissance économique. Cela revient à monétiser efficacement le logement, à encourager les prêts hypothécaires tout en s'engageant dans une création monétaire massive pour stimuler la production économique par des incréments monétaires tout en compensant les effets de la déflation. Si nous analysons cette politique et l'effet de la libération de monnaie par le gouvernement en augmentant le prix d'achat des produits agricoles pour stimuler le pouvoir de consommation des agriculteurs au début des années 1980, nous constaterons que l'effet était encore plus important cette année-là ; la politique du début des années 1980 a produit par inadvertance deux avantages : Premièrement, le revenu des agriculteurs a augmenté, entraînant une augmentation de la production alimentaire, lorsque les agriculteurs ont échangé avec les villes, cela a non seulement résolu l'approvisionnement en matières premières pour l'industrie légère, mais a également stimulé la demande de produits de consommation ; deuxièmement, la formation initiale de l'accumulation de capital dans les campagnes, qui a déclenché une marée inattendue de l'industrialisation rurale, qui a prospéré dans la décennie suivante environ, 130 millions de personnes ont rejoint l'armée de l'augmentation de la productivité du travail, une grande quantité de création de richesse à son tour stimulé la prospérité de l'économie urbaine. Et la monétisation de l'immobilier, bien qu'elle puisse jouer un rôle d'attraction sur les industries concernées et atténuer le danger de ralentissement économique, n'est pas encore en mesure de briser le goulot d'étranglement de l'ensemble de la société pour accroître davantage la productivité.

La deuxième grande révolution dans la productivité sociale a eu lieu en 1999, lorsque la Chine a rejoint l'Organisation mondiale du commerce (OMC).

Le deuxième étage de la fusée chinoise pour le décollage économique — la mondialisation

Jusqu'en 1999, les 20 premières années de la réforme et de l'ouverture de la Chine, l'industrialisation était largement confinée à l'espace étroit du marché intérieur. On dit que la principale raison de l'étroitesse du marché intérieur est la faible productivité et l'incapacité à créer suffisamment de richesse pour former un grand marché d'échange intérieur.

Après avoir adhéré à l'OMC, la Chine est immédiatement entrée dans un espace de marché mondial presque illimité. Tout comme dans le Japon de l'après-guerre, l'étroitesse du marché intérieur ne permettait pas d'améliorer la productivité industrielle. Une fois le vaste marché international ouvert, les entreprises japonaises ont commencé à étendre rapidement leur échelle de production, tandis que les coûts de production s'effondraient et que la productivité du travail atteignait des niveaux étonnants. Après son adhésion à l'OMC, la Chine a commencé à connaître un changement brutal similaire en matière de productivité.

Depuis 2000, la plupart des 500 premières entreprises du monde se trouvent en Chine, et aujourd'hui, presque toutes les marques célèbres du monde produisent en Chine, ce qui constitue une occasion rare de diffusion des technologies. 156 grands projets dans les années 1950, avec l'aide soviétique à la Chine, ont joué un rôle crucial dans le début de l'industrialisation de la Chine. C'est avec l'aide pratique de dizaines de milliers d'experts soviétiques que la Chine a compris ce qu'était l'industrie moderne et comment une société industrialisée devait fonctionner. Des milliers de brevets techniques ont été transférés à la Chine presque gratuitement, et d'innombrables problèmes techniques ont été résolus par les techniciens chinois un par un grâce à un ensemble de dessins détaillés et à l'expérience des experts soviétiques. Toutefois, une chose aussi bonne qu'une tarte aux œufs ne peut se produire qu'une fois tous les cent ans.

Quelles que soient les intentions des STN lorsqu'elles viennent en Chine, elles sont tenues d'employer un grand nombre de Chinois, ce qui revient à dire que la Chine utilise le capital technologique investi par les STN pour offrir aux technologues nationaux des possibilités "pratiques" d'absorber la technologie occidentale. Ces jeunes chercheurs ont appris beaucoup de technologies avancées sur le tas, et même s'il ne s'agit pas des recherches les plus fondamentales, ils sont tout de même capables d'apprendre les bases de ce qui est à la pointe de la technologie actuelle, comment mener des expériences scientifiquement réglementées, comment utiliser des instruments et des outils avancés, comment rédiger des rapports de recherche standard, comment récupérer des résultats de recherche de pointe, comment coordonner les différents départements de recherche, etc. Ils ne travailleront pas éternellement dans des multinationales, et lorsqu'ils le feront, la prolifération de ces technologies imprégnera de larges pans des entreprises chinoises. Sans les sociétés transnationales qui viennent frapper à sa porte, la Chine craint de ne pas avoir la possibilité de donner à des millions de chercheurs une formation aussi systématique et avancée. Les avantages à long terme que cela représente pour l'avenir de la Chine dépassent de loin les profits à court terme que les multinationales peuvent réaliser en Chine.

Avant cela, l'écart entre le personnel technique chinois et le niveau d'industrialisation avancée du monde était trop important, qu'il s'agisse d'entreprises d'État ou d'entreprises privées, l'énorme disparité dans la recherche et le développement scientifique et technologique avec le niveau mondial, causant le plus grand goulot d'étranglement dans le développement économique de la Chine. Dans ce cas, quelle que soit la radicalité des réformes de l'entreprise et la perfection du système d'entreprise, il est peu probable que l'énorme goulot d'étranglement de l'accumulation technologique soit franchi. Même Huawei, qui attache la plus grande importance à la recherche et au développement technologique en Chine, insiste pour consacrer chaque année 10% de son chiffre d'affaires à la recherche et au développement, avec plus de 25 000 chercheurs et 7 à 8 milliards de yuans de financement chaque année, et après des années de travail acharné, pas une seule invention originale n'a été réalisée ! Si cette situation perdure, même si la taille totale de l'économie chinoise dépasse celle des États-Unis, que les 500 premières entreprises mondiales sont toutes chinoises, on ne pourra toujours pas se débarrasser du schéma de base de la Chine sous le contrôle des États-Unis !

Selon l'Organisation mondiale de la propriété intellectuelle, les inventeurs chinois ont déposé 203 481 demandes de brevet en 2008, ce qui les place en deuxième position derrière le Japon (520 054) et les États-Unis (400 769). On pourrait croire que les inventions chinoises font un "grand bond en avant", mais lorsqu'on analyse attentivement la situation, ce n'est pas du tout le cas. Plus de 95% des demandes de brevet chinoises sont acceptées par les offices nationaux de propriété intellectuelle, et la plupart d'entre elles ne sont présentées que sous la bannière de l'"innovation" et apportent en fait des modifications mineures à des modèles existants. Une façon plus convaincante de juger serait d'obtenir la reconnaissance des demandes et des délivrances de brevets acceptées par des pays extérieurs à la Chine, notamment les offices des brevets des États-Unis, d'Europe et du Japon. Ainsi, sur les

200 000 brevets en Chine en 2008, seules 473 demandes de brevets ont été acceptées ou délivrées par les trois offices de brevets susmentionnés, contre 14 399 aux États-Unis, 14 525 en Europe et 15 446 au Japon ; en 2010, seul 1% du nombre total de demandes de brevets chinoises a été accepté ou délivré par des offices de brevets étrangers !

L'utilisation par la Chine de sociétés multinationales pour cultiver des talents techniques est un peu comme le coucou qui pond ses œufs dans son nid, tout comme la Chine encourageait vigoureusement les études à l'étranger à l'époque, beaucoup de gens se sont plaints que la politique d'études à l'étranger conduisait à la fuite des cerveaux. Le recours aux sociétés transnationales pour cultiver les talents a amplifié ce modèle d'"études à l'étranger" par un ordre de grandeur. Que ces talents "étudiés à l'étranger" choisissent par la suite de créer leur propre entreprise ou d'entrer dans d'autres secteurs de l'économie, ils sont appelés à devenir une force pour l'avenir de l'économie.

La mondialisation a cultivé des talents pour la Chine, et la prolifération des technologies résultant de la prolifération de ces talents ne peut pénétrer que progressivement dans le système économique national, et il faudra du temps pour créer enfin une percée technologique vraiment originale.

La mondialisation de l'économie a également amené en Chine des structures de gouvernance d'entreprise et des modèles commerciaux avancés. Dans le processus de connexion avec le monde, les gens éliminent progressivement les anciennes méthodes inefficaces d'organisation de la production, supprimant ainsi une autre contrainte importante qui a longtemps entravé le fonctionnement efficace de l'économie. Lorsque Walmart et Carrefour ont ouvert leurs chaînes en Chine, les hommes d'affaires traditionnels et les gens ordinaires ont vu ce qu'était un modèle commercial avancé. Auparavant, les gens ne savaient qu'indirectement, par le biais de la télévision et des journaux, à quoi ressemblait un système de circulation commerciale hautement intégré et efficace. Lorsque ces chaînes sont arrivées à leur porte, les gens ont pu pour la première fois faire l'expérience directe de la commodité et du caractère abordable du commerce moderne et comprendre progressivement comment ce système complexe était réellement construit. La copie et l'imitation des modèles commerciaux ont également entraîné un changement radical du paysage économique de la Chine.

Depuis 2000, la révolution du "Made in China", avec le vent d'est des investissements étrangers, dans la mer de Bohai, le delta du fleuve Yangtze et la région du delta de la rivière des Perles pour former un centre de fabrication de classe mondiale, dans plus de 100 zones de production et de fabrication occupent le trône de la première mondiale, les piles d'étiquettes "Made in China" dans le monde entier. Le deuxième étage de la fusée de la mondialisation a poussé l'économie chinoise à une nouvelle "vitesse cosmique".

La croissance explosive de l'économie axée sur les exportations a créé une nouvelle richesse énorme pour la Chine. Des années continues d'investissements étrangers massifs, ainsi qu'un excédent commercial stupéfiant, ont fait passer les réserves étrangères de la Chine de plus de 160 milliards de dollars en 2000 à un montant éblouissant de 3 000 milliards de dollars en 2011, d'un seul coup ! Au sens figuré, l'économie d'exportation de la Chine ressemble davantage à celle du chasseur qui, avec l'aide de la technologie d'autres chasseurs et sous la forte impulsion d'une demande extérieure massive, a considérablement amélioré la précision et la portée de son arc et de ses flèches, réalisant ainsi une grande récolte de chasse, bien qu'il ait été contraint de prêter la moitié de sa récolte à d'autres, mais qu'il lui reste la moitié des "économies" supplémentaires. Lorsqu'il a apporté ces économies au marché et les a échangées, cela a grandement stimulé le marché.

De même, lorsque l'énorme nouvelle "épargne" générée par le secteur des exportations chinoises a été échangée sur le marché intérieur, elle a incité tous les secteurs de l'économie à commencer à accroître l'offre de production, déclenchant ainsi une réaction en chaîne de la consommation dans toute la société et accélérant les gains de productivité dans tous les secteurs de production et de services. Des produits de première nécessité aux appareils ménagers, d'Internet aux services de télécommunication, de la consommation automobile aux produits de luxe haut de gamme, de l'immobilier à l'acier et au ciment, de la fabrication d'équipements à la pétrochimie, de l'énergie et de l'électricité à la métallurgie du charbon, des transports aux infrastructures, toutes les chaînes industrielles de l'industrialisation et de l'urbanisation tournent simultanément à plein régime, produisant rapidement une variété de biens et de services et participant aux transactions de plus en plus violentes du marché. Les bénéfices qui ont afflué ont été amplifiés en un effet de richesse plus important sur les marchés boursiers et financiers, où la masse monétaire s'est envolée en même temps que l'appréciation du taux de change, et où les prix des logements se sont envolés en même temps. L'énorme succès du modèle chinois 2.0, avant le tsunami financier de 2008, a créé un boom sans précédent depuis la fondation du pays.

Nombreux sont ceux qui pensent que la croissance économique de la Chine repose sur trois types de wagons : les exportations, les investissements publics et la consommation. En fait, il existe une dépendance logique inhérente à ces trois éléments, les exportations étant le véritable moteur, l'augmentation de la productivité et l'élargissement des marchés créant des économies supplémentaires, tout en stimulant la croissance des recettes fiscales du gouvernement et en constituant la base des investissements. La consommation est un échange, qui découle également des économies supplémentaires. Ainsi, les exportations et une productivité plus élevée sont la véritable fusée qui fera décoller l'économie.

La mondialisation de l'économie chinoise depuis 2000, contrairement à l'industrialisation rurale après 1980, a largement dépassé cette dernière en profondeur, en ampleur, en durabilité et en sophistication. L'industrialisation rurale est à un niveau faible, et la croissance de la productivité ne repose pas sur le progrès scientifique et technologique, mais est largement due au vide laissé par l'économie planifiée.

Cependant, le deuxième étage de la fusée a aussi de sérieux effets secondaires, qui sont : La Chine a augmenté sa productivité, mais n'a obtenu qu'une fraction du profit ; la Chine s'est complètement ouverte, mais il est difficile de pénétrer dans d'autres pays ; la Chine fabrique des produits célèbres, mais personne ne connaît les marques chinoises ; la Chine a une grande économie, mais peu de technologies originales ; le PIB de la Chine augmente rapidement, mais elle ne profite pas beaucoup ; La Chine a réalisé d'énormes économies grâce au commerce, mais les États-Unis en ont emprunté la majeure partie ; la Chine dispose d'une grande quantité de dollars, mais le monde ne peut pas acheter de bonnes choses ; la Chine a sacrifié l'environnement pour déprimer la qualité de vie, mais l'Occident a mangé de la viande et posé des bols pour maudire la mère. En bref, la Chine semble être très riche, mais elle est en fait très pauvre.

Dans le tourbillon de la mondialisation, la question la plus déroutante pour les Chinois est la suivante : que voulons-nous pour que les autres soient satisfaits ? Et la façon américaine de faire les choses, c'est : "Je l'ai fait, tu l'aimes ou pas".

Il y a une différence entre être bon et s'améliorer soi-même. Les bons et les forts sont en compétition pour le jugement des autres, alors que l'amélioration de soi est tout ce qui compte. Une personne bonne et forte semble avoir confiance en elle, mais elle a en fait un complexe d'infériorité qui prend racine dans l'absence d'un système de valeurs interne et doit s'appuyer sur des normes de jugement externes. Les personnes qui s'améliorent ne se soucient pas de ce que disent les autres, car ces personnes pensent que personne n'est qualifié pour se juger du fond de son être. La Chine d'aujourd'hui, très forte à bien des égards, est très préoccupée par l'évaluation internationale et a peur de perdre la face devant les pays étrangers. L'origine du problème réside dans le fait que le système de valeurs intrinsèques de la Chine n'a pas encore mûri, et que les visages étrangers sont devenus les juges de la dignité chinoise ! Une personne sans personnalité ne sera pas charismatique, et un pays sans personnalité ne sera pas attrayant.

Les deux principales catégories d'exportations de la Chine : les produits de base et l'épargne

Dès les années 1980, des universitaires américains affirmaient que les États-Unis avaient enfin découvert leur "avantage comparatif", qui consistait à exporter des bons du Trésor américain. À partir des années 1950, les Allemands d'abord, puis les exportateurs de pétrole du Moyen-Orient, puis le Japon et maintenant la Chine, ont assumé la charge d'exporter l'épargne nationale vers les États-Unis.

Le secteur des exportations est comme un chasseur, dont la proie est l'exportation de devises étrangères, et dont la proie, quelle que soit sa forme, est essentiellement la nouvelle épargne de la Chine. Lorsque la Chine achète des bons du Trésor américain, cela signifie en fait que l'épargne intérieure afflue vers les États-Unis. Les chasseurs auraient pu utiliser cette épargne pour améliorer leurs arcs, pour échanger davantage d'autres biens sur le marché afin d'améliorer leur propre qualité de vie, et pour stimuler une plus grande consommation intérieure et créer davantage d'emplois, mais aujourd'hui, l'épargne supplémentaire des chasseurs est empruntée à moitié, ce qui équivaut à une érosion simultanée de la capacité intérieure de nouvelles avancées technologiques, de l'ampleur de la consommation et des possibilités d'emploi.

Lorsque cette épargne chinoise a afflué aux États-Unis, elle n'est pas entrée dans l'arène industrielle américaine pour aider les chasseurs américains à modifier leurs arcs et leurs flèches, à augmenter le niveau de la chasse, à rembourser l'épargne étrangère empruntée avec davantage de trophées et à équilibrer le déficit commercial de l'Amérique. Cet argent emprunté a en fait coulé dans le secteur financier américain, poussant à la hausse le prix des actifs aux États-Unis. Depuis l'incident du "11 septembre" en 2001 jusqu'à la guerre en Irak en 2003, la Réserve fédérale a réduit les taux d'intérêt 13 fois de suite pour tenter de stimuler la croissance économique, mais le résultat a été la création de la plus grande bulle immobilière des 200 ans d'histoire des États-Unis, l'épargne chinoise étant devenue la bulle de l'orgie immobilière américaine et la fumée de la guerre en Irak.

La bulle immobilière a alimenté les flammes de l'innovation financière, et les Américains ont pu facilement encaisser une partie de la plus-value de leurs maisons. Si une vieille dame américaine a acheté une maison pour 400 000 dollars l'année dernière, et que cette année le prix est passé à 500 000 dollars, la banque l'encouragera à dépenser 100 000 dollars de la plus-value de l'année sous la forme d'un "prêt hypothécaire à valeur ajoutée" actualisé à 70 000 dollars, sans aucune augmentation de revenu, la vieille dame américaine a gagné 70 000 dollars supplémentaires, 000 dollars de pouvoir d'achat pour rien, elle s'est mise à dépenser sans compter, à rénover la cuisine, à rénover les jardins, à regarder des films, à aller au restaurant, à voyager, à faire du shopping dans les centres commerciaux, lorsqu'elle dépensait l'argent, cela stimulait la consommation américaine, apportant de l'emploi et de la croissance économique. Le résultat, des indicateurs économiques plus prospères, a apporté une plus grande bulle boursière et une hausse de l'immobilier, et les Américains âgés avaient plus d'argent de poche l'année suivante. Par conséquent, les Américains âgés ont cessé d'épargner, et pour la première fois depuis la Grande Dépression des années 1930, le taux d'épargne aux États-Unis a augmenté négativement pendant trois années consécutives de 2005 à 2007, alors pourquoi épargner ? Quoi qu'il en soit, si les vieilles femmes chinoises travaillent et épargnent frugalement, les économies iront de toute façon dans les poches des vieilles femmes américaines, alors un tel modèle ne rendrait-il pas tout le monde heureux ? La vieille dame chinoise est responsable de l'épargne, la vieille dame américaine est responsable de la consommation, la croissance économique de la Chine et la prospérité économique de l'Amérique, ce type de coopération "sino-américaine" n'est-il pas le "ciel et la terre" de l'Amérique ?

La croissance économique de la Chine, tirée par les exportations, s'est parfaitement adaptée au boom de l'inflation des actifs aux États-Unis. En substance, c'est l'inflation des actifs américains qui tire la croissance économique de la Chine, et c'est la bulle des actifs américains qui alimente le deuxième étage de la fusée chinoise. Mais une question explosive se pose au milieu de tout cela : l'inflation des actifs peut-elle se poursuivre indéfiniment ?

N'oubliez pas qu'à chaque fois que la vieille dame américaine utilise un distributeur automatique de biens immobiliers pour retirer de l'argent, elle augmente ses dettes, alors que la croissance de ses revenus est loin de suivre l'explosion de ses dettes, derrière l'explosion des actifs se cache en fait l'explosion des dettes, et l'augmentation du poids de la dette rend le service de la dette de la vieille dame américaine de plus en plus stressant, et elle doit compter sur le taux d'intérêt pour rester super bas pour toujours, car sa situation financière est à la limite du stress. Ce qui est finalement arrivé, ce sont les sept hausses de taux consécutives de la Fed entre 2004 et 2005.

Et si la Fed poursuit sa politique de taux d'intérêt ultra bas ? Alors la bulle immobilière sera plus grosse et son éclatement sera encore plus meurtrier. Le "lagon de dettes" des vieux Américains a finalement commencé à s'effriter en 2007, davantage de vieux Américains ont fait défaut sur leur dette collective en 2008, et le boom américain gonflé par les actifs a pris fin !

Bernanke a essayé de "regonfler les actifs" en imprimant de la monnaie pour restaurer la merveilleuse prospérité gonflée par les actifs. Mais l'impression de monnaie entraîne-t-elle une véritable croissance de l'épargne ? Peut-on créer des investissements et une consommation réels ? En plus du lourd fardeau de la dette initiale, la vieille dame américaine a augmenté l'énorme coût social du sauvetage de Wall Street, la montée en flèche de la dette nationale pour le "tabouret du tigre de la dette" de la vieille dame américaine a ajouté une grosse brique, l'indice de douleur de la société américaine a grimpé en flèche au plus haut niveau depuis les années 1930, les Américains insupportables se sont précipités dans les rues, allumant la tempête mondiale de "Occupy Wall Street". Le chômage élevé accompagné d'une dette écrasante, couplé à la diminution des actifs financiers sur les comptes de retraite, a eu raison de toute idée de dépenses supplémentaires à découvert de la part des Américains âgés. La politique de taux d'intérêt ultra-bas de la Réserve fédérale, tour après tour de l'assouplissement monétaire quantitatif, ne peut pas dissiper les gestionnaires de prêts bancaires tels que le renard comme les oiseaux d'une plume, ne peut pas non plus stimuler la vieille dame aux États-Unis pour spéculer dans l'immobilier désir et la capacité.

C'est la fin d'une époque, c'est la fin d'un modèle !

Depuis les années 1980, la croissance économique des États-Unis fondée sur l'endettement a entraîné un gonflement de la valeur des actifs, et ce nouveau modèle économique a permis aux États-Unis de passer un bon moment au cours des sept premières années du 21esiècle, fournissant ainsi suffisamment de carburant pour la fusée d'appoint qui fera décoller l'économie chinoise. Maintenant que ce merveilleux "mouvement perpétuel" économique s'est éteint, "la Chine et les États-Unis" vont forcément commencer à se diviser.

Que faire de l'épargne que la vieille dame chinoise prête à la vieille dame américaine ? La méthode de la Fed est QE1, QE2, et à l'avenir QE3, voire QE (n+1). L'essence du soi-disant assouplissement quantitatif de la monnaie est de diluer le pouvoir d'achat de la monnaie, déguisé en compensation de la pression de l'endettement, et le but principal de la dévaluation du dollar par rapport aux autres monnaies est de manger l'épargne des autres pays !

Outre la perte importante d'économies réelles que le deuxième étage de la fusée a apportée à la croissance économique de la Chine, ce qui est plus grave, c'est que le carburant du deuxième étage de la fusée a disparu ! La capacité de la Chine à ajouter de nouvelles économies est confrontée à un épuisement croissant. Sans nouveaux gains de productivité significatifs, il n'y a pas de source de nouvelles économies, et aucun investissement et aucune consommation réels ne sont possibles. Le principal effet de la relance budgétaire et de la poussée des investissements du gouvernement chinois sera inévitablement une pression inflationniste, qui ne fera que maintenir l'économie en marche et ne conduira pas à une réelle prospérité !

Le modèle chinois 3.0 : Former le plus grand marché de consommation du monde !

La nécessité pour la Chine de se transformer est non seulement une exigence pour son propre développement économique, mais surtout, elle n'a pas d'autre choix que de le faire. Cela soulève un certain nombre de questions importantes : que le modèle chinois 3.0 est-il censé réaliser exactement ? Et quelle est la voie à suivre ? Comment cette nouvelle voie peut-elle être empruntée ?

Pendant près de 170 ans, la Chine a été un bon élève assidu, suivant d'abord l'exemple de l'Ouest, puis de l'Est, puis de l'Union soviétique, pour finalement tomber amoureux de l'Amérique. La Chine a appris de tous les pays du monde et a constaté qu'il est difficile de reproduire un modèle en Chine, et que la Chine doit et peut seulement suivre sa propre voie et apprendre de l'expérience des autres pays.

Il faut d'abord préciser que la Chine n'est ni l'Allemagne ni le Japon, et encore moins les quatre petits dragons de l'Asie, et que seuls les États-Unis constituent une référence pour la Chine dans le positionnement des objectifs nationaux. Le modèle de développement économique orienté vers l'exportation n'est en aucun cas la voie fondamentale à suivre pour les grands pays. L'apprentissage à partir de l'expérience américaine devrait s'inspirer principalement de l'époque de l'essor industriel des États-Unis avant 1971, en particulier de la voie décisive du bond en avant des États-Unis au XIXe siècle. En revanche, le modèle américain de développement économique fondé sur l'endettement depuis les années 1980 s'est révélé très néfaste et devrait être soigneusement évité.

Au cœur de la montée en puissance de l'Amérique, il y a le fait de toujours avoir le contrôle de son propre destin ! Sous l'impulsion de cet esprit fondateur, toutes les politiques intérieures et internationales des États-Unis sont fondées sur le principe du pragmatisme, et tout ce qui est dans l'intérêt des États-Unis est utilisé quand c'est utile et écarté quand ça ne l'est pas, sans la moindre ambiguïté. Les États-Unis sont sans doute le pays le plus "tranché" de tous, avec une vision claire et intransigeante de ce qu'ils veulent, et une insistance presque paranoïaque pour y parvenir, tout en repoussant toujours les options qui ne sont pas dans leur intérêt.

Au cours de leur ascension économique, les États-Unis insistent pour être toujours maîtres de leur destin, ce qui se traduit par le fait qu'ils protègent délibérément leur propre marché intérieur, ignorent la théorie du soi-disant libre-échange des Britanniques désespérément "vendeurs", et mettent en œuvre l'idée de droits de douane élevés, de salaires élevés, de technologie lourde, d'industrie forte et de grand marché. Les promoteurs et les défenseurs du libre-échange et de la théorie des avantages comparatifs ne sont autres que les puissances hégémoniques mondiales elles-mêmes, dont l'objectif est de perpétuer en système l'énorme avantage concurrentiel qu'elles ont acquis. Aucun pays qui rattrape son retard ne peut être contraint par des doctrines aussi néfastes de couper ses propres méridiens, et le principe de la mondialisation que la Chine doit établir est d'utiliser ce qui est bon pour moi et de rejeter ce qui est mauvais pour moi.

Lorsque l'Amérique, guidée par ce pragmatisme, est devenue le plus grand marché du monde, elle avait son destin bien en main ! Si Roosevelt a osé subvertir la Conférence économique de Londres de 1933 et laisser le dollar se dévaluer pour détruire la stabilité monétaire de l'Europe, c'est parce que les exportations américaines ne représentaient que 3% de la taille totale de l'économie, et même en 2010, 77 ans plus tard, seulement 8,8% ! Lorsque les Britanniques ont expulsé la puissance américaine du continent dans les années 1930, Roosevelt a rejeté à juste titre la fausse appellation de "puissance responsable" et a subverti l'empire de la livre sterling, ce qui était sa véritable intention. Après la Seconde Guerre mondiale, les États-Unis ont ignoré le désir de stabilité monétaire des Européens. Ou alors, c'est parce que le marché intérieur américain était suffisamment vaste et que les pays européens disposaient d'un espace de marché limité que la stabilité monétaire était bien plus importante pour l'Europe que pour les États-Unis. Il est dans l'intérêt de l'Amérique de faire dévaluer le dollar tout en ne dépendant pas des marchés européens, ce que l'Amérique n'a évidemment aucun scrupule à faire.

Lorsque la dette était une arme, les États-Unis ont écrasé l'Empire britannique avec le bâton de la dette, et lorsque les États-Unis sont devenus une nation débitrice, ils ont transformé la dette en pouvoir, et ont chassé les nations créancières avec le sceptre de la dette. Chaque fois que la Chine réduit ses avoirs en bons du Trésor américain, ou même simplement les sous-acheter, il se passe toujours quelque chose de rare et d'étrange autour d'elle. Par exemple, le président des États-Unis annonce soudainement une rencontre avec le Dalaï Lama, ou vend des armes à Taïwan, ou provoque des troubles en mer de Chine méridionale, ou encourage le Japon à s'affirmer en mer de Chine orientale. Une fois que la Chine aura augmenté de manière significative ses avoirs en bons du Trésor américain, l'environnement qui l'entoure sera calme pendant un certain temps. C'est la diplomatie de la dette américaine ! En fait, les États-Unis perçoivent de l'argent de protection de la Chine par le biais de la dette nationale. Non ? C'est ce qui vous empêche de dormir !

Pourquoi les États-Unis sont-ils si tyranniques ? Parce qu'ils calculent que la Chine est plus dépendante des États-Unis que les États-Unis ne le sont de la Chine. Sans le marché américain, l'industrie manufacturière chinoise s'effondrerait et le chômage de masse serait un cauchemar pour Pékin chaque nuit. En fin de compte, la raison pour laquelle le bâton de la dette ou de l'endettement peut être agité librement aux États-Unis est que tous les pays ont besoin du marché américain, et que quiconque est rejeté par le marché américain équivaut à un "exil économique". Avec l'euro qui défie le dollar, la source de force n'est pas la monnaie, mais le méga-marché unifié de l'UE ! Lorsque les pays de l'UE n'auront pas à dépendre du marché américain, l'Europe pourra véritablement contrôler son propre destin. C'est exactement la raison pour laquelle Roosevelt s'est montré très méprisant à l'égard de la zone sterling de Churchill cette année-là.

Ce qui est triste au sujet du Japon, c'est que, bien qu'il dispose d'une forte capacité de production, il n'est pas né avec un énorme marché intérieur. Après sa tentative initiale d'occuper par la guerre la base de matières premières et l'immense marché de l'Asie, le Japon a été contraint de passer aux États-Unis, l'acteur dominant du marché mondial, sans lequel le Japon n'aurait rien été.

La vulnérabilité de la Chine tient aussi en grande partie à sa forte dépendance à l'égard des marchés internationaux : les exportations représentaient 26,8% du PIB en 2010, contre 8,8% aux États-Unis, et l'on voit bien qui est le plus dépendant de qui. Dans une situation aussi peu réciproque, la Chine ne peut rester sans contrôle des États-Unis et ne peut véritablement maîtriser son propre destin !

Tous les puissants et les personnes qui réussissent dans la société peuvent avoir des personnalités, des tempéraments, des passe-temps, etc. différents, mais ils partagent toujours une caractéristique, à savoir "leur propre destin, leur propre contrôle" ! Aucun homme puissant n'a jamais atteint le succès ultime en laissant son destin entre les mains d'un autre maître. Lorsqu'un pays, surtout aussi grand que la Chine, considère les exportations comme le principal moteur du développement, cela revient à céder la maîtrise de son destin ! Lorsque 26,8% du PIB dépendent directement des marchés extérieurs pour l'activité économique, la Chine ne peut être un manipulateur de son propre destin, et encore moins une puissance de classe mondiale !

Une forte dépendance à l'égard des marchés extérieurs ne peut que fragiliser l'économie chinoise, rendre la diplomatie chinoise plus difficile à tenir, et ajouter aux préoccupations de sécurité nationale. Non seulement elle entraîne des frictions commerciales féroces avec d'autres pays et de dangereuses confrontations politiques, mais elle empêche également la Chine de développer une véritable cohésion et un pouvoir de ralliement. Aujourd'hui, la grande majorité de ce que la Chine peut produire pour l'exportation pourrait être transférée en Inde, au Mexique, au Vietnam ou dans d'autres pays en une décennie, juste pour voir qui est le moins cher. Lorsque la monnaie chinoise s'appréciera, que les coûts de la main-d'œuvre, les prix mondiaux des matières premières et la pollution environnementale se détérioreront jusqu'à une certaine valeur critique, les multinationales abandonneront la Chine comme si elles abandonnaient leur emploi, sans la moindre hésitation ni pitié. Jouer le destin du pays sur un tel modèle de croissance est dangereux et inquiétant !

Le cœur du futur modèle de développement de la Chine ne devrait pas hésiter à accorder une priorité stratégique absolue au développement du marché intérieur, à réduire résolument la dépendance à l'égard des exportations dans une zone de sécurité inférieure à 10% du PIB, et à réorienter les principales ressources de l'économie nationale vers le marché intérieur au lieu de les envoyer sur les marchés étrangers. La richesse sociale créée par les Chinois, qui consomment de la main-d'œuvre, du temps, de l'énergie, des ressources, des terres, des matières premières, de la nourriture, de l'électricité, et qui subissent la pression des embouteillages et de la pollution de l'environnement, devrait être utilisée en priorité par les consommateurs chinois eux-mêmes.

L'essor des États-Unis à cette époque tournait autour de l'idée de droits de douane élevés, de salaires élevés, de technologie lourde, d'industrie forte et de grands marchés, avec les grands marchés en son centre. Sans la protection de droits de douane élevés, l'industrialisation infantile des États-Unis sera détruite par l'industrie manufacturière britannique, l'absence d'une société productive forte, ne sera pas en mesure de former un grand marché de consommation ; sans salaires élevés, il n'y aura pas plus de pouvoir d'achat, et ne sera pas en mesure de former un marché prospère, il ne peut devenir que la polarisation des profits des capitalistes en supprimant les revenus des travailleurs, comme en Grande-Bretagne, la prise de conscience du capital humain, de sorte que les États-Unis ont réalisé que les revenus élevés sont nécessaires pour la qualité des travailleurs, la santé, l'état mental, l'enthousiasme pour le travail, et la motivation pour l'innovation sont garantis. Les salaires ne sont pas seulement des coûts, mais aussi du capital, et l'investissement à long terme dans le capital humain sera en mesure d'apporter des rendements plus élevés ; la science et la technologie lourdes peuvent produire des innovations technologiques, accélérer l'augmentation de la productivité, réaliser la création de la richesse sociale à une plus grande échelle, former d'énormes économies, et finalement apporter une plus grande taille du marché et plus d'investissements ; une industrie forte a toujours été la clé de l'essor des États-Unis, une forte productivité industrielle est la condition préalable à la création d'un marché prospère, sans une énorme capacité de production, les États-Unis ne pourraient pas remplacer la Grande-Bretagne, ni devenir "l'arsenal des pays démocratiques" pendant les deux guerres mondiales, après la guerre pour établir le "nouvel ordre sous domination américaine".

Outre les droits de douane élevés, la stratégie américaine des salaires élevés, de la technologie lourde, de l'industrie forte et des grands marchés s'applique parfaitement à la Chine d'aujourd'hui.

Le remplacement du marché international par le marché intérieur, la substitution de la consommation chinoise par la consommation américaine et le transfert des ressources d'exportation vers le marché intérieur modifieront radicalement les relations de la Chine avec toutes les nations. Les conflits commerciaux deviendront une paix commerciale, le rejet féroce se transformera en une coopération chaleureuse, l'hostilité à l'égard de la Chine sera vaincue par l'attrait du marché chinois et l'alliance du siège politique et de l'endiguement militaire sera imparable. Le plus grand marché, c'est la plus grande puissance !

La question clé pour créer le plus grand marché de consommation du monde est de savoir par où commencer. L'échelle de production générée par l'industrie d'exportation, qui est orientée vers le marché mondial, peut-elle être en mesure d'absorber la capacité de production excédentaire de la demande intérieure qui peine à démarrer ?

La réponse est : c'est l'homme qui décide !

Le troisième étage de la fusée de décollage économique de la Chine — la deuxième industrialisation de l'agriculture

Les goulets d'étranglement qui ont causé l'économie chinoise sont souvent la porte de sortie.

L'expérience acquise depuis la fondation du pays montre qu'un pays prospère est un pays riche et qu'une industrialisation sans heurts est un pays riche, comme ce fut le cas dans les années 50 et à nouveau dans les années 80. À l'inverse, les campagnes sont en déclin et le développement économique est voué à souffrir de goulots d'étranglement de la croissance.

La structure de la population chinoise indique que les paysans resteront le groupe dominant dans l'avenir du pays, et une croissance économique qui ignore les campagnes n'est ni morale ni durable. L'élargissement du fossé économique entre les zones urbaines et rurales est également une cause cachée d'instabilité sociale. Après que l'économie agricole a connu un développement lent au milieu des années 1990, le taux de croissance des revenus des agriculteurs a doublé, passant de tous les cinq ans à tous les dix ans. Bien que le gouvernement ait supprimé l'impôt agricole, diverses répartitions et dépenses invisibles ont maintenu les ressources économiques de l'agriculture, qui sont constamment exsangues. L'accumulation de capital agricole de valeur, qui s'était formée au cours des 15 premières années de réforme et d'ouverture, s'est progressivement désintégrée au cours des 15 dernières années.

Si l'économie rurale n'est pas relancée, la revitalisation de la demande intérieure n'est qu'un vain mot. Il est impossible de créer un grand marché intérieur sans croissance des revenus de la majorité de la population d'une société.

Cependant, la croissance des revenus des agriculteurs ne devrait jamais être obtenue par des subventions financières ou des paiements de transfert, et le développement d'une économie agricole avec la mentalité de sauver les pauvres plutôt que les nécessiteux est voué à l'échec. Une croissance efficace et durable ne doit et ne peut provenir que d'une augmentation significative de la productivité ! Les agriculteurs doivent améliorer leur niveau de vie en créant davantage de richesses.

Avec la perspective d'une longue période de morosité économique en Europe et aux États-Unis à l'avenir, la percée pour relancer la demande intérieure sera d'initier le processus de la seconde industrialisation des zones rurales. Seule l'industrialisation peut apporter une productivité supérieure à celle de l'agriculture, et ce n'est qu'en allant plus loin que la première industrialisation rurale que l'on pourra véritablement revitaliser l'économie rurale.

L'industrialisation urbaine moderne, notamment l'informatisation, la haute technologie et les modèles commerciaux avancés, devrait à nouveau diffuser la technologie à grande échelle dans les campagnes. Si, dans les années 1980, l'industrialisation rurale a incité les agriculteurs à se tourner de manière proactive vers les villes pour la diffusion de la technologie, cette fois-ci, ce devrait être au gouvernement et aux villes de fournir de manière proactive les campagnes à bon marché.

De quoi a-t-on le plus besoin dans les campagnes en ce moment ? C'est de réduire les pertes de profits dans la commercialisation et la distribution des produits agricoles. En partant de la modernisation du lien de circulation des produits agricoles, en éliminant couche par couche l'exploitation inefficace et à forte perte des intermédiaires, en réalisant la connexion directe des produits agricoles de la terre aux résidents urbains, la plupart des bénéfices de circulation qui devraient appartenir aux agriculteurs sont rendus aux agriculteurs, ce qui augmentera rapidement le revenu net des agriculteurs et libérera une énergie de consommation considérable. Cela permet non seulement une distribution efficace et peu coûteuse des produits agricoles, mais aussi de garantir la sécurité alimentaire à la source. Un tel modèle commercial pourrait faire référence au modèle de chaîne de Wal-Mart, qui donne la priorité à l'ouverture de l'accès au marché aux entreprises privées, en plafonnant les bénéfices de ces entreprises et en les laissant acquérir un potentiel de croissance à l'échelle. Sur les marchés financiers et des capitaux, des canaux verts ad hoc pour la cotation des entreprises agricoles, encourageant ces entreprises à s'inscrire en priorité. En entendant ce mantra du capital "Sésame ouvre-toi", un grand nombre de fonds se presseront, et après une concurrence féroce, le meilleur choix sera fait.

Si Alibaba peut fournir à 6 millions de PME des informations sur la demande sur le marché international, pourquoi n'y aurait-il pas des entreprises prêtes à fournir des informations sur la demande du marché à des centaines de millions d'agriculteurs ? L'exploration de données avec de solides informations sur le marché permettra aux entreprises de réaliser des profits élevés tout en résolvant les déficits d'information les plus troublants pour les agriculteurs. N'oubliez pas que l'agitation de l'information peut également créer de nouvelles opportunités commerciales. En raison de la valeur stratégique significative de cette collecte et de cette analyse des données des agriculteurs nationaux, les gouvernements, les institutions de recherche, les banques, les sociétés de courtage et les fonds du monde entier seront également des clients intéressés. À l'heure actuelle, les zones rurales chinoises ayant accès à Internet se développent rapidement, et le taux de pénétration des téléphones portables dans les zones rurales augmente également, de sorte que les zones présentant des conditions peuvent commencer le processus d'informatisation en premier, tandis que les zones qui ne présentent pas de conditions pour le moment peuvent être progressivement résolues par des capitaux privés dirigés par le gouvernement. Le gouvernement n'a qu'à relire le "sésame de la porte ouverte", sans s'inquiéter de l'absence de capitaux privés pour intervenir activement.

La première industrialisation rurale n'a pas industrialisé la production, la distribution, la transformation profonde et l'intensification de l'agriculture, mais a comblé le manque de marché de l'industrialisation urbaine ; la deuxième industrialisation rurale devrait se concentrer sur l'industrialisation de l'alimentation avec des caractéristiques chinoises.

L'agriculture moderne de haute technologie augmentera considérablement la productivité et réduira la consommation d'eau, d'engrais et de pesticides. Le cas le plus célèbre est celui de la technologie israélienne du goutte-à-goutte. En 1962, un agriculteur israélien est tombé sur un tuyau d'eau qui fuyait et ses cultures ont poussé de manière exceptionnelle. La raison en est que l'infiltration continue de l'eau dans le sol au même endroit est le moyen le plus efficace de réduire l'évaporation, d'assurer une irrigation efficace et de contrôler la consommation d'eau, d'engrais et de pesticides. Cette découverte a été immédiatement soutenue par le gouvernement, et la technologie mondialement connue de l'irrigation au goutte-à-goutte a vu le jour en 1964. Pendant 30 ans, la consommation d'eau de l'agriculture israélienne est restée largement stable, mais la production agricole a été multipliée par cinq ! Le principe de l'irrigation au goutte-à-goutte est simple, mais permettre à l'eau de s'écouler uniformément sur chaque plante est très compliqué. Les tubes en plastique rigide et anti-colmatant, les connecteurs, les filtres et les contrôleurs développés en Israël sont le fruit d'une haute technologie. En Israël, "l'eau est l'élément vital de l'agriculture", non pas dans le sens où il faut creuser des fossés, mais dans celui de l'irrigation scientifique et de l'utilisation efficace de l'eau. L'irrigation au goutte-à-goutte fait de chaque centimètre carré de terre un lieu de haute technologie, et les systèmes d'irrigation au goutte-à-goutte contrôlés par ordinateur pour l'eau, les engrais et les pesticides sont typiques de l'extension de l'industrialisation moderne à l'agriculture.

La "technologie d'irrigation au goutte-à-goutte" d'Israël a transformé le désert en oasis agricole ; la campagne "un village, un produit" du Japon a transformé la campagne en un paradis sur terre avec un environnement magnifique et une économie développée ; la "nouvelle construction rurale" de la Corée du Sud a réduit l'écart de revenus entre les zones urbaines et rurales ; et "l'utilisation efficace des terres" des Pays-Bas a créé le miracle d'être le troisième exportateur mondial de produits agricoles sur un territoire étroit avec la plus forte densité de population au monde. Chacun de ces pays est confronté à une situation difficile similaire à celle de la Chine, mais l'agriculture a fait un bond en avant sans précédent en termes de productivité, soutenu par la prolifération de la technologie, l'informatisation et le commerce moderne, ce qui a permis aux agriculteurs de ces pays d'approcher ou de dépasser les revenus des résidents urbains. Comme le dit le proverbe, tout dépend de l'homme, et tant que le gouvernement est disposé à orienter les ressources économiques en faveur des campagnes à grande échelle, il n'est pas inconcevable que la productivité de la Chine rurale augmente.

Une productivité plus élevée générera une plus grande demande de la part des consommateurs, stimulera l'émergence de services ruraux, attirera un grand nombre de travailleurs ruraux excédentaires et créera une situation dans laquelle la population agricole est divisée, l'agriculture, les grappes industrielles agricoles, les travailleurs urbains à temps partiel et les services ruraux allant de pair ; dans le même temps, elle accélérera la construction urbaine, abolira le système d'enregistrement des ménages, permettra la sous-location et la circulation des droits de gestion des terres et augmentera l'intensification agricole.

L'une des causes fondamentales du retard rural est le manque cruel d'infrastructures. L'eau, l'électricité et les transports constituent autant de goulots d'étranglement pour le développement agricole. L'insuffisance des ressources éducatives, la médiocrité des soins de santé et la monotonie des pratiques culturelles et récréatives ont exacerbé les conditions de la seconde industrialisation rurale. La qualité de la population, en particulier, est un frein à la croissance de la productivité. Les Américains l'ont compris dès le XIXe siècle, et le Japon a mis en place l'éducation pour tous depuis la restauration Meiji. La Chine aussi voit maintenant les graves conséquences de la myopie stratégique. Si l'on n'est pas plus déterminé aujourd'hui à orienter les ressources en faveur du capital humain rural à grande échelle, cette lourde dette envers la qualité de la population sera doublée à l'avenir sous la forme d'une compensation rentable.

Toutes les visions d'une seconde industrialisation des campagnes nécessitent de l'argent, et de l'argent en quantité stupéfiante, et sans l'investissement de fonds, tout n'est que paroles en l'air. Au cours des cinq prochaines années, l'ampleur des investissements dans les seuls projets hydrauliques atteindra 2 000 milliards de yuans ! Il s'agit d'une compensation pour la stagnation du développement de l'eau en milieu rural au cours des 20 dernières années. Ainsi, l'ampleur du financement nécessaire pour lancer une deuxième industrialisation rurale sera au moins plusieurs fois plus importante.

La question est de savoir comment réunir une telle somme d'argent. Pour l'instant, les subventions foncières sont l'idée dominante, mais elles ne sont pas la meilleure option. Faire monter le prix des terres, c'est l'idée de monétiser la terre et l'immobilier, en l'absence d'une augmentation substantielle de la productivité, ne peut finalement que conduire à une plus grave sur-émission de la monnaie, dans la promotion des bulles d'actifs et de la spéculation prévalente dans le même temps, l'inflation et les prix des maisons, la hausse des matières premières, va également comprimer la marge bénéficiaire de l'industrie, supprimant ainsi la création de richesse réelle, affaiblissant la source de la croissance économique. L'idée de la plus-value foncière et du fantasme de la richesse tombant du ciel est la même que celle d'une vieille dame américaine utilisant sa maison comme un distributeur de billets. Les vieilles dames américaines peuvent mettre leurs économies à découvert au profit de vieilles dames chinoises, tandis que la Chine ne peut créer de "fausses économies" qu'en imprimant de l'argent.

Une partie du capital pour la deuxième industrialisation des campagnes peut être supportée par le marché des capitaux, ceux avec un investissement court, des rendements élevés, peuvent être cotés sur le modèle d'affaires, n'ont pas besoin que le gouvernement apporte de l'argent, tant que la politique de donner suffisamment de tentation, le capital à la recherche de profits est là. Quant aux investissements à long terme dans les infrastructures rurales, l'éducation et les soins de santé, les marchés des capitaux n'interviennent généralement pas, et les capitaux à court terme cherchent à obtenir des rendements d'au moins

10 fois sur trois ans, ce qui n'est pas intéressant pour les investissements qui prennent 5 à 10 ans pour porter leurs fruits.

Pour les investissements à long terme dans les zones rurales, une approche plus raisonnable que les subventions foncières consiste à émettre des "obligations agricoles spéciales" ou des obligations agricoles locales. Cette dette agricole est fondamentalement différente de la dette des plateformes de financement locales. En 2010, la Chine a subi des pertes directes de centaines de milliards de yuans en raison des inondations et des sécheresses, et des pertes encore plus importantes en raison des arrêts de production indirects et des perturbations des flux commerciaux. La construction de projets hydrauliques agricoles réduira les pertes de catastrophes, ce qui augmente directement les bénéfices sociaux et la productivité, le flux de trésorerie qu'il crée, bien que pas aussi intuitif que les avantages du projet, mais les avantages sociaux totaux sont évidents et durables, les paiements d'intérêts sur la dette agricole du trésor, seront surcompensés par les taxes de l'augmentation des bénéfices économiques de la société entière.

Il faut parfois 10 à 20 ans pour que les investissements dans l'éducation et les soins de santé en milieu rural soient rentables. Toutefois, ces investissements peuvent permettre aux populations rurales de passer de l'endettement au capital à long terme, et les avantages deviendront de plus en plus évidents avec le temps. Pour de tels investissements, on pourrait envisager d'émettre des obligations spéciales à très long terme (20 ans ou plus) qui offrent un allégement fiscal sur les retours sur investissement et encouragent les investisseurs non seulement à rechercher des retours économiques mais aussi à créer des avantages sociaux.

Il existe deux sortes de dettes : l'une est la dette productive et l'autre la dette de consommation. La première est comme un muscle, tandis que la seconde est comme une graisse. L'endettement productif, si les perspectives d'investissement sont claires et que le taux d'endettement reste dans des limites sûres, jouera un rôle positif dans le développement économique.

Les avantages globaux de l'émission d'obligations agricoles peuvent être perçus de deux manières : premièrement, elle peut absorber à grande échelle la monnaie qui a été sévèrement sur-émise pendant une décennie et réduire les graves conséquences des bulles d'actifs et de la spéculation causées par l'inondation de liquidités ; deuxièmement, elle peut augmenter la profondeur et la variété du marché interbancaire, améliorer la construction du système financier et rendre les marchés des actions et de la dette plus équilibrés. À court terme, le ratio de la dette nationale par rapport au PIB peut augmenter fortement, mais il n'y a pas lieu de s'alarmer, la dette agricole est une dette bénigne et est fondamentalement différente des modes de consommation à découvert en Europe et aux États-Unis. Les investissements agricoles amélioreront les infrastructures rurales, réduiront les coûts de fonctionnement de l'économie agricole, augmenteront la productivité agricole, créeront une épargne agricole supplémentaire, stimuleront la production dans l'économie urbaine, absorberont progressivement la surcapacité dans l'économie tournée vers l'extérieur, augmenteront la taille du marché intérieur et accroîtront les recettes fiscales.

Le point de départ essentiel est la taille croissante du marché intérieur, qui accroît le pouvoir de la Chine de contrôler son propre destin économique !

Le deuxième champ de bataille pour la création d'emplois et l'expansion du marché

La difficulté de financement des petites et moyennes entreprises, dans le cadre de la politique monétaire restrictive, a mis en évidence la situation actuelle de grave allocation irrationnelle des ressources financières en Chine. Les petites et moyennes entreprises (PME), qui créent le plus d'emplois, contribuent le plus aux recettes fiscales et jouent un rôle important dans l'économie nationale, sont en crise parce qu'elles ne peuvent pas accéder au crédit du système bancaire. Dans l'impuissance de ne pas pouvoir obtenir des fonds par les voies normales, les PME doivent s'en remettre à des banques clandestines à super usure pour maintenir la demande de liquidités ou de prêts-relais ; et en cas de léger accident, les pièges de l'usure avec des taux d'intérêt annuels pouvant atteindre 30%, 50% ou même 100% détruiront facilement une entreprise exploitée avec diligence pendant des années et jouissant d'une bonne réputation. La propagation sans discernement des banques d'argent clandestines a progressivement formé une crise potentielle de réaction en chaîne des "prêts à risque" à la chinoise.

L'appel à résoudre les difficultés de financement des petites et moyennes entreprises dure depuis de nombreuses années, et la cause profonde du retard dans la résolution du problème réside dans la préférence naturelle des banques commerciales dans une économie de marché à "suspecter la pauvreté, aimer les riches et éviter les risques". Cette situation est similaire à la mentalité de "pénurie de prêts" qui prévaut dans les banques commerciales aux États-Unis après le tsunami financier, non pas qu'il n'y ait pas d'entreprises et de particuliers aux États-Unis qui souhaitent obtenir des prêts, mais que les banques, après avoir subi de lourdes pertes, ont développé une aversion paranoïaque au risque, ce qui a entraîné la diminution des prêts à la consommation et des prêts hypothécaires aux États-Unis.

Un autre exemple est celui de la Grande Dépression en Allemagne dans les années 30, où 30% de la population était au chômage d'une part, et une grande quantité de capacités de production industrielle inutilisées d'autre part. Lorsque l'argent arrivait pour combiner les deux, il créait une nouvelle épargne, qui stimulait l'expansion de la production dans d'autres domaines, les échanges sur le marché avaient lieu et l'économie allemande reprenait vie. Mais les banques commerciales allemandes ont refusé d'accorder des crédits pour relancer l'économie. Les banques ont toujours été excessivement prudentes en temps de crise et abusives dans l'octroi de crédits dans les bulles. Il semble très peu fiable d'attendre des banques privées qu'elles activent l'économie allemande. Le gouvernement nazi, qui vient d'arriver au pouvoir, estime que "nos problèmes économiques ne sont pas dus à un manque de moyens de production, mais au fait que les moyens de production disponibles ne sont pas utilisés au maximum. Pour réduire le chômage, la tâche la plus urgente aujourd'hui est d'utiliser les moyens de production inutilisés. "La solution consiste à "investir dans des crédits productifs". Le gouvernement allemand décide de s'éloigner des théories traditionnelles de création de crédit par les banques et de ne pas être contraint par l'or et les devises étrangères et de créer une nouvelle forme de monnaie par le gouvernement, le fameux "Mefo Bill" (job creation bill). Le gouvernement allemand paie des lettres de change à court terme avec un taux d'intérêt de 4,5 pour cent pour une période de trois mois directement aux acheteurs du gouvernement et prévoit que les lettres de change peuvent être "escomptées" dans toutes les banques du pays, et que les banques peuvent les porter à la Banque centrale pour les "ré-escompter" en espèces ou les conserver jusqu'à l'échéance. Cette mesure revient à l'émission directe par le gouvernement de Reichsmarks garantis par des "traites de création d'emplois", contournant complètement le système bancaire peu enclin au risque et injectant la volonté du gouvernement de créer des emplois directement dans l'économie allemande par le biais de ces traites. Une fois que la main-d'œuvre inactive a été combinée avec les moyens de production inactifs, l'économie allemande a immédiatement commencé à se relancer, et en seulement cinq ans, elle a atteint presque le plein emploi, le chômage est tombé à 1,3%, le produit national brut a doublé, et elle est redevenue un pays industriel fort en Europe.

Cet exemple montre que lorsque le système bancaire commercial, pour diverses raisons, est réticent à accorder des crédits pour la création d'emplois, les gouvernements peuvent contourner le système bancaire et injecter la volonté de l'État directement dans l'économie grâce à l'instrument de l'innovation financière.

La Chine est actuellement confrontée à un paradoxe similaire, avec des PME créatrices d'emplois qui font faillite en raison d'un manque extraordinaire de capitaux, alors que les banques commerciales préfèrent couvrir leurs paris en prêtant de l'argent aux grandes entreprises d'État qui n'en manquent pas. Le problème ici est que si les principes de l'économie de marché des banques commerciales sont respectés, le gouvernement ne pourra pas exiger des banques qu'elles prêtent directement aux PME, sinon il y aura à l'avenir des imbroglios complexes entre les banques et le gouvernement. Dans le même temps, les petites et moyennes entreprises sont trop petites pour lever des fonds par l'émission d'obligations, d'une part, la loi ne le permet pas, d'autre part, aucun courtier n'est prêt à gagner quelques millions de yuans de frais de souscription et d'efforts laborieux. Si un certain nombre de petites et moyennes entreprises sont regroupées pour émettre des "obligations groupées", il y aura d'autres problèmes de notation de crédit et des problèmes opérationnels tels que ce qu'il faut faire avec les autres entreprises si l'une d'entre elles fait défaut. En outre, les investisseurs trouvent cela risqué et sont réticents à investir.

À ce stade, le gouvernement est en fait confronté à une analyse stratégique selon laquelle si l'on accorde la plus haute priorité à l'augmentation de la taille du marché intérieur, alors la création d'un plus grand nombre d'emplois augmentera directement la capacité de consommation du marché intérieur. L'innovation financière est nécessaire si l'on veut résoudre le dilemme du financement des PME. Les caractéristiques de base de cette innovation sont au nombre de deux : l'une consiste à contourner les banques et l'autre à bénéficier d'un soutien gouvernemental. L'objectif est que les PME désireuses de créer davantage d'emplois puissent accéder à un financement à faible coût.

Dans ce domaine de l'innovation financière, les traités pour la création d'emplois, les billets de trésorerie à court terme et les obligations pourries sont autant d'approches qui méritent d'être explorées en profondeur.

Dans le cas des investissements directs étrangers, l'augmentation de l'emploi qui génère des recettes fiscales et la diffusion de la technologie seraient naturellement les bienvenues, mais il pourrait y avoir quelques ajustements dans l'approche. Étant donné que les réserves de change de la Chine sont manifestement surexploitées, ces devises ne savent même plus quoi acheter, et les devises supplémentaires qui entrent dans le pays augmentent au contraire la charge sur les réserves de change de la Chine. Ce qui a le plus de valeur pour les entreprises étrangères, ce ne sont pas leurs devises, mais leur technologie, leur gestion, leur marque et leurs canaux de commercialisation internationaux.

En d'autres termes, lorsqu'il s'agit d'attirer des investissements étrangers ordinaires, le gouvernement peut dire "bienvenue". Mais nous n'avons pas besoin que vous apportiez de l'argent, notre société d'investissement en devises étrangères est prête à investir, vous prenez la technologie, la gestion, la marque, le canal dans le stock, nous faisons le grand actionnaire, vous faites le petit actionnaire.

S'il s'agit vraiment d'un bon projet lucratif, les sociétés d'investissement en devises étrangères ou les sociétés d'investissement nationales se disputeront les parts, de sorte que les réserves de devises étrangères aient un moyen supplémentaire d'être utilisées dans le pays. Pourquoi les étrangers sont-ils prêts à venir ? Il y a 30 ans, les devises chinoises étaient rares et les investissements directs étrangers étaient la bonne chose à faire. Mais 30 ans à l'est, 30 ans à l'ouest, la Chine s'inquiète aujourd'hui d'avoir trop de devises étrangères. Les réserves de change sont utilisées au niveau national en échangeant des devises contre une participation majoritaire dans des capitaux étrangers. Comme il n'est pas facile pour la Chine de trouver de bons actifs à l'étranger, quelqu'un d'autre peut-il refuser un bon investissement livré à sa porte ? Pour dire les choses crûment : nous venons pour conduire, et ils font office de chevaux.

Quant aux multinationales qui opèrent déjà dans le pays, si elles réalisent de bons bénéfices et détiennent un monopole sur une industrie de pointe en Chine, elles devraient saisir l'occasion de racheter leurs actions. L'objectif est de réduire les investissements étrangers monopolistiques à un statut de non-monopole et de transformer les gros actionnaires étrangers en petits actionnaires. N'êtes-vous pas inquiet de ne pas pouvoir dépenser vos réserves de change ? Vous ne pouvez pas acheter de bons actifs à l'étranger, et vous ne pouvez pas tondre de la laine chez vous ? Ils ont gagné de l'argent pendant tant d'années qu'il aurait été temps de reverser une partie des bénéfices à la société chinoise.

Le rachat des participations des STN en Chine à partir des réserves de change devrait, bien entendu, être effectué sur une base "volontaire", et la question essentielle est de trouver des moyens d'amener les investisseurs étrangers à vendre volontairement leurs participations à un prix raisonnable. En fait, le gouvernement peut citer les diverses "rhétoriques" que les entreprises chinoises ont rencontrées lors des fusions et acquisitions à l'étranger et les utiliser à l'inverse. Par exemple, les préoccupations omniprésentes en matière de sécurité nationale, la protection de l'environnement à la mode et la vérification fiscale. La solution est toujours plus difficile !

L'immobilier est-il une bulle de richesse ou un pilier de la croissance économique ?

Pour répondre à cette question, il est préférable de se pencher sur le plus simple des contes de chasseurs et de l'analyser plus clairement.

Le chasseur chasse de manière traditionnelle, constituant ainsi une "épargne" de ses proies, et lorsqu'il utilise cette épargne pour "investir" dans la fabrication d'arcs et de flèches, il augmente sa productivité. Et une productivité plus élevée apporte plus de proies, ce qui lui permet d'échanger ces "économies" restantes sur le marché. S'il a besoin d'un vêtement, alors le couturier est "stimulé" par la production pour accélérer la fabrication du vêtement et répondre aux besoins du chasseur, augmentant ainsi la productivité du vêtement. Comme les chasseurs et les couturiers génèrent un surplus d'épargne croissant, leurs économies supplémentaires sont échangées sur le marché, ce qui stimule à son tour un plus grand nombre d'industries à accélérer la production, d'où un plus large éventail de gains de productivité.

En conséquence, la croissance économique a commencé à se "propager" des secteurs qui avaient été à l'origine des gains de productivité aux industries périphériques, entraînant une augmentation générale de la productivité sociale. Dans ce processus, les secteurs à forte productivité jouent le rôle de "locomotives économiques", tandis que les secteurs à faible productivité sont stimulés par leur demande pour générer de la croissance, puis augmenter progressivement leur propre productivité.

Si le chasseur est le "moteur de la croissance économique", le développement de l'industrie de la confection et d'autres industries est le secteur "tiré". L'augmentation générale de la productivité de la société dans son ensemble a créé une grande quantité de richesse excédentaire, créant ainsi le besoin de "caves de richesse". Avant que les chasseurs ne fabriquent des arcs et des flèches, il n'y avait pas de richesse excédentaire dans la société, la terre de toute la tribu ne valait pas grand-chose, et qui se soucie de l'aménagement du territoire s'il ne peut même pas se remplir le ventre ? Ce n'est que lorsqu'il y a une demande de "caves à richesses" dans la société que l'or, les trésors, les bijoux, mais aussi la terre, jouent le rôle de conteneur pour le trop-plein de richesses. Ainsi, les terres ont commencé à prendre de la valeur. Les chasseurs et les confectionneurs de plus en plus aisés ont progressivement développé une demande de logements, et les promoteurs immobiliers ont été "stimulés" pour construire des maisons, ce qui a "stimulé" à son tour les industries de la maçonnerie, du bois, des meubles et autres.

Dans cette chaîne, les chasseurs sont la source de la demande et la force motrice est la fabrication d'arcs et de flèches. Seule une révolution de la productivité est la véritable source de création de richesse.

L'idée même de compter sur l'appréciation des terres et le développement immobilier pour tirer la chaîne économique est discutable. L'appréciation des terres et le développement immobilier sont une conséquence naturelle de l'augmentation de la productivité, et non sa cause initiale. Inverser cette logique n'a pas le bon effet économique.

Sans une percée révolutionnaire de la productivité, la poursuite unilatérale de l'appréciation des terres entraînera une hausse des coûts pour le secteur industriel. La monétisation de la terre et de l'immobilier conduit alors à une augmentation de la masse monétaire supérieure à l'augmentation de la productivité, avec pour résultat que l'inflation générale, l'augmentation du coût de la terre, des matières premières, de l'énergie et de la main-d'œuvre, accompagnée d'une concurrence féroce sur les prix du marché, comprimera les profits de l'ensemble du secteur industriel qui n'a pas encore réalisé une percée dans la productivité. Le résultat final est que le secteur industriel non rentable, sans les "économies" nécessaires à accumuler, perd la capacité d'améliorer la "fabrication à l'arc" et affaiblit le potentiel de gains de productivité.

La croissance du PIB total n'est pas le véritable objectif du développement économique, et une croissance économique saine doit être orientée vers l'augmentation de la productivité. Le PIB généré par l'immobilier et sa chaîne industrielle, qui était censé être le résultat de la croissance de la productivité, est maintenant devenu la cause de la suppression de la productivité. Des centaines de millions de tonnes d'acier, de ciment et de matières premières sont figées dans des "bâtiments fantômes" pleins de spéculation et présentant un taux de vacance anormalement élevé, ce qui, à l'instar des grandes raffineries d'acier des années 1950 et du "bond en avant étranger" des années 1970, constitue un gaspillage de ressources économiques précieuses, qui revient à priver les chasseurs de l'accumulation utilisée pour fabriquer des arcs et des flèches, et à les mettre dans un état d'oisiveté et de gaspillage.

La monétisation des biens fonciers et immobiliers a donné lieu à une frénésie de création de crédit, et le pouvoir d'achat de la monnaie, de plus en plus dévalué, a faussé la répartition rationnelle de la richesse dans la société. Elle transfère à grande échelle la richesse des épargnants vers les poches de quelques-uns et donne le mauvais exemple de l'enrichissement rapide. Au milieu de ce grand changement dans le flux des richesses, l'appréciation des terres a facilement dépassé les maigres profits de la production industrielle, détruisant rapidement la volonté des industriels de travailler dur, et ébranlant la détermination de l'industrie à améliorer continuellement la "fabrication de l'arc et des flèches". Puisque l'achat d'un terrain pour s'asseoir et attendre l'appréciation est plus rapide et plus rentable que les innovations technologiques ennuyeuses, douloureuses, décérébrantes et risquées, qui veut continuer à être terre à terre et diligent dans l'industrie ? Cette atmosphère sociale à courte vue et impétueuse a rendu le "Made in China" de plus en plus superficiel et vulnérable aux vents et aux vagues.

L'appréciation rapide des terrains et le développement anormal de l'industrie immobilière détruisent le potentiel de croissance de la productivité industrielle, tant du point de vue matériel que spirituel. Le PIB qu'ils créent est riche en toxines, en effets secondaires et en mousse, et constitue une industrie "hautement polluante" dans le développement économique.

Un développement immobilier normal est propice à l'amélioration de la qualité de vie de l'ensemble de la société, à une croissance économique saine, à la promotion de la consommation sociale et à l'expansion de la taille du marché intérieur, ce qui doit être encouragé. Toutefois, le monstrueux boom immobilier n'est en aucun cas une bénédiction pour la Chine.

Après le 11 septembre 2001, la révolution des technologies de l'information aux États-Unis a été interrompue par une spéculation excessive sur les capitaux et le processus d'explosion de la productivité s'est brutalement arrêté. En l'absence de nouvelles percées technologiques, les États-Unis se sont lancés dans un modèle de "bulle d'actifs" consistant à stimuler le boom immobilier pour alimenter la croissance économique. L'expansion excessive du crédit et l'innovation financière ont finalement conduit à la pire crise économique depuis la Grande Dépression des années 30. Le monstrueux boom immobilier du Japon après le milieu des années 1980 a déclenché 20 ans de stagnation économique, et la bulle immobilière des Quatre Petits Dragons asiatiques a été sévèrement punie par la crise financière asiatique de 1997. La main qui a serré la bulle immobilière ne peut pas se relâcher !

Il n'est pas nécessaire d'exagérer la "haute opinion" occidentale selon laquelle l'éclatement de la bulle immobilière déclenchera la crise financière de la Chine. Toutes les crises financières sont une réaction en chaîne de l'épuisement des liquidités causé par les défauts de paiement des dettes, qui à leur tour détruisent les actifs des institutions financières. Il n'est pas difficile d'injecter suffisamment de liquidités, de renflouer les institutions financières et d'arrêter la propagation des défauts de paiement, les États-Unis l'ont fait et l'Europe se prépare à le faire. Ce qui est difficile, c'est que la persistance d'une dette élevée supprime le désir et la capacité des consommateurs à développer leur crédit. Sans expansion du crédit, il n'y aura pas d'élan durable pour la reprise économique, et il sera difficile de générer un cycle vertueux d'emploi et de production. Et le fait que le gouvernement n'ait pas le pouvoir d'ajuster avec force la relation dette-obligation dans la société est le nœud du problème !

Aux États-Unis, dans le cadre du système du "pouvoir de l'or", Washington applique la politique de Wall Street, et la dette est l'actif le plus central pour les banques. La dette est donc "sacro-sainte" ! Par conséquent, le gouvernement américain a utilisé la méthode la plus irrationnelle et la plus gaspilleuse pour sauver la crise financière. La cause profonde des mauvaises dettes bancaires est que les prêteurs ne sont pas en mesure de supporter le fardeau de la dette causée par les défauts de paiement, le moyen le plus simple et le plus efficace devrait être, le gouvernement des États-Unis avec des fonds de sauvetage pour annuler directement les mauvaises dettes, la relation de la dette est radiée, de sorte que les consommateurs sans pression de la dette sera en mesure de monter légèrement, la reprise économique sera bientôt de retour sur la bonne voie. Mais les banquiers ne sont pas d'accord, comment les banques peuvent-elles gagner de l'argent en réduisant la dette des consommateurs ? Les banquiers insistent pour prendre l'argent du gouvernement pour capitaliser les banques et garder les consommateurs endettés comme esclaves de la dette, encore plus avant qu'ils puissent obtenir que le gouvernement continue à subventionner avec le trésor, deux maisons étant l'exemple évident. Le résultat est que l'argent du gouvernement compense les pertes des banques, les débiteurs continuent d'être pressés par une dette élevée, le gouvernement subventionne lorsqu'ils ne peuvent pas payer, et tout l'argent du gouvernement provient du découvert de la future dette nationale, la pression de la montée en flèche de la dette nationale est finalement supportée par les contribuables. Au lieu de diminuer, le rapport entre la dette totale et le PIB de l'économie augmente. Les consommateurs, accablés par une dette plus importante, ont perdu la capacité d'accroître leur consommation, l'économie est dans un bourbier et il y a peu d'espoir de reprise de l'emploi.

La différence fondamentale entre la Chine et l'Occident est que la relation dette-dépendance peut être forcée par le gouvernement à se restructurer. Au début de la base de la montagne de Jinggang, le développement économique était en déclin en raison d'une lourde dette paysanne. La politique proposée par l'Armée rouge était que "toutes les dettes des ouvriers et des paysans envers Tendong devaient être abolies et non remboursées". Lorsque les lourdes chaînes de la dette paysanne ont été levées, l'économie de la base a rapidement prospéré.

L'abolition de la relation dette-obligation signifie une redistribution de la richesse sociale, ce qui est en fait une révolution sociale ! La pierre angulaire de la domination de la société occidentale est constituée par les intérêts des groupes financiers, et modifier la relation dette-obligation équivaut à "ruiner leur vie", ce qui, bien entendu, ne fonctionnera pas.

En Chine, le gouvernement étant le centre du pouvoir social, en période de crise, tout peut changer ! Y compris les relations entre les dettes, qui peuvent être ajustées à tout moment, ce qui rend difficile l'apparition d'une crise financière occidentale en Chine. Et cette différence institutionnelle est difficile à comprendre pour les universitaires occidentaux. Si la bulle immobilière éclate, le gouvernement peut directement acheter des biens et les louer à bas prix aux personnes à faible revenu, non seulement pour établir un plancher pour les prix des actifs, mais aussi pour économiser le coût de la construction d'un grand nombre de logements à loyer modéré. À mesure que l'économie se rétablira, les prix de l'immobilier se redresseront de manière saine et les créances douteuses du système bancaire s'atténueront considérablement.

Débarrassez-vous du dollar, le yuan a besoin d'un remède

Le concept de "réserves de change", inventé par le gouverneur de la Banque d'Angleterre, Norman, à la conférence de Gênes en 1922, a été un système monétaire douteux et inefficace. Les Britanniques manquaient d'or après la Première Guerre mondiale, ils ont donc inventé l'astuce de la devise "de l'eau au pétrole", en proposant la livre et le dollar ensemble comme réserves monétaires de la banque centrale, en soutenant l'émission des monnaies nationales, ce qui est l'essence du système d'étalon de change-or. Les monnaies nationales sont rattachées à deux monnaies principales, la livre sterling et le dollar américain, qui promettent à leur tour un échange libre contre de l'or. Ce système monétaire a contribué à l'inondation des liquidités mondiales dans les années 1920, qui a culminé avec la Grande Dépression des années 1930.

Le système de Bretton Woods de 1944 a amélioré la version mondiale du système, la monnaie centrale devenant le dollar et la réserve de dollars devenant la pierre angulaire des monnaies nationales, ce qui a entraîné l'effondrement du système monétaire mondial en 1971.

Après la naissance de l'empire de la dette américaine en 1971, et surtout après l'utilisation de la "chimiothérapie" monétaire par le président de la Réserve fédérale Volcker pour consolider la domination du dollar en 1979, les réserves en dollars ont à nouveau prévalu, jusqu'à la naissance de l'euro.

En fait, il existe une contradiction logique insurmontable inhérente à l'utilisation des monnaies nationales souveraines et de la dette nationale des actifs qui les sous-tendent comme base de l'émission des monnaies du monde, le fameux "dilemme de Triffin" de l'époque, qui s'applique encore aujourd'hui. En toute logique, le système du dollar s'effondrera à nouveau tôt ou tard, et aucun des pays qui utilisent le dollar et la dette américaine comme actifs de base pour leurs réserves de change ne sera épargné. Il s'agit de savoir quand, pas si.

Sachant cela clairement, ce serait une violation du principe selon lequel "un gentleman ne construit pas sous un mur de danger" d'utiliser la réserve de dollars comme base pour l'émission du yuan. Détenir de la dette américaine équivaut à exporter l'épargne nationale et à supprimer l'expansion du marché intérieur. Détenir des dollars, c'est-à-dire détenir indirectement des bons du Trésor américain derrière des dollars, équivaut également à financer le déficit américain.

Mais qu'achètent exactement ces dollars ? L'ampleur des réserves de change accumulées par la Chine est telle qu'elle se retrouve soudain avec un énorme excédent de dollars entre les mains, alors qu'en fait elle ne peut rien acheter de bon, à part des bons du Trésor américain. À ce stade, la Chine ne devrait-elle pas se demander, à son tour, si cette génération d'exportations a encore un sens ? Le véritable pouvoir d'achat des actifs en dollars se dépréciant chaque année, cela ne revient-il pas à déverser une partie des biens exportés directement dans le Pacifique ? La Chine consomme-t-elle des ressources, de l'énergie, de la main-d'œuvre et des ressources matérielles pour obtenir des emplois, uniquement pour déverser ses produits dans la mer par lots ? Est-il possible de faire quelque chose de significatif ? Certains affirment que la Chine doit continuer à acheter des bons du Trésor américain, sinon les actifs qu'elle détient actuellement dans ce domaine vont diminuer. La logique est également erronée. Si vous déteniez des actions d'une entreprise en perte de vitesse et que vous saviez qu'elle allait perdre de l'argent à l'avenir, choisiriez-vous de continuer à acheter comme un fou pour maintenir le cours de l'action ? À moins que vous ne soyez prêt à tirer la sonnette d'alarme ! Mais le plus malheureux, c'est que vous découvrez soudain que vous êtes en fait la plus grosse, la dernière et la plus stupide des prises.

Avant 1994, le refinancement était le principal mode de placement du renminbi, et de 1983 à 1993, il représentait 70 à 90% des placements en monnaie de base du renminbi. Au cours de cette période, le renminbi était très pertinent pour le développement économique du pays, car le refinancement était un prêt reçu par les institutions financières nationales de la part de la banque centrale, qui était canalisé dans le cycle économique national, et l'indépendance de l'émission de renminbi a été progressivement affaiblie par les changements graduels du mécanisme d'émission de renminbi après la convergence des taux de change en 1994, la part croissante des devises étrangères, la dépendance croissante des réserves de devises étrangères comme garantie de la monnaie de base du renminbi, et l'érosion progressive de l'émission de renminbi.

L'émission du yuan est de plus en plus liée au crédit des monnaies étrangères, notamment des gouvernements étrangers, indépendamment du niveau de développement économique du pays. Dans ce contexte, le modèle de développement économique de la Chine a subi un changement important, passant de la dépendance au marché intérieur à la dépendance au marché international. Dans les années 1950, Chen Yun a proposé que le renminbi ne soit rattaché ni au dollar américain, ni à la livre sterling et à l'or, ni au rouble soviétique, car l'ancienne génération avait été témoin des graves conséquences de la colonisation croissante de l'économie nationale après que la monnaie française de Chiang Kai-shek ait été rattachée à la livre sterling et au dollar américain, et que la souveraineté monétaire soit tombée à l'eau, et que la frontière financière ait été perdue.

Tout au long de l'histoire des monnaies, l'essor de la monnaie d'une grande puissance a consisté à utiliser sa propre richesse comme réserve monétaire pour fournir le sang du crédit à sa propre économie ou au cycle économique mondial qu'elle domine. Lorsque l'Empire britannique dominait le monde, il utilisait l'or comme réserve monétaire ; lorsque le dollar américain dominait le monde, il utilisait les bons du Trésor américain comme base monétaire ; lorsque l'euro a vu le jour, il utilisait les bons du Trésor européen comme base d'émission ; lorsque le RMB dominera le monde à l'avenir, pourra-t-il se battre longtemps sous les ailes des bons du Trésor américain ?

Les réserves de change sont un signe de la domination des pays à monnaie marginale par les puissances à monnaie centrale, et en aucun cas un symbole d'indépendance monétaire. Elles ne représentent pas la force de la monnaie, mais reflètent simplement la profondeur de la dépendance à la monnaie.

La question de la comptabilité des devises n'est pas un détail technique, mais un choix d'orientation stratégique pour la monnaie chinoise.

Pour que le renminbi retrouve sa place prépondérante dans l'émission de devises et que la création de crédit domestique serve le cycle économique national, il est nécessaire de couper l'accès aux devises aux banques centrales. L'approche spécifique consiste à établir un "fonds d'égalisation des devises", qui émettra des "obligations en devises" spéciales sur le crédit de l'État, lèvera des fonds en RMB et jouera le rôle d'"acheteur en dernier ressort" pour les devises sur le marché interbancaire chinois, bloquera le canal des flux de devises vers la banque centrale et éliminera l'augmentation substantielle des investissements en monnaie de base dans le seul but d'acquérir des devises. Dans le même temps, ces "obligations en devises" peuvent également enrichir considérablement la variété du marché obligataire et offrir de nouvelles options d'investissement aux compagnies d'assurance, aux banques, aux fonds et autres institutions d'investissement.

Les principales responsabilités du "fonds de parité des changes" sont les suivantes : intervenir sur le marché des changes pour assurer la stabilité du taux de change du renminbi ; en tant que plus grande concentration de devises, prêter aux institutions qui demandent des devises, tant que le produit du prêt dépasse le coût d'émission des "obligations en devises", le fonds peut naturellement réaliser des bénéfices. Le fonds lui-même ne réalise pas d'investissements directs en devises, qui peuvent être confiés au CIC ou à d'autres sociétés d'investissement en devises nouvellement créées, il ne traite qu'avec des sociétés de gestion des investissements en devises en tant que prêteur.

Quant aux réserves de change qui existent déjà à la banque centrale, elles peuvent être résolues progressivement par lots au moyen d'échanges d'actifs. Par exemple, afin de lever des fonds de construction à grande échelle pour la seconde industrialisation des zones rurales, l'État peut émettre des "obligations agricoles" spéciales à très long terme sur le crédit de l'État, qui peuvent être utilisées pour remplacer les actifs en devises et lier étroitement le renminbi à la transformation économique intérieure. De même, de nouvelles variétés d'obligations, telles que les "bons de création d'emplois" émis pour résoudre le problème de l'emploi, les "obligations nationales d'innovation" pour développer l'innovation technologique, les "obligations de soins de santé" pour améliorer la difficulté d'accès aux soins médicaux dans les zones urbaines et rurales de Chine, les "obligations de logements à bas prix" pour résoudre le problème du logement, les "obligations nationales de réserve de ressources" pour garantir la source de matières premières pour la croissance économique, peuvent être utilisées pour remplacer les actifs en devises de la banque centrale par lots. De cette manière, le yuan deviendra véritablement "la monnaie du peuple", "au service du peuple" et de l'économie chinoise.

Ce n'est qu'en sortant une fois pour toutes de la situation difficile du dollar que la future internationalisation du RMB aura une base économique solide et fiable et sera enfin maître de son destin !

CHAPITRE IX

L'ère des États en guerre, des tensions à l'horizon

Au cours des dix dernières années, la relation entre "la Chine et les États-Unis" a reposé sur le regroupement des intérêts — production chinoise, jouissance américaine, épargne chinoise, consommation américaine — qui est une condition préalable pour que les États-Unis tolèrent la prospérité économique chinoise. Au cours de la prochaine décennie, les États-Unis seront confrontés à un degré élevé de chevauchement entre trois cycles majeurs : le désendettement, la faiblesse de la consommation due au vieillissement et les goulots d'étranglement liés à l'augmentation de la productivité, et ils ne manqueront pas de tomber dans un ralentissement économique prolongé. Le modèle de faillite axé sur l'endettement aux États-Unis, en Europe et au Japon est tout aussi peu prometteur. Le ralentissement prolongé de l'activité dans les pays développés rend le modèle économique chinois tourné vers l'extérieur insoutenable, et la Chine sera contrainte d'entreprendre une transformation économique. Le déclin de la croissance de l'épargne intérieure et l'inclinaison vers le côté intérieur mineraient la base de la coopération "Chine-États-Unis". Aux yeux des États-Unis, la valeur d'utilisation de la Chine se réduit.

Une économie américaine morose peut rendre sa confiance fragile, et les hégémonies qui manquent de confiance ont tendance à devenir plus sensibles et agressives. Si l'économie chinoise continue de prospérer, les États-Unis profiteront pleinement des questions relatives à la mer de Chine orientale et à la mer de Chine méridionale pour épuiser la force de la Chine et même provoquer des guerres localisées pour l'affaiblir ; si l'économie chinoise atterrit durement, les États-Unis profiteront de l'élan pour récupérer ce plus grand rival potentiel. "Le siècle du Pacifique de l'Amérique" est une proclamation majeure de sa transformation stratégique nationale.

La base de la prospérité économique de la Chine est en fait assez fragile, avec le pétrole, l'approvisionnement en matières premières et les routes commerciales maritimes essentiellement entre les mains des États-Unis, et un modèle économique très orienté vers l'extérieur qui dépend fortement des marchés européens et américains. Rien de tout cela n'est un problème lorsque les intérêts des deux parties sont liés, mais tout deviendra un problème lorsque les intérêts communs des États-Unis et de la Chine seront affaiblis.

Avant que l'environnement extérieur ne se détériore, la Chine devrait être proactive, tirer les leçons de l'expérience européenne, promouvoir activement la Communauté économique asiatique, transformer les rivaux asiatiques potentiels en alliés ayant une communauté d'intérêts, et utiliser la stratégie monétaire du dollar asiatique pour intégrer les ressources politiques et économiques de l'Asie, tout en promouvant régulièrement l'internationalisation du yuan. En fait, les monnaies des économies tournées vers l'extérieur ont peu de chances de devenir la monnaie mondiale dominante, comme l'a montré l'expérience du yen et du mark.

La Chine devrait diriger le processus du dollar asiatique et utiliser le levier monétaire du dollar asiatique pour obtenir la pleine coopération de l'Asie, et finalement former un triomphe sur le dollar et l'euro.

Le dilemme "sino-américain

En 2009, Neil Ferguson, un historien financier britannique de premier plan, a inventé le terme "sino-américain" dans son livre *The Ascent of Money* pour décrire le "mariage" économique entre la Chine et les États-Unis. Les habitants de la partie orientale de la région "Chine-Amérique" (la Chine) épargnent, tandis que les habitants de la partie occidentale consomment et importent de Chine, ce qui fait baisser le taux d'inflation aux États-Unis, l'épargne de la Chine fait baisser le taux d'intérêt aux États-Unis, la main-d'œuvre chinoise réduit le coût des salaires aux États-Unis, et le résultat est une économie prospère dans la "Chine-Amérique".

En effet, dans ce "mariage" économique, la Chine a pu accéder au vaste marché des États-Unis et au marché mondial dominé par les États-Unis, et le boom des investissements en Chine par les multinationales a entraîné des effets dérivés en termes de capitaux, de technologie, de gestion, de marchés et de marques, augmentant la productivité globale de la société chinoise et devenant une fusée de deuxième étage qui a propulsé l'économie chinoise vers le décollage. En ce sens, la Chine a récolté d'énormes dividendes économiques. En contrepartie, les États-Unis ont demandé à la Chine de "partager" une partie importante de ces dividendes avec les États-Unis. En achetant la dette américaine, l'épargne créée par la Chine est retournée sur les marchés financiers américains, faisant grimper la valeur des actifs américains tout en faisant baisser les taux d'intérêt américains. En plus de ce foyer de relâchement monétaire, l'innovation financière a transformé l'appréciation des actifs en un "guichet automatique" pour les consommateurs américains, stimulant ainsi le boom économique américain, ce qui a entraîné une augmentation de la demande de produits chinois.

Toutefois, le modèle de prospérité "sino-américain" n'est ni solide ni durable. Le prix du "marché de l'épargne" aux États-Unis est l'augmentation inévitable du niveau d'endettement de son économie dans son ensemble, et le goulot d'étranglement de la croissance économique basée sur l'endettement est la contradiction de plus en plus aiguë entre les revenus des consommateurs et les pressions de l'endettement, qui finira par devenir insoutenable et conduire à l'effondrement. L'essence du soi-disant déséquilibre de l'économie mondiale est le modèle économique des pays développés, fondé sur l'endettement, qui a conduit à une faillite généralisée dans le monde entier.

Au cours des 10 dernières années, Wall Street a créé une énorme bulle d'actifs, les 1% de super-riches bénéficiant de 20% du revenu national, soit deux fois plus que lors de l'illumination "néolibérale" de Reagan dans les années 1980 ! Dans le même temps, les 1% de riches représentent 43% de la richesse de la société dans son ensemble, le plus grand déséquilibre de richesse depuis la fondation des États-Unis ! "Le mouvement Occupy Wall Street remet précisément en cause ce système irrationnel de répartition des richesses. Induits par l'effet de richesse, les meilleurs talents américains en science et technologie sont allés à Wall Street, et les demandes de brevets pour des inventions dans presque tous les domaines technologiques aux États-Unis ont connu une croissance négative de plus de 20 pour cent. Dans le même temps, 40% des bénéfices des entreprises américaines proviennent du secteur financier, et la fabrication de haute technologie affiche une tendance à la baisse de la croissance à long terme. L'intérêt du chasseur américain pour la fabrication d'arcs et de flèches diminue, tandis que son obsession pour l'appropriation des économies des autres chasseurs augmente, et les moyens et les techniques sont constamment repoussés de diverses manières. Il s'agit en fait d'un "impôt" caché sur les autres pays par le biais du dollar, plus les États-Unis ont des problèmes, plus la "charge fiscale cachée" des pays en développement est lourde.

Après la crise, M. Obama a proposé la stratégie de relance économique "House on the Rock", qui vise à faire passer les fondations de l'édifice économique américain des "sables mouvants" financiers à un "rocher" industriel. Le retour à la fabrication, à l'innovation et aux exportations est au cœur de cette stratégie. Concept de "House on the Rock", tiré d'un discours prononcé par Obama en 2009 à l'université de Georgetown. Dans ce discours bien préparé, Obama a cité une parabole biblique selon laquelle une maison construite sur le sable s'écroulera et une maison construite sur le roc restera debout. La pensée d'Obama est certainement bonne, mais ajuster le modèle de croissance économique signifie reconstruire le système de distribution des richesses du pays, les groupes de pouvoir financier doivent cracher une partie de la graisse de leur bouche.

Les États-Unis ont besoin non seulement d'une forte volonté politique et du consensus de l'élite dirigeante pour ajuster leur modèle économique comme garantie institutionnelle, mais aussi d'une base et de ressources économiques réalistes. Et pendant au moins les dix prochaines années, les États-Unis ne disposeront pas des conditions nécessaires à la transformation économique. Cette période critique coïncide avec le croisement le plus défavorable des trois grands cycles économiques aux États-Unis.

Premièrement, le cycle économique de "désendettement" prendrait au moins 10 ans pour éliminer efficacement l'énorme désastre des actifs causé par le "surendettement". La révolution des technologies de l'information, qui a débuté en 1996, a entraîné un grand bond en avant de la productivité de la société américaine, créant un étonnant effet d'entraînement de la richesse, qui a à son tour stimulé la reprise et la prospérité du secteur immobilier. Jusqu'en 2001, l'immobilier américain, et sa chaîne industrielle en aval, était essentiellement dans une période de croissance raisonnable. Cependant, à partir de 2002, afin de remplacer le moteur de croissance des technologies de l'information qui avait été éteint, et en réponse à la forte demande de ressources économiques dans le cadre de la "guerre contre le terrorisme" de l'après-11 septembre, les États-Unis ont lancé un moyen de stimuler la bulle immobilière, d'assouplir la masse monétaire, d'intensifier l'innovation financière et d'accélérer le siphonnage de l'épargne des autres pays, créant ainsi un boom économique artificiellement éblouissant avec le double avantage des canons et du beurre.

Lorsque la bulle des actifs a finalement éclaté en 2007, les prix des logements ont chuté de 33%, soit plus que l'intensité de la Grande Dépression des années 1930, et les prix des logements américains devraient continuer à chuter de 10 à 25% au cours des cinq prochaines années. L'éclatement de la bulle des actifs a entraîné de lourdes pertes pour le système financier américain, avec des actifs hors bilan des banques, des marchés d'actions, d'obligations et de marchandises et des produits financiers dérivés en lambeaux, et la valeur des fonds de pension, des investissements individuels et des comptes de retraite en ruine, ce qui porte les pertes totales du système financier à un montant stupéfiant de 9 000 milliards de dollars !

La bulle immobilière américaine de la fin des années 1980 a mis six ou sept ans à éclater pour sortir du marasme, et l'éclatement de la bulle immobilière en 2007 a été bien plus important que la crise immobilière du début des années 1990 en termes de taille, d'ampleur et d'intensité, ainsi qu'en termes de profil de risque, de montant des pertes et de durabilité. Cette fois-ci, il faudra aux États-Unis pas moins de dix ans pour sortir de l'effondrement du prix des actifs, et le processus d'élimination complète par le système financier des actifs mauvais et douteux sera long et douloureux.

La politique d'assouplissement quantitatif de la Fed n'est rien d'autre qu'une tentative de "regonfler les actifs" et d'aider le système financier à éliminer les déchets toxiques d'actifs. Une partie de ces actifs nuisibles est absorbée par les détenteurs d'obligations américaines et donc écoulée à l'étranger, tandis que d'autres parties sont supportées par l'économie américaine elle-même, se manifestant par des déficits publics, un chômage chronique, une demande des consommateurs toujours faible, une reprise économique fragile, etc. La désintoxication et la désintoxication des déchets toxiques, sous quelque forme que ce soit, est un long processus.

Le processus consistant à supprimer l'énorme pression exercée sur l'économie par le "lagon de la dette" est connu sous le nom de "désendettement". D'après l'expérience de la Grande Dépression des années 1930 aux États-Unis, la disparité entre la dette totale et le PIB en 1933, qui atteignait 299,8%, s'est avérée être un "niveau" d'effondrement insupportable de l'économie, sans réduction des niveaux d'endettement, le moteur économique sera difficile à redémarrer. Il a fallu plus d'une décennie aux États-Unis pour ramener leur ratio dette totale/PIB dans une zone de sécurité de 120% à 150% après la Seconde Guerre mondiale, et en 2008, les États-Unis ont à nouveau dépassé le seuil de crise (358,2%), le pire ratio d'endettement des États-Unis depuis près de 80 ans !

La méthode de renflouement des États-Unis est une erreur de raisonnement. Non seulement elle n'a pas permis de réduire le dangereux ratio d'endettement, mais la taille de la dette nationale a grimpé en flèche pour atteindre un niveau à peu près comparable à celui du PIB, le niveau d'eau du "lac de débordement de la dette" étant en fait plus élevé qu'avant la crise. L'économie américaine ne peut fonctionner normalement et durablement sans une baisse significative de la dette totale en dessous de la limite sûre des 150% du PIB. Sans au moins 10 ans de "désendettement" douloureux, il sera difficile pour le niveau d'endettement total des États-Unis de revenir dans une zone de fonctionnement économique sûre.

Deuxièmement, la structure d'âge de la population américaine prédit un cycle de diminution de la consommation au cours de la prochaine décennie environ. Les 77 millions de "baby-boomers", la population médiane au début des années 1960, ont déjà atteint l'âge où la consommation diminue (47 ans étant le pic).

Les baby-boomers aux États-Unis n'ont jamais eu l'habitude d'économiser de l'argent, et la première moitié de leur vie se situe juste à temps pour que les États-Unis deviennent l'empire hégémonique qui domine le monde, et ils sont généralement super-optimistes quant à l'avenir, les dépenses et les extravagances devenant la norme, et l'insouciance et l'indulgence étant les caractéristiques de leur génération. Ils n'ont pas les souvenirs grisâtres de la Grande Dépression de leurs pères, ou le baptême brutal de la Seconde Guerre mondiale où tu meurs et je vis, tout est si lisse et tout est si brillant.

Lorsque la génération des "baby-boomers", née au début des années 60, après 47 ans de vie luxueuse, arrive au début du tsunami financier, à ce moment-là, alors qu'elle commençait à descendre progressivement de l'âge de la consommation maximale, la prospérité économique a soudainement disparu et une vague de chômage a déferlé. Ils découvrent que leurs pensions en bourse ont subi de sérieuses pertes et que leurs comptes bancaires n'ont jamais été "aussi minces que leurs ailes" en raison de leurs extravagances tout au long de l'année, tandis que leurs habitudes indulgentes et leurs dépenses excessives les ont laissés longtemps endettés. Dans un tel scénario, leur consommation va s'effondrer par rapport à la courbe de consommation normale du vieillissement en réponse à la brutale vague de froid économique qui s'annonce.

2009 se situe exactement au bord de la falaise sur la courbe de consommation de la population, un pas en avant, c'est la "cascade de consommation", puis c'est un déclin brutal du cycle de consommation, dont la durée va droit jusqu'en 2024. Il s'agira d'un cycle de 14 ans de baisse de la consommation. Avec un niveau d'endettement élevé, le marché de la consommation américain va connaître une longue période glaciaire !

Ni la politique monétaire ni la politique fiscale n'auront d'effet notable sur une génération vieillissante ; après tout, ces politiques ne ramèneront pas les gens en enfance. Il n'est pas réaliste d'encourager les personnes âgées à emprunter avec audace pour dépenser, et la contraction de la consommation d'une année sur l'autre privera les "pousses vertes" de l'actuelle reprise économique apparemment brillante d'un terreau fertile pour le crédit. Après tout, la consommation est le moteur de 72% de la croissance économique américaine !

Plus grave encore, le cycle démographique de l'Europe coïncide avec celui des États-Unis, et les deux secteurs économiques européens et américains vont simultanément tomber dans une ère glaciaire de consommation à long terme. Il s'agira d'une catastrophe sans précédent dans l'environnement économique et écologique pour tous les pays émergents dont les marchés européens et américains sont les principales cibles d'exportation et qui connaissent une grave surcapacité.

Troisièmement, une nouvelle révolution de la productivité nécessite également du temps et une accumulation de technologies. Au cours des 111 années de la période 1889-2000, les États-Unis ont connu trois périodes de forte productivité, la première de 1917 à 1927, avec une croissance de la productivité de 3,8%, la deuxième de 1948 à 1973, avec une croissance de la productivité de 2,8%, et la troisième de 1995 à 2000, avec une croissance de la productivité de 2,4%. L'intervalle entre trois poussées de productivité, soit environ 20 à 25 ans, correspond exactement à une génération. Ce n'est pas une coïncidence si les cycles de telles percées technologiques concentrées coïncident avec les cycles démographiques, et si le pouvoir d'achat d'une personne dépend de l'âge, sa créativité aussi.

En général, une proportion relativement fixe des personnes les plus créatives dans une société, une augmentation du niveau d'éducation ne change que le point de départ des génies créatifs, et non leur proportion dans la population totale. L'âge le plus créatif d'une personne se situe entre 25 et 40 ans, et devrait en moyenne se situer au début de la trentaine, lorsque son expérience, son intelligence et son énergie sont à leur apogée. La génération des "baby-boomers" est née au point médian, au début des années 1960, tandis que les génies de l'innovation parmi eux ont atteint leur âge le plus explosif au début des années 1990. En 2011, ils approchaient de la cinquantaine, et leur capacité à innover ne pouvait que décliner de manière spectaculaire. Et avec la prochaine génération née autour du point médian de 1990, ils ont le potentiel de provoquer une nouvelle révolution de la productivité dans la période entre 2020 et 2025.

Si l'on considère ensemble les trois cycles de désendettement économique, de consommation de la population et de percée de la productivité, on constate que le prochain véritable cycle de prospérité aux États-Unis devrait se produire après 2020, 2024 étant un tournant clé. Avant cela, cependant, il y aura une "décennie perdue" pour l'économie américaine. Cette décennie sera également le meilleur moment pour la Chine de rattraper les pays développés dans la première moitié du 21e siècle. Après cela, le problème du vieillissement en Chine s'aggravera rapidement.

La soi-disant "montée en puissance de la Chine" a en fait une fenêtre de temps, tout comme le lancement d'une fusée ; la meilleure "fenêtre de temps" pour rater un lancement ne peut qu'attendre la prochaine occasion. La prochaine "fenêtre d'ascension" de la Chine se situera probablement dans la seconde moitié du 21e siècle.

L'histoire a laissé à la Chine un temps plutôt avare pour son essor, si elle ne peut pas profiter du déclin de la puissance européenne et américaine dans les 10 à 15 ans pour réaliser un décollage économique rapide, de manière à se débarrasser de la "force gravitationnelle occidentale" et à atteindre la "troisième vitesse cosmique", alors après 2025, la Chine retombera à nouveau dans l'orbite de l'économie mondiale dominée par l'Europe et l'Amérique. Le rêve de la Chine d'être une nation forte devra attendre encore 30 à 50 ans !

10 ans de danger après 2012

Les dix prochaines années seront une décennie de profonds changements dans la configuration des grandes puissances, ainsi qu'une décennie de dangers et de défis. La base de la coopération entre "la Chine et les États-Unis", construite au cours des 30 dernières années en raison d'intérêts géopolitiques et économiques, subira des changements fondamentaux.

L'économie américaine devra également faire face au lourd fardeau d'une population vieillissante qui souffre du désendettement, tandis que la productivité stagnante peine à générer de nouvelles sources de richesse. En conséquence, la tendance générale de l'économie américaine sera à la fragilité économique, au lourd endettement, à l'emploi morose, à la consommation déprimée, à la détérioration fiscale et aux déficits élevés, un peu comme en Europe et au Japon. Sans gains de productivité, l'épargne supplémentaire ne sera pas suffisante pour stimuler une consommation et des investissements réels et durables.

Les États-Unis n'ont que deux options devant eux : soit transformer leur économie et reconstruire la "maison sur les rochers", mais la difficulté réside dans la résistance politique et la faiblesse économique, une stratégie non seulement difficile à mettre en œuvre mais aussi lente à se concrétiser ; soit relancer le moteur de l'inflation des actifs et restaurer le boom dû à l'endettement des 30 dernières années. Non seulement la résistance politique serait faible, mais la souffrance de l'économie serait partagée par d'autres pays.

Il ne fait aucun doute que la deuxième voie est plus conforme aux intérêts fondamentaux du groupe dirigeant des États-Unis, le "monde doré", et constitue donc un choix naturel pour les États-Unis. Cependant, il y a un problème ici, et c'est que l'inflation des actifs et la bulle de la dette sont toutes deux arrivées à leur terme, et que les consommateurs américains ne sont plus en mesure de supporter une plus grande pression de la dette.

C'est la contradiction inévitable entre les merveilleux idéaux de l'élite dirigeante américaine et la dure réalité. Pour parvenir à une "reflation des actifs", l'épargne intérieure en Chine et dans d'autres pays en développement doit être "extraite" avec une plus grande intensité. L'exportation continue de l'épargne intérieure de la Chine est une condition fondamentale de la volonté des États-Unis de tolérer le développement de la Chine, et constitue la base du mariage "Chine-États-Unis". Toutefois, cela crée un cercle vicieux logique, le principal moteur de la Chine pour créer de l'épargne intérieure provient de la consommation américaine, qui dépend à son tour de l'épargne chinoise, et dans le cas d'une inflation insoutenable des actifs américains, la communauté d'intérêts "Chine-États-Unis" prend également fin.

Pour que la Chine transforme son modèle économique, elle doit et devra inévitablement déplacer les principales ressources de son économie nationale de l'étranger vers les marchés intérieurs, et l'orientation des exportations de la Chine en termes de produits de base et d'épargne changera également. L'expansion du marché intérieur chinois s'accompagnera forcément d'un affaiblissement de la dépendance à l'égard des exportations et d'une diminution de la demande de dette du Trésor américain, ce qui menacera sérieusement les intérêts stratégiques de l'empire de la dette américaine. Si un marché chinois en plein essor pourrait stimuler les exportations américaines, ce stimulus est, après tout, trop faible par rapport à la taille de l'économie américaine.

La naissance de la zone euro a progressivement évincé le dollar de la circulation sur le continent européen, comprimant fortement l'empire du dollar. Le dollar en circulation à l'étranger est confronté à un excédent croissant, ce qui est à l'origine du boom mondial des prix des matières premières et du pétrole depuis 2000. L'absence de demande internationale pour les obligations américaines a obligé la Réserve fédérale à devenir progressivement le principal acheteur de bons du Trésor. Si la Chine affaiblissait ses achats de dette américaine, l'écologie financière des États-Unis se détériorerait encore plus.

Alors que 77 millions de "baby-boomers" prendront leur retraite au cours de la prochaine décennie, les systèmes américains de sécurité sociale et d'assurance-maladie seront confrontés à un effondrement inévitable. Rien que dans ces deux domaines, les garanties sociales promises par le gouvernement des États-Unis créent un super "passif caché" de 100 000 milliards de dollars. Les lourdes dépenses de Medicare exerceront une pression sans précédent sur les finances américaines, et d'énormes déficits budgétaires au cours des dix prochaines années sont inévitables. D'ici 2020, selon les estimations les plus optimistes, le montant de la dette nationale américaine pourrait aussi facilement dépasser les 23 000 milliards de dollars, un chiffre qui ne fera qu'empirer si la reprise économique américaine n'est pas aussi optimiste que les estimations du gouvernement.

Au cours des dix prochaines années, les États-Unis auront besoin de sommes colossales pour couvrir leur déficit budgétaire, un besoin qui dépassera de loin les limites de l'épargne d'exportation des pays !

Au cœur des malheurs économiques de l'Amérique se trouve le manque d'épargne, et lorsqu'il n'y a pas assez d'épargne réelle à fournir, la Fed ne peut qu'allumer ses machines à imprimer de la monnaie pour créer l'illusion de la richesse monétaire, avec pour conséquence la dépréciation continue du pouvoir d'achat du dollar, et l'effondrement continu du crédit du dollar. Il s'agit d'un processus de détérioration auto-accéléré, où plus les États-Unis manquent d'épargne, plus ils ont besoin d'imprimer de la monnaie, et la prolifération croissante de la monnaie accélère la fuite des capitaux loin des actifs en dollars, ce qui fait que les États-Unis perdent leur capacité à attirer l'épargne des autres pays.

Un autre Volcker peut-il émerger aux Etats-Unis pour sauver le dollar avec des taux d'intérêt et des taux de change élevés ? La réponse est non. Au début des années 1980, les États-Unis d'Amérique étaient encore l'un des plus grands créanciers et des plus grands épargnants du monde, capables de résister aux chocs drastiques à court terme des taux d'intérêt et des taux de change élevés. Mais les États-Unis d'Amérique dans les 10 prochaines années, sous la pression du surendettement, les "torpilles économiques" tirées par les politiques de taux d'intérêt et de taux de change élevés, seront les premières à couler l'économie américaine elle-même, ce qui équivaut à un suicide économique !

Tout reviendra au chaos monétaire mondial des années 1970, et la racine du problème sera la même : la fondation de l'édifice monétaire mondial créé par l'étalon de la dette nationale américaine, qui était à l'origine construit sur un "sable mouvant". Le monde réalisera enfin que le système monétaire mondial actuel n'est pas libéré du charme du "dilemme de Triffin".

La fourniture de dollars par les États-Unis au monde en tant que monnaie de réserve et de commerce et la fourniture de la dette nationale des États-Unis en tant qu'actif de réserve du système monétaire mondial relèvent de la même logique qui a conduit à l'effondrement du système de Bretton Woods en raison de l'inadéquation entre les dollars et les actifs en or, et de la même inadéquation inhérente entre les dollars et les actifs de la dette des États-Unis, à savoir la contradiction irréconciliable entre la demande d'expansion illimitée des dollars et de la dette des États-Unis et la croissance limitée des recettes fiscales des États-Unis.

Pour que l'économie et le commerce mondiaux continuent de croître, les États-Unis doivent fournir davantage de dollars, et l'actif principal derrière le dollar est la dette américaine, qui doit donc continuer de croître. Cependant, le dollar est la monnaie des États-Unis, la dette américaine est un passif du gouvernement américain, et la croissance de la dette américaine est soumise à la croissance des recettes fiscales du gouvernement américain, et lorsque la taille de la dette américaine atteint la limite de ce que les recettes fiscales peuvent supporter, l'ensemble du système monétaire mondial sera confronté à l'effondrement.

Où se situe la limite de la dette américaine ? C'est-à-dire que les paiements d'intérêts sur la dette américaine en pourcentage des recettes fiscales ne doivent pas dépasser un point de basculement !

Comme le souligne Neil Ferguson, professeur à Harvard, dans *The Decline of Empire*, l'expérience historique a montré que lorsque 20 pour cent des recettes fiscales d'un pays sont consacrées au paiement des intérêts de la dette nationale, le pays est confronté à une crise grave et l'hyperinflation est inévitable. Lorsque ce ratio dépasse 50 pour cent, l'empire est au bord de l'effondrement.

En Espagne, entre 1557 et 1696, le lourd fardeau de la dette a entraîné 14 défauts de paiement de la dette nationale, ce qui a conduit au déclin de l'Empire espagnol ; en France, à la veille de la Révolution bourgeoise de 1788, 62% des recettes fiscales ont été utilisées pour payer le principal et les intérêts de la dette nationale, ce qui a conduit à l'effondrement de la dynastie ; dans l'Empire ottoman, en 1875, 50% des recettes fiscales ont été utilisées pour payer le principal et les intérêts de la dette nationale, ce qui a conduit à la quasi-dissolution de l'empire ; dans l'Empire britannique, à la veille de la Seconde Guerre mondiale en 1939, 44% des recettes fiscales ont été utilisées pour payer le principal et les intérêts de la dette nationale, ce qui a conduit à l'incapacité de relever le défi de l'Allemagne nazie.

Les États-Unis seront également confrontés à une crise au cours de laquelle les paiements d'intérêts sur la dette nationale franchiront inévitablement le seuil. Selon le Congressional Budget Office des États-Unis, les paiements d'intérêts sur la dette nationale américaine représentaient 9% des recettes fiscales en 2011, ont atteint 20% en 2020, ont dépassé 36% en 2030 et sont en passe d'atteindre 58% en 2040 !

Le crédit souverain peut-il exister dans un pays où le seul paiement des intérêts de la dette nationale ampute une grande partie de ses recettes fiscales ? Les estimations du Congrès ne sont que les projections les plus optimistes, car il a fallu une politique de taux d'intérêt ultra-bas aux États-Unis, avec l'intervention directe de la Fed pour acheter des bons du Trésor, pour faire baisser artificiellement le taux du Trésor à 10 ans à environ 2%. Sur la base du rendement moyen de 5,7% des bons du Trésor américain au cours des 30 dernières années, une crise totale du dollar et du système monétaire mondial aura probablement lieu entre 2020 et 2030.

On peut dire que la Chine sera confrontée à des opportunités et à des dangers sans précédent au cours de la prochaine décennie environ. Une personne dont la confiance est fragile aura tendance à être extraordinairement sensible et agressive ; de même, un État hégémonique mondial dont la force et la confiance sont en déclin sera plus dangereux. La politique américaine de retour en Asie n'est pas une simple proclamation verbale ; elle pourrait constituer une réorientation majeure de la stratégie nationale. Si la Chine réussit sa future transformation économique et continue de "contribuer" à l'épargne intérieure des États-Unis, ces derniers adopteront probablement une stratégie "sans états d'âme" à l'égard de la Chine, en s'accommodant de la poursuite de son développement dans un état d'esprit confus. Toutefois, si la Chine refuse d'acheter de la dette américaine à grande échelle, les États-Unis ne pourront pas continuer à "rester assis" et à regarder la Chine réussir. Les différends autour de la Chine deviendront de plus en plus explosifs, et même la Chine sera obligée de s'engager dans une ou plusieurs guerres locales, faisant ainsi de la "guerre des devises" sans fumée une "guerre des devises" pleine de fumée !

Qui peut sauver l'euro ?

Si les problèmes de l'Amérique sont économiques, ceux de l'Europe sont politiques.

En tant qu'axe de pouvoir de l'UE, l'Allemagne et la France ont des différences conceptuelles fondamentales. Politiquement, la France a toujours voulu être le "moteur" de l'UE, tandis que l'Allemagne continue d'être le "cheval" de l'économie européenne. Pendant un demi-siècle après la guerre, l'Allemagne, sous la pression psychologique de la culpabilité de la Seconde Guerre mondiale, a affiché avec diligence l'habituelle attitude discrète et intransigeante du "cheval", qui n'était pourtant en rien la nature de la nation allemande. Au fur et à mesure que l'Allemagne achevait sa réunification et prenait fermement le contrôle de l'émission de la monnaie de la Banque centrale européenne, elle est progressivement sortie de l'ombre de la guerre et a commencé à prendre de plus en plus fermement en main les rênes du "moteur". La suprématie politique de la France a été de plus en plus démantelée par la chute du pouvoir monétaire, et sans le soutien de la BCE, la France est impuissante sur presque tous les sujets. Afin d'équilibrer le rapport de force, le président français Sarkozy a demandé instamment que l'"eurogroupe" devienne le "ministère européen unifié des finances", essayant ainsi de limiter le pouvoir de la Banque centrale européenne sous la direction de l'Allemagne, mais l'effet reste à voir.

Le Premier ministre luxembourgeois Jean-Claude Juncker a déclaré à propos de l'"Eurogroupe" :

> "Je pense que l'Eurogroupe peut faire son travail sans contraindre sévèrement la BCE... C'est une perte de temps de plaider pour la politique monétaire et la BCE ". La France n'a pas réussi à faire avancer son idée. La proposition du président Sarkozy d'un contrôle politique plus strict de la BCE n'a pu être soutenue par aucun des ministres des finances européens, et même si les dirigeants de certains pays peuvent partager ce point de vue, il ne disparaîtra pas parce que les Allemands sont fermes."

Sur le plan économique, l'Allemagne est un dictateur classique "arc et flèche", qui croit que la richesse est ancrée dans la création de la production, tandis que la France est plus préoccupée par la répartition rationnelle de la richesse. Pour reprendre les mots de Jean Peyrelevade, le grand manitou français du secteur financier,

> "Le public allemand est conscient que la production industrielle a une structure saine et est essentielle à la croissance économique et à l'augmentation du pouvoir d'achat. En France, en revanche, le soutien à l'augmentation de la capacité de production n'est pas populaire. Les entreprises allemandes ont une marge bénéficiaire supérieure de 20% à celle de la France. Les politiques mises en avant par Sarkozy reflètent son opinion constante selon laquelle la clé de la croissance économique est d'augmenter le pouvoir d'achat des gens par la distribution des revenus et la réduction des charges fiscales personnelles. Sarkozy croit en ses politiques, mais il va commettre une grosse erreur".

M. Sarkozy n'a pas compris que les gains de productivité sont à la base de toute création de richesse, que la répartition des revenus ne fonctionne qu'avec une productivité plus élevée et que faire un gros gâteau est une priorité plus importante que de le diviser équitablement. Si la mentalité française consistant à profiter de la vie est certainement admirable, le choix allemand de travailler dur est encore plus admirable. La lutte de la France pour la domination de l'UE avec l'Allemagne est vouée à l'échec, et comme l'ancien Premier ministre britannique Thatcher l'a fait remarquer il y a longtemps, la France n'est rien d'autre qu'une dot pour l'Allemagne, mettant finalement une Europe complète entre les mains des Allemands. En réponse, l'ancien chancelier allemand Gerhard Schröder n'a pas mâché ses mots :

> *"Si l'objectif politique de la France est de considérer la création de l'euro comme faisant partie d'un plan visant à affaiblir l'Allemagne et donc à réduire notre soi-disant domination économique (allemande), c'est le contraire qui se produira. L'augmentation de la compétitivité allemande signifie que l'Allemagne est plus forte, et non plus faible. On peut dire que c'est évident et nécessaire parce que nous sommes l'économie la plus forte d'Europe".*

La lutte pour le pouvoir entre les États souverains n'est qu'une ligne claire dans l'histoire de l'UE et de l'euro, mais derrière la surface de la lutte politique et économique, les directeurs du processus des "États-Unis d'Europe" travaillent toujours sur une ligne d'intrigue plus sombre. À première vue, il semble que le "ministère européen unifié des finances" soit conçu pour limiter le pouvoir de la Banque centrale européenne et des Allemands, ce qui incitera davantage de personnes dans les pays de l'UE à s'inquiéter de l'Allemagne et à affaiblir leur résistance au "ministère européen unifié des finances", puis, au son d'une "tromperie", à abandonner consciencieusement leur propre souveraineté budgétaire et fiscale à l'UE super-souveraine. Les politiciens peuvent agir et sont très engagés, à tel point qu'ils oublient souvent s'ils sont dans la pièce ou en dehors.

En fait, les planificateurs des "États-Unis d'Europe" ont commis une erreur stratégique en préconisant une union monétaire européenne, qui n'est pas aussi grande que possible, mais aussi proche que possible du niveau économique. Dans la période initiale, les pays de l'euro devraient se limiter à l'Allemagne, à la France, aux Pays-Bas et à la Roumanie, en achevant d'abord l'intégration économique interne, puis en introduisant un ministère des Finances unifié. En raison de la petite taille de l'alliance et du niveau similaire de développement économique, les coûts de communication sont relativement faibles et réalisables. Si tout fonctionne bien et que les règles sont mûres, on peut alors inclure l'Italie, la Belgique, qui ont de plus gros problèmes financiers et de dette qui prendront au moins quelques années à digérer. Une nouvelle expansion ne pourra être envisagée qu'après. En conséquence, la zone euro est maintenant un fatras de bonnes et de mauvaises personnes aux opinions différentes, et l'Allemagne va passer beaucoup de temps précieux à essayer de coordonner, et le temps a un coût ! Si nous voulons que la zone euro soit vraiment forte, nous devons abandonner quand nous abandonnons. Ne pas connaître les compromis ne peut être qu'un désordre autodestructeur.

De la même manière qu'est apparu le phénomène de l'"Amérique centrale", dans lequel les peuples de l'Est (la Chine) sont responsables de la production et les peuples de l'Ouest (les États-Unis) de la consommation, l'Union européenne est également apparue comme une "Europe Nord-Sud", dans laquelle les pays du Nord, menés par l'Allemagne et les Pays-Bas, sont responsables de la production et de la création, tandis que les pays du Sud, représentés par la Grèce, l'Italie et l'Espagne, sont responsables de la consommation. Les problèmes qui sont apparus dans le sud de l'UE sont les mêmes que ceux des États-Unis, qui ont emprunté la voie sans retour d'une économie fondée sur l'endettement et les bulles d'actifs. Ils ont profité des faibles taux d'intérêt et de l'environnement faiblement inflationniste acquis par l'adhésion à la zone euro pour stimuler fortement la bulle immobilière, en utilisant l'appréciation des actifs pour alimenter les booms de consommation. Au cours de la première décennie d'existence de la zone euro, l'économie espagnole a connu une croissance moyenne de 3,6%, la Grèce de 4% et l'Irlande de 6%, soit beaucoup plus que le nord de l'UE. La hausse des prix des actifs s'accompagne forcément de l'expansion des passifs, et le boom de la consommation ne naît pas des gains de productivité, mais n'est qu'un stimulus à l'inflation des actifs. Leur demande de consommation a été le moteur de l'expansion économique de l'Allemagne entre 2004 et 2008. En conséquence, de graves déséquilibres économiques sont apparus au sein de l'UE, des pays comme l'Espagne, la Grèce, l'Italie et d'autres connaissant une grave aggravation de leurs déficits commerciaux et budgétaires, tandis que des pays comme l'Allemagne et les Pays-Bas ont accumulé d'énormes excédents commerciaux.

Lorsque la bulle des actifs de 2008 a connu un effondrement généralisé dans le monde entier, le modèle de croissance fondé sur l'endettement de l'Union européenne du Sud a fait faillite. Lorsque la vague de prospérité s'est retirée, il ne restait plus qu'une épave de dettes impayables. À l'ère des bulles d'actifs et des frénésies de consommation, ces pays ont choisi d'abandonner l'industrie et d'acheter des biens de consommation industriels de haute qualité et bon marché aux pays du nord de l'Union européenne, affaiblissant ainsi, voire perdant définitivement, une capacité manufacturière "arc et flèche" considérable. Une dette élevée, une économie en perte de vitesse, un chômage élevé, des recettes fiscales épuisées et la faillite fiscale sont précisément la liquidation complète du mauvais modèle de croissance économique.

La question essentielle est de savoir qui doit intervenir pour sauver les pays du sud de l'UE. Toute l'Europe regarde l'Allemagne, qui a beaucoup d'argent dans sa poche, en espérant qu'elle "contribuera" à l'épargne intérieure générée par les exportations et aidera tout le monde à traverser la crise. Les Allemands avisés ne prendraient jamais leurs économies à la légère pour sauver les autres.

Si l'on considère l'histoire de l'Union européenne depuis plus de 50 ans, l'Allemagne a toujours été un pays très "au courant", avec une vision claire de ses propres intérêts et une approche très prudente. Le principe de base selon lequel les Allemands sauvent les autres pays est que ces derniers doivent d'abord épuiser toutes leurs ressources financières et l'Allemagne n'est jamais stupide pour sauver les autres pays ! La Grande-Bretagne et la France ont essayé à plusieurs reprises de "profiter" de l'Allemagne, et à chaque fois, elles ont échoué après s'être heurtées à un mur.

La Grande-Bretagne a brièvement rejoint le "mécanisme serpentin" en 1972, mais elle a été rapidement battue par les capitaux spéculatifs, et en 1973, le Premier ministre Heath est venu à Bonn et a demandé à la livre de rejoindre à nouveau le "mécanisme serpentin". L'Allemagne est naturellement favorable, et avec les deux bras que sont la livre et le franc, la capacité à résister au raz-de-marée des capitaux spéculatifs en dollars sera plus forte. Cependant, les conditions britanniques sont une source d'hésitation pour les Allemands, le gouvernement britannique a échoué à plusieurs reprises dans ses tentatives d'arrimer le taux de change à la monnaie européenne, et les gouvernements successifs ont été mis à mal par leur soutien à des politiques similaires, Heath a donc offert la promesse que l'Allemagne doit fournir un soutien sans restriction à la livre. Pour les Allemands, cela revient à leur demander d'utiliser leurs propres réserves de change pour faire un chèque en blanc aux Britanniques, qui, avec ce talisman, risquent de perdre leur modération en matière de déficit. Les Allemands, peu enclins à la rejeter directement, font une contre-offre, suggérant que la Grande-Bretagne adhère d'abord au "mécanisme serpentin" afin de démontrer leur détermination à défendre la stabilité du taux de change européen en partant en guerre contre vents et marées. En conséquence, les Britanniques font marche arrière.

Lors du lancement du Système monétaire européen (SME) en 1978, la France a proposé la création d'une unité monétaire européenne (ECU) avec un "panier de monnaies" en son centre, les monnaies nationales flottant jusqu'à 2,25% avec l'ECU comme point de référence. Cette conception française est assez ingénieuse, et avec le mark fort et le franc faible, l'idée de flotter par rapport à l'ECU favorise le franc. En effet, le rapport entre les devises dans le "panier" n'est ajusté que tous les cinq ans après avoir été fixé. Entre-temps, si le mark allemand s'apprécie trop rapidement, l'Allemagne devra, pour éviter que la valeur du mark dans le "panier" ne franchisse la frontière, intervenir d'abord sur le marché avec ses propres réserves de change pour faire baisser le mark. De cette façon, les réserves de change de l'Allemagne deviendront une ressource partagée pour le système monétaire européen. En même temps, l'écu deviendra un instrument permettant aux pays d'intervenir sur le marché des changes et, en définitive, de rembourser la dette extérieure causée par les fluctuations du taux de change de la monnaie nationale.

Les Allemands ont percé les intentions des Français au premier coup d'œil, en insistant sur le fait que l'opération de stabilisation du taux de change doit hériter du "mécanisme serpentin", le flottement de la monnaie nationale ne peut pas être basé sur l'écu, mais le taux de change relatif de deux groupes de monnaies ne peut pas dépasser le plafond, de sorte que les pays ne peuvent utiliser que leurs propres réserves de change pour intervenir sur le taux de change en premier. Cette mesure a ouvert la voie au stratagème français visant à calculer les réserves de change allemandes. En outre, l'Allemagne insiste sur le fait que, lors du remboursement des emprunts résultant d'une intervention sur le taux de change, les pays doivent payer en dollars, en marks ou en or. Dans le même temps, l'Allemagne n'accepte pas la création d'un "pool de réserves de change" commun. En conséquence, devant l'insistance de l'Allemagne, la France n'a eu qu'à céder.

La création d'une union monétaire était à l'origine un choix stratégique visant à maximiser les intérêts de l'Allemagne, l'attraction de la Grande-Bretagne et de la France était au cœur de la construction de l'union monétaire, et l'Allemagne a adopté une attitude d'apaisement zéro à l'égard des tentatives britanniques et françaises d'accéder à l'épargne intérieure allemande, si la Grande-Bretagne et la France n'épuisent pas toutes leurs ressources financières pour obtenir des fonds de l'Allemagne ? Pas même une porte !

Deux mesures doivent être prises pour sauver le sud de l'UE : la première consiste à stabiliser le système financier de l'Europe et la seconde à réactiver son moteur économique.

L'Union européenne du Sud, au cours de l'éclatement de la bulle des actifs, a subi des pertes d'actifs de l'ordre d'au moins 2 000 milliards d'euros, et ces mauvaises dettes financières ont inondé les systèmes bancaires de ces pays et se sont répandues dans toute la zone euro sous la forme d'obligations nationales et d'entreprises. Si les problèmes financiers de l'Europe n'ont pas eu un effet d'amplification similaire à celui de l'énorme marché américain des produits financiers dérivés, il n'est jamais facile de digérer une dette pourrie de cette ampleur.

L'une consiste à imprimer de la monnaie par l'intermédiaire de la BCE et à utiliser l'inflation pour effacer les mauvaises dettes, ce qui va à l'encontre de l'esprit anti-inflationniste quasi paranoïaque des Allemands et entraînera également une perte de l'épargne allemande ; l'autre consiste à créer un Fonds européen de stabilité (FESF), qui reprendra les mauvaises dettes.

Un nouveau différend oppose l'Allemagne et la France au sujet du mécanisme de fonctionnement du Fonds européen de stabilité, l'accent étant mis sur la question de savoir à qui appartient l'épargne destinée à combler le trou. La proposition française de transformer le Fonds européen de stabilité en banque rappelle la vision du FMI de Keynes à l'époque, où les pays sans argent voulaient toujours un découvert de crédit et où le rôle principal des banques était de créer du crédit. Les Français comptent sur les banques du fonds pour acheter les actifs pourris, les apporter à la BCE pour garantir les fonds, puis continuer à les acheter, en les transférant progressivement du système bancaire au bilan de la BCE, ce qui revient en fait à ce que la BCE monétise les déchets toxiques, le payeur final étant toujours les épargnants allemands.

Les Allemands, bien sûr, ne le font pas, et ce qu'ils proposent, c'est un modèle de fonds de garantie à effet de levier dans lequel le Fonds européen de stabilité garantit 20 pour cent des pertes, lève des fonds pour les amplifier plusieurs fois, et absorbe l'épargne des autres pays sur le marché, ce qui protégerait la richesse allemande et mettrait en danger l'épargne des autres pays. Si l'on considère que la dette de la Grèce est réduite jusqu'à 50 pour cent et que le Fonds européen de stabilité ne garantit que 20 pour cent des pertes, il est clair que le risque d'investissement est important.

Le problème ne réside pas seulement dans les risques à court terme des investissements financiers, mais dans le fait que le modèle de développement économique des pays du sud de l'UE s'est effondré, qu'une récession prolongée est devenue inévitable et que la capacité du service de la dette a été fondamentalement minée. S'il est relativement facile de stabiliser les systèmes financiers, il n'est en aucun cas aisé de faire redémarrer les moteurs économiques de ces pays, comme le dit le dicton, "sauvez les pauvres, pas les nécessiteux". Dans le cadre du système de l'euro, ces pays ne peuvent plus stimuler leurs exportations en dévaluant leur monnaie locale, et leurs propres industries se sont progressivement désintégrées face aux importants avantages concurrentiels de l'industrie allemande, dont ils dépendent de plus en plus pour les biens de consommation domestiques. Sans protection monétaire et tarifaire, sans soutien fiscal, il sera plus difficile pour les pays du sud de l'UE de relancer la "fabrication à l'arc" et de concurrencer les puissants produits industriels allemands. Tout ce qu'ils peuvent faire, c'est continuer à réduire les dépenses budgétaires et à supprimer la demande des consommateurs, et l'économie entrera dans un cercle vicieux d'austérité. Les dettes pourries des pays du sud de l'UE, c'est comme couper des poireaux, une récolte va pousser et une autre va pousser. En fait, il s'agit probablement d'un puits sans fond de pertes.

Désormais, qu'il s'agisse des États-Unis ou de l'Europe, les yeux avides des "monstres" se posent sur l'épargne de la Chine, les réserves de change de la Chine sont devenues les yeux des autres, "la viande du moine Tang". Les "monstres" proposent toutes sortes de tentations, telles que des financements libellés en yuan, l'octroi à la Chine d'un statut d'économie de marché, la lutte contre l'hégémonie du dollar, etc., qui semblent attrayantes mais sont souvent clinquantes et fausses.

Oui, les États-Unis ont commencé leur première expédition du dollar après la Première Guerre mondiale avec l'hégémonie de leurs créanciers en dollars, mais elle s'est soldée par un échec, car la base de l'hégémonie monétaire réside dans la taille du marché qu'elle domine, et face à la séparation des zones sterling et franc, la première expédition du dollar n'a pas réussi à revenir. Ce n'est qu'au cours de la Seconde Guerre mondiale que la destruction des nations européennes les unes contre les autres a créé une opportunité historique de domination du dollar. La situation actuelle est que la taille de la zone euro est beaucoup plus grande que la coupure de la livre sterling, la sortie du yuan à l'étranger est difficile pour former un règlement commercial de la sphère d'influence coupée. Jusqu'à ce qu'une taille suffisante du marché intérieur soit formée en Chine, l'épargne chinoise devrait rester à la maison pour jouer un plus grand rôle. Lorsque les PME sont au bord de la faillite généralisée en raison du manque de capitaux, l'acheminement de l'épargne nationale vers l'Europe crée inévitablement un "risque moral".

Le statut d'économie de marché n'éradique pas le problème de l'antidumping dans le commerce, le conflit commercial entre le Japon et l'Europe et les États-Unis dans les années 1980, le Japon n'a pas de problème de statut d'économie de marché, la cause profonde est toujours un conflit d'intérêts, le statut d'économie de marché n'est qu'un des nombreux prétextes pour mener une guerre commerciale.

La rhétorique hégémonique anti-dollar est également très suspecte, le système financier européen et américain est à l'origine l'équilibre des intérêts des grandes familles au cours des 200 dernières années, après des jeux répétés, il y a des contradictions et des conflits d'intérêts entre eux, et il y a également le consensus de base que le canon est le même que l'extérieur. Pour un étranger, j'ai peur que leurs intérêts communs l'emportent sur leurs conflits internes.

Le rôle de la Chine dans la crise de la dette européenne devrait encore apprendre davantage des Allemands avisés.

Les inquiétudes proches et lointaines de la Chine

L'économie chinoise en 2012 va bientôt sentir la marée froide du refroidissement simultané des trois grandes économies développées en Europe, aux États-Unis et au Japon, le deuxième étage de la fusée que l'économie chinoise a fait décoller — la mondialisation, est à court de carburant. Ce serait un état de vol plané qui perd de sa puissance, un peu comme ce qui s'est passé après la mort du premier étage des fusées de l'industrialisation rurale en 1997-1999. À court terme, l'économie chinoise est confrontée à une faible demande extérieure, à une faible expansion du crédit interne, à une consommation atone, à une chute des prix, à une diminution des bénéfices, à de graves problèmes d'endettement et à une détérioration de l'état des actifs, autant de facteurs qui feront soudainement de 2011 une situation déflationniste encore plus inextricable pour l'économie chinoise en proie à l'inflation.

La pensée traditionnelle est que le développement économique de la Chine a trois wagons : les exportations, les investissements et la consommation, ce qui peut toujours permettre à l'économie chinoise de continuer à croître à un rythme élevé si les exportations vont mal. Cette analyse ne tient pas compte de la subordination logique entre les trois. La croissance économique est alimentée par les gains de productivité, et la logique de la croissance veut que les secteurs dont l'"accélération" de la productivité est la plus rapide créent une épargne supplémentaire suffisante pour fournir une base économique à la consommation et à l'investissement lorsque la demande se propage aux secteurs plus lents. Dans les trois chariots, le secteur qui a réellement permis l'augmentation rapide de la productivité est l'exportation, qui est orientée vers le marché mondial, basée sur une technologie et des équipements proches du niveau mondial, au prix de faibles coûts de main-d'œuvre et de ressources, en s'appuyant sur le soutien des gouvernements locaux dans tous les aspects d'une coopération étroite, avec le meilleur mode d'organisation de la production comme garantie, avec l'effet de cluster industriel comme point moteur, pour créer une qualité et un prix bas sur le marché international est invincible mythe "Made in China". Sans le miracle de la productivité créé par le secteur des exportations, il n'y aurait pas eu suffisamment d'épargne intérieure supplémentaire pour financer les énormes investissements d'infrastructure du gouvernement et la consommation florissante du marché. Dans cette optique, les exportations sont la véritable locomotive de l'économie chinoise, tandis que l'investissement et la consommation sont "stimulés".

Si l'Europe, les États-Unis et le Japon sont confrontés à la débâcle du modèle fondé sur l'endettement, ils sont également confrontés à des dilemmes liés à la dette, au vieillissement de la population et à des goulets d'étranglement en matière de productivité qui ne peuvent être résolus à court terme et qui ne seront pas atteints en 10 ans s'ils veulent redynamiser leurs économies. Les difficultés économiques des pays développés ont créé un énorme frein pour le secteur des exportations chinoises, un problème sans précédent en 30 ans de réforme et d'ouverture, et l'économie d'exportation a été exacerbée par l'énorme appréciation du yuan.

Le secteur des exportations aura bien sûr une pénétration totale dans les marchés émergents et sera assez productif. Dans le même temps, la capacité des marchés de niveau inférieur et intermédiaire des pays développés peut également fournir une garantie minimale d'un chiffre de base pour les exportations. Par conséquent, le secteur des exportations de la Chine sera en mesure de maintenir une taille encore importante, même si la croissance progressive diminuera progressivement et que la fonction de propulseur de fusée économique s'affaiblira.

Le taux d'accroissement de la productivité représente la tendance fondamentale du progrès social, tandis que l'"accélération" de la productivité implique des percées technologiques majeures et des avancées dans les méthodes de production. Ainsi, l'"accélération" de la productivité est bien plus significative que l'échelle économique. C'est la raison pour laquelle le PIB de la Chine au 18e siècle représentait un tiers de celui du monde, et pourtant elle a fini par être passive et battue.

À mesure que la poussée des exportations s'essouffle, la croissance de l'épargne intérieure réelle ralentit progressivement, ce qui entraîne un affaiblissement de la demande des consommateurs. En ce qui concerne la consommation, les gens tombent souvent dans l'idée fausse que la stimulation de la consommation entraînera la croissance économique, ce qui inverse complètement la logique de la relation entre les deux. Lorsqu'un agriculteur apporte 100 œufs au marché pour les échanger, il demande un vêtement de rechange, ce qu'il dépense avec ses économies. La consommation est essentiellement un acte d'échange, et la consommation présuppose la production, sans laquelle il n'y aurait pas de consommation. Pour générer plus de consommation, il faut produire plus. Si l'éleveur augmente sa production d'œufs en augmentant sa productivité, il enrichit l'offre du marché lorsqu'il apporte 200 œufs au marché pour les échanger, et il demande à échanger plus que des vêtements, ce qui stimule la croissance économique. Stimuler la consommation n'entraînera pas une croissance économique durable, et seule une augmentation de la productivité entraînera une augmentation de la consommation et donc de la croissance économique.

Le fait d'inciter les habitants à dépenser les importantes sommes d'argent déposées à la banque peut-il conduire à la croissance économique ? Les dépôts sont l'incarnation monétaire de l'épargne, et les œufs d'agriculteurs sont l'épargne réelle. L'essence de l'épargne est une mesure de la durée pendant laquelle les gens peuvent continuer à survivre dans la société lorsqu'ils ne sont plus engagés dans la production. Un dépôt n'est qu'une consommation différée, dont l'essence reste l'échange de produits. En l'absence de gains de productivité, dépenser les dépôts bancaires revient à raccourcir sa "vie sociale", ce qui peut soutenir l'économie mais ne conduit pas à une croissance réelle.

La consommation doit provenir d'une augmentation significative de la productivité dans un secteur de l'économie, créant un grand nombre de nouveaux produits moins chers qui nécessitent plus d'échanges dans les transactions du marché pour stimuler le développement dans d'autres secteurs. Le développement explosif de l'économie a toujours été stimulé par l'émergence de nouvelles industries. Lorsque la pétrochimie est apparue dans les années 1950 et que les technologies de l'information ont balayé la société dans les années 1990, les nouveaux produits et services ont créé une nouvelle consommation dans les transactions du marché, stimulant ainsi une nouvelle demande plus importante. Comme on part de zéro, les gains de productivité sont plus importants dans les nouvelles industries.

Lorsque le marché de la consommation en Chine commence à s'affaiblir, l'idée de stimuler la consommation, aussi tentante et incendiaire soit-elle, ne peut être générée aveuglément, mais ne constitue en aucun cas un remède au problème.

Le refroidissement économique et la déflation s'intensifieront si les gouvernements adoptent une approche passive. À ce stade, les appels à la relance budgétaire seront assourdissants. La question est de savoir à quel point le gouvernement doit stimuler l'économie. Bon nombre des mesures prises depuis 2009 n'auront pas d'effet durable sur les futurs malheurs économiques ; elles ne sont rien d'autre que des tentatives pour prolonger la vie d'un deuxième étage de fusée. L'augmentation des investissements publics peut soutenir la croissance économique, mais le problème de la dette chinoise deviendra aigu si ces investissements sont dépensés dans des domaines qui n'augmentent pas la productivité, ou dans des secteurs de l'économie qui sont difficiles à rentabiliser à court terme. En fin de compte, la dette insoutenable ne peut être résolue que par des augmentations monétaires, ce qui ajoutera au trouble inflationniste dans une économie qui se refroidit. La déflation et l'inflation peuvent aller de pair, mais elles se produiront dans des domaines différents. Le maintien de prix bas sur le marché de la consommation et le gonflement des prix dans le secteur des actifs pourraient mettre l'économie chinoise dans une situation difficile.

La clé de la transformation économique consiste à allumer un troisième étage de la fusée d'appoint, et les investissements du gouvernement doivent être consacrés aux bons domaines pour avoir un effet durable. Un certain nombre de conditions préalables doivent être réunies pour les domaines susceptibles de stimuler la croissance économique continue de la Chine : tout d'abord, il existe un grand potentiel d'accélération de la productivité ; ensuite, il y a des effets d'échelle significatifs qui profitent à la majorité de la population dans la société ; enfin, il y a un large éventail d'industries concernées et une attraction globale sur tous les secteurs de l'économie.

Parmi les trois secteurs de l'économie qui remplissent ces trois conditions, l'agriculture occupe clairement la première place. Le cœur de la deuxième industrialisation rurale est l'informatisation, l'intensification, la haute technologie et l'urbanisation. La faible productivité rurale est l'avantage potentiel de son "accélération". Les investissements publics à grande échelle dans les infrastructures rurales et agricoles amélioreront les conditions de base de l'économie agricole, réduiront les coûts de production et augmenteront les bénéfices de l'économie agricole. Dans le même temps, l'investissement des ressources économiques dans les marchés de capitaux produira des "accélérations" de la productivité dans l'agriculture, bien plus élevées que dans les autres secteurs économiques. Plus de la moitié de la population chinoise vit encore à la campagne, et elle créera de nouvelles économies à grande échelle sur la base des gains de productivité. À mesure que des produits agricoles plus sains, plus verts, plus sûrs, plus riches et plus nutritifs inonderont le marché, les agriculteurs exigeront l'échange de biens de consommation industriels de meilleure qualité, moins chers, plus économes en énergie, plus diversifiés et innovants, ce qui stimulera le secteur de l'industrie légère à accroître sa propre productivité. Si l'industrie légère a de plus en plus soif de matières premières et de fabrication d'équipements, elle stimulera à son tour le développement de l'industrie chimique lourde. Des zones rurales plus riches susciteront naturellement un désir d'urbanisation pour améliorer encore la qualité de vie, ce qui non seulement améliorera la répartition faussée de la population et atténuera la "maladie urbaine" de la surconcentration dans les grandes villes, mais générera également une demande plus soutenue pour tous les secteurs industriels.

Le troisième étage de la fusée permettra à la Chine de former progressivement le plus grand marché de consommation du monde, de devenir une véritable base de pouvoir pour les grandes puissances et de mettre le destin de la Chine entre ses propres mains !

Communauté économique asiatique

Le problème de l'Amérique est l'économie, celui de l'Europe la politique et celui de l'Asie l'histoire !

L'histoire de l'Asie n'est pas plus courte que celle de l'Europe, et sa sagesse politique a toujours été une source de confiance pour les Asiatiques. L'accumulation culturelle riche et profonde, la longue tradition confucéenne et l'esprit d'ouverture et de tolérance du bouddhisme ont posé une solide plate-forme de civilisation et de foi pour la Communauté économique asiatique.

La Chine doit relever de sérieux défis en matière de transformation économique au cours de la prochaine décennie, et la stabilité et la coopération en Asie de l'Est constituent une garantie extérieure indispensable pour l'économie chinoise. Si les ennemis générationnels de l'Europe, l'Allemagne et la France, peuvent mettre de côté leurs anciennes rancunes et devenir les deux moteurs de la Communauté européenne, la Chine, le Japon et la Corée, qui ont également une rancune séculaire, peuvent-ils défaire le nœud de l'histoire et devenir le précurseur de la Communauté économique asiatique ?

La clé du rapprochement franco-allemand a été l'établissement d'une communauté d'intérêts dans le cadre de l'"alliance du charbon et de l'acier". Étant donné que le charbon et l'acier étaient à la fois des matériaux indispensables à la guerre nationale et la principale source d'énergie et de matières premières pour l'industrie dans les années 1950, le fait de placer l'élément vital de l'économie des deux pays sous l'"alliance du charbon et de l'acier" de la "super-souveraineté" éliminerait fondamentalement l'intention et la capacité des deux parties à faire la guerre, l'objectif du plan Schumann étant de "rendre la guerre non seulement inconcevable, mais aussi matériellement impossible". On peut affirmer qu'une véritable réconciliation sera difficile à réaliser sans un regroupement complet des intérêts des deux parties. Plus important encore, l'Union du charbon et de l'acier a exploré un modèle économique "supersouverain" réaliste et viable, jetant les bases du Marché commun européen. Sans un marché suffisamment grand pour concurrencer les États-Unis, l'Europe ne peut acquérir le pouvoir ultime de dominer sa propre destinée.

Aucune guerre majeure n'a éclaté en Europe depuis la fin de la Seconde Guerre mondiale, mettant fin à près de 500 ans de guerre fratricide, et les Européens jouissent aujourd'hui des riches dividendes de la paix. La paix, par opposition à la guerre, est toujours un progrès civilisationnel.

L'Alliance du charbon et de l'acier, créée par les Européens il y a plus de 60 ans, est une référence plus réaliste, voire plus urgente, pour l'Asie d'aujourd'hui. L'Asie, bien qu'éloignée de la guerre depuis longtemps, n'a jamais été débarrassée d'une mentalité de guerre. La haine amère qui oppose la Chine, le Japon et la Corée du Sud ces derniers temps ne s'est pas estompée avec le temps, mais s'est au contraire heurtée à de féroces étincelles de vengeance dans leur folklore respectif. Les trois pays sont sur leurs gardes et se surveillent les uns les autres, consommant des ressources diplomatiques, militaires et politiques considérables.

Historiquement, la stratégie de base de la Grande-Bretagne pour tenir le continent en échec a été de provoquer des guerres entre les pays d'Europe continentale. Si la France était forte, elle attirait la Russie, l'Allemagne et d'autres pays pour établir un siège anti-français ; si l'Allemagne était forte, elle soutenait d'autres puissances européennes pour assiéger l'Allemagne, et au milieu de la consommation mutuelle du continent européen, elle consolidait la position d'hégémonie mondiale de la Grande-Bretagne. Après la montée en puissance des États-Unis, la stratégie britannique consistant à "associer le fort au faible" a été portée à un niveau supérieur. Pendant la guerre froide, l'Europe a été placée en première ligne de siège de l'Union soviétique, qui a non seulement contrôlé l'Europe mais aussi consommé l'Union soviétique ; pendant la période d'isolement de la Chine, les États-Unis ont réuni le Japon, la Corée du Sud, l'Australie, les Philippines et d'autres pays, avec Taïwan comme noyau de la première chaîne d'îles, et ont étranglé le passage maritime de la Chine. Les États hégémoniques tentent toujours d'attiser les conflits entre les autres États afin de diviser et de conquérir.

Maintenant que la Chine est "malheureusement" devenue la deuxième économie du monde, le moment n'a jamais été propice pour les deux plus anciens, et la vigilance du patron et la jalousie des trois plus anciens leur permettent de former facilement un front uni contre les deux plus anciens. L'Allemagne au début du XXe siècle, l'Union soviétique pendant la guerre froide et le Japon dans les années 1980, sans exception, ont tous été vaincus par les peuples anglo-saxons anglophones, qui ont échoué parce qu'ils étaient trop forts et trop désireux de défier les patrons, et parce qu'ils n'ont pas réussi à briser l'encerclement stratégique militaire, politique et économique établi par les patrons et les trois plus anciens.

Les États-Unis ont mis fin aux guerres en Irak et en Afghanistan, ce qui, combiné à un changement de régime dans de nombreux pays d'Afrique du Nord et du Moyen-Orient, a conduit à un renforcement sans précédent de leur contrôle sur les ressources pétrolières mondiales. Pour la Chine, qui doit compter sur les importations pour plus de la moitié de son pétrole chaque année, les Américains ont la mainmise sur l'élément vital de l'économie chinoise, et leur extrême dépendance à l'égard des marchés étrangers, en particulier ceux d'Europe et des États-Unis, a fait que la prospérité apparente de la Chine repose en réalité sur des bases plutôt ténues.

La secrétaire d'État Hillary Rodham Clinton, dans sa politique étrangère du 11 octobre 2011, a fait une déclaration de politique majeure sur le " Siècle Pacifique de l'Amérique ", affirmant que la politique de l'avenir dépendra de l'Asie, que l'une des missions les plus importantes de la stratégie de politique étrangère des États-Unis au cours des 10 prochaines années sera de cibler des investissements considérablement accrus dans la région Asie-Pacifique, que la relation avec la Chine est l'une des relations bilatérales les plus difficiles et les plus influentes que les États-Unis aient jamais eu à gérer, et qu'il n'existe pas de guide pour le développement des relations entre les États-Unis et la Chine, l'enjeu ne doit pourtant pas manquer.

Il est clair que les États-Unis ont commencé à orienter leur stratégie mondiale vers le périmètre de la Chine, et que leurs intentions de se prémunir contre la Chine et de la contenir ont été clairement exprimées. Le Japon, l'Inde, l'Australie et les pays de la mer de Chine méridionale, encouragés par leurs propres intérêts et par les États-Unis, ont progressivement commencé à former un front uni très défavorable à la Chine. Une situation dans laquelle les pays d'Asie de l'Est se disputent les ressources pétrolières des mers de Chine orientale et méridionale n'est plus hors de portée. Une fois la Chine contrainte à une guerre localisée, elle est sans doute tombée dans le piège stratégique des États-Unis, répétant l'erreur historique des bécasseaux français et allemands qui s'affrontent et des pêcheurs britanniques qui gagnent.

Pour briser ce destin historique, les pays d'Asie de l'Est doivent s'affranchir du mode de pensée traditionnel et tirer audacieusement les leçons de l'expérience réussie de l'Union économique et monétaire européenne et transformer leurs différences en paix pour le bien de la paix dans la région Asie-Pacifique.

Chacun des trois grands pays d'Asie orientale, la Chine, le Japon et la Corée du Sud, est fatal. La vulnérabilité de la Chine réside dans son économie, celle du Japon dans sa politique et celle de la Corée du Sud dans son armée, et toutes ces faiblesses sont liées aux États-Unis. Si les trois pays d'Asie de l'Est s'unissent, leurs faiblesses respectives seront protégées par une alliance forte, et c'est l'aspiration commune de tous les pays asiatiques de créer un marché commun en Asie avec les trois pays en son centre, libre de la domination de l'Europe et de l'Amérique sur le destin de l'Asie.

Plutôt que de s'engager dans ce jeu à somme nulle, les pays sont en concurrence pour rien d'autre que des avantages, et ces avantages devraient être partagés. Il y a longtemps, Deng Xiaoping a avancé le concept de "mettre de côté la souveraineté et se développer ensemble", qui est un principe stratégique dans l'intérêt fondamental des pays asiatiques. Il est temps d'étoffer cette idée et d'avoir le courage de la mettre en pratique. Le conflit des îles Diaoyu entre la Chine et le Japon et la question de Dokdo entre le Japon et la Corée du Sud impliquent non seulement des différends de souveraineté sensibles, mais aussi les intérêts vitaux des énormes ressources pétrolières sous-marines, l'impasse entre les parties a presque détruit l'environnement pacifique de la région Asie-Pacifique, amenant le développement économique des pays au bord du déraillement.

Si l'Alliance du charbon et de l'acier a été validée par la pratique européenne, alors ce modèle de "supersouveraineté" peut également être reproduit dans les régions contestées d'Asie. Si une institution similaire à la "Communauté économique asiatique" de l'Union européenne est établie, avec l'"union pétrolière" comme point de départ, les ressources pétrolières sous-marines contestées seront cédées à cette nouvelle institution de "supersouveraineté", de manière à résoudre fondamentalement la contradiction sensible et irréconciliable de la souveraineté et à former un mécanisme d'investissement commun, de développement conjoint et de partage des bénéfices entre tous les pays, de sorte que les intérêts de tous les pays seront profondément liés et que le déclenchement d'une guerre ne sera "ni concevable ni réalisable" et que les peuples d'Asie pourront jouir des dividendes de la paix pour toujours.

Grâce à la création de la "Communauté économique asiatique", la Chine brisera le siège politique, économique et militaire des États-Unis, le Japon sera assuré d'un approvisionnement fiable en pétrole, la Corée du Sud bénéficiera d'un engagement de sécurité commun de la part de la Chine et du Japon, et l'ANASE et l'Inde auront accès à un marché asiatique unifié. Il s'agirait d'une alliance stratégique d'un grand intérêt pour tous les pays asiatiques !

En fait, le but de se souvenir de l'histoire n'est pas de la vivre, mais d'éviter qu'elle ne se répète ! Ce à quoi les Asiatiques sont le plus sensibles, c'est à la souveraineté, en effet, derrière la souveraineté se cache le pouvoir de l'État de dicter sa propre destinée ! Ce qui préoccupe le plus les Asiatiques, ce sont les intérêts, en fait, les avantages partagés l'emportent sur les intérêts concurrents eux-mêmes !

Si l'Asie a été autrefois le berceau de la plus ancienne civilisation de l'humanité, alors la sagesse des Asiatiques ne doit pas être perdue pour les Européens ! Si l'histoire de l'Asie a souffert aux mains des grandes puissances, alors l'Asie d'aujourd'hui ne doit plus jamais abandonner son destin à une quelconque hégémonie !

L'Asie dans son ensemble jouira d'un statut et d'une indépendance sans précédent sur la scène internationale et d'un paysage stratégique en désaccord avec les États-Unis et l'Europe.

Construire le marché asiatique du dollar : Hong Kong est une tête de pont

La première tâche de la "Communauté économique asiatique" devrait être de commencer par l'"alliance pétrolière", d'enlever complètement la mèche du baril de poudre de la guerre dans la région asiatique et de lier le destin des pays asiatiques dans une communauté avec les grands liens d'intérêt du pétrole sous-marin. C'est un investissement important et risqué, d'où vient l'argent ?

La réponse est le marché du dollar asiatique !

Le dollar européen, comme on l'appelle, a d'abord fait référence aux dollars qui affluaient en Europe et s'y promenaient, provenant principalement des excédents commerciaux de l'Europe avec les États-Unis et des dépenses militaires en dollars américains dans les bases militaires européennes, dont la taille a augmenté au fil des ans. Plus tard, l'Union soviétique, le Moyen-Orient et d'autres pays ont également déposé des dollars provenant des exportations de pétrole dans le système bancaire européen, élargissant encore l'"espace financier hétérogène" du dollar européen, et plus tard, les dollars d'autres pays et régions ont également afflué en Europe. Plus tard, tous les dollars en circulation en dehors des États-Unis ont été désignés sous le nom de dollars européens.

Le banquier international Sigmund Warburg a d'abord commencé à frapper le dollar européen, si important et non réglementé que l'argent en dollars, utilisé uniquement pour investir dans les bons du Trésor américain, rapportait trop peu. Au début des années 1960, il a lancé l'obligation européenne en dollars, un nouvel instrument d'investissement, utilisant les dollars européens oisifs ou à faible rendement pour financer les entreprises européennes et les projets de la CE. L'importance de l'obligation européenne en dollars est que les Européens ont commencé à utiliser les ressources en dollars, leur pouvoir d'emprunt, tout en développant le leur, sans tomber dans le piège des obligations du Trésor américain à faible rendement, devenant le payeur passif du financement du déficit américain.

Au cours de la dernière décennie, la région asiatique est devenue la plus grande réserve de dollars au monde, les excédents commerciaux continuant à ramener chaque année en Asie des dollars roulants qui ne semblent pas avoir de meilleur endroit où aller que d'acheter des bons du Trésor américain et des obligations à faible rendement d'autres États souverains. En fait, ce problème a été résolu par l'innovation des obligations en eurodollars dans les années 1960.

Pourquoi l'épargne en dollars en Asie devrait-elle nécessairement aller vers les marchés financiers des États-Unis ou de l'Europe ? Pourquoi devrais-je investir uniquement dans des bons du Trésor européens et américains à faible rendement ? Si l'économie de l'Asie se développe beaucoup plus rapidement que celle de l'Europe et des États-Unis, ces fonds ne resteront-ils pas en Asie pour trouver des opportunités de rendement élevé ?

Projets à haut rendement et à faible risque, projets souverains de qualité, l'"alliance pétrolière" ne correspond-elle pas parfaitement à ce projet ? À l'époque, Sigmund Warburg voulait initialement utiliser le projet "Union du charbon et de l'acier" pour réaliser la première émission européenne d'obligations en dollars, la "Communauté économique asiatique" peut directement émettre des obligations en dollars, les fonds seront utilisés pour l'exploration et le développement du pétrole sous-marin dans la région asiatique, ce qui est l'UE n'a pas encore fait le modèle d'obligations européennes. "Les obligations en dollars émises par la Communauté économique asiatique seront garanties par les réserves de change de chaque pays et auront une cote de crédit égale à celle du crédit souverain des pays asiatiques, ce qui permettra de financer davantage de projets dans d'autres pays et régions d'Asie à l'avenir, de revitaliser pleinement les énormes actifs en dollars de l'Asie, de contribuer directement au développement économique de l'Asie, et d'obtenir des retours sur investissement plus élevés et plus fiables.

Hong Kong bénéficie de la meilleure situation, d'un système juridique bien développé et d'une abondance de talents financiers. Au cours des 60 années qui ont suivi la guerre, elle a accumulé une grande expérience sur les marchés financiers internationaux, ce qui en fait le Londres de l'Asie ! À l'heure actuelle, le positionnement de Hong Kong en tant que centre financier mondial n'est toujours pas clair. Devrait-elle développer vigoureusement son marché boursier, son financement immobilier, son financement commercial ou son centre offshore RMB à l'avenir ? Le gouvernement de Hong Kong semble être indécis. En fait, le Centre de convergence du dollar asiatique et le Centre d'émission et de négociation d'obligations en dollars asiatiques sont les grands projets de Hong Kong ! Il y a actuellement des trillions de dollars d'actifs en Asie, qui dépasseront bientôt la taille de 10 trillions de dollars à l'avenir ! N'importe quelle autre entreprise serait un jeu d'enfant si elle avait entre les mains une affaire aussi importante.

Les principaux rivaux de Hong Kong seront Tokyo et Singapour, et si la Chine pousse pour une "Communauté économique asiatique", Hong Kong sera clairement le centre préféré des opérations financières, tout comme l'Allemagne et la France ont poussé pour la naissance de la Communauté européenne, mais Paris et Francfort n'ont pas réussi à devenir la plaque tournante du dollar européen, et Londres, qui est plus réglementé financièrement et plus internationalisé, reste le noyau le plus actif du dollar européen. Les conditions à Tokyo, Pékin, Séoul,

Shanghai et Singapour ne sont pas aussi bonnes que celles de Hong Kong, le degré d'internationalisation et l'expérience sur le marché financier étant les différences les plus importantes.

Avec l'émission et la négociation d'obligations en dollars asiatiques comme base, complétées par le RMB, le yen japonais, le won coréen et d'autres variétés d'obligations libellées en devises, Hong Kong deviendra un centre financier international capable de rivaliser avec New York et Londres à l'avenir !

L'innovation institutionnelle sans précédent que constitue la conception unique de la Chine "un pays, deux systèmes" pour Hong Kong a conféré à cette ville un caractère international distinctif parmi toutes les villes asiatiques, et sa proximité psychologique et géographique avec les pays asiatiques est justifiée.

Union monétaire asiatique : Orientation stratégique du Fonds monétaire asiatique (AMF)

Les turbulences financières de 1997, qui ont exposé les pays asiatiques à une violente tempête de taux de change, ont eu sur les marchés financiers asiatiques un impact dévastateur qui continue de les hanter. Le développement économique des pays asiatiques, qui ont généralement adopté un modèle économique orienté vers l'exportation, nécessite de toute urgence la stabilité des marchés des changes afin de se prémunir contre les risques liés au commerce international. En l'absence d'un mécanisme de taux de change commun en Asie, les pays s'en remettent généralement au Fonds monétaire international (FMI) en dernier recours. Cependant, après avoir connu les turbulences financières de 1997-1998, tout le monde a un souvenir amer de la nature du "sauvetage" du FMI, le mécanisme de sauvetage du FMI sous la direction de l'Europe et des États-Unis, plutôt que d'éteindre l'incendie, s'apparente plutôt à du vol.

Après avoir appris à leurs dépens, les pays asiatiques ont proposé de créer le Fonds monétaire asiatique (FMA). Bien entendu, il est tout à fait concevable que cette initiative ait été immédiatement combattue par le FMI et le Trésor américain. Toutefois, avec la création du Fonds monétaire arabe et du Fonds de réserve latino-américain, ce n'est qu'une question de temps avant que l'AMF ne soit créé, et le déclenchement du tsunami financier en 2008 et la crise de la dette européenne en 2011 ont à nouveau souligné la nécessité et l'urgence de l'AMF.

L'AMF est actuellement positionné comme un fonds de stabilisation du taux de change, mais ne contient pas de plan à long terme similaire au mécanisme de taux de change européen. C'est l'une des raisons pour lesquelles l'AMF a eu du mal à attirer l'attention des pays asiatiques ; il s'agit simplement d'un outil pour sauver la mise, plutôt que d'un élément central des futures stratégies monétaires. Si un marché commun asiatique doit être établi, la monnaie unique de l'Asie est une nécessité logique, et la stabilisation des taux de change n'est qu'une étape du processus.

La première phase est la mise en place du mécanisme de change asiatique (AERM, Asian Exchange Rate Mechanism), similaire au "mécanisme de change serpentin" européen, dont l'objectif principal est de stabiliser le taux de change des pays dans le cadre d'un mécanisme. À cette fin, un fonds de réserve commun doit être créé. En effet, à la suite des turbulences financières asiatiques, l'initiative de Chiang Mai a proposé que l'Asie alloue 120 milliards de dollars provenant des réserves de change des pays à titre d'aide d'urgence pour aider les pays en détresse à stabiliser leur taux de change. La Chine et le Japon contribuent tous deux à 32% du total des réserves, la Corée à 16% et les pays de l'ANASE à 20%. Le montant des fonds apportés par les pays de l'ANASE varie également, l'Indonésie, la Malaisie, la Thaïlande et Singapour apportant tous 4,77 milliards de dollars et les Philippines 2,64 milliards. Lorsque la crise financière a frappé, les cinq États membres de l'ANASE ont pu faire face à la situation avec des fonds équivalant à 2,5 fois leurs contributions nationales. Toutefois, lors du tsunami financier de 2008, alors que certains pays de la région étaient confrontés à des difficultés de liquidité, le système de fonds de réserve a été difficile à mettre en œuvre en raison de l'absence d'une entité de contrôle régionale indépendante.

La crise de la dette qui a éclaté en Europe en 2011 est susceptible de frapper à nouveau les systèmes financiers asiatiques dans les années à venir, et le mécanisme de taux de change asiatique devrait être accéléré. Toutefois, les attitudes politiques des pays asiatiques déterminent le rythme du processus, et la mise en place du mécanisme de taux de change asiatique dans les cinq ans est possible si les pays peuvent s'entendre sur une stratégie visant à établir une communauté asiatique.

Au cœur de ce mécanisme se trouve la stabilisation des fluctuations des taux de change des pays asiatiques. Seule une stabilité relative des monnaies de la région peut promouvoir efficacement la croissance du commerce international et jeter les bases de la réalisation éventuelle d'un marché commun asiatique unifié. La clé est de déterminer le flottement relatif maximal des monnaies entre les pays, et lorsque le taux de change d'une paire de monnaies flotte au-delà de cette limite, les pays qui passent sous la limite inférieure sont obligés d'utiliser leurs propres réserves de change pour intervenir sur le marché afin de rétablir la stabilité du taux de change de leurs monnaies. Dans les cas de détresse les plus extrêmes, le fonds de réserve de change de l'AMF déclenche un sauvetage d'urgence. Ce sauvetage équivaut à un prêt en devises, que le pays bénéficiaire est tenu de rembourser lorsqu'il sort de la crise.

La deuxième phase de la mission de l'AMF consiste à construire le système monétaire asiatique (SMA). Cela dépend avant tout de l'établissement de la Communauté asiatique et de l'avancement du Marché commun asiatique. Lorsque les pays asiatiques parviendront à un consensus sur les droits de douane, les subventions, l'agriculture, la libre circulation des capitaux et des personnes, l'unité monétaire asiatique unifiée (ACU, Asian Currency Unit) servira d'unité monétaire pour le règlement des échanges intrarégionaux. L'ACU est également constituée d'un "panier" de monnaies asiatiques, qui occupent un poids équivalent à leur statut économique et commercial, formant ensemble une référence pour la valeur des monnaies asiatiques, ajustée tous les cinq ans pour refléter les changements de leur statut économique.

Lorsque l'ACU sera créé, le mécanisme de taux de change asiatique sera ajusté, passant d'un flottement maximal entre n'importe quelle paire de monnaies à un flottement des monnaies nationales par rapport à l'ACU, ce qui imposera une plus grande responsabilité aux grands pays détenteurs de réserves de change afin d'inciter davantage de pays à participer.

L'ACU assumera le rôle historique d'ancrage de la valeur des monnaies asiatiques et servira de base à la naissance du dollar asiatique dans le futur.

La troisième phase de l'AMF, la plus critique, consiste à fixer le taux de change entre les monnaies nationales et l'ACU. Après une certaine période de préparation, l'ACU sera utilisé comme monnaie de référence pour le dollar asiatique lorsque les conditions politiques et l'environnement économique le permettront, et les pays matures pourront prendre l'initiative de convertir leurs monnaies au dollar asiatique.

L'AMF aurait dû promouvoir le dollar asiatique et la création de la Banque centrale asiatique dès le début de son existence avec une vision à long terme, ne serait-ce qu'en tant que rôle de soutien pour le Foreign Exchange Relief Fund et le FMI, ce qui est clairement un positionnement trop faible, l'AMF devrait jouer un rôle central dans la promotion des alliances politiques et de l'intégration économique en Asie, et non une institution " pilotée ". Pour cela, l'AMF doit être le communicateur le plus actif et le plus efficace entre les gouvernements, les banques centrales, les ministères des finances, les institutions de recherche, les organisations académiques, les médias et le public.

En outre, la progression du dollar asiatique devrait prendre exemple sur l'euro, plutôt que d'attendre et de voir. La Chine, le Japon et la Corée du Sud peuvent prendre la tête de l'établissement d'un mécanisme de stabilité des taux de change, les réserves de change de la Chine et du Japon sont comparables, la Corée du Sud n'est pas faible, ces trois alliances ne produiront pas de disputes et de tiraillements pour savoir qui sauvera qui, pour éviter que l'Allemagne dans le processus de promotion du mécanisme de change européen, s'inquiète toujours de ses propres réserves de change sera la préoccupation de la France et des autres pays de "maigrir". En effet, la lenteur de l'évolution du mécanisme de taux de change européen est en grande partie due à cette appréhension allemande et aux marchandages sans fin, qui ont fait perdre un temps précieux. Une fois qu'un consensus politique sera atteint entre la Chine, le Japon et la Corée du Sud, et que l'expérience de l'euro en matière de détails opérationnels sera disponible, l'Union de taux de change asiatique devrait progresser beaucoup plus rapidement que l'Europe.

Après une période de fonctionnement stable, l'alliance de taux de change entre la Chine, le Japon et la Corée a été progressivement ouverte aux 10 pays de l'ASEAN et à d'autres pays asiatiques. Ces pays ont rejoint l'Union de taux de change (UTC) en grande partie pour son propre intérêt : d'abord, dans l'espoir que le mécanisme de taux de change sera d'une grande aide en cas de situation désagréable pour leurs monnaies ; ensuite, dans le désir d'entrer dans un marché commun asiatique plus vaste. À ce stade, il convient de fixer un certain seuil de conformité.

La période la plus difficile a été celle des premiers jours du lancement de l'union de taux de change, et cette difficulté ne tenait pas tant aux détails opérationnels, ni même à la volonté politique de la Chine, du Japon et de la Corée du Sud, mais à l'énorme pression exercée par les États-Unis. Pouvoir et oser résister à cette pression et lutter pour dominer leur propre destin est le plus grand point d'interrogation sur le succès ou l'échec de l'Union monétaire asiatique et le plus grand point d'interrogation sur le destin de l'Asie !

RMB, ou dollar asiatique ? C'est un problème

Pour la Chine, pousser à l'internationalisation du yuan apporterait-il plus de bénéfices, ou pousser au dollar asiatique donnerait-il les meilleurs résultats ? Il s'agit d'une question cruciale.

Historiquement, la livre et le dollar ont été les principales monnaies de réserve mondiales, tandis que le mark et le yen, même à leur apogée économique, n'ont jamais détenu plus de 10% de la position de monnaie de réserve internationale, comme le voulait le modèle de développement économique orienté vers l'exportation de l'Allemagne et du Japon.

En raison de la capacité limitée de leurs propres marchés, l'Allemagne et le Japon ont dû utiliser le marché mondial comme principal espace d'expansion pour leur croissance économique, et le processus d'exportation de produits s'est inévitablement accompagné d'un retour de la monnaie internationale. À l'inverse, pour que la monnaie d'un pays serve de principale monnaie d'échange et de réserve dans le monde, il doit exporter sa propre monnaie de manière soutenue, uniquement par le biais de déficits commerciaux et d'investissements à l'étranger. Si l'Allemagne et le Japon deviennent des pays à déficit commercial, exportant de grandes quantités de marks et de yens, les produits étrangers importés inonderont bientôt leurs marchés intérieurs relativement petits, tandis que leur propre capacité industrielle sera démantelée, enterrant ainsi leur statut de puissance économique. Le Japon a encouragé les investissements en yens et les prêts en yens à l'étranger dès les années 1980, et ses efforts au cours des 30 dernières années n'ont pas donné lieu à des progrès significatifs, ce qui rend difficile la sortie du yen. La principale raison pour laquelle les gens sont prêts à détenir le yen est le désir d'acheter des biens sur le marché japonais à l'avenir, et si le marché intérieur n'est pas assez grand, l'incitation à détenir le yen sera fortement diminuée.

Par conséquent, un pays ayant un petit marché intérieur, quelle que soit la force de son économie, a peu de chances d'avoir une monnaie qui soit une grande monnaie internationale. Les monnaies internationales ne peuvent être jouées que par des pays disposant de grands marchés.

L'Empire britannique avait autrefois un marché énorme qui couvrait 1/5 du continent de la terre, un quart de la population mondiale, et le déficit causé par l'exportation de la livre sterling était important en termes absolus, mais ne représentait pas une part importante de l'économie totale de l'Empire britannique. Dans les années 30, le commerce extérieur des États-Unis ne représentait que 3 à 5% de l'économie totale, et leur énorme marché intérieur faisait que les États-Unis ne se souciaient pas des fluctuations du taux de change du dollar. L'exportation de devises doit être capitalisée, et les pays dotés de grandes familles peuvent d'abord résister à cette pression, puis profiter de ses avantages.

Dans la situation actuelle de la Chine, la consommation intérieure ne représente qu'un tiers du PIB, et les marchés étrangers sont le pilier de la croissance économique du pays. Ce modèle économique tourné vers l'extérieur et la faible capacité du marché intérieur sont destinés à rendre difficile une percée substantielle de l'internationalisation du RMB tant que la transformation économique de la Chine ne sera pas réussie. Le meilleur effet ne serait rien d'autre que le fait que la position du mark et du yen dans la monnaie internationale cette année-là ne soit pas suffisante pour apporter des avantages réels plus importants à la Chine.

La prospérité économique de la Chine dépend fortement de l'approvisionnement en pétrole et en matières premières à l'étranger, ainsi que de la demande des marchés européens et américains, et les fondements de cette prospérité ont un côté fragile. Si le modèle économique européen et américain fondé sur l'endettement n'est pas viable, comment la prospérité économique de la Chine peut-elle être maintenue si des guerres localisées provoquent des perturbations dans l'approvisionnement en pétrole et en matières premières ? Dans le même temps, l'approvisionnement du RMB et du dollar américain sont étroitement liés, avant l'achèvement du RMB "gratter l'os pour guérir le poison", n'est-ce pas l'internationalisation du RMB ou la réexportation du dollar américain sous l'apparence du RMB ? Sur une base économique relativement fragile, avec un marché intérieur de taille relativement réduite, le RMB sortant serait-il une monnaie forte et robuste ? L'appréciation du yuan a suscité plus d'excitation de la part des spéculateurs de devises que de la part de la confiance sincère des nations du monde.

Plus l'internationalisation du renminbi sera forte, plus les États-Unis seront vigilants et agressifs à l'égard de la Chine, plus les pays de la zone euro seront heureux de voir le renminbi devenir la principale cible des frappes américaines, tandis que les pays asiatiques seront vigilants face aux tentatives de la Chine d'établir un "nouvel ordre du renminbi".

Face à une force immature, il est probable qu'une attaque de grande envergure du yuan le laisse seul, invitant les hégémonistes de la monnaie à l'assiéger en l'absence d'alliés.

Par conséquent, l'internationalisation très médiatisée du yuan avant la réussite de la transformation économique de la Chine est une stratégie radicale.

Relativement parlant, l'effort mené par la Chine pour pousser le dollar asiatique semble être radical, mais il est conservateur.

Si les économies américaine et européenne restent longtemps atones et que la Chine est contrainte de se transformer économiquement, la Chine ne pourra pas ou ne voudra pas continuer à fournir de l'épargne domestique aux États-Unis et perdra son utilité aux yeux d'une Amérique pragmatique et suprême. Au cours de la dernière décennie, la tolérance des États-Unis à l'égard de la prospérité économique de la Chine a été basée sur la production chinoise pour le plaisir des États-Unis et l'épargne chinoise pour la consommation américaine, et une fois les intérêts communs perdus, le mariage "Chine-États-Unis" est voué à se briser.

La nouvelle stratégie du "Siècle du Pacifique" proclamée par les États-Unis a en fait enfermé la Chine comme un rival stratégique sans la nommer, et une série de conflits récents sur des questions de mer territoriale en Asie se sont intensifiés, montrant l'élan préventif des États-Unis. Dans le jeu des "Asiatiques contre les Asiatiques", les États-Unis récoltent des profits très élevés à un coût très faible. Les États-Unis, tout en détenant l'approvisionnement en pétrole, l'accès à la mer et la ligne de vie économique dépendante du marché de la Chine, ont incité les pays asiatiques à priver la Chine de ses intérêts, plaçant la Chine dans le dilemme "pas de guerre, pas de paix". Au cours des dix prochaines années, la fragile confiance en soi causée par la récession économique prolongée aux États-Unis rendra ces derniers plus sensibles et agressifs envers la Chine.

La Chine a besoin de plus d'alliés et de moins d'adversaires dans le jeu pointu et complexe entre les États-Unis et la Chine. L'établissement d'un front uni en Asie pour transformer les adversaires potentiels en amis ayant des intérêts est un "pousseur de taiji" pour résoudre le siège oppressant des États-Unis. En ce sens, la promotion du sous-dollar n'est pas seulement une stratégie monétaire, mais aussi une stratégie géopolitique et militaire.

En unissant le Japon, la Corée du Sud et les 10 pays de l'ANASE, en utilisant l'"alliance pétrolière" comme point de départ et le mécanisme monétaire comme levier, le concept de marché commun asiatique sera mobilisé pour transformer la confrontation en coopération et le conflit d'intérêts en partage des bénéfices. Le marché commun asiatique a besoin d'une monnaie commune, et une monnaie commune permettra d'étendre le marché commun. Si l'on combine la technologie du Japon, la production de la Chine, l'innovation de la Corée du Sud et les avantages des ressources de l'ANASE, le dollar asiatique deviendra l'une des trois premières monnaies du monde, en s'appuyant sur un marché unifié aussi vaste.

Il ne sera pas difficile pour les États-Unis de frapper le yuan parce que cela n'offensera qu'un seul pays, la Chine, mais frapper le dollar asiatique offensera tous les pays asiatiques, et les coûts et les bénéfices seront difficiles à égaler. La Communauté asiatique et le dollar asiatique offrent non seulement aux pays asiatiques une plus grande marge de manœuvre pour le développement et une plus grande autonomie, mais ils constituent également un parapluie efficace pour la Chine. Politiquement, la Chine s'appuie davantage sur l'Asie ; économiquement, le marché commun peut offrir plus d'espace pour la transformation économique ; militairement, la Chine n'a pas de rivaux en Asie, seulement des alliés, et l'avantage militaire des États-Unis sera effectivement neutralisé.

La stratégie du dollar asiatique est en effet une stratégie de protection pour la Chine, qui vaut la peine d'être poursuivie, quels que soient le temps qu'elle prendra et les difficultés qu'elle rencontrera. À court terme, les résultats de la stratégie d'internationalisation du RMB ne sont pas prometteurs, tandis que les séquelles sont nombreuses. Cependant, il n'y a pas de conflit fondamental entre les deux stratégies, conservatrice et radicale, et une poussée constante pour internationaliser le renminbi et relancer le processus du dollar asiatique pourrait bien aller de pair. L'internationalisation du RMB pourrait n'avoir qu'un seul effet final, celui d'accroître l'influence de la Chine dans le système du dollar asiatique.

Les Allemands ont abandonné le mark, mais ils contrôlent maintenant l'euro ; les Allemands ont abandonné la protection de leur propre marché et ont fini par dominer le grand marché de l'UE. Ce que l'on appelle le "shed gain" signifie que sans "shed gain", il ne peut y avoir de gain, et sans "shed small gain", il ne peut y avoir de gain. Les Chinois doivent également tirer des enseignements des Allemands sur la manière de défendre leurs intérêts.

L'ère des États en guerre du dollar, de l'euro et du dollar asiatique

Le dilemme du dollar est que les monnaies souveraines ne peuvent pas, en fait, porter en permanence le fardeau de la monnaie mondiale. L'édifice monétaire mondial, construit avec la dette souveraine comme actif principal, finira par s'effondrer lorsque les souverains seront surchargés de recettes fiscales. L'histoire a prouvé à plusieurs reprises que l'effondrement éventuel du système du dollar est en fait une nécessité logique.

La question est de savoir qui peut remplacer le dollar comme nouvelle monnaie mondiale lorsque le système du dollar est intenable ? L'Euro, le Renminbi, ou le Yen, ou toute autre monnaie ? La réponse est qu'il n'existe aucun substitut au dollar pour aucune monnaie souveraine. Le dollar sera le "dernier empereur" de l'ère où la monnaie souveraine sera la monnaie du monde.

Au cours des dernières décennies de l'empire du dollar, l'économie mondiale connaîtra des soubresauts répétés face à une crise monétaire de plus en plus volatile. La tendance à la régionalisation des monnaies, représentée par l'euro, se poursuivra en Asie, au Moyen-Orient, en Afrique et en Amérique du Sud. Cette régionalisation des monnaies aura pour effet de restreindre fortement la circulation du dollar et d'accélérer son déclin.

L'empire du dollar, comme tous les derniers empereurs, ne va naturellement pas rester les bras croisés et regarder le dollar se désintégrer ; il va utiliser toutes ses ressources politiques, économiques et militaires pour réprimer ces "révoltes monétaires". Cette répression a peut-être un certain effet, et les "gangs monétaires" du monde entier sont temporairement en sommeil. Derrière ce bref calme, cependant, couve une crise de rébellion plus large. Plus de rébellion a suscité plus de répression jusqu'à ce que l'empire du dollar soit épuisé. À ce moment-là, le conflit entre la "faction monétaire souveraine", qui avait toujours existé au sein de l'empire du dollar, et la "faction monétaire unitaire mondiale" a commencé à s'intensifier, et la balance politique a progressivement basculé dans cette dernière direction.

Si le dollar va à la "puissance vers le bas" le moment final, les États-Unis a longtemps été prêt pour la monnaie du monde "pneu de rechange" va émerger, qui est le FMI droits de tirage spéciaux (DTS). à la fin des années 1970, lorsque le dollar est dans la tempête et le moment dangereux, "compte alternatif DTS" était sur le point d'être mis en œuvre, si ce n'est pas le président de la Réserve fédérale Volcker rapidement, dans une crise pour sauver le dollar, le monde a peur d'avoir été vivre dans un autre espace monétaire.

Le DTS est fortement aligné sur l'unité monétaire européenne (ECU), qui est une unité de référence monétaire constituée d'un panier de devises. Remplacer les monnaies souveraines nationales par des DTS est aussi simple et indolore que de remplacer les monnaies européennes par l'euro, tant que les taux de change des monnaies nationales sont fixés par rapport au DTS. Tant que les Etats-Unis continuent à dominer le FMI, il n'y a pas de différence fondamentale entre diriger en dollars ou en DTS. L'abandon du dollar donnerait aux États-Unis un DTS plus puissant, que les États-Unis devraient bien sûr partager avec leurs partenaires européens en échange de l'abandon de l'euro par l'Europe, ce que les "monétaristes souverains" des États-Unis, qui ont depuis longtemps l'habitude de dicter, ne toléreraient pas.

Actuellement, le DTS a un défaut majeur, à savoir qu'il n'y a pas de RMB dans le panier de devises du DTS, et étant donné la taille et le potentiel de l'économie chinoise, le jeu ne peut pas être joué sans amener la Chine à bord. Peut-être que la Chine proposera un nouveau système monétaire de son cru, et il y aura des problèmes. Pour adhérer au DTS, le RMB doit être librement convertible, ce qui sera le point de départ de l'intérêt futur de l'Europe et des États-Unis à articuler les avantages de la libre conversion du RMB sous tous les angles possibles, avec tous les mots durs et les menaces.

La question est de savoir ce que l'adhésion au panier de devises du DTS signifie pour la Chine. Si, selon la conception de l'Europe et des

États-Unis, le FMI devient la future banque centrale mondiale, le DTS la monnaie unifiée mondiale qui remplacera la monnaie souveraine de chaque pays, les États-Unis et l'Europe sont naturellement les principaux actionnaires disposant d'un droit de veto, tandis que la Chine et les autres pays sont les petits actionnaires qui jouent le jeu. La Chine perd le droit d'émettre de la monnaie sans pour autant obtenir un contrepoids plus important au pouvoir. De cette manière, ce seront l'Europe et l'Amérique qui domineront le destin de la Chine.

Les États-Unis abandonnent le dollar, l'Europe abandonne l'euro, les deux gagnent en domination, ils abandonnent, mais obtiennent plus, la Chine et d'autres pays abandonnent, et il ne reste plus rien.

Si l'émergence d'une monnaie mondiale unifiée est la grande tendance du développement économique mondial, la soi-disant immensité imparable, alors la Chine devrait s'efforcer de dominer cette tendance, et non d'être dominée par elle.

La Chine doit reconnaître que le RMB en tant que monnaie souveraine ne pourra pas remplacer les lois objectives du dollar, et en même temps ne sera pas accepté par les autres pays, face à la situation de la faiblesse du RMB et à la volonté des monnaies européennes et américaines, la Chine ne peut qu'intégrer la puissance de l'Asie sous le bouclier du dollar asiatique, afin de contrecarrer l'épée du dollar et de l'euro, formant une posture à trois volets. Sans le dollar asiatique, les monnaies des pays asiatiques seront brisées par les États-Unis, et finalement les monnaies asiatiques des traînards seront complètement absorbées par le FMI. Avec le dollar asiatique, puis une alliance monétaire plus large avec l'Amérique du Sud, l'Afrique, le Moyen-Orient et d'autres régions pour se renforcer mutuellement, un plus grand effet de levier monétaire sera obtenu.

Si, à l'avenir, l'heure est venue de créer une monnaie mondiale unifiée, l'Asie détiendra au moins un tiers du monde, et sa puissance sera égale à celle de l'Europe et des États-Unis, avec les mêmes parts et la même puissance, pour se partager le monde !

La bonne compréhension du paysage monétaire mondial aujourd'hui déterminera non seulement le sort futur du RMB, mais aussi celui de la Chine et de l'Asie !

Les forts, toujours leur propre destin, sont à leur propre merci !

Témoignages et remerciements

Au début de l'hiver, lorsque j'ai enfin rangé mon stylo, mais que je n'ai pas pu chasser mes pensées pressantes, la nuit à Xiangshan était si longue et silencieuse. Les yeux fermés, les fragments de l'histoire sont éparpillés dans le caniveau de la mémoire et ne peuvent être déblayés, et l'inspiration qui émerge de temps à autre est comme un courant électrique qui stimule le cerveau ayant désespérément besoin de calme, et les mots de la passion se poursuivent, se heurtent et se pressent les uns les autres, pour finalement converger en une masse d'expression visqueuse du désir dans la conscience incontrôlée. Le travail de nuit, qui a duré plus d'une demi-année, une fois arrêté, semble tomber immédiatement dans un état d'apesanteur mentale, plus douloureux que même la joie de la libération.

Rappelez-vous une citation de Steve Jobs :

> " Si vous savez que votre vie touche à sa fin, si chaque jour, lorsque vous vous tenez devant le miroir et que vous vous demandez si ce que vous avez fait aujourd'hui vous laissera sans plainte ni regret, si la réponse est oui à chaque fois, alors cette chose est votre droit de naissance. "

Alors que j'essayais de me tenir devant le miroir et de me torturer avec les mêmes questions pendant mes journées à Fragrant Hill, j'ai senti que j'avais peut-être vraiment trouvé ma vocation dans la vie.

Je me souviens que lorsque j'étais très jeune, mes parents et mes professeurs disaient que je n'étais pas forte, alors qu'en fait, je ne me suis jamais souciée de ces commentaires. En grandissant, j'ai compris qu'être bon et s'améliorer sont deux personnalités. Les bons et les forts sont en compétition pour l'évaluation des autres ; les personnes qui s'améliorent ne se soucient que de l'évaluation de soi : les bons et les forts semblent être sûrs d'eux, mais ils ont en fait un complexe d'infériorité, la racine de ce complexe d'infériorité est qu'ils n'ont pas leur propre système de valeur interne, et doivent s'appuyer sur des critères externes ; les personnes qui s'améliorent ne se soucient jamais de ce que les autres disent, parce qu'elles ont dans leurs os une boussole de positionnement de leur propre valeur. Lorsque la société surestime votre valeur, vous devez marcher sur des œufs et être prudent ; lorsque votre valeur est sous-évaluée par la société, vous devez être calme et détendu, rire et regarder les nuages passer.

Tenez-vous-en à ce que vous voyez. Je n'ai pas peur du sarcasme et de l'ironie ; je n'ai pas peur d'être court et long ; je n'essaie pas de réussir un moment ; je n'essaie pas d'être un homme de paille ou une personne inappropriée. C'est une conviction qui m'a accompagné toute ma vie. Cette conviction m'a renforcé pendant mon séjour à Fragrant Hill.

Mes recherches et mes écrits m'ont convaincu que je crée une valeur pour la société. La valeur d'une personne dépend de ce qu'elle apporte à la société, et non de ce qu'elle possède.

Ce livre a vu le jour grâce aux soins et à l'aide de nombreux amis, sans lesquels je n'aurais rien fait.

Zheng Yingyan a entrepris une grande partie de la préparation spécifique et fastidieuse de la naissance de ce livre. Sans son travail fructueux de communication avec l'éditeur, je me serais enlisé dans une pléthore de détails transactionnels et je n'aurais pas pu me concentrer sur la recherche et l'écriture. En collaboration avec le rédacteur responsable de l'éditeur, elle a passé au crible près d'une centaine de projets de couverture de livre pour trouver les couleurs et les motifs qui correspondent le mieux à la personnalité de l'auteur. Elle préconise vivement le rejet du style populaire accrocheur et tape-à-l'œil des livres financiers nationaux, en mettant l'accent sur la texture classique et atmosphérique. Elle s'oppose à la présence d'une grande quantité de texte sur la couverture et insiste sur la simplicité et la sobriété. Elle a travaillé dur pour garantir la qualité du livre après des mois de communication inlassable avec l'éditeur sur des détails tels que le style de conception du livre, la texture du papier, le prix du livre, la promotion, le calendrier, etc. Après cette épreuve, le directeur de la maison d'édition littéraire du fleuve Yangtze a sincèrement admiré le fait que si elle devenait un agent d'édition professionnel, cela épargnerait beaucoup de soucis à l'éditeur.

Le président Kim et le président Lai de la Yangtze River Literary Press m'ont apporté le plus grand soutien et les plus grands encouragements dans mon travail d'écriture, et leur enthousiasme et leur attention m'ont réchauffé pendant le dur labeur. M. Lang Shiming, de l'éditeur, est le rédacteur en chef le plus dévoué que je puisse imaginer, et son étroite collaboration avec Zheng Yingyan m'a presque entièrement protégé de toutes les futilités. L'édition étant une industrie de services, ils m'ont permis de bénéficier d'un service de qualité presque parfaite.

Sur le plan professionnel, j'ai bénéficié de nombreux prédécesseurs et enseignants érudits.

Lors d'un séminaire financier, j'ai bénéficié de l'observation du vice-président de la Banque de Chine, Wang Yongli, selon laquelle les positions réelles en dollar ne sortiront jamais du système bancaire américain. Lors d'un échange ultérieur, M. Wang m'a donné un aperçu complet des détails des flux et du règlement des positions virtuelles en dollars en dehors des États-Unis, et j'ai lu à plusieurs reprises ses articles d'exposition dans ce domaine. C'est avec son inspiration que j'ai recherché le livre de Jacques Rueff "Le péché originel de l'argent occidental", un livre du célèbre économiste français, et que j'ai trouvé que les vues de M. Wang Yongli étaient l'incarnation moderne de la thèse de Rueff. J'ai intégré ce point de vue dans la section sur les défauts inhérents à l'étalon de change-or du chapitre 1.

M. Zhang Yuyan, de l'Institut de l'économie mondiale de l'Académie chinoise des sciences sociales, est l'un des chercheurs que je suis le plus. Ses nombreux points de vue sur le domaine de la circulation monétaire, l'impact historique des flux d'argent sur la montée et la chute de l'Europe, la relation entre la montée et la chute des anciennes monnaies et des anciens régimes chinois et l'internationalisation du RMB m'ont éclairé. Ces observations ont eu un impact profond sur certaines des conclusions du livre.

M. Xia Bin, du Centre de recherche sur le développement du Conseil d'État, est également un universitaire pour lequel j'ai beaucoup de respect. Le soir du Nouvel An de cette année, alors que tout le monde était à la maison, M. Xia Bin et moi avons discuté de son livre China Financial Strategy 2020 dans un café vide, et sa vision globale et son analyse approfondie étaient convaincantes. Nombre de ses idées ont influencé ma réflexion sur la future stratégie financière de la Chine dans le livre.

Je dois lire tous les articles de M. Yu Yongding de l'Académie des sciences sociales. J'ai évoqué l'idée du dollar asiatique lors d'un récent séminaire dirigé par M. Yu Yongding, qui s'est occupé de la coopération économique et monétaire asiatique pendant dix ans, et il a déploré avec un sourire amer que la réalisation du dollar asiatique ne serait pas facile. Bien que nous ne partagions pas le même point de vue sur cette question, cela alimente mon intérêt pour une meilleure compréhension des réalités du dilemme de la réalisation du sous-dollar.

Ce dont je devrais être le plus reconnaissant, et envers quoi je me sens le plus redevable, ce sont les épouses et les filles qui sont loin, qui ont sacrifié plus que je ne pourrais jamais espérer compenser au service de mes idéaux. Ma fille, Jinjin, ne savait pas lire le chinois, mais pour pouvoir lire les livres écrits par son père, elle travaille très dur pour bien apprendre le chinois, et elle est maintenant capable de m'écrire des courriels quotidiens en chinois, et je suis très ému par ses efforts. Le père est une idole constante dans le cœur de ma fille, et pour ne pas la décevoir, je dois continuer à aller de l'avant.

Auteur.
11 novembre 2011,
Xiangshan, Pékin

Autres titres

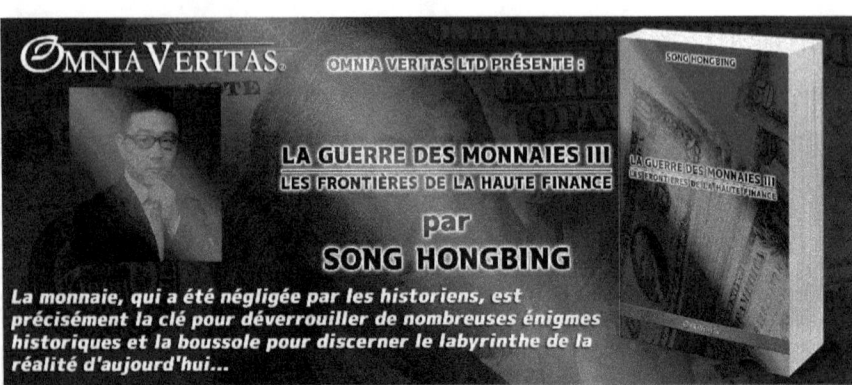

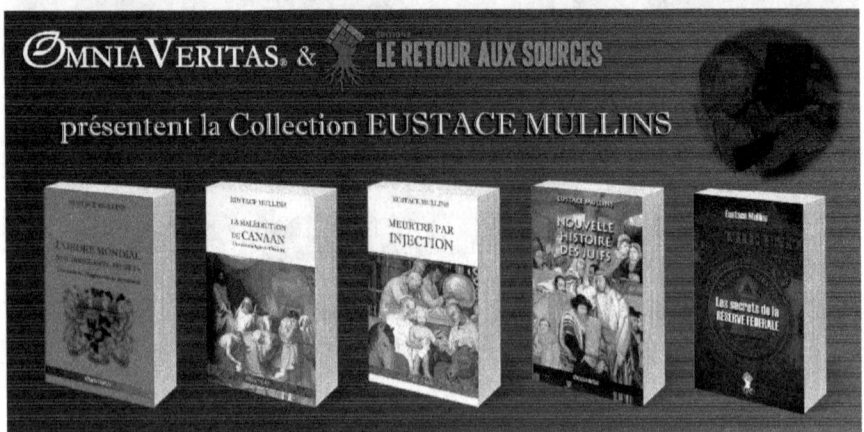

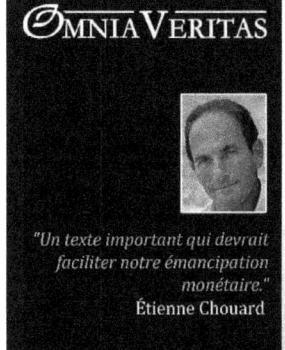

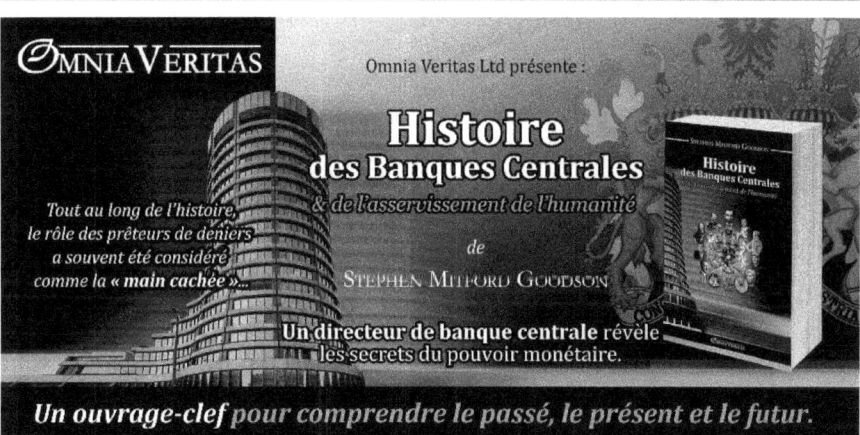

www.ingramcontent.com/pod-product-compliance
Lightning Source LLC
Chambersburg PA
CBHW071309150426
43191CB00007B/564